剑桥全球经济专题史

全球咖啡经济（1500—1989）
非洲、亚洲和拉丁美洲

［英］威廉·杰维斯·克拉伦斯-史密斯
（William Gervase Clarence-Smith） 编
［美］史蒂文·托皮克
（Steven Topik）

益　智　译

上海财经大学出版社

上海市"十四五"时期重点出版物出版专项规划项目

图书在版编目(CIP)数据

全球咖啡经济:1500—1989:非洲、亚洲和拉丁美洲/(英)威廉·杰维斯·克拉伦斯-史密斯(William Gervase Clarence-Smith),(美)史蒂文·托皮克(Steven Topik)编;益智译. —上海:上海财经大学出版社,2023.1

(剑桥·全球经济专题史)

书名原文:The Global Coffee Economy in Africa, Asia, and Latin America, 1500—1989

ISBN 978-7-5642-4086-8/F·4086

Ⅰ.①全… Ⅱ.①威…②史…③益… Ⅲ.①咖啡-食品工业-产业经济-经济史-研究-世界-1500-1989 Ⅳ.①F419.82

中国版本图书馆 CIP 数据核字(2022)第 216235 号

□ 责任编辑　胡　芸
□ 封面设计　陈　楠
□ 版式设计　张克瑶

全球咖啡经济(1500—1989)
非洲、亚洲和拉丁美洲

[英]　威廉·杰维斯·克拉伦斯-史密斯
　　　(William Gervase Clarence-Smith)　编
[美]　史蒂文·托皮克
　　　(Steven Topik)

益　智　译

上海财经大学出版社出版发行
(上海市中山北一路 369 号　邮编 200083)
网　　址:http://www.sufep.com
电子邮箱:webmaster@sufep.com
全国新华书店经销
上海华教印务有限公司印刷装订
2023 年 1 月第 1 版　2023 年 1 月第 1 次印刷

787mm×1092mm　1/16　30.5 印张(插页:2)　448 千字
定价:158.00 元

This is a simplified Chinese edition of the following title published by Cambridge University Press:

The Global Coffee Economy in Africa, Asia, and Latin America, 1500—1989 (ISBN 9780521521727) by William Gervase Clarence-Smith, Steven Topik, first published by Cambridge University Press 2006.
All rights reserved.

This simplified Chinese edition for the People's Republic of China (excluding Hong Kong, Macau and Taiwan) is published by arrangement with the Press Syndicate of the University of Cambridge, Cambridge, United Kingdom.

© Shanghai University of Finance and Economics Press 2023

This simplified Chinese is authorized for sale in the People's Republic of China (excluding Hong Kong, Macau and Taiwan) only. Unauthorized export of this simplified Chinese is a violation of the Copyright Act. No part of this publication may be reproduced or distributed by any means, or stored in a database or retrieval system, without the prior written permission of Cambridge University Press and Shanghai University of Finance and Economics Press.

Copies of this book sold without a Cambridge University Press sticker on the cover are unauthorized and illegal.

本书封面贴有 Cambridge University Press 防伪标签，无标签者不得销售。
图字:09-2021-0924 号

2023 年中文版专有出版权属上海财经大学出版社
版权所有　翻版必究

译者序

五年磨一剑，本来想再磨一篇鸿篇巨制的译者序，才配得上这部《全球咖啡经济(1500—1989)：非洲、亚洲和拉丁美洲》（以下简称《全球咖啡经济》），结果出版社黄磊总编辑说近日就要拿去印刷了，只得乖乖"认怂"来一篇急就章。

这部《全球咖啡经济》的编纂角度十分新颖，用15篇来自9个国家相关领域的资深专家专题文献串起了500年来商品、劳动力和金融市场的创建与功能，种族、民族、性别和阶级在咖啡社会形成中的作用，技术与生态之间的相互作用，殖民国家、民族主义政权以及世界经济力量在促进经济发展和政治进步方面的影响脉络，而不是传统刻板的编年史，让我们可以高效地接触多元化的思想，与我们之前的政治经济学知识融合之后，带来"形散而神不散"的知识进阶乐趣。

咖啡作为最出名的舶来品，出现在我国已经有200多年了，最初其典型特征是在全球范围内生产的人不喝、喝的人不生产——"遍身罗绮者，不是养蚕人"。90%以上的咖啡由相对贫穷的热带国家出口，而90%的咖啡则由富裕的温带国家进口，可以说是打破自给自足小农经济的一件"神器"，是导致国际贸易全球化兴起的一只蝴蝶。2022年上海新冠疫情引发的囤咖啡热潮以及对咖啡消费的渴望，冥冥中或许映射着咖啡起源的初心。

这种源自非洲埃塞俄比亚高原的不起眼浆果，在5个世纪后的今天彻底搅热了中国新消费市场。据艾瑞咨询数据，2021年中国咖啡市场规模约为3 817亿元，国内咖啡市场预计每年将保持27.2%的增长趋势，预计2025年中国咖啡市场规模将达到10 000亿元左右。喝咖啡、吃大蒜甚至成为中国南北笑星十几年前一本正经土洋斗法的话题。看了这部《全球咖啡经济》，嘴里如果能够冒出阿拉比卡、罗布斯塔、利比里卡等历史咖啡名词，再结合冷萃速溶、粉状速溶、挂耳、冻干、咖啡液等新概念，小镇青年与上海的"老克勒"、白领丽人也就没有鸿沟了。据 CBN Data 数据，我国咖啡消费人群呈现年轻化趋势，在咖啡用户画像统计中，20～35 岁年龄段的消费者贡献了近 80% 的咖啡消费，其中女性相对较多，且消费者集中于一、二线城市。

股票市场的嗅觉最为敏锐。几年前瑞幸咖啡的"爆雷"并没有让资本市场对咖啡赛道望而却步，反而催生了精品零售咖啡、线下精品咖啡馆、外卖咖啡、便利店咖啡等多个品类。这些年，许多热钱争先恐后地挤入咖啡赛道，一些咖啡品牌在资本赋能下疯狂开店扩张，希望在不久的将来，中国庞大的消费市场可以催生出稳固的咖啡品牌，诞生出"长坡厚雪"的股票赛道。

咖啡经济实际上是一种文化经济，因此许多咖啡商家在线上推出"星球电台""飞行电台"等 App，线下出版《咖啡、街区与对话》《岛民月刊》等杂志，咖啡巨头星巴克也推出了首本限量版杂志《豆子的故事》，旨在从听觉、视觉上提升消费者和品牌之间的联系，同时又丰富品牌的内在质感。虽然在快消品高速发展的时代，新品牌之间的模仿成了最有效的竞争力，行业间的竞争不仅把产品搞得同质化，在品牌内容上更是变得千篇一律，但是如果能把这部《全球咖啡经济》放在线下咖啡门店展示，应该会是一道靓丽的风景线。

感谢本书责任编辑胡芸老师对我工作的督促。

一位学者青灯黄卷潜心翻译，就像陈望道翻译《共产党宣言》时吃粽子蘸墨水那样专注，才是真正做学问应有的场景与境界。

是为序。

益智 于浙江财经大学学涯湖畔
2022 年 12 月 28 日

目录

引　言

咖啡与全球发展/001

第一篇　世界咖啡经济的起源

第一章　世界咖啡市场一体化/021

第二章　16—19世纪红海地区的咖啡/051

第三章　留尼汪岛和马达加斯加咖啡生产的起源与发展：1711—1972/071

第四章　非洲和亚太地区的咖啡危机：1870—1914/107

第五章　质量与竞争力的历史建构：咖啡产业链初探/129

第二篇　农民——种族、性别和财产

第六章　爪哇岛的咖啡种植：1830—1917/161

第七章　锡兰（斯里兰卡）咖啡种植园的劳动力、种族和性别：1843—1880/179

第八章　危地马拉的咖啡和当地劳工：1871—1980/199

第九章　自上而下与自下而上的父权制——尼加拉瓜咖啡种植园的债务劳役：1870—1930/217

第十章　尼加拉瓜的小农与咖啡/243

第三篇　咖啡、政治与国家上层建筑

第十一章　墨西哥恰帕斯州的咖啡和再殖民化——印第安人社区与种植园劳动力：1892—1912/265

第十二章　喀麦隆和坦噶尼喀的咖啡生产比较——土地、劳工与政治：1900—20世纪60年代/295

第十三章　越小越好：坦噶尼喀殖民地农民与官僚的共识/323

第十四章　独辟蹊径：哥斯达黎加的商业资本和咖啡生产/347

第十五章　咖啡和里约热内卢经济的发展：1888—1920/373

结论　新见解和一个研究计划/399

附录　1700—1960年咖啡生产和贸易的历史统计数据/427

引言

咖啡与全球发展

我们在早餐桌、书桌或咖啡馆里啜饮的那杯咖啡来自很远的地方。[1]它是在巴西、哥伦比亚、越南、科特迪瓦或五大洲其他100多个咖啡产地之一种植的,这是显而易见的全球化的长期体现。500年来,咖啡一直在热带国家种植,却供不同地区的人消费,通过贸易、投资、移民、征服以及文化和宗教传播,将不同大陆的人们联系在一起。你的杯子里有一个世界的历史。[2]

对世界历史的日益复杂的研究是理解这些过程的一种手段。因此,我们聚集了来自9个国家的学者,一起探讨了过去5个世纪以来在五大洲以及整个印度洋和太平洋的14个国家中的咖啡市场和社会,其中又着重研究了19世纪和20世纪初这一历史时期。我们分析了与经济、政治和文化发展相关的各种问题,以了解它们在过去几个世纪中的不同政治背景下是如何在全球不同地区发挥作用的:商品、劳动力和金融市场的构建和功能,种族、性别和阶级在咖啡社会形成中的作用,技术与生态之间的相互作用,以及殖民大国、民族主义政权以及世界经济力量在促进经济发展和政治民主方面的影响。我们的目标是,本书不仅有助于理解全球咖啡经济,还有助于对世界历史和后殖民时代的展望。

为什么是咖啡?

从咖啡的角度研究更大的理论趋势可能使问题变得模糊,但这不是"咖啡拜物教"的一种表现,也不是为利用"星巴克革命"而变本加厉的努力。由于咖啡在世界经济和数百万人的生活中一直占据着核心和长久性的地位,因此是一种值得去关注的商品。咖啡是香料贸易和重商主义时代的少数遗留物之一,自16世纪以来一直是主要的贸易商品。可以说,它是历史上最具价值的国际贸易农产品之一。它从撒哈拉以南的非洲传播开来,现已在五大洲和许多岛屿的100多个国家生产。尽管糖的部分来自种植甜菜的温带地区,但咖啡生产国一直分布在热带地区,而消费却集中在温带地区。从某种意义上说,是贫穷国家为富裕国家种植咖啡。

咖啡的种植涉及许多殖民地国家,但许多文献尚未将其视为殖民地产品。咖啡从也门、奥斯曼帝国的一些地方传播到其海外属地:荷兰(爪哇岛、苏里南),法国(留尼汪岛、马提尼克岛、瓜德罗普岛、圣多明各、马达加斯加、科特迪瓦、越南、新喀里多尼亚),英国(印度、锡兰、牙买加、肯尼亚、坦噶尼喀、乌干达),葡萄牙(巴西、安哥拉、圣多美),西班牙(新西班牙、古巴、波多黎各、菲律宾),意大利(厄立特里亚),比利时(刚果),德国(坦噶尼喀、喀麦隆、新几内亚),北美(波多黎各、夏威夷)。[3]

尽管殖民地在不断扩张,但恰好与直觉相反的是,自19世纪中叶以来,大多数咖啡是在拉丁美洲的独立国家或地区种植的,而独立国家的主导地位使这些国家的政客可以部分控制世界咖啡市场。19世纪以来,世界咖啡产量大幅度增长,从1906年开始,巴西的价格稳定计划改变了世界咖啡的产量,直到20世纪30年代末,这一计划对咖啡市场产生了深远的影响,并逐渐涉及其他拉丁美洲国家。20世纪60年代,出现了国际咖啡组织(International Coffee Organization,ICO),这是一个由来自世界各地生产和消费国家组成的卡特尔,直至1989年,它仍试图影响世界咖啡的价格。[4]

拉丁美洲的咖啡产量仍然是世界其他地区咖啡产量总和的2倍以上,但非洲和亚洲正在迎头赶上。即使咖啡相对产量在20世纪80年代中期有所下降,但它仍然是7个拉丁美洲国家的主要出口商品,也是另外2个拉丁美洲国家的第二大出口商品,成为迄今为止该大陆最重要的农业出口商品,其总价值仅次于石油,位居第二。[5]然而,就咖啡种植面积而言,非洲现在正接近拉丁美洲,许多非洲国家更依赖咖啡的出口。埃塞俄比亚是世界第五大生产国,科特迪瓦、喀麦隆、乌干达、肯尼亚、坦桑尼亚、卢旺达、布隆迪、刚果和马达加斯加都属于最大的生产国群体。亚洲的部分地区也迅速崛起，尤其是越南、印度、泰国、印度尼西亚和菲律宾。据说非洲和亚洲国家更加重视罗布斯塔（中果咖啡）品种，其价值不及拉丁美洲出产的典型的阿拉比卡咖啡品种。[6]本书通过对来自拉丁美洲、非洲和亚洲（包括印度洋和太平洋）的案例研究，反映出咖啡生产在整个南半球的发展。

但是，为什么要比较这些咖啡生产国家呢？为什么要假设它们之间会有相似之处？这又如何对世界历史提供一些宝贵见解呢？随着人们对"商品链*"（commodity chains）产生了新的兴趣，我们最近都在讨论这种方法的有效性，而不是以国家为中心的更为普遍的观点。[7]这源于卡尔·马克思（Karl Marx）的一个核心观点："当人开始生产自己的生活资料的时候，这一步是由他们的肉体组织所决定的，人本身就开始把自己和动物区别开来。人们生产自己的生活资料，同时间接地生产着自己的物质生活本身……既和他们生产什么一致，又和他们怎样生产一致。因而，个人是什么样的，取决于他们进行生产的物质条件。"[8]咖啡生产不仅仅是为了维持生计，而且很快就成为当地乃至国际交流的一种活动。出口产品成为吸引周边地区进入世界经济的"社会发动机"，特别是从19世纪中叶开始。

尽管现代化和理论家都恰当地强调出口部门的性质决定了国家制度的出现，但是类似的事件推动并不能说明所有社会都一样。这台发动机并不是在驱动一辆社会压路机，而是把所有参与者都压成拼图碎片。当地的社会关系、先前的历史、文化理解和政治力量都对咖啡产生了影响。的确，对咖啡社会的比较研究之所以有用，恰恰是因为它使我们能够了解当地生产者享有的行动自由的程度，以及在制度的多样性和社会关系中所扮演的角色。

---

* "商品链"似乎目前更多地表述为"产业链"。——译者注

关于咖啡的早期观点和政策

最早涉足咖啡行业的那些有文化素养的人认为,咖啡纯粹是用于交换的商品。长达一个半世纪的耕种仅限于也门山区的小型梯田花园,很少有商人来访。因此,阿拉伯人、犹太人、印度人或欧洲商人很少考虑生产系统。咖啡只是商人从中获利、政府从中提取税款的一种资源。就讨论咖啡的社会或政治后果而言,它们是针对消费的。由于在最初的3个世纪中,穆斯林在咖啡传播方面起着最大的作用,因此一个迫在眉睫的问题是,伊斯兰教是允许喝咖啡,还是像禁止喝酒那样禁止喝咖啡?因为对咖啡的喜爱使得这个问题很快得到了解决。一个相关且更持久的问题是,是否应该关闭作为阴谋和颠覆中心的咖啡馆?[9] 后一个问题也出现在欧洲,但西方对消费的怀疑更多的是出于对健康和政治的关心,而非与宗教问题有关。[10]

尽管人们普遍认为欧洲商人和官僚是推动世界咖啡经济增长的引擎,但他们并不是传播这种作物的唯一力量。早在英国人对阿拉比卡咖啡豆感兴趣之前,17世纪的穆斯林朝圣者就在印度种植了阿拉比卡咖啡豆。在17世纪90年代,荷兰从爪哇进口的种苗被吹捧为亚洲季风地区咖啡种植的"起源",但这些种苗是通过穆斯林商人从印度进口的,而不是从也门进口。此外,荷兰人在印度尼西亚种植咖啡的努力很可能早于穆斯林旅行者,尤其是在苏门答腊岛。伊斯兰教在早期咖啡种植方面的专业知识肯定与欧洲人不相上下。当欧洲人在亚洲和太平洋地区引进该作物时,他们通常是罗马天主教的传教士,而不是荷兰东印度公司的人员。[11]

撒哈拉以南非洲是野生咖啡的发源地,有各种各样的物种及其亚种,因此,通过口头传播对环境的深入了解,证明了土著人在咖啡开发的早期阶段的优势。的确,在用烤豆制成的饮料传播之前,咀嚼野生的绿色罗布斯塔咖啡豆就作为结盟的礼节形式,这个地方就是现在的乌干达。[12] 1822年,安哥拉的第一批罗布斯塔咖啡豆出口产品是从野生树木中采摘的,并由非洲人运往海岸。[13]随着咖啡热潮的兴起,安哥拉的非洲人参与了罗安达腹地的荒地清理和改善工作。[14]

随着西方人逐渐成为国际贸易和消费的主导者,咖啡成为近代早期欧洲重商主义分析和政策发展的对象。对"奢侈品"的重税确保了欧洲和北美的消费水平在18世纪末之前仍然相当有限,但足以滋养一项利润丰厚的贸易。由于无法在寒冷的北纬地区种植咖啡,因此它完全在热带殖民地生产,是殖民劳动分工的天然产物,再用大都市的船只运输出口到没有自己殖民地的国家,其中主要是在西方国家消费。[15]随着欧洲人将咖啡种植传播到加勒比海地区,后来又传播到葡萄牙和西属美洲,法国最初从新世界手中夺走了贸易的最大份额,甚至在18世纪之前就已经在近东(Near East)出售加勒比咖啡豆,然而,荷兰人几乎垄断了从亚洲的进口。[16]

一旦在自己的殖民地建立起咖啡种植产业,欧洲人便对生产表现出越来越大的兴趣,主要集中在劳动力招募和控制的强制方法上。荷兰东印度公司在西爪哇强制实行咖啡种植,如果欧洲的价格跌得太低,偶尔会拔掉树木。他们与当地的"摄政人员"签订了交付合同,迫使他们的受检者生产所需的数量。因此,荷兰人把17世纪在香料岛上开发的方法转移到西爪哇的咖啡"花园"。[17]相反,在新大陆和印度洋的移民转移到非洲殖民地,他们已经尝试并测试过制糖。因此,大多数种植咖啡的非洲人在美洲是这样做的,至少在巴西于1888年废除奴隶制之前是这样的。[18]这种对早期劳动制度目光短浅的重复很可能阻碍了生产,因为胁迫方式在没有劳工团体的种植制度中没有真正的优势,而工人的士气低落和怨恨则可能会降低生产率。

自19世纪中叶开始,咖啡种植的激增反映了西方国家随着自由贸易的发展以及城镇、工业和人口的迅速增长,国家的税收大幅度减少。这有助于使咖啡成为北美和欧洲大部分地区(尤其是法国和日耳曼人地区)饮食的主要组成部分。[19]喝茶的英国和俄罗斯以及吃巧克力的西班牙是抵制咖啡上瘾的主要国家,但那也只是部分抵制。此外,咖啡消费在欠发达国家取得了长足的发展,特别是在拉丁美洲的部分地区,咖啡取代了巧克力、瓜拉那、马黛茶和其他传统本地饮料。[20]

巴西是这一巨大繁荣的最大的长期受益者。1791年奴隶叛乱之后,海地的阿拉比卡种植园遭到破坏,给市场留有一个巨大的缺口[21],起初,还有其他竞争者争夺海地作为世界主要出口国的地位。在亚洲,印度尼西亚处于领先地位,锡兰(今斯里兰卡)、印度和菲律宾显示出巨大的潜力。然而,19世纪70年代的咖啡叶锈病给整个旧世界造成了严重破坏,加剧了由于林地狭小而引起的问题。[22]在西班牙裔美国人的生产者中,波多黎各早期就遭受了该岛面积狭小的限制。[23]然而,即使独立后的政治混乱使委内瑞拉在哥伦比亚和中美洲的咖啡采摘速度减慢,但是将生产可可豆的劳动力快速重新分配到咖啡行业,仍然是一种趋势。[24]

巴西咖啡出口的突出地位,加上西方农业经济的发展和自由贸易的兴起,激起了人们对该种作物在经济发展中的地位有限的、有时是简单化的兴趣。劳动力是分析的主要焦点,争论集中在奴隶制的道德和功效上。[25]1888年后,南欧移民取代了奴隶,使移民问题成为咖啡经济的中心问题,尤其是拒绝非洲人或中国人进入该国。[26]

对巴西种植方法的科学分析面临着巨大的障碍。在19世纪,也就是1872年,只有人口普查是可靠的,种植者往往不知道他们拥有多少公顷土地,也不知道在这些公顷土地上种植了多少树木。尽管出版了一些种植者手册,但没有农业学校,第一个实验站直到1887年才成立。咖啡的成功证明了流行谚语"上帝是巴西人"的真理,该国的土壤和气候等自然财富证明了这一点。信贷、土地和劳动力市场几乎没有制度化,个体种植者临时适应当地的具体条件,因为巴西的精英们对城市现代化的兴趣远大于对发展农村的兴趣。的确,征服世界咖啡市场证明他们反复试验的方法已经足够了。[27]

西班牙裔美国人表现出类似的缺乏农业热情和对劳动问题的关注。马蒂亚斯·罗梅罗(Matias Romero)在《墨西哥咖啡生产手册》的第二版序言中指出,当他于1878年首次出版该手册时,只售出了两三本。[28]实际上,此类手册经常在欧洲出版并出口至拉丁美洲。尽管当地精英在塑造当地劳动力体系方面颇具影响力,但中美洲各国政府主要还是通过执行劳役偿债制来参与咖啡经济。[29]玛雅人被迫进入危地马拉和墨西哥的咖啡田,而在尼加拉瓜,市场力量被证明比哄骗美国印第安人和其他人参与咖啡经济要强大得多。[30]

劳动力再次成为亚洲和非洲殖民地的关注中心,由于咖啡是荷兰"种植体系"的关键,因此从1832年开始便强制向印度尼西亚输送咖啡,即"荷兰漂浮的软木塞"。直到1860年,仅咖啡一项就提供了不公正制度下政府收入的82%,而糖在19世纪40年代中期是一种亏损的作物。[31]关于对这种现代化和强化的强制种植体系的道德和功效的讨论一直持续到1870年,最终决定向欧洲庄园逐渐过渡。即便如此,强制咖啡种植的逐渐减少一直持续到第一次世界大战。此时,咖啡叶锈病的消失已经大大降低了咖啡的经济意义,小农经济的成功也引发了关于如何选择种植园来实现经济增长的棘手问题。[32]

葡萄牙和法国殖民地更依赖于欧洲种植园的强迫劳动,尽管在20世纪20年代之前,东帝汶的葡萄牙人还复制了他们荷兰邻居的强制种植方法。[33]奴隶制问题在安哥拉最为严重,直到1910年才有所好转。此外,葡萄牙人用强迫劳动代替奴隶制,引发了重大的国际丑闻,直到该制度最终于1962年结束。[34]马达加斯加和科特迪瓦的法国咖啡种植者对奴隶制的诉求不同,但直到1946年,他们都依靠国家强迫的劳工。[35]

英国人是自由殖民主义的"旗手",尽管他们在19世纪初期在锡兰短暂地采用强迫咖啡种植,但他们憎恶胁迫工人,加之由于印度和锡兰的政府长期以来对这种正式的自由劳动制度中的各种弊端视而不见,于是如何说服泰米尔人从印度南部季节性迁徙到锡兰的咖啡种植园就成为一个大问题。[36]在肯尼亚,为了保护欧洲定居者,英国禁止非洲种植阿拉比卡咖啡,尽管这并未扩展到其他领土。[37]

尽管他们对劳动力的关注压倒一切,但旧世界的一些殖民地精英对咖啡种植技术的兴趣远高于拉丁美洲的同行。在印度尼西亚,热带种植农学在印度尼西亚发展得最为迅速,因此荷兰人在这里帮助土著小农开展农学研究,而欧洲种植者则联合起来为每种主要农作物创建了自己的研究所[38],这项工作通过开发新的甘蔗品种,彻底改变了世界各地的蔗糖种植。[39]然而,尽管有一些有价值的出版物,但咖啡生产似乎并没有取得任何突破。[40]其他殖民主义大国也对热带农业进行了调查,其结果被纳入《帝国公报》(Bulletin of the Imperial Institute),以及研究所和各种热带农业国际大会的议事录。尽管如此,一个著名的权威机构在 1951 年指出:"据说在过去的 150 年中,咖啡生产方法没有发生重大变化。"[41]

战后发展经济学对咖啡的 10 个命题

第二次世界大战后,随着速溶咖啡的普及并开辟了新的市场,长期的资本主义繁荣增加了收入,咖啡的销售发生了巨大的飞跃。[42]速溶咖啡还提高了罗布斯塔的利用率,为非洲和亚洲劣质咖啡豆生产商开辟了空白市场。[43]少数西方大型烘焙公司同时加强了对咖啡市场的控制,从而决定了所需的咖啡类型。[44]

在殖民地时期和后殖民地时期的非洲和亚洲,国家对小农经济的控制明显增加,几乎在所有地方,豆类的买卖都落入了州销售委员会的手中。独立后,这些机构不仅得到维持,而且还扩大了。特别具有影响力的是科特迪瓦的稳定基金(Caisse de Stabilization),迅速成长为非洲最大的咖啡生产商之一。在为小农提供短期价格稳定的同时,营销委员会迅速演变成了苛捐杂税和腐败遍地的温床。[45]与此同时,许多新独立的政府将种植园收归国有,例如在印度尼西亚和越南北部,但这导致咖啡产量急剧下降。[46]

在这种情况下,发展经济学作为一个全球性的学术流派应运而生。它以非洲和亚洲的独立斗争、拉丁美洲的民族主义和民粹主义社会运动、共产主义和法西斯政权的独裁主义、国家主导的西方对大萧条的反应以及国家权力的扩张为标志,在世界大战期间蔓延到了全世界。因此,国家把它当作改善经济的重要工具。与此同时,由哈罗德·英尼斯(Harold Innis)和加拿大的一些主流学派发起的关注特定作物的经济影响日益受到重视。[47]

阿尔伯特·赫希曼(Albert Hirschman)通过强调联系而摆脱了主流理论。不同的商品具有不同的传播效应和社会后果,甚至可能产生不同的经济后果。因此,他认识到咖啡具有自己的生命和可能性,这些是商品的植物学和生产过程的基础,而不是由世界经济和一般的经济规律强加的。实际上,赫希曼认为,咖啡生产和加工的性质可能刺激了本地企业家精神和产业发展,而不仅仅是殖民或新殖民地的剥削。[48]因此,作物的性质及其内部需求和联系自然就成为发展经济学和政府计划的核心原则。

许多研究拉丁美洲发展的学者将这些新理论应用到咖啡出口经济中,从而出现了一系列经典的概括。因为当时拉丁美洲的咖啡产量仍占到世界总产量的3/4以上,所以学者们倾向于忽略旧世界。此外,随着独立运动在亚洲和非洲的蔓延,新政府的精英们经常参考拉丁美洲的理念,尤其是依赖理论而阐述的观点。尽管这些研究不一定系统地探讨了咖啡和发展之间的关系,但从中仍可以得出10个隐含命题。

1. 咖啡主要是在大片土地上种植的。这些土地反过来又被概念化为殖民地遗产,或者作为19世纪自由分配公共"荒地"和土著公司财产的结果。因此,大农场主或大种植园主是最重要的咖啡生产商,种植通常由种植园主及其监督人在私有土地上指导。

2. 即使造成土地社会分配不均的力量被削弱或消失,规模经济仍然可以解释大生产单位持续存在的可能性。尽管咖啡种植技术不是特别复杂,但仍然是农民们无法企及的。一些国家或地区的研究将咖啡种植与小农户联系在一起,如安蒂奥基亚(哥伦比亚)、哥斯达黎加和多米尼加共和国。但是,即便在这些案例中,也有学者强调咖啡规模化种植的最佳特征。

3. 咖啡是一种边疆拓种作物,已经扩展到"原始"土地(处女地),因此不存在机会成本。的确,向边疆"进军"也带来了额外的好处,那就是将"空地"纳入了文明世界。

4. 出口驱动带来了单一文化的专业化。食品必须从别人那里购买,工人中的营养不良现象非常普遍。单一栽培也增强了应对世界市场波动的脆弱性。

5. 农业工人被假定为是男性,在文化上属于多数群体,至少在奴隶制结束后是这样。人们很少关注性别、文化或种族。土著居民要么被边缘化,要么被咖啡的进步所同化。

6. 咖啡工人经常被视为潜在的革命者。他们受到胁迫,最初是通过奴隶制,后来又通过政府强制,但由于参与种植经济作物使他们作为农村无产阶级进入了国民经济,更广泛地说,是进入了国民生活。但是,一些学者认识到,有效的土地改革可能会削弱革命的热情。[49]

7. 很少有人注意中间机构的作用,部分原因是大的生产单位比小农场"内部化"具有更多的商业和服务功能。就中间商而言,他们被视为外国人,是反对国民经济真正发展的同谋。这支持了营销委员会在大部分热带地区的扩展,即使这些组织是在非合法的公共机构,如哥伦比亚的全国咖啡联合会。

8. 人们认为,技术上成熟的咖啡种植者和商人比内部导向的咖啡种植者和自给自足的农民更进步,这与前资本主义殖民传统有关。出口商之所以进步,是因为他们对保护财产权和资本积累的法律框架感兴趣,并且在建设运输基础设施以及最终建立有薪劳动力中发挥了作用。

9. 作为这种进步经济作用的一个特别重要的例子,人们认为咖啡生产者是最有可能煽动工业化的生产者,被认为是发展的"试金石"。圣保罗(巴西)、安蒂奥基亚(哥伦比亚)和萨尔瓦多的案例证明了这一点。但是,这里存在的一个不同观点是,极端的依附主义者认为在这种情况下无法进行"真正的"工业化。

10. 从经济领域延伸出来,咖啡种植者也被认为建立了自由民族国家,并为陷入困境的精英阶层带来了政治和平。然而,由于"咖啡共和国"是由主张自由放任和自由贸易的种植园主阶级经营的,因此政府在咖啡经济中发挥的直接作用很小。由于专注于研究拉丁美洲,因此殖民国家也就不在本书分析范围之内。

可以肯定的是,基于政治观点、所考察的时间段以及有关领域,所有这些主张都存在分歧。尽管如此,我们的观点是,大多数拉丁美洲的学者会大致上同意这些特征,并且很多这样的想法也被其他热带地区的学者所接受。[50]

新方向

在过去的几十年,尤其是在最近的几年中,以上10个命题受到了来自许多方面的质疑。[51]当前对出口社会的总体概念,特别是咖啡社会,已经提炼、限定甚至抛弃了前面10个命题中的大多数。在拉丁美洲的背景下,许多早期的概括被认为更适用于糖和香蕉,而不是咖啡,其中一些领先学者的重新评价对这一研究有很大的帮助。特别是,讨论的重点已经从侧重于精英和资本积累的国民经济增长和政治结构转移到更加强调初级生产者的社会条件。

对于旧世界咖啡社会研究的整合扩展了重新评估的过程。这是试图在清晰的历史框架内进行这样综合的第一步,非洲和亚洲社会科学经验的比较也为拉丁美洲带来了新的曙光[52],非洲和亚洲小农的耐力和生产力对基于所谓的规模经济和大型种植园的规范性的模式提出了挑战。[53]经济作物和粮食作物的广泛混种表明,单一种植更多的是一种选择,而不是自然发展,并对大种植园主作为所谓进步农学家的观点提出了挑战,对土著居民的压力破坏了人们认为在咖啡发展之前森林是空旷的假设。关于砍伐原始森林的生态后果的警告呈现出世界末日基调,对农业方式的兴趣正在增长。复杂的劳动力系统表明"工资工作"并不是标准,而将焦点转向作为灵活有效合同的合伙种植和租赁。许多妇女和儿童从事咖啡劳动,有助于维持和发展统治精英以外的文化。继非洲大多数国家的营销委员会遭受灾难性失败之后,商业中介机构被迫站在分析的前沿。在安哥拉和肯尼亚的类似案例中,工业化是建立在大地主的咖啡利润基础上的,但是小农经济需要不同的模式。最后,旧世界殖民主义及其后果所呈现出的政治背景与拉丁美洲的研究有所不同。

小微机构因此成为新的关键词,与落后、压迫和受害的早期看法形成了鲜明对比。妇女和儿童同时也受到更多关注。因此,在尼加拉瓜,财产价值的上升导致政府当局就原来的道德问题进行立法,以决定谁有权拥有、继承或放弃财产。[54]由于阻力和权力不一定是结构性的和公开政治性的,而是细水长流的润物无声形式,因此地方文化已成为一个关键问题,那么对地方阻力的微观研究则揭示了一个比鹰眼结构主义方法更复杂多样的故事,概括也就变得更加困难。

与此同时,随着民族主义和地区主义问题再次引起人们的关注,历史学家看到农民不仅在各地英勇抵抗并创造自己的社会空间,而且参与国家的形成以及区域和民族身份的完善。[55]在中美洲北部,土著居民长期以来一直被视为边缘人,因此这使得他们对非拉丁裔文化产生了新的兴趣。[56]种植经济作物的农民对于亚洲和非洲的反殖民动员来说至关重要,尽管他们经常是后殖民时期的主要受害者。[57]

通过利用国际和跨学科研究者在这些问题上的渊博知识,我们希望推动对公认智慧进行重新评估的进程,从而提出新的有限的概括和分析类别,并为今后的研究制定新的框架。在本书的结论中,我们综合了更多学者的宝贵建议,对以上10个命题进行了初步修订,并在上述简短评论的基础上予以扩展。

致 谢

以下 15 章内容始于 1998 年 9 月 10—12 日在牛津大学圣安东尼学院举行的第一次国际会议上,与会者探讨了咖啡在全球范围内对社会和经济发展的影响。会议聚集了 25 位历史学家,以及来自五大洲 12 个国家的人类学家、经济学家、农学家和政治学家。他们将自己的专业知识汇集于全球 20 多个最重要的咖啡种植国,并仔细研究了适用于世界咖啡经济的各种理论。[58]

我们非常感谢:CANA 基金会的资助和其他物质支持;伦敦大学东方与非洲研究学院;加州大学欧文分校,尤其是人文系主任凯伦·劳伦斯(Karen Lawrence);英国科学院;牛津大学罗兹旅行基金会主席威廉·贝纳特(William Beinart)教授以及牛津大学巴西研究中心主任莱斯利·贝瑟尔(Leslie Bethell)

教授。伦敦国际咖啡组织及其董事塞尔西乌斯·洛德(Celsius Lodder)也给予我们有益的鼓励。

注释:

〔1〕Topik的部分贡献发表在"Coffee Anyone? Recent Research on Latin American Coffee Societies," *Hispanic American Historical Review* (May 2000): 225-66。
〔2〕Steven C. Topik, "Coffee," in K. Kipple, ed., *The Cambridge History of Food and Nutrition* (New York: Cambridge University Press, 2000), pp. 641-53.
〔3〕Frédéric Mauro, *Histoire du café* (Paris: Editions Desjonquères, 1991); A. E. Haarer, *Modern Coffee Production* (London: Leonard Hill, 1956), ch. 1; G. Wrigley, *Coffee* (Harlow: Longman, 1988).
〔4〕Robert H. Bates, *Open-Economy Politics: The Political Economy of the World Coffee Trade* (Princeton: Princeton University Press, 1997); V. D. Wickizer, *The World Coffee Economy, with Special Reference to Control Schemes* (Stanford: Food Research Center, 1943); Edmar Bacha and Robert Greenhill, *Marcellino Martins and E. Johnston, 150 anos de café* ([Rio de Janeiro]: Marcellino Martins and E. Johnston Exportadora Ltds., 1992); Topik Chapter 1.
〔5〕Victor Bulmer-Thomas, *The Economic History of Latin America since Independence* (Cambridge: Cambridge University Press, 1994), p. 9.
〔6〕Gregory Dicum and Nina Luttinger, *The Coffee Book: Anatomy of an Industry from Crop to the Last Drop* (New York: New Press, 1999), pp. 41, 42; J. de Graaff, *The Economics of Coffee* (Wageningen: Pudoc, 1986).
〔7〕G. Gereffi and M. Korzeniewicz, eds., *Commodity Chains and Global Capitalism* (Westport: Greenwood Press, 1994); A. Appadurai, ed., *The Social Life of Things: Commodities in Cultural Perspective* (Cambridge: Cambridge University Press, 1988); Steven Topik and Allen Wells, eds., *The Second Conquest of Latin America: Coffee, Henequen, and Oil during the Export Boom, 1850-1930* (Austin: University of Texas Press, 1998); William G. Clarence-Smith, *Cocoa and Chocolate, 1765-1914* (London: Routledge, 2000); William G. Clarence-Smith, *Cocoa Pioneer Fronts since 1800: The Role of Smallholders, Planters, and Merchants* (New York: St. Martin's Press, 1996).
〔8〕Karl Marx, "The German Ideology," in Loyd D. Easton and Kurt H. Guddat, eds., *Writings of the Young Marx on Philosophy and Society* (Garden City, N.J.: Anchor Books, 1967), p. 409.
〔9〕Tuchscherer, Chapter 2; Ralph Hattox, *Coffee and Coffeehouses: The Origins of a Social Beverage in the Medieval Near East* (Seattle: University of Washington Press, 1985); Antoinette Schnyder-von Waldkirch, *Wie Europa den Kaffee Entdeckte* (Zurich: Jacobs Suchard Museum, 1988).
〔10〕Wolfgang Schivelbusch, *Tastes of Paradise: A Social History of Spices, Stimulants, and Intoxicants*, trans. by David Jacobsen (New York: Vintage Books, 1993); Andrew Barr, *Drink: A Social History* (London: Pimlico, 1998).
〔11〕William G. Clarence-Smith, "The Spread of Coffee Cultivation in Asia, from the Seventeenth to the Early Nineteenth Century," in Michel Tuchscherer, ed., *Le Commerce du café avant l'ère des plantations coloniales* (Cairo: Institut Français d'Archéologie Orientale, 2001), pp. 371-84.
〔12〕Haarer, *Modern Coffee Production*, p. 1.
〔13〕Joaquim António de Carvalho e Menezes, *Memória geográphica e política das possessões portuguezas n'Africa occidental* (Lisbon, 1834), p. 20.

〔14〕David Birmingham, "The Coffee Barons of Cazengo," *Journal of African History* 19, no. 4 (1978): 523–38, reprinted in David Birmingham, *Portugal and Africa* (Basingstoke: Macmillan, 1999).
〔15〕Simon Smith, "Sugar's Poor Relation: Coffee Planting in the British West Indies, 1720–1833," *Slavery and Abolition* 19, no. 3 (1998): 68–9.
〔16〕Tuchscherer, Chapter 2; Clarence-Smith, "The Spread of Coffee Cultivation."
〔17〕M. R. Fernando and William O'Malley, "Peasants and Coffee Cultivation in Cirebon Residency," in Anne Booth et al., eds., *Indonesian Economic History in the Dutch Colonial Era* (New Haven: Yale University Press, 1990), pp. 171–86; Peter Boomgaard, *Children of the Colonial State; Population Growth and Economic Development in Java, 1795–1880* (Amsterdam: Free University Press, 1989), pp. 19, 30–1; F. de Haan, *Priangan: De Preanger-Regentschappen onder het Nederlandsch bestuur tot 1811* (Batavia: Bataviaasch Genootschap van Kunsten en Wetenschappen, 1910–12).
〔18〕Mauro, *Histoire*, chs. 5 and 10.
〔19〕Topik, Chapter 1; Barr, *Drink*, pp. 5–6; John Burnett, *Liquid Pleasures, a Social History of Drinks in Modern Britain* (London: Routledge, 1999).
〔20〕Clarence-Smith, *Cocoa and Chocolate*, chs. 2–3.
〔21〕Michel-Rolph Trouillot, "Motion in the System: Coffee, Color, and Slavery in Eighteenth-Century Saint-Domingue," *Review* 3 (Winter 1982): 331–88.
〔22〕Clarence Smith, Chapter 4.
〔23〕L. W. Bergad, *Coffee and the Growth of Agrarian Capitalism in Nineteenth Century Puerto Rico* (Princeton: Princeton University Press, 1983).
〔24〕R. Cartay, *Historia económica de Venezuela, 1830–1900* (Valencia: Vadell Hermanos, 1988); William Roseberry, *Coffee and Capitalism in the Venezuelan Andes* (Austin: University of Texas Press, 1983); Marco Palacios, *El Café en Colombia, 1850–1970* (Mexico City: El Colegio de Mexico, 1983); United States, *Cultivation of, and Trade in, Coffee in Central and South America* (Washington, D.C., 1888); 50th Congr., House of Representatives, 1st sess., Consular Reports on Commerce etc., no. 98.
〔25〕Joaquim Nabuco, *O abolicionismo* (London: Kingdon, 1883).
〔26〕Thomas Holloway, *Immigrants on the Land: Coffee and Society in São Paulo, 1886–1934* (Chapel Hill: University of North Carolina Press, 1980); George Reid Andrews, *Blacks and Whites in São Paulo Brazil, 1888–1988* (Madison: University of Wisconsin Press, 1991).
〔27〕Franz W. Dafert, *Über die Gegenwartige Lage des Kaffeebaus in Brasilien* (Amsterdam: J. H. de Bussy, 1898), and *Principes de Culture Rationnelle du Café au Brésil* (Paris: Augustin Challand, 1900). See also Warren Dean, *Rio Claro: A Brazilian Plantation System, 1820–1920* (Stanford: Stanford University Press, 1976); Warren Dean, *With Broadax and Firebrand* (Berkeley: University of California Press, 1995); Stanley Stein, *Vassouras* (Cambridge, Mass.: Harvard University Press, 1958); Steven Topik, "Representações nacionais do cafeicultor: Ze Prado e Juan Valdez," *Revista Brasileira de História* 15, no. 29 (1995): 157–72.
〔28〕Matias Romero, *Coffee and India-Rubber Culture in Mexico* (New York: G. P. Putnam's Sons, 1898), p. v.
〔29〕Mario Samper Kutschbach, "Modelos vs. practicas: Acercamiento inicial a la cuestión tecnológica en algunos manuales sobre caficultura, 1774–1895," *Revista de Historia* (Costa Rica) 30 (July-December 1994): 11–40; Carlos Naranjo G., "La Primera modernizacion de la caficultura costarricense, 1890–1950," *Revista de Historia* (Costa Rica) 36 (July-December 1997): 79–106.
〔30〕Rus, McCreery, Dore, and Charlip, Chapters 8–11.
〔31〕Cornelis Fasseur, *The Politics of Colonial Exploitation: Java, the Dutch and the Cultivation System* (Ithaca: Cornell University, 1992), pp. 32–6, 151, and 221.

〔32〕William G. Clarence-Smith, "The Impact of Forced Coffee Cultivation on Java, 1805–1917," *Indonesia Circle* 64 (1994): 241–64.

〔33〕William G. Clarence-Smith, "Planters and Smallholders in Portuguese Timor in the Nineteenth and Twentieth Centuries," *Indonesia Circle* 57 (1992): 15–30.

〔34〕James Duffy, *A Question of Slavery* (Cambridge: Harvard University Press, 1967); Birmingham, "The Coffee Barons"; [William] G. Clarence-Smith, *The Third Portuguese Empire, 1825–1975, a Study in Economic Imperialism* (Manchester: Manchester University Press, 1985), pp. 107–8, 139–41, 183, 215.

〔35〕H. Fréchou, "Les Plantations européennes en Côte d'Ivoire," *Cahiers d'Outremer* 8, no. 29 (1955): 56–83; Campbell, Chapter 3.

〔36〕Kurian, Chapter 7.

〔37〕Paul Mosley, *The Settler Economies: Studies in the Economic History of Kenya and Southern Rhodesia, 1900–1963* (Cambridge: Cambridge University Press, 1983); C. C. Wrigley, *Crops and Wealth in Uganda: A Short Agrarian History* (London, 1959); Curtis and Eckert, Chapters 12 and 13.

〔38〕C. J. J. van Hall and C. van de Koppel, eds., *De Landbouw in de Indische archipel* (The Hague: W. van Hoeve, 1946–50).

〔39〕William K. Storey, *Science and Power in Colonial Mauritius* (Rochester, N.Y.: University of Rochester Press, 1997).

〔40〕J. Hagen, *De Koffiecultuur* (Haarlem: H. D. Tjeenk Willink and Zoon, 1932); A. J. Ultée, "Koffiecultuur der ondernemingen," in Hall and Koppel, eds., *De landbouw*, vol. 2b, pp. 7–88; B. H. Paerels, "Bevolkingskoffiekultuur," in Hall and Koppel, eds., *De Landbouw*, vol. 2b, pp. 89–119.

〔41〕V. D. Wickizer, *Coffee, Tea and Cocoa* (Stanford: Food Research Institute, 1951), p. 36.

〔42〕Jean Heer, *World Events, 1866–1966: The First Hundred Years of Nestlé* (Lausanne: Imprimeries Réunies, 1966), ch. 19.

〔43〕Graaff, *The Economics of Coffee*, p. 49.

〔44〕Topik, Chapter 1.

〔45〕Robert H. Bates, *Markets and States in Tropical Africa: The Political Basis of Agricultural Policies* (Berkeley: University of California Press, 1981).

〔46〕Robert McStocker, "The Indonesian Coffee Industry," *Bulletin of Indonesian Economic Studies* 23, no. 1 (1987): 40–69.

〔47〕John Richards, "The Staple Debates," in Cameron Duncan, ed., *Explorations in Canadian Economic History: Essays in Honour of Irene Spry* (Ottawa: University of Ottawa Press, 1985), pp. 45–72.

〔48〕Albert Hirschman, "A Generalized Linkage Approach to Development, with Special Reference to Staples," *Economic Development and Cultural Change* 25 (1977, supplement): 67–98.

〔49〕Charles Bergquist, *Labor in Latin America* (Stanford: Stanford University Press, 1986).

〔50〕George Beckford, *Persistent Poverty: Underdevelopment in the Plantation Economies of the Third World*, 2nd ed. (London: Zed Press, 1983).

〔51〕Steven Topik, "Coffee, Anyone? Recent Research on Latin American Coffee Societies," *Hispanic American Historical Review* 80, no. 2 (2000): 225–66.

〔52〕J.-C. Tulet et al., eds., *Paysanneries du café des hautes terres tropicales* (Paris: Karthala, 1994); Ministère de la Coopération, *Cafés, études de cas sur la compétitivité des principaux pays producteurs* (Paris, 1994); Wrigley, *Coffee*.

〔53〕John Tosh, "The Cash-Crop Revolution in Tropical Africa: An Agricultural Reappraisal," *African Affairs* 79 (1980): 79–94.

〔54〕Dore, Chapter 9.

〔55〕Aviva Chomsky and Aldo Lauria-Santiago, eds., *Identity and Struggle at the Margins of the Nation-State: The Laboring Peoples of Central America and the Hispanic Caribbean* (Durham, N.C.: Duke University Press, 1998); Aldo A. Lauria-Santiago, *An Agrarian Republic: Commercial Agriculture and the Politics of Peasant Communities in El Salvador, 1823–1914* (Pittsburgh: University of Pittsburgh, 1999); Florencia Mallon, *Peasant and Nation: The Making of Postcolonial Mexico and Peru* (Berkeley: University of California Press, 1995); Jeffery Paige, *Coffee and Power* (Cambridge, Mass.: Harvard University Press); Mario Samper K., *Producción cafetalera y poder político en Centroamérica* (San José, C.R.: Colección Ruedo del Tiempo, 1998); Robert Williams, *States and Social Evolution: Coffee and the Rise of National Governments in Central America* (Chapel Hill: University of North Carolina Press, 1995). Also see Steven Topik's review of four regional studies, "Mexico's Southern Liberals in the Post-Independence Decades," in *Mexican Studies/Estudios Mexicanos*, in press.

〔56〕Rus and McCreery, Chapters 8 and 11.

〔57〕Bates, *Markets and States*.

〔58〕除了本书各位作者的贡献，我们还受益于 Abdussamad H. Ahmad、Robert Greenhill、Birgitte Holten、Nancy Naro、Jeffrey Paige、Renato Perissinoto、François Ruf、Charles Schaeffer 和 Robert Williams 在牛津会议上的深刻陈述和评论。

【作者】 Steven Topik and William Gervase Clarence-Smith

第一篇

世界咖啡经济的起源

第一章 世界咖啡市场一体化

对咖啡的研究常常能使国际市场具体化,它被视为一种外来力量,强加于当地生产者,生产者们除了服从命令之外无能为力。"供求法则"被视为结构性的独裁者。生产过程变化(生产者剩余)、消费模式变化、商业中介机构变化等引起的需求变化在很大程度上引发了广泛的争论。过去的几个世纪中,是谁在产业链中控制价格?这种情况是否有所变化呢?[1]

第二个问题是,如何建立国际标准和等级?它可能只是之前问题的技术附属问题,实际上却是核心问题。商品的同质性如何?国际上是否有统一的定义?人们说的"咖啡"是一个意思吗?

本章通过提出以下问题,分析了咖啡从阿拉伯的垄断产品到成为欧洲殖民产品,再到成为拉丁美洲民族国家维持生计的产品,最后成为全球生产的跨国商品的转变:(1)改变需求和生产模式在转型市场中的相对重要性是什么?或者说,文化和技术在推动变革中的相对作用是什么?(2)私人与公共行为者在创造市场方面的相对角色是什么?(3)是什么力量推动了标准化、分级和其他市场惯例?(4)在一个由供求关系决定商品价格的国际市场上,咖啡的价格是否与其供求相匹配呢?(5)生产者、消费者和中间商在商品产业链中的相对作用是什么?

几个世纪以来,咖啡一直是世界上最有价值的国际贸易商品之一。在早期现代奢侈品的长途贸易中,咖啡就已经成为少数重要的贸易商品之一,直到今天它仍是重要的贸易商品。但是,我们不应该把"咖啡市场"具体化,而应该把它看作一个连续的、同质的制度,国际市场的特点是激进的分裂和根本的转变。咖啡持续享有重要的国际地位,因为它对消费者吸引力的性质已经转变,以适应过去几个世纪中主要购买者的显著变化。咖啡的"社会生活"对生产者和消费者的意义也发生了变化。随着时间的推移,咖啡消费变得越来越细分,要在奢侈品和必需品之间取得平衡。咖啡的生产地也明显从中东转移到亚洲和拉丁美洲,现在又越来越多地转移到亚洲和非洲。

在过去的 5 个世纪中,国际咖啡市场的性质发生了巨大变化。对这个市场的控制也是如此。例如,在 16 世纪从生产者转移到出口商,在 19 世纪转移到进口商,在 20 世纪转移到烘焙者以及国家和国际政府机构,最后转移到今天的一些垂直整合型的跨国公司。简单地说,"市场"或"市场力量"就是忽视该市场不断发展的性质以及人类在创造市场过程中的作用。但事实是,90%以上的咖啡是由相对贫穷的热带国家出口的,而 90%的咖啡则是由富裕的温带国家进口的。(一个显著的变化是,生产国消耗了越来越多的农作物种植份额,尤其是在拉丁美洲。)

很多关于咖啡的历史把咖啡视为一种基本统一的、没有问题的商品。的确,关于咖啡发展的最常见的故事起源于埃塞俄比亚,并传到了也门。据说,一株也门的幼苗被荷兰人偷到爪哇去种植,这株幼苗借道阿姆斯特丹,从那里到巴黎,再到马提尼克岛,因此,马提尼克树被认为是所有拉丁美洲咖啡的"母亲",是埃塞俄比亚咖啡的"直系后裔"。这个故事的杜撰者是国际贸易商和大型烘焙商的不知情的助手,他们对一种单一品种的咖啡有着既得利益。弗兰克·佩林(Frank Perlin)在讨论棉花时指出,尽管在田间生产了"惊人多的品种",但市场的需求使品种变得日趋减少:

> 成千上万的田间品种名称,在当地市场上数量却要少很多(但仍很惊人),而当仍未加工的棉花到达伦敦、波尔多或阿姆斯特丹时,高度通用化的、通常是区域性的名称和顺序分级符号相对较少地……会被记录在 18 世纪和 19 世纪初的报纸的报价中。[2]

咖啡面临类似的情况,因为市场创造了少量的类别和等级。但是,随着时间的推移,其轨迹有所不同,因为在通常情况下,商业品种和市场类别的数量有增无减。也就是说,咖啡的生产和消费反映的是分散的特征,而非趋同。这是因为，与大多数普通食品不同，咖啡是一种亚热带奢侈品，更多的是用来出口而非国内消费。因此，特别是在最初的历史时期，差异化比同质化更为重要。

它的传播比官方报道的更加混乱。正如坎贝尔（Campbell）和克拉伦斯-史密斯（Clarence-Smith）在本书中所描述的那样，印度、留尼汪岛（原波旁岛）、毛里求斯和荷兰圭亚那岛（今天的苏里南）在咖啡的早期传播中发挥了重要作用。在19世纪末引入了新的非洲物种（罗布斯塔和利比里卡咖啡），并于20世纪种植了新的阿拉比卡品种和杂交品种。

这些变化不仅仅是人类智慧和意志的结果。植物学阻止了许多交易者所希望的国际同质化。咖啡树对土壤和气候条件非常敏感，因此即便是同一品种，在邻近地区的味道或外观也会有很大的差别，其附近地区品种的味道或外观也会有很大差异；就像葡萄那样，同一棵树每年的产量也有很大的差别。由于咖啡树是从种苗长大而来，也就是说，它是有性繁殖的，所以会发生突变。这些在自花授粉的阿拉比卡树中不如在交叉授粉的罗布斯塔树中常见。农民在选择种子播种时，又进一步扩大了这种变化。

市场不仅由客观不同的咖啡豆供应构成，还要接受商家和消费者的主观感受，在商品上加盖了自己的印记。分级和标准化的过程是一个需要智慧的过程，人们（主要是商家）会创建咖啡类别，然后喝咖啡的人对此做出回应。制定咖啡的国际标准是一个缓慢而复杂的过程，差异化在商业上很重要，因为与其他原材料和食品（例如谷物和糖）相比，消费者更了解咖啡类型的差异。不能像糖（甜味）、金属（化验）或棉花（纤维强度和长度）那样对咖啡的本质进行机械测试。[3] 咖啡的外观和味道是关键，作为一种很少使用添加剂的饮料，消费者对质量非常敏感，并且对口味也很挑剔。在利润更高的奢侈品市场尤其如此——这是大约两个世纪以来欧洲的主要市场，在这个市场上，"优质"咖啡被用作社会地位的标志。但正如桑佩尔（Samper）在这本书中所指出的，质量是一个由历史和地区因素决定的类别，几个世纪以来，它发生了显著的变化。

起 点

通常认为,自从苏菲派穆斯林的也门人开始生产咖啡时,咖啡才进入人类的历史。尽管咖啡原产于当今的埃塞俄比亚和中非,但直到 20 世纪,阿比西尼亚的基督教徒们才开始饮用咖啡。显然,生产咖啡的能力并不是将其转化为商品的关键,文化同样重要。但是,穆斯林大概在 15 世纪将这种饮料引入了哈勒尔(今埃塞俄比亚的一部分)。正如图奇斯切尔(Tuchscherer)在其章节中所解释的那样,阿拉比卡咖啡在阿比西尼亚(利比里亚的利比里卡和刚果的罗布斯塔)继续原生生长,但由于市场经济规模小,且与该饮料相关的邻近穆斯林怀有极大的敌意,因此阿比西尼亚人既不采摘也不喝咖啡。[4]

对咖啡的喜好也不是成为主要出口国的必要条件。咖啡之所以与众不同,是因为它在 15 世纪获得人类喜爱后很快就被生产出来用于交换而不是使用。通常,食物是由它们的种植者或生产者最先消费的,开始是贸易顺差,然后才生产商品以便于同他人交换,然而,咖啡却很快成为一种出口商品。对于出口贸易而言,幸运的是,中东的穆斯林喜欢从这种植物核心坚硬且相对不易腐烂的咖啡豆中提取富含咖啡因的饮料,因为这些咖啡豆可以很容易经受长途运输[5],也门人用更容易腐烂的咖啡豆果肉泡茶,而不是用咖啡豆。事实上,现在的也门人更喜欢阿拉伯茶叶而不是咖啡,也可能他们从来就没有特别喜欢过咖啡,这开创了南方生产商和北方消费者的先例。与大多数其他粮食作物不同,它们在很大程度上是在生产国消费,而且与咖啡不同,它们营养丰富。甚至主要的饮料——葡萄酒、啤酒和牛奶——也都是有营养的。[6]从这个意义上讲,咖啡在其历史早期就是一种面向出口市场的商品。最初,咖啡具有相对统一的生产价格,该价格主要由生产国决定,因为咖啡在其作为商品的前 3 个世纪中,几乎都在也门和埃塞俄比亚进行商业生产。尽管事实上也门存在 3 种不同的阿拉比卡品种,但这些差异显然并未反映在市场上。埃塞俄比亚和哈拉尔咖啡经常作为也门的"摩卡咖啡"来出售。

但是，在不同的消费国的咖啡价格差异很大，这在部分程度上是基于植物学的原因：阿拉比卡咖啡在产量上有着很大的差异。像所有植物一样，不仅降雨量、土壤肥沃程度和日照的年际差异转化为可变的产量，而且由于未知原因，咖啡树偶尔会出奇地丰收，而处于"休息"状态的咖啡树产量则会低于平均值。由于咖啡树的周期有 2 年和 7 年之分，因此自然生产水平也会存在很大的波动。

这个问题是可以解决的，就像在 19 世纪末那样，因为生产和经销商规模小且分散，资本不足，运输条件差且价格昂贵，而有了仓库之后便可以把咖啡长期存储起来。与此相关的是，早期咖啡商人希望通过利用供应的波动性来赚取垄断租金，而不是通过抑制波动来寻求大众市场。即使他们想控制这个小市场——18 世纪在也门每年仅生产 12～15 吨——商业资本也受到农民生产力不稳定的影响，他们根据价格或对金钱的需求将少量咖啡带到市场。[7] 也门的咖啡是农民在小菜园中种植的，他们在咖啡树之间和旁边还种植自给性农作物。尽管种植者似乎垄断了古代世界上更有价值的商品，但种植者并未转化为商品生产者。国王种了一些树，奴隶制也众所周知，但无论是国家农场还是奴隶制生产，都没有对整个农作物生产有太大影响。实际上，奴隶的工作似乎更多的是加工而非耕种。除了对贸易征税外，国家似乎在咖啡方面没有发挥任何作用。商品流通是由在印度苏拉特港和开罗的商人组成的贸易流亡者所控制。[8] 虽然，正如我们下面看到的，之后生产发生了革命性变化，但在咖啡作为一种世界性商品的头 3 个世纪里，生产者受到了世界市场力量的缓冲。因此，当某种代表中东、印度洋、北非和欧洲出口商的印度商人用墨西哥银元购买阿拉伯产品，也门咖啡开始融入世界经济。另一方面，生产水平和技术相对不受世界需求的影响，消费国的咖啡价格可能根据当地商人的垄断能力以及精英和城市中产阶级的支付意愿而有所不同。

咖啡的交易成本很高，例如，也门境内的交通设施非常简陋，即便在 300 年后，连接山间花园和低地市场的，还只是最基本的骡道。第一位在也门直接购买咖啡的法国人让·德拉罗克(Jean de la Roque)报告说,他花了6个月的时间才购买到足够装满轮船货舱的咖啡,通过一个印度中介,使得他更像一个采购商,而不是购买者。[9]他的需求推动价格急剧上涨,反映出市场容量窄小,但咖啡还是流向市场,这也反映出农民有限的市场导向。直到18世纪,穆斯林一直消费着绝大部分咖啡,他们面临着奥斯曼土耳其人的额外税收负担和大型商队贸易的巨大运输成本。市场范围很广,从摩洛哥到黎凡特的土耳其,西至北非和巴尔干半岛,东至印度,从17世纪中叶开始,北至东欧和西欧。但这是一个狭窄的市场,因为消费主要局限于城市咖啡馆,在那里都是与伊斯兰教紧密联系的宗教饮品。[10]事实上,麦加朝圣是这种饮料传播到新大陆的主要市场和来源。

荷兰人是第一个在17世纪90年代将咖啡带到爪哇岛,并在他们的殖民地种植咖啡而大获成功的欧洲殖民势力,不过毫无疑问,穆斯林朝圣者早些时候就已经将咖啡引入了印度尼西亚(英国早期在印度马德拉斯种植咖啡失败了)。这不是重商主义者将消费者和生产者留在帝国内部的努力,因为爪哇人和荷兰人都不是重要的咖啡消费者。确实,在第一个世纪,大多数咖啡似乎已出口到伊斯兰国家,例如,咖啡是在18世纪低价的爪哇咖啡生产达到暹罗后才流行起来的。[11]有趣的是,与也门的外国商人不同,荷兰人确实间接控制了生产,但正如费尔南多(Fernando)在第6章所展示的那样,农民性质在本质上并未发生改变,农民被迫种植咖啡,并以固定价格向荷兰东印度公司出售。从某种意义上说,农民没有对市场动向做出反应,因此他们在经济上也未能融入市场。每个农民都需要照料和收割几百棵咖啡树。由于农民只关心履行义务,因此他们经常选择不合适的土地进行种植,并且生产效率很低,但是由于荷兰人支付极低的价格,该系统对荷兰东印度公司还是有利可图的,从本质上讲,这是国家商业资本主义。生产力水平的确对市场力量做出了反应,因为荷兰东印度公司根据国际价格变化对农民施加压力,但是荷兰东印度公司的高压手段并不擅长微调,从而使得生产水平大幅度波动。[12]

当荷兰人开始在爪哇岛种植阿拉比卡咖啡30年后,市场扩展到了美洲。

荷兰和法国通过在本国种植园中培育咖啡幼苗来参与这一市场转移。但是，在新大陆，咖啡的转移和种植费用由个人承担。气候和土壤差异明显转化为口味的差异。结合许多亚种的突变，到19世纪，阿拉比卡咖啡不再是同质产品。尽管如此，至少在18世纪上半叶，许多拉丁美洲咖啡豆被命名为"摩卡咖啡""波旁咖啡"（来自留尼汪岛）或"爪哇咖啡"，因为从理论上讲，它们与第一批咖啡产区（并非巧合的是，它们是市场上咖啡价格最高的地区）的咖啡豆有基因上的关系。

一个多世纪以来，荷兰人成功地超越了摩卡港和地中海港口，将阿姆斯特丹变成世界领先的咖啡集散地。到1730年，阿姆斯特丹的咖啡贸易来自3个地区：亚洲的爪哇岛和留尼汪岛；中东的也门；美洲的荷属圭亚那、圣多明各（今天的海地）和马提尼克岛。尽管欧洲仍是一个小型的奢侈品市场，但它的需求超过了摩卡的市场潜力。1721年，阿姆斯特丹90%的进口来自摩卡咖啡；到1726年，90%来自爪哇咖啡。但是荷兰人不仅受到重商主义逻辑驱使，他们完全愿意从其他地方进口更便宜的咖啡，并在亚洲销售爪哇咖啡。到1750年，阿姆斯特丹从美洲进口的咖啡几乎与其购买的爪哇咖啡相当。最初，美洲商品主要是荷属圭亚那生产，但是很快圣多明各的产品价格更具吸引力。在法国大革命之前，世界上已有80%的生产来源于美洲。到1820年，爪哇只供应了欧洲咖啡消费量的6%，而荷兰则主要进口非荷兰咖啡，尽管在19世纪后期，爪哇和锡兰迎来了长达30年的复兴。[13]中东也出现了下降，例如，虽然法国的咖啡必须穿越大西洋和地中海地区，但是由于它价格便宜，从而使得早在18世纪70年代，来自圣多明各的法国咖啡就已经取代了开罗奥斯曼市场的也门竞争对手。[14]这表明，早在蒸汽运输革命开始之前，运费就已经相当低廉了，而蒸汽运输则消除了距离作为市场一体化的主要障碍。到1840年，也门咖啡的销量仅占世界消费量的2%~3%。

阿姆斯特丹市场的咖啡价格表明，到18世纪下半叶，世界咖啡经济已经整合到了一体化程度，而不像一个世纪前的价格随着每艘载有咖啡的稀有船只的到来而波动，现在每个月的咖啡价格相当稳定，连爪哇和美洲也不例外。改进的仓库容量、港口设施、大宗货运和可预测的货运线路降低了中转成本。也门的价格随着竞争对手的价格有所起伏,但到18世纪末日趋稳定。法国大革命在圣多明各引发奴隶叛乱,很大程度上减少了原本是世界主要生产国的生产量,爪哇和美洲的咖啡价格便随之上涨,以占据市场优势(见表1.1)。

表 1.1　　　　　　　　　　阿姆斯特丹咖啡价格

(每年1月,基尔德/磅)

年份	摩卡港	爪哇岛	荷属圭亚那	圣多明各（今海地）
1735	1.06	0.79	0.74	
1740	0.70	0.48	0.40	
1745	1.10	0.51	0.50	
1750	0.90	0.73	0.50	
1755	0.83	0.59	0.44	
1760	0.80	0.50	0.36	0.36
1765	0.93	0.63	0.38	0.43
1770	0.76	0.61	0.54	0.53
1775	0.81	0.41	0.31	0.28
1780	0.74	0.40	0.35	0.33
1785	1.13	0.58	0.53	0.49
1790	0.78	0.70	0.57	0.53
1795	0.71	0.65	0.60	0.54
1800	—	1.20	1.03	0.99
1805	1.10	1.06	1.03	
1810	1.50	1.10	1.05	
1815	2.48	0.77	0.84	0.78

资料来源:N. Posthumus, *Inquiry into the History of Prices in Holland* (Leiden:E. J. Brill,1946), pp.181—189。

在19世纪末和20世纪初,欧洲帝国主义者发现了其他非洲咖啡品种,如罗布斯塔咖啡和利比里卡咖啡,他们急于从其新殖民地中出口一些东西,情况变得更加复杂。但是,应该强调的是,除了荷兰人(他们在强迫爪哇人在其殖民地种植咖啡方面发挥了关键作用,而英国、法国、葡萄牙三国在锡兰、印度和非洲的努力均未获成功)之外,欧洲各国并没有在世界咖啡生产过程中发挥重要作用。

相反，他们发挥了世界咖啡市场的相对优势。与糖的情况不同，从16世纪到18世纪的第一次殖民时期，并没有出现独立的咖啡殖民地来服务各个大都市的情形。相反，由于黎凡特公司对中东垄断的兴趣，法国人最初试图禁止在其圣多明各殖民地生产。没错，在法国大革命前夕，法国殖民地提供了世界2/3的咖啡。但是，海地获得独立后，直到20世纪非洲咖啡在勒阿弗尔（Le Havre）盛行，法国人才转向其他殖民地。[15]英国看到利用中国和印度茶叶贸易的重商主义可能性，是西欧唯一减少人均咖啡消费，而不是利用牙买加、锡兰或印度的咖啡种植潜力的大国。西班牙人偏爱可可，所以拉丁美洲只能等到独立之后才能成为重要的咖啡生产国。[16]甚至到后来，在美国获得波多黎各、夏威夷、菲律宾和实际上是古巴的咖啡生产殖民地之后，美国成为世界上最大的咖啡消费国，它仍在公开市场上从巴西进口咖啡。[17]到19世纪末，爪哇逐渐衰落之后，在相对不受阻碍的国际市场上，独立国家主导着生产，消费国政府除了对进口商品进行征税之外，不再进行其他干预。

在19世纪，咖啡与糖和橡胶被区别对待，因为对技术的要求不是很高，这意味着一个拥有丰富生产要素的独立国家（如巴西）可以开始前所未有的规模生产。廉价肥沃的土地和奴隶劳动使咖啡价格在1820年后暴跌，并一直保持低位运行，直到19世纪后半叶，产生了由供应引起的需求。从1822年独立至1899年，巴西的出口猛增了75倍。在19世纪，世界消费增长了15倍以上。[18]没有任何殖民地国家可以在价格上与巴西竞争，也没有任何殖民地国家能够满足殖民地大国和美国的庞大需求。到1850年，巴西的咖啡产量已占全球的一半以上；1906年，它的产量几乎是世界其他地区总和的5倍。事实上，19世纪世界咖啡产量的增长大约有80%发生在巴西。[19]其余增长大部分来自西班牙在美洲的殖民地，这是因为非洲和亚洲的产量从19世纪30—70年代占世界总产量的1/3下降到第一次世界大战前夕的5%。[20]这不是一个边缘市场，20世纪初，国际贸易中咖啡的价值仅次于谷物和糖。[21]因此，拉丁美洲的生产通过降低价格和充分提高产量以进入大众市场，重新定义了咖啡的消费性质。

巴西具有如此迅速扩张能力的原因很复杂,我不愿意把这过多归功于技术进步。1888年之前,生产技术没有革命,耕种和收割都是由奴隶手工完成。[22]直到19世纪末,才通过蒸汽动力来完成。1860—1900年间,南美洲的铁路和轮船问世后,出口的扩张速度也仅略高于1830—1860年间使用骡子和船只的速度。[23]在1888年废除奴隶制之前,尽管咖啡生产依赖于日益老龄化和昂贵的奴隶劳动力,但咖啡产量在迅速增长。而这种扩张最初是由于广阔且容易进入的原始森林(意味着稀疏的土著人口可以被挤出去)、适宜的气候、以出口为导向的商业基础设施、庞大的奴隶群体和相对的政治和平。

即使铁路不是推动出口繁荣的关键因素,但它对出口的扩张却起到了重要作用。在铁路出现之前,交通工具非常昂贵。根据一项计算,20%的男性奴隶被用于驾驭骡车,运输成本为最终价格的1/3。此外,原始的运输方式也经常损坏咖啡豆。[24]火车降低了关税,但幅度不大,由于竞争相对较小,而且最富有的种植者也大量投资铁路公司股票,所以没有提供大宗折扣和距离折扣。事实上,咖啡的价格要比国内主粮高得多。到20世纪初,铁路运输仍然占生产成本的15%~22%。如果巴西没有建造迄今为止所有咖啡生产国中最大的铁路网,那么狭窄的山路会被庞大的骡队堵塞,运输成本会超过生产成本的20%,就像在哥伦比亚和马达加斯加等铁路匮乏的国家一样。这样,出口的爆炸式增长和建立起庞大的国外市场是不可能的。

因为内陆地区有了更肥沃的土地,因此铁路意味着咖啡的质量更好、更重要、更便宜。[25]这也意味着,一旦1888年废除奴隶制,巴西可能成为唯一吸引数百万欧洲移民从事亚热带农业的国家。[26]

除了铁路的贡献外,航运革命也意味着巴西咖啡出口的不断增长(1850—1900年增长了6倍),可以在没有航运瓶颈的情况下推向市场。许多欧洲轮船开始定期向巴西提供服务,巴西的港口设施逐步得到改善,因此降低了运输成本。[27]这使得种植者可以获得更大份额的最终批发价,而消费者则可以享受较低的最终价格。由于进口价格便宜,巴西可以享受稳定的贸易条件;也就是说,咖啡的实际价格反映在购买的咖啡收入中,其进口的增长速度比其名义价格的增长速度更快，名义价格一直到19世纪的年代末都保持稳定。[28]古德蒙森（Gudmundson）指出，远洋运输成本的下降也增加了哥斯达黎加种植者的收益。[29]在其他拉丁美洲国家和地区，如哥伦比亚、委内瑞拉、危地马拉、尼加拉瓜、萨尔瓦多和墨西哥南部，在咖啡生产地区兴建铁路的速度很慢，因此，大陆间运输成本的下降对咖啡的出口至关重要。

巴西咖啡种植者，以及海地、牙买加和波多黎各的奴隶种植者，在锡兰、爪哇岛、非洲部分地区、恰帕斯州（墨西哥）、危地马拉和尼加拉瓜强迫对市场需求没有任何动机的种植者为其劳动，使其以市场为导向。但直到20世纪，由于缺乏运输和通信，甚至连种植者都受到内部市场的冲击，加之存在着复杂的中介网络——其中小种植者出售给更大的种植者或企业所有者，这些人通过各种渠道进行出售，他们经常卖给打包装袋者，他们将咖啡调和后再卖给最初是寄售商人的出口商。[30]即便是在世界领先的巴西，在20世纪20年代，几乎没有咖啡市场，也没有咖啡交易所，所以价格和供应的信息非常不完善，这就有利于中间商。事实上，种植者经常是消费者。[31]此外，由于货币化程度不高，即便是世界上最大的咖啡经济体也都使用信贷和票据交易，而信贷和票据在很大程度上依赖于个人声誉，而不仅仅是价格和其他市场力量。[32]

此外，巴西货币通常是不可兑换的纸币，尽管内部价格保持稳定，但相对于英镑则波动很大。西班牙和美国的货币在不可兑换的情况下与白银挂钩，在19世纪最后25年经历了戏剧性的下跌，造成贬值。因此，对于在港口城市进口的人来说，农作物的实际价格通常与对内陆人的价格存在很大差异，内陆人用票据购买大部分国内商品，这再次削弱了内陆价格波动的影响。例如，1875—1886年间，当咖啡价格下跌40%时，巴西咖啡贬值33%，主要是用于补偿种植者的收入，因此产量增长了50%以上。[33]

咖啡幼苗要在商业上产生价值，需要4~6年的孕育期，这意味着产量不能迅速调整以应对价格差异，特别是在经济低迷时期，情况会更糟糕。当价格下跌时，拥有土地储备的种植者无论如何仍会继续扩大产量，因为新的未开垦土地的生产力是已种植土地的2倍。因此，为抵消价格下降的影响，他们扩大产量以降低单位成本,但由于产量过剩使其供过于求,使得咖啡的价格进一步下跌。最好的"救赎"方式是霜冻——如果它破坏了邻居的庄稼而不是自己的庄稼。世界咖啡贸易密切关注巴西的天气预报。巴西是距热带最远的主要生产国,因此天气变化最大,年产量变化也最大。即使种植者计划并记录生产中的树木数量,他们也很难预测其产量。大自然在 1887 年、1902 年、1904 年、1912 年、1918 年、1942 年、1953 年、1955 年、1957 年、1966 年、1975 年、1981 年、1985 年和 1994 年"施以援手",由于严重的霜冻和干旱导致产量下降,价格随之上涨。[34]

这并不是说种植者完全无法适应市场条件,而是对减产或追赶需求的反应相当缓慢。价格大幅度上涨,导致快速扩张和地域多元化。例如,海地革命鼓励在加勒比海其他地区和巴西里约州进行种植。价格的下一次快速上涨是在 19 世纪 80 年代末和 90 年代初,这在很大程度上是由亚洲的叶锈病引起的,导致圣保罗的树木数量在 14 年内涨了 4 倍,仅此一项就占世界产量的一半;哥伦比亚、墨西哥和中美洲产量也有大幅度上涨。第一次世界大战后,20 世纪 20 年代的高价抑制了世界市场,巴西联邦政府开始控制出口,使得哥伦比亚和中美洲的产量大增。朝鲜战争后的价格上涨鼓舞了非洲以及巴西巴拉那州的生产商。20 世纪 60 年代国际咖啡组织(ICO)的建立及其配额制度提供的保护伞鼓励了新的生产者,特别是在非洲,例如科特迪瓦和埃塞俄比亚。1989 年 ICO 的崩溃以及价格(而非高价)的急剧下跌刺激越南人在 20 世纪 90 年代惊人的产量增长,印度尼西亚(苏门答腊比爪哇多得多)和菲律宾的产量也受到了一定程度的刺激。

减产通常来自市场以外的其他原因:政治动荡,如海地革命或哥伦比亚的千日战争;自然行为,如叶锈病,在 1885 年后摧毁了爪哇和锡兰的生产;政府干预,如 1903 年在圣保罗的禁止性税收以及后来的根除计划。这些因素使得咖啡产量波动很大(见表 1.2)。然而,由于世界咖啡需求已经持续增长了 300 多年,因此这种相对短期的僵化和不可预测性并没有带来很大的问题。全球咖啡生产系统虽然难以捉摸,且存在许多市场缺陷,但最终咖啡还是成为世界上交易最广泛的商品和大众饮料之一。

表 1.2　　　　19 世纪 90 年代至 20 世纪 30 年代巴西咖啡产量的波动

(以 60 公斤计，百万袋)

时间	平均产量	上限	下限
19 世纪 90 年代	7.2	11.2	4.4
20 世纪	12.6	20.2	9.4
20 世纪 10 年代	13.3	16.0	9.7
20 世纪 20 年代	14.7	27.1	7.5
20 世纪 30 年代	23.5	29.6	16.6

资料来源：United States Federal Trade Commission, *Economic Report of the Investigation of Coffee Prices* (Washington, D.C.: Government Printing Office, 1954), p.20。

大众消费

在最初的几个世纪里，咖啡作为一种穆斯林饮料，创造了一个狭小的奢侈品市场。它经常通过朝圣商队进行交易，经常会通过很多中介，运输、税收和商业成本都很高。当欧洲人将生产分散到他们在爪哇岛、留尼汪岛、圣多明各和牙买加的殖民地时，成本有所下降。但是重商主义的殖民政府坚持高税收，保持咖啡作为资产阶级的布尔乔亚饮料。对于农民和无产者，如果喝热饮的话，则更多倾向于喝菊苣或其他咖啡的替代品。

拿破仑战争之后，非洲奴隶、半强制的土著工人、美洲的欧洲移民以及印度洋的被迫移民，使这种饮料成为城市工人的必需品，甚至偶尔农村居民也能喝到这种饮料。19 世纪咖啡的辉煌不仅仅是因为巴西的咖啡产量，也是因为美国和北欧咖啡消费量的飙升。运输革命和交易成本的降低推动了大西洋咖啡经济良性发展，巴西通过修建铁路和港口来改善交通运输，在规模经济中，生产成本保持不变，而产量有所增加。再加上国际运输成本大幅度降低、世界上最高效的内部运输系统以及美国精心设计的营销网络等,刺激美国人均消费的快速增长,咖啡在美国第一次真正成为一种大众产品。

美国政府的政策也起了作用。美国是唯一可以免税进口咖啡的主要市场,关税从1812年的每磅10美分下降到1814年的每磅5美分,除了1832年之后的10年,咖啡进口都是免税的。因此,咖啡人均消费从1783年的1/18磅增长到100年后的9磅,美国人口在那个世纪增长了15倍,这意味着咖啡进口总量增长了2 400%。到19世纪末,美国的咖啡人均消费量为13磅,进口了全球40%以上的咖啡(第二次世界大战后增长到60%以上)。19世纪世界消费增长的一半是由美国贡献的[35],其余的几乎都在西欧,比利时、德国、法国、荷兰和斯堪的纳维亚,咖啡生产商很幸运地得到了世界国民生产总值增长最快的国家的青睐。[36]这种关系并不纯粹是巧合,咖啡对城市工业化社会的有序发展起到了重要作用。直到20世纪60年代,美国和欧洲的消费量还在持续增长,但有时会断断续续。因此,长期以来近乎垄断的世界咖啡市场(首先是也门,然后是圣多明各,最后是巴西)也变成了只有少数几个主要买家的寡头垄断市场。

19世纪咖啡的快速发展是由于特殊的需求条件以及巴西和后来的西属美洲能够以很低的价格便可满足该需求的能力所致。[37]19世纪美国和欧洲的需求最初都具有收入弹性和价格弹性,出人意料的是,20世纪的情况却并非如此,尽管咖啡质量更高、更容易获得,可支配收入迅速增长,其主要的原因是文化上的改变。咖啡是19世纪末为数不多的几项主要国际贸易商品之一,在20世纪下半叶真正享有价格上涨,但人均消费量仍在增长。[38]咖啡的地位在20世纪初一度下降,并且收入弹性也是如此,但咖啡仍然是许多人的必需品。[39]

在19世纪初期,咖啡被视为一种奢侈品,是资产阶级身份的标志。随着咖啡以相对较低的价格提供给普通城市居民,甚至提供给农村人口,他们便选择了真正的咖啡,而不是之前喝过的代用咖啡和茶。这种吸引力如此强大,以至于1830—1900年间发达国家的收入弹性估计为1.3(也就是说,购买咖啡的增长速度成比例地快于收入的增长速度)。然而,随着咖啡成为工人阶级早餐中的一部分,越来越多地也成为午餐、下午茶和晚餐的一部分,咖啡变得缺乏价格弹性和收入弹性。美国联邦贸易委员会估计1954年的收入弹性仅为0.2%;几乎没有额外的收入花在咖啡上。[40]实际上,人们对咖啡的欲望几乎完全得到满足。

美国的消费在世界市场中的核心作用凸显了一个事实,即英国的进口并没有直接成为拉丁美洲的"增长引擎";相反,这是一种三角贸易。巴西人在美国出售他们的咖啡,并利用收入购买英国成品,而美国人购买咖啡的外汇是通过在英国销售优质咖啡原料赚取的。[41]虽然英国人不怎么喝美国供应的咖啡,但美国从向主要消费者的再出口以及保险和运输行业中获利,这些行业在20世纪30年代之前一直占据主导地位。[42]

期货交易

自由的咖啡市场从1870年开始发生变化,当时海底电缆通过电报将南美洲与纽约和伦敦相连,有关价格、需求和供应的信息在国际上趋于一致。由于在世界有形库存中占有相当大份额的仓库已经建成,从而增强了进口商的市场地位。出口商不再是寄售代理人,而是成为控制贸易并定价的进口商的代理人。由于投机导致价格波动很大,纽约咖啡交易所于1882年创建,其目的是防止商业垄断抬高咖啡价格,就像1880年那样,交易所的建立使信息获取制度化(汉堡、勒阿弗尔和伦敦紧随其后)。尽管对于期货市场的发展而言似乎时间有点晚,因为芝加哥小麦市场开始于1848年,实际上英国的第一个期货市场始于1883年[43],而咖啡则是全球商品制度化的先驱。

电报创造了国际商品市场的可能性,价格和商品等级因此变得更加普遍。所有的购买都是在现场进行的,特定的咖啡豆都是经过判断的。随着期货的出现,咖啡变成了一种更纯粹的商品,因为咖啡运输的权力可以在市场上买卖,而买家实际上看不到任何问题。咖啡是一种商品,具有一系列特定的分级属性。

事实上，随着期货的出现，买家购买的咖啡还没有在远方的树上开花。早在1880年，商人们就在购买一种理念，而不是可触摸的咖啡豆，那一年，汉堡期货市场上成交了6 100万袋，而整个世界收获的咖啡还不到700万袋。

纽约咖啡交易所的建立对贸易产生了意想不到的不良效应，例如，当地进口商曾希望自己垄断美国市场，挤掉来自巴尔的摩、新奥尔良和旧金山的竞争对手。然而，交易所带来的标准化和可获取的信息削弱了纽约商人的内部信息、个人关系和手工艺专业知识，使纽约交易所被"场外所有者"所主导。[44] 然而，就标准达成一致的过程并不容易。

分　级

美国不是一个对优质咖啡感兴趣的市场。由于巴西的奴隶制度强调数量而不是质量，因此用马车、火车和轮船的长时间运输通常会导致咖啡豆的损坏，所以一开始咖啡豆的质量通常不是特别好。在19世纪60年代，一袋典型的122磅的"爪哇咖啡"实际上不仅有来自牙买加的咖啡，而且通常还添加了大约5磅的树枝和石头。

咖啡种类主要是历史遗产，也就没有连续一致的命名惯例。一般来说，品名是以装运港口命名的，该港口假定了一个划定的、固定的腹地，以便从中提取。因此，远离咖啡种植区的也门港口摩卡也命名为一种咖啡，因为咖啡拥堵在摩卡港。19世纪，"摩卡咖啡"开始包括不产于也门而是产于红海对岸的哈勒尔的咖啡（直到20世纪后期，这个术语才开始意味着在咖啡中加入了巧克力）。其他以咖啡闻名的重要港口有巴西的里约热内卢和桑托斯，以及委内瑞拉的马拉开波（直到20世纪，诸如哥斯达黎加的特雷斯里奥斯、危地马拉的安提瓜、哥伦比亚的纳里诺产区才对咖啡类型进行命名）。

这些名字反映了20世纪前的现实，一个遥远而神秘的生产腹地，经常被国际商人拒之门外，而转口港则成为世界经济的卫星。这些港口充当"减震器"的角色,将国内的等级、尺寸和货币转换为国际标准,并将外国的收入、资本和技术分配到国内。在某些情况下,比如里约热内卢和后来的桑托斯,它们是世界市场的代理人;在那个市场上,它们是有创造力的、活跃的且独立的参与者。英国 E. Johnston 大型出口公司的爱德华·格林(Edward Greene)解释了他为什么从圣何塞德坎波斯购买咖啡,尽管这是一种质量较差的里约咖啡:"然而,由于直接从内部收到的每一袋咖啡都会留下一些东西,而且这种分类掌握在我们自己手中,所以我们并没有阻止这项业务。"[45] 尽管如此,如下所述,生产国的港口只有在 20 世纪国家政府开始干预时才能获得巨大的市场力量。在此之前,它们试图在 1882 年建立自己的咖啡交易所时,成了"行业的笑柄",很快就失败了。[46]

在纽约和欧洲建立了交易所之后,两个主要问题继续困扰着交易:难以确定装运的质量和产地,以及有关年产量大小的信息。前者意味着要赶走受骗客户,而后者则使长期价格计算变得困难。质量问题不是由种植者和商人纠正,而是由政府纠正。1907 年,美国《纯食品和药品法案》(Pure Food and Drug Act)规定,进口咖啡必须根据出口港进行标记。因此,"桑托斯"成为一种特殊的咖啡,"爪哇"或"摩卡"也是如此。有数百种不同类型的咖啡进口到美国,使得美国拥有世界上种类最多的咖啡。进口商现在不太可能掺假和欺骗买家,希尔兄弟(Hill Brothers)再也不能宣称他们的"桑托斯咖啡"是"摩卡—爪哇咖啡"。当然,出口商不会就此退缩,一些聪明的出口商将巴西的桑托斯咖啡豆送往也门和爪哇,以便可以声称它们为摩卡咖啡和爪哇咖啡,因为那里是它们最后的装船港口。这既表明了海运价格低廉、各种类型之间的差异,也表明了联邦农业部将执行法律的信念——它们确实执行了。

美国的社会实践极大地影响了需求的性质以及烘焙者应对和塑造需求的能力。在美国,家庭消费的咖啡要比咖啡馆消费的咖啡多得多,就像欧洲大部分地区的情况一样,这对咖啡贸易的组织有着重要的影响。由于美国的咖啡绝大多数在杂货店销售,一些烘焙公司,如阿不克勒斯(Arbuckles)和伍尔森香料公司(Woolson Spice Company),创造了品牌名称,但它们无法超越数以千计出售青咖啡豆或定制烘焙的杂货商和小烘焙商,直到它们找到一种方法来防止研磨咖啡迅速失去味道,以赢得消费者对他们看不到的包装咖啡豆的质量的信心,以及一个稳定的价格。第一个问题在1900年发明真空密封时就被很容易地解决了,尽管真空包装在二十多年之后才获得了广泛认可。

第二个问题是需要从进口商那里控制市场,而进口商经常在库存的咖啡中掺假,这在很大程度上要通过政府干预来完成。在美国,1907年的《纯食品和药品法案》是根据大约30年前的英国纯食品法制定的。[48]为了保护自己,烘焙师第一次创建了一个全国性组织——全国烘焙师协会。在咖啡替代品利益集团的攻击下,他们以宗教(基督复临安息日会和摩门教徒反对咖啡)、健康[约翰·凯洛格(John Kellogg)声称咖啡不利于消化]和道德为由(咖啡因被认为是一种麻醉剂),与政府代理商一起执行标准。尽管他们的标准明显很低,但法国、德国和加拿大遵循咖啡纯度法,国际会议也开始建立国际标准。

由于烘焙技术、运输和营销的进步,通过获得消费者的信任和提供大量生产的烘焙咖啡,大型烘焙公司开始控制市场。[50]烘焙公司开始纵向整合,有时甚至在生产国购买种植园,并派他们的代理人直接从生产商那里购买咖啡。[51]这最初导致市场细分:哥斯达黎加生产的咖啡大多出口到英国,英国再出口到德国,德国为获得更好的质量而支付更高的价格;来自索科努斯科的危地马拉人和墨西哥人也主要为德国市场生产;萨尔瓦多生产的咖啡一度主要卖给法国;巴西将贸易转向质量较低的美国市场;马达加斯加咖啡生产者主要将产品运往法国。

在20世纪的最初几十年里,烘焙、研磨和包装技术越来越复杂,因此以前由杂货店或家庭主妇进行的加工变成了工业化加工。到1935年,美国90%的咖啡是包装烘焙出售的。[52]因此,附加值越来越大,越来越多的附加值来自消费国和越来越少数的公司。正如古德蒙森(Gudmundson)所说,即使在世界市场允许咖啡种植者获得青咖啡豆(指没有经过烘焙的咖啡豆)最终批发价格的一半以上,但他们获得的工业化零售价格份额要小得多,哥斯达黎加生产者在20世纪头几十年的情况就是如此。[53]在1962年国际咖啡组织成立之前,消费国杂货店咖啡零售价格的 3/4 以上可能是由咖啡作为原料获得的。[54] 由于烘焙商的利润来自以咖啡作为原料，而不像许多商人那样将咖啡视为投机的对象，他们喜欢稳定、可预测的价格。[55] 20 世纪初，尽管欧洲咖啡贸易转向大型烘焙商和包装咖啡的零售速度较慢，但 Pélican Rouge 等品牌仍在欧洲占据了很大的市场。[56]

工业资本主导地位的逐渐提高并不意味着消费者市场对价格非常敏感，并且容易受到新的咖啡产品线和广告的影响。大型烘焙公司以其卓越的技术、更高的效率、更可靠和更便宜的产品以及成熟的市场营销而扩张，并非像人们所期望的那样扩大咖啡消费量。相反，正当开始整合市场时，美国的人均消费量却停滞不前，估计需要 40 年时间才能使消费者再次达到 1902 年时人均 13 磅的消费水平。[57]

消费者对价格不太敏感，因为他们长期以来一直对价格没有意识。如果他们在咖啡馆里喝咖啡，他们并不知道自己喝的是哪种咖啡。随着一种咖啡价格的上涨，咖啡馆老板通常将价格较低的替代品混入其中，而不是提高价格，杂货店似乎也是如此。在 20 世纪 30 年代之前，咖啡对他们来说有利可图，但是它占据了一个不寻常的位置，如美国的威廉·B. 哈里斯（William B. Harris）在农业部发表这样的演讲："零售经销商 90% 的固定客户是通过购买咖啡和茶而被吸引到商店的。"[58] 他们不愿意冒失去客户的风险，就通过混合竞争，而不是在价格上竞争。他们还试图保持价格不变，价格上涨通常不会转嫁给消费者，取而代之的是，他们使用了更便宜的混合物或者杂货店降低其利润率。此外，随着喝咖啡成为习惯甚至无法割舍，它成为许多人的必需品。结果，20 世纪的咖啡变得没有价格弹性和收入弹性。因此，具有讽刺意味的是，20 世纪初的国际咖啡市场是世界上最大的商品市场之一，尽管利润驱动的商业和工业中间商对价格非常敏感，但在生产和消费端，国际咖啡市场的价格却相对缺乏弹性（在相当大的范围内）。换句话说，这是一个很不完善的市场。

这就提出了一个问题，即如果生产者和消费者都没有价格意识，那么是什么导致价格波动？当然，在宏观层面上，供求关系确实存在。大霜冻、世界大战或经济萧条中断了贸易,并影响了价格。但是在相对狭隘的范围内,投机似乎非常重要。毫无疑问,威廉·尤克斯(William Ukers),一位三十多年来最具影响力的《茶叶和咖啡贸易杂志》(*Tea and Coffee Trade Journal*)的编辑,一直认为纽约、勒阿弗尔或汉堡市场的多头和空头对价格的快速变化有很大的影响。[59]

笔者发现有关咖啡价格影响最全面的研究,是由美国联邦贸易委员会(FTC)在1954年得出结论,价格的大幅度上涨"不能用竞争性的供求规律来解释"。[60] FTC将其部分归因于"咖啡种植国目前作物报告系统的不足"。由于气候变化,种植者和出口商对收获程度从来没有一个很好的概念;库存量是保密的;而且他们经常试图用虚假信息操纵市场。显然,"已知存在的世界剩余库存,无论在哪个国家,似乎对一个特定消费国的价格的影响比其国内库存的规模更为显著"[61]。即使在生产国政府控制作物并在该国建造仓库的情况下,信息也不会被泄露出去,确实,哥伦比亚政府宣布内部库存信息的发布为非法行为。[62]

联邦贸易委员会还抱怨说,期货投机导致价格上涨,与供求关系脱节。尽管期货市场实际上很少用于咖啡的实际购买,甚至也很少用于烘焙商的商业套保对冲;也就是说,它从事的是纯粹的投机而不是真正的咖啡,投机水平是棉花和谷物市场的1/10~1/30,但它的价格确实影响了现货价格。[63]

根据FTC的说法,第三个罪魁祸首是交易集中在少数人手中。直到20世纪20年代,巴西的10家出口公司出口了60%~90%的咖啡,并在此后继续控制着一半以上的咖啡。[64]由于巴西出口的咖啡占世界咖啡出口的40%~80%,因此这些出口公司也在其他生产地区经营,一些公司主导了世界出口。在美国,十大进口商(其中一些也是出口商)进口了总量的一半以上。越来越多的少数烘焙商主导了这一行业。到20世纪50年代,美国五大烘焙商烘焙了超过1/3的咖啡,拥有78%的库存。[65]

越来越多的烘焙商直接从生产商或政府机构购买,而不是在现货市场上购买。其中一些公司,比如雀巢公司,倾向于采用"公平价格"的概念,而不是市场所能承受的价格,以确保持续的长期生产。[66]其他如菲利普·莫里斯公司,显然想利用其市场力量来降低原材料价格,就像降低任何其他商品价格一样。

为数较少的贸易商和烘焙商不仅在价格上而且在等级上给了竞争者寡头垄断的权力。尽管纽约和欧洲的所有等级和种类都是基于里约 7 号和后来的桑托斯 4 号咖啡的折扣或溢价,但事实上,正如《茶叶和咖啡贸易杂志》1917 年 7 月所报道的那样:"咖啡的商业分类是一个非常复杂的问题。决定咖啡市场价值的因素在数量上几乎是无限的。"标准差异很大,而且相当手工化。[67]拥有最大市场力量的公司可以坚持自己的标准。

咖啡的增值

在 20 世纪的大部分时间里,政府干预是世界咖啡市场的主要特征,它进一步削弱了市场的价格机制,并将控制权重新归还给生产国。从 1906 年开始,巴西的一些州在世界市场之外持有股票以稳定咖啡的"价格",结果导致一项联邦价格支持计划——《美洲咖啡协定》(Inter-American Coffee Agreement)——的实行。后来,在 1962 年又制定了《国际咖啡协定》(International Coffee Agreement)。由于这些卡特尔的主要目标是稳定价格而不是垄断市场,因此,消费国的烘焙商很高兴加入。他们非常愿意接受更高的价格,以换取有保证的生产,因为大部分增值是在消费国实现的。由于咖啡豆本身是一种低成本的原料,因此最初是坚决反对价格稳定,但后来消费国政府还是妥协了。然而,他们的理由与其说是经济上的,不如说是政治上的。咖啡是冷战中的一枚棋子。美国在古巴革命两年后加入并不是巧合。"柏林墙"倒塌的那一年,美国放弃了这项协议,这也不是巧合。直到 1989 年协议破裂,各国才获得年度配额。

这种形式的国家资本主义为消费国的快速整合和纵向一体化提供了条件。随着咖啡加工日益工业化,规模经济不断增长,消费国的附加值份额越来越大。

不仅烘焙、运输、称重和包装实行了机械化,从而也实现了集中化,而且还创造了新的产品:脱咖啡因咖啡,以及第二次世界大战后的速溶咖啡。在这些咖啡产品中,加工增加了附加值。

速溶咖啡的消费量在 1978 年达到一个高峰,占美国所有咖啡消费量的 1/3。[68]这种新产品对世界咖啡市场产生了重大影响。速溶咖啡的饮用者关心的是速度和方便,而不是冲泡的质量。因此,占领这个资本密集型市场的少数烘焙商使用低价咖啡豆,尤其是非洲和亚洲开始种植的罗布斯塔咖啡豆。这降低了阿拉比卡咖啡豆的价格,也降低了咖啡消费的整体质量,但增加了比种植者规模更大的加工者的回报。

营销在这个行业的发展中起着同自动化一样重要的作用。南北战争后,阿不克勒咖啡公司成为美国最大的咖啡烘焙公司,因为它在出售 1 磅装的咖啡豆时,通过赠送礼品来换取退回的标签。20 世纪初,诸如大西洋和太平洋茶叶公司这样的连锁店的兴起,使咖啡成为它们最赚钱的商品,允许集中批发,尽管每个连锁店仍然烘烤自己的青咖啡豆混合物。这在 20 世纪 50 年代发生了变化,当时超市应运而生。超市销售大量商品,靠的是微薄的利润和大量的销售。咖啡公司第一次在价格上而不是在混合质量上展开竞争。这是因为超市同时对应着另外两种现象:其一,大型食品集团,如通用食品(General Foods)、可口可乐(Coca-Cola)和罗尔斯顿·普里纳(Ralston Purina),收购了较小的成功的咖啡公司,它们对咖啡作为家庭手工传统的兴趣不如早期的咖啡烘焙公司,如蔡斯(Chase)、桑伯恩(Sanborn)或麦斯威尔(Maxwell)。此外,咖啡加工的机械化消除了烘焙技术中的人为因素,因为恒定的热量允许温度和时间测量代替烘焙专家的眼睛来确定合适的烘焙。其二,汽车的出现导致了郊区生活、对快餐的兴趣,以及在家里喝酒而不是在咖啡馆喝酒,因此方便成为口号,而不是质量,这促进了一些非常大的公司的发展,这些公司提供低质量的磨碎的烘焙罐装咖啡。目前,有 4 家公司控制了美国咖啡市场的 80%。在世界范围内,有四五家公司控制着世界上一半的速溶咖啡和烘焙咖啡市场。[69]因此,尽管咖啡多年来一直是世界上第二大国际贸易商品,在全球 100 多个国家生产,几乎每个国家都在消费,但它却出人意料地变成了寡头垄断和完全垄断。

结 论

从主要消费市场或多或少获得一种价格的规律来看,世界咖啡市场在其历史上很早就一体化了,然而,这却不是新古典经济学家所梦想的价格机制发生作用的市场。生产者通过众多中介机构、国家货币和价格支持政策、农作物的植物性状常态化以及农民农业激励措施等,避免受到市场冲击。在20世纪60年代开始的绿色革命之前,技术进步对种植产生很小的影响。起初以"价格理性"方式做出反应的消费者,在社交和生理方面都上瘾了;他们的无差异曲线在相当大的范围内不受价格的影响,他们对咖啡的热爱也没有受到技术的太大影响。在数十万咖啡生产者和数亿咖啡消费者之间,有少数咖啡出口商、进口商和烘焙商。随着时间的推移,国际市场的性质发生了显著变化,在20世纪的大部分时间里,控制权从农民转移到当地商人,再到进口商,再到烘焙商,最后转移到各个国家。今天,贸易由跨国公司主导。尽管市场的动力几乎完全来自私人的行动,而一旦市场规模超过了商家的运营能力,就有必要进行国家干预,以实现惯例的制度化和标准化。生产者在不提高价格的情况下满足日益增长的需求的能力(通过过度开发自然资源和劳动力,而不是技术进步)和消费者的口味和文化,都解释了不断变化的国际咖啡市场快速、巨大的扩张。

注释:

〔1〕这篇文章较早的和简短的版本出现在 "The Integration of the World Coffee Market," in *Integration of Commodity Markets in History*, Proceedings of the Twelfth International Economic History Congress, edited by Clara Eugenia Núñez (Sevilla: Universidad de Sevilla, 1998), pp. 55-65。

〔2〕Frank Perlin, "The Other Species World," in *Unbroken Landscape: Commodity, Category, Sign and Identity; Their Production as Myth and Knowledge from 1500* (Aldershot: Variorum and Brookfield, Vt.: Ashgate, 1994), pp. 206, 209.

〔3〕直到1916年3月，《茶叶和咖啡贸易杂志》第253页才承认："人们对咖啡的化学性质知之甚少。政府现在才关注咖啡，以实现咖啡等级的标准化。"

〔4〕Father Jerome Lobo, *A Voyage to Abyssinia*, Samuel Johnson (London: Eliot and Kay, 1789), 未提到咖啡。Jean Poresse, *La Vie quotidienne des Ethiopiens Chrétiens aux XVIIe et XVIIIe siècles* (Paris: Hachette, 1972), p. 268. Charles Beke, *Letters on the Commerce and Politics of Abessinia and Other Parts of Eastern Africa* (London: printed for private use, 1852), pp. 3, 19, 184。

〔5〕咖啡豆类似于樱桃核而不是豆科植物，这就解释了为什么成熟的咖啡果实在许多生产国被称为"樱桃"。

〔6〕茶和咖啡的比较中，茶基本不含营养成分。但是可可作为休闲饮料市场的另一个竞争对手，营养丰富。在咖啡问世后的最初几个世纪里，很少有中东人在咖啡中添加糖，因此即使添加糖也缺乏热量。根据 F. Hulton Frankel 在《茶叶和咖啡贸易杂志》（1917年2月）上发表的文章，咖啡确实比小麦含有更多的蛋白质，分别是14%和11%，但蛋白质是不溶的，留在咖啡渣中而不是进入饮料中（第142页）。

〔7〕Tuchscherer, Chapter 2.

〔8〕Balkrishna Gouind Gokhale, *Surat in the Seventeenth Century* (Bombay: Scandinavian Institute of Asian Studies, 1979), pp. 97, 106; Tuchscherer Chapter 2. An excellent source for understanding trading diasporas in Phillip Curtin's *Cross-Cultural Trade in World History* (Cambridge: Cambridge University Press, 1984) 是一个理解海外贸易的极好的来源。

〔9〕Jean de La Roque, *A Voyage to Arabia the Happy* (London: G. Strahan, 1726), passim. "Some Late Facts about the Mocha Coffee Industry," *Spice Mill* (Oct. 1910): 729.

〔10〕For more on Muslim consumption, see Ralph Hattox, *Coffee and Coffeehouses: The Origins of a Beverage in the Medieval Near East* (Seattle: University of Washington Press, 1985), and Rudi Matthee, "From Coffee to Tea: Shifting Patterns of Consumption in Qajar Iran," *Journal of World History* 7, no. 2 (1996): 199–229; Omar Carlier, "Le Café maure: Sociabilité masculine et effernescence citoyenne (Algérie XVIIe–XXe siècles)," *Annales Économies, Sociétés, Civilisations* 45, no. 4 (July–Aug. 1990): 975–1003.

〔11〕Anthony Reid, *Southwest Asia in the Age of Commerce, 1450–1680*, vol. 1 (New Haven: Yale University Press, 1988), p. 38.

〔12〕A. S. Kok, *Colonial Essays* (London: Sampson Low, Son and Marson, 1864), pp. 250, 266, 271; J. W. B. Money, *Java; or, How to Manage a Colony* (London: Hurst and Blackett, 1861), vol. 1, p. 79; C. G. F. Simkin, *The Traditional Trade of Asia* (London: Oxford University, 1968), pp. 231-2. 更多有关 Java 的内容，参阅 Fernando, Chapter 6。

〔13〕John Crawford, *History of the Indian Archipelago* (Edinburgh: Archibald Constable, 1820), vol. 3, p. 374; Niels Steensgaard in James D. Tracy, ed., *The Rise of Merchant Empires* (Cambridge: Cambridge University Press, 1990), pp. 129–30. Calculated from José Antonio Ocampo, *Colombia y la economia mundial, 1830–1910* (Bogotá: Siglo Ventiuno, 1984), p. 303. 也可参阅 Fernando and Clarence-Smith, Chapters 4 and 6。

〔14〕Paul Butel, "Les Ameriques et l'Europe," in Pierre Leon, ed., *Histoire Economique et Social e du Monde*, vol. 3 (Paris: A. Colin, 1978).

〔15〕Ocampo, *Colombia*, p. 303, and Campbell, Chapter 3.

〔16〕1909年，*Spice Mill* 在第174页的报告中表明，西班牙和葡萄牙人均咖啡消费量分别为0.7公斤和0.5公斤，是北欧国家和美国的1/5～1/10。

〔17〕*Spice Mill* (May 1909) 的一篇文章中讨论了美国在墨西哥咖啡庄园有限的投资（当时美国资本涌入其他墨西哥区域），并解释道："关于增加咖啡的生产，巴西仍在继续扩张，世界上没有相应的竞争对手"（第299页）。

〔18〕Brazil, Instituto Brasileiro de Geografia e Estatística (IBGE), *Séries Estatísticas Retrospec-*

tivas, vol. 1 (Rio: IBGE, 1986), p. 85.

〔19〕Calculated from Robert Greenhill, "E. Johnston: 150 anos em café," in Marcellino Martins E. Johnston, *150 anos de café* (Rio: Marcellino Martins and E. Johnston, 1992), p. 308; Ocampo, *Colombia*, p. 303, Brazil, IGBE, *Séries Estatísticas retrospectivas*, vol. 1 p. 84.

〔20〕Clarence-Smith, Chapter 4.

〔21〕Michael G. Mulhall, *The Dictionary of Statistics*, 4th ed. (London: G. Routledge and Sons, 1899), p. 130.

〔22〕V. D. Wickizer 在 *Coffee, Teas and Cocoa* (Stanford: Food Research Institute, 1951), 第36页中指出: "人们有时候会说起在过去的150年中, 咖啡的生产方法并没有发生重大的变化。"

〔23〕Ocampo, *Colombia*, p. 302.

〔24〕Stanley Stein, *Vassouras* (rpt., N.Y.: Atheneum, 1970), pp. 91, 94.

〔25〕关于铁路的费用, 参阅 Franz Dafert, *Uber die Gegenwartige Lage des Kaffeebaus in Brasilien* (Amsterdam: J. H. de Bussy, 1898), p. 49; Centro Industrial do Brasil, *O Brasil: Suas riquezas naturais, suas indústrias*, vol. 2 (Rio: Imp. M. Orosco, 1908), p. 91. 关于里约热内卢附近不断上涨的土地成本, 参阅 Stein, *Vassouras*, p. 229. 关于巴西铁路的深入研究, 参见 William R. Summerhill, *Order against Progress: Government, Foreign Investment and Railroads in Brazil, 1854–1913* (Stanford: Stanford University Press, forthcoming)。

〔26〕W. Arthur Lewis 在 *Growth and Fluctuations* (London: George Allen and Unwin, 1978) 第181页中指出, 在1871—1915年间, 巴西接收了143万欧洲移民, 仅次于美国的234万人和阿根廷的250万人。

〔27〕关于19世纪末巴西商业状况的讨论, 参阅 Steven C. Topik 的 *Trade and Gunboats, the United States and Brazil in the Age of Empire* (Stanford: Stanford University Press, 1997)。也可见 Robert Greenhill, "Shipping," in D. C. M. Platt, *Business Imperialism* (Oxford: Clarendon Press, 1977); Paul Bairoch, "Geographical Structure and Trade Balance of European Foreign Trade from 1800 to 1970," *Journal of European Economic History* 3, no. 3 (Winter 1974): 606; Douglass North, "Ocean Freight Rates and Economic Development, 1750–1913," *Journal of Economic History* 18 (Dec. 1958): 537–55。

〔28〕Nathaniel H. Leff, *Underdevelopment and Development in Brazil*, vol. 1 (London: George Allen and Unwin, 1982), pp. 80–5; C. Knick Harley, "Late Nineteenth Century Transportation, Trade and Settlement," in Harley, ed., *The Integration of the World Economy, 1850–1914*, vol. 1 (Cheltenham, U.K.: Edward Elgar, 1996), p. 236. Edmar Bacha, "Política brasileira de café," in Martins and Johnston, *150 anos de Café*, p. 20.

〔29〕Gudmundson Chapter 14 citing Jorge León Sanchez, *Evolución del comercio exterior y del transporte maritime de Costa Rica, 1821–1900* (San José: Editorial Universidade de Costa Rica, 1997).

〔30〕关于巴西咖啡市场详细的研究, 参阅 C. F. Van Delden Laerne, *Brazil and Java: Report on Coffee-Culture in America, Asia, and Africa to H. E. the Minister of Colonies* (London: W. H. Allen, 1885); Joseph Sweigart, *Financing and Marketing Brazilian Export Agriculture: The Coffee Factors of Rio de Janeiro, 1850–1888* (New York: Garland Publishers, 1987); Greenhill, "E. Johnston"。

〔31〕Stein 在 *Vassouras* 第83页说道: "大多数种植园主不愿意使用'复杂的商业会计程序', 宁愿等待更权威的委员会的报告。"这种情况导致了 Van Delden Laerne 在 *Brazil and Java* 第212页报告的状况: "委员会从农学家的代理人变成了他们的银行家。"

〔32〕Edward Greene, E. Johnston's Santos 办公室主任, 在1899年11月1日给 R. Johnston 的信中说道: "每个地区的情况是不同的, 个人认识是必要的, 而且引导农民卖东西给一个完全陌生的人并不是容易的工作。"

〔33〕Martins and Johnston, *150 anos de Café*.
〔34〕J. de Graaff, *The Economics of Coffee* (Wageningen: Pudoc, 1986), p. 105.
〔35〕Calculated from Greenhill, "E. Johnston," pp. 330–1. A. Wakeman, "Reminiscences of Lower Wall St.," *Spice Mill* (March 1911): 193.
〔36〕Bairoch, "Geographical Structure," pp. 17–18.
〔37〕正如 Jeffrey Williamson 所指出的那样："如果外国需求是有弹性的，那么主食供应增加的长期诱惑并不会导致价格暴跌。就像扩大需求一样，价格弹性需求也可以被视为增长的出口引擎。" J. Williamson, "Greasing the Wheels of Sputtering Export Engines: Midwestern Grains and American Growth," in Harley, ed., *Integration of the World Economy*, vol. 2, p. 411.
〔38〕Ocampo, *Colombia*, pp. 302–3; Bacha, "Política brasileira de café," p. 20.
〔39〕Albert A. Okunade 在 Functional Former Habit Effects in the U.S. Demand for Coffee," *Applied Economics* 24 (1992): 1203–12 中说道："在1957—1987年之间，人均消费对个人而言是无价格弹性和无收入弹性的。"在1916年7月的《茶叶和咖啡贸易杂志》第67页中反映到，"很难解释咖啡行业的持续停滞，因为大众的收入能力比以往任何时候都要大得多。有人给出的理由是，支付给工薪阶层的大部分钱花在了奢侈品而不是咖啡上，生活费用并没有实质性地增加"。
〔40〕FTC, *Investigation of Coffee Prices* (Washington, D.C.: Government Printing Office, 1954), pp. 39–40.
〔41〕C. Knick Harley, Introduction, *Integration of the World Economy*, vol. 1, p. xix. 有关更多巴西贸易的消息，参阅 Topik, *Trade and Gunboats*, ch. 9；19世纪下半叶，美国人均咖啡消费量从6.25磅上升到13磅，德国从4.5磅上升到7磅，法国从1.3磅上升到6.4磅，英国在咖啡经济中直接作用最小，英国人的咖啡饮用量实际上从开始的1.3磅降到了0.6磅。Ocampo, *Colombia*, p. 302.
〔42〕在1914年6月，*Simmons' Spice Mill* 引用伦敦咖啡经理 J. H. Brindley 的话，"即便是伟大的咖啡饮用国美国，所有的供应品都来自英国的运输"（第576页）。
〔43〕A. J. H. Latham, "The International Trade in Rice and Wheat since 1868," in *The Emergence of a World Economy, 1500-1914*, vol. 2, p. 651. 想了解更多有关商品期货或者市场的消息，参阅 William Cronon, *Nature's Metropolis, Chicago and the Great West* (New York: W. W. Norton, 1991), ch. 3.
〔44〕Wakeman, "Reminiscences," *Spice Mill* (Aug. 1911): 636.
〔45〕E. Green to E. Johnston, Santos, Jan. 10, 1902, in E. Johnston archive, University College Library, University of London, London.
〔46〕Wakeman, "Reminiscences," *Spice Mill* (March 1911): 195. Eugene Ridings, *Business Interest Groups in Nineteenth Century Brazil* (Cambridge: Cambridge University Press, 1994), p. 116.
〔47〕这是我尚未确定的原因，茶叶实际上在咖啡之前的20年就受到了监管，因为联邦政府在1883年禁止进口掺假的茶叶，并建立了一个茶叶检测委员会（这是它从未对咖啡做过的）。Friedman, *A History of American Law*, p. 403.
〔48〕Oscar E. Anderson, *The Health of a Nation: Harvey W. Wiley and the Fight for Pure Food* (Chicago: Published for the University of Cincinnati by the University of Chicago Press, 1958); Lawrence M. Friedman, *A History of American Law* (New York: Simon and Schuster, 1973), 400–5.
〔49〕*Spice Mill* (Nov. 1909): 702; (Jan. 1911): 30; (Oct. 1912): 857. *Tea and Coffee Trade Journal* (Jan. 1911): 34.
〔50〕在1912年，Woolson Spice公司在俄亥俄州的托莱多建立了世界上最大的烘培工厂，拥有500名员工，每周可生产100万磅咖啡。*Spice Mill* (Jan. 1912): 28.

〔51〕Goetzinger, *History of the House of Arbuckle*, p. 3; Zimmerman, *Wille*, p. 123; Greenhill, "Brazilian Warrant."
〔52〕Wm. Ukers, *All about Coffee* (New York: Tea and Coffee Trade Journal, 1935), p. 388.
〔53〕Gudmundson, Chapter 14, Fig. 14.2.
〔54〕John M. Talbot 在发表的 "Where Does Your Coffee Dollar Go? The Division of Income and Surplus along the Coffee Commodity Chain" 中，计算了从1871年到1995年，咖啡商品链的总收入和盈余的分配。在 *Comparative International Development* 32, no. 1 (Spring 1997): 66, 67中，他研究发现消费国家的附加值从1975/1976年占零售价格的47%上升到1991/1992年的83%。
〔55〕Edward Green在Santos, Oct. 12, 1903 (Johnston archive) 给R. Johnston 的信中写道："我们所有人不可否认的是曾在桑托斯，我们把咖啡的股票看作一件投机的事情，或者是一个很大的投机交易的机会。"
〔56〕Pélican Rouge公司共有4家工厂、1 000名女性分拣工。*Spice Mill* (June 1909).
〔57〕Michael Jiménez, "From Plantation to Cup," in Wm. Roseberry, L. Gudmundson and Mario Samper, eds., *Coffee, Society and Power in Latin America* (Baltimore: Johns Hopkins University Press, 1995), pp. 42–3.
〔58〕*Tea and Coffee Trade Journal* (Nov. 1916): 427.
〔59〕Ukers, *All about Coffee*, pp. 404, 457–8.
〔60〕FTC, *Investigation of Coffee Prices*, p. xv.
〔61〕Wickizer, *Coffee, Tea, Cocoa*, p. 87.
〔62〕FTC, *Investigation of Coffee Prices*, p. 1.
〔63〕Ibid., p. 311. *Tea and Coffee Trade Journal* (July 1917): 31.
〔64〕Greenhill, "E. Johnston," 389–91.
〔65〕*Spice Mill* (Jan. 1909): 37; (Feb. 1910): 118. FTC, *Investigation of Coffee Prices*, p. xviii.
〔66〕Pamphlet published by Nestle, "The Worldwide Coffee Trade," July 1990, p. 9.
〔67〕《茶叶和咖啡贸易杂志》于1917年1月报道，困难已传递至烘焙咖啡："我们不相信任何两个公司在描述它们的工作时使用相同的术语；我不相信我有两个推销员在路上写下的订单是一样的"（第32页）。The FTC, *Investigation of Coffee Prices*, p. xxii, chided the industry's "rule-of-thumb practices."
〔68〕Pan American Coffee Bureau, *Coffee Drinking in the United States* (New York: Pan American Coffee Bureau, 1970), p. 7; Gregory Dicum and Nina Luttinger, *The Coffee Book. Anatomy of an Industry from Crop to the Last Drop* (New York: New Press, 1999), p. 131.
〔69〕International Coffee Organization, *Coffee International File, 1995–2000* (London: ICO, 1996).

【作者】　Steven Topik

第二章

16—19世纪红海地区的咖啡

红海的南端是世界咖啡种植和消费的摇篮。在埃塞俄比亚采集的野生咖啡早在 15 世纪末就已经开始交易，但进展缓慢。在 16 世纪下半叶，真正的咖啡经济出现了。也门农民开始从提哈马沿海平原绵延而上至陡峭山顶的梯田上精耕细作种植咖啡。有效的营销网络将也门港口与吉达和开罗连接起来。到了 17 世纪，咖啡贸易已经取代了衰落的香料贸易，在西属美洲，咖啡在印度洋和地中海之间的贸易中扮演着重要的角色。可以肯定的是，印度洋和新大陆的咖啡种园的发展使印度在世界咖啡产量中所占的份额显著下降，但红海贸易网络一直保持到了 19 世纪末。

咖啡经济的起源

埃塞俄比亚的森林，尤其是东非大裂谷西部的森林，盛产野生阿拉比卡咖啡，但我们对那里的消费起源知之甚少。[1] 咖啡可能是长期从野外采摘的，从 14 世纪起，埃塞俄比亚东南部的伊斯兰民族越来越多地使用它。

喝咖啡的习惯传播到也门的拉苏立德苏丹国，该国与埃塞俄比亚的穆斯林王国有着密切的商业和文化联系。[2] 在 15 世纪上半叶，咖啡的消费首先在亚丁、摩卡和扎比德周边兴起。咖啡的制作方法类似于卡塔叶的用途之一，因为咖啡叶或整颗咖啡果都是最初酿造的。穆斯林苏菲派兄弟会，尤其是沙兹里苏非主义教团，可能是咖啡的最初拥护者，因为这种饮料的刺激性受到神秘主义者的极大赞赏，他们需要保持清醒并警惕自身的精神锻炼。大概在 1475 年左右,从也门开始,咖啡的消费传播到伊斯兰教的圣地。15世纪末,咖啡在开罗出现,最初是在爱资哈尔大学(al-Azhar University)的也门学生中出现,后来相继在其他社会团体中出现。

从那时起,咖啡开始作为一种商品交易,尽管生产可能仅限于在埃塞俄比亚森林中采摘的咖啡果。埃塞俄比亚无疑是唯一的咖啡来源地,通过扎拉(Zayla)的港口将其出口到红海沿岸国家。[3]咖啡豆和果壳有时一起被用来制作饮料。在红海的南端,咖啡被添加到从印度和远东运往北部地区的货物中。已知的最古老的关于咖啡的书面记载可以追溯到1497年,出现在西奈半岛南端的一封来自土耳其商人的信[4],在这封信中,咖啡与胡椒和靛蓝一起被提及。

1516—1517年,奥斯曼人征服了古埃及的马穆鲁克国,为咖啡的传播打开了奥斯曼帝国统治下的广阔区域。从1534年起,大马士革人开始喝咖啡。[5]大约20年后,在伊斯坦布尔,苏莱曼一世在1554年对咖啡征税,以限制富人对这种新饮料的消费。[6]商人和士兵,以及乌拉玛(Ulamā)和苏菲兄弟会,促进了咖啡在城镇中的传播,尽管它仅限于较小的社会群体。

16世纪40年代至1725年,红海咖啡经济的发展

早在16世纪40年代,埃塞俄比亚南部就在努力满足奥斯曼帝国日益增长的需求。基督教徒与穆斯林之间的战争,随后是奥罗莫族向基督教高地和穆斯林公国的扩张,使埃塞俄比亚长期处于不稳定状态,这无疑影响了咖啡的产量。

根据后来的也门编年史记载,也门在1543—1544年开始种植咖啡后,填补了空白。[7]这可能是由厄兹德米尔·帕夏(Özdmir Pasha)发起的。[8]他很了解埃塞俄比亚,因为在被任命为新的也门省省长之前,他曾在那里与穆斯林军队对抗基督徒及其葡萄牙盟友,奥斯曼人仍在那里扩大他们的控制范围。也就是说,也门的生产可能是在1571年后才开始的,在扎伊迪伊玛目(Zaydi Imam)对仍然脆弱的奥斯曼政权的叛乱被粉碎之后。值得注意的是,从16世纪60年代

起,咖啡才频繁出现在开罗商人贸易的商品清单上。[9]

其他因素也促进了红海地区的经济繁荣。大约在1570年,最初从西班牙通过欧洲新大陆,白银到达了地中海东部。在那里,白银不可抗拒地被吸引到印度的莫卧儿帝国和中国,弥补了与亚洲贸易平衡中的持续逆差。红海是资金流动的渠道之一,从而促进了咖啡贸易的繁荣。

在17世纪的前25年,由于荷兰和英国的东印度公司到达印度洋,使红海的香料运输受到了影响。与葡萄牙人不同,新移民设法将香料贸易长期从阿拉伯人和其他穆斯林商人手中转移到欧洲。如果咖啡贸易没有相应且非常明显的进展,那么不可挽回地衰落将影响吉达和也门港口以及开罗集市,这不仅挽救了红海的商业,而且使它比以往任何时候都更加繁荣。

咖啡贸易主要掌握在开罗的商人手中,有些是埃及人,有些是从奥斯曼帝国的所有主要城镇来到尼罗河畔这座伟大城市的。他们在地中海地区重新分配咖啡,网络延伸到大马士革、士麦那、伊斯坦布尔、萨洛尼卡和突尼斯。从17世纪中期开始,欧洲的咖啡消费开始回升,只有西欧的港口没有受到影响。马赛的商人在亚历山大购买咖啡,并小心翼翼地维护他们在欧洲重新分配咖啡的准垄断地位。在这个过程中,他们把大量的欧洲银币带到埃及,开罗商人用这些银币在红海购买咖啡。在这些交易中,塞维利亚银元长期受到青睐,直到18世纪中叶,才被奥地利女皇的著名的玛丽亚·特蕾莎银元所取代。到20世纪,后者仍是红海的标准货币。

开罗商人有时直接从也门港口获得咖啡,但通常他们会从吉达获得供给。1638年,奥斯曼人被驱逐出也门,削弱了开罗商人在那里的影响力,增强了希贾兹人(Hijaz)的作用。然而,也是由于奥斯曼当局决定将该港口作为航运的强制性转口港,吉达的地位也发生了转变。通过允许麦加的沙里亚与吉达的帕夏平分关税,苏丹获得了享有盛誉的沙里亚的支持,以及资助他的伊斯兰军队和行政机构所需的资金。此外,必须在吉达转运咖啡,确保了从苏伊士到伊斯兰圣地的谷物出口获得的利润。从17世纪后期开始,在苏伊士注册的大约40艘船中,每年约有10艘从事这种贸易。[10] 在回程中,他们装载埃及从红海地区进口的咖啡和其他货物。

开罗商人与统治埃及的军事阶层紧密相关,他们在红海的活动中获得了可观的财富。在17世纪末和18世纪初,他们在吉达的代理人,或者更罕见的是在摩卡或荷台达,每年平均购买约30 000箱咖啡,约合4 500吨。[11]这相当于也门当时出口总额的一半以上,部分以货物支付,部分以欧洲货币支付。

也门咖啡种植在可以俯瞰沿海平原的梯田上,从亚丁腹地的耶贝·耶菲(Jebel Yâfi)到吉兹安纬度的耶贝·费法(Jebel Fayfâ),都是自然条件有利的地区。咖啡种植面积的扩大导致这些山区的人口密度增加,吸引了干旱高原地区的农民。大多数家庭拥有自己的小树林,规模通常很小,平均每年生产0.7~2吨。[12]少数农村名流,尤其是伊玛目家族的成员拥有较大的种植园。此外,一些属于宗教基金(慈善信托基金)的土地也种植了咖啡。收获始于雨季结束的10月,一直持续到次年2月。

营销涉及一系列中间商。当咖啡果被采摘和晒干后,生产者把它们带到最近小镇的每周一次的集市上,用它们来交换印度布料、盐和五金制品。商人是阿拉伯人或遍布印度洋的古吉拉特公司的印度教或耆那教代理商。在港口和遥远的内陆市场有数百名代理人,他们也控制着也门的信贷分配。因此,他们可能为咖啡种植提供资金,尽管其方式还有待被发现。

交易者在装有磨盘的小作坊里将咖啡果去壳。直到17世纪,果壳一直被出口到埃及和奥斯曼帝国,但后来作为农民饮料的原材料在当地被消费。咖啡豆通过各种中间商,由他们将咖啡豆运往更大的市场,主要是拜特费吉赫(Bayt al-Faqih)。在那里,咖啡豆被商人购买,通常是外国人,他们把咖啡豆带到港口。从卢希亚和荷台达,咖啡通常用小帆船运往吉达,而摩卡咖啡则更多地出口到海湾、伊朗和印度,或者从17世纪末开始出口到欧洲。

这些出口为也门提供了大量收入,主要是欧洲货币。对农民的征税和关税在奥斯曼帝国萨那撤退后巩固伊玛目势力中起了决定性作用,因此,卡西姆王朝能够将其统治范围扩展到从约兹安到哈德拉毛的整个也门,历史上第一次在政治上统一了这个国家。在伊玛目·穆塔瓦基·伊斯玛(Immal-Mutawakkil

Ismâîl,1644—1676)时期,也门占领了扎拉港口,从而控制了埃塞俄比亚南部的主要海运出口中心。

欧洲货币没有留在也门,而是用来购买进口的印度商品,主要是人们用来做衣服的棉花。摩卡成为印度商业的转口港,不仅对也门如此,对整个红海也是如此。每年在冬季季风期间,一支大型船队离开苏拉特和其他印度港口,带来棉花、披肩、香料、糖和大米。印度的商业网络一直延伸到红海的吉达,但是红海的北半部则被开罗商人小心翼翼地控制着。

1725—1840 年,红海咖啡经济的生存

从 18 世纪后半叶开始,欧洲人开始威胁到红海咖啡经济的未来。他们在亚洲、印度洋和美洲拥有自己的种植园,并在中东和欧洲的这些新产区出售咖啡。

也门咖啡的产量可能在 18 世纪的前 25 年达到顶峰,每年为 12 000～15 000 吨。[13]这一水平在整个 18 世纪基本保持不变,这是在世界消费迅速增长的背景下。虽然也门在 1720 年仍有准垄断供应,但其在世界产量中的份额在 1840 年左右降至 2%～3%。[14]从 19 世纪初开始,也门的绝对产量水平也开始下降,部分原因是政治问题。

埃塞俄比亚咖啡的产量也持续低迷,部分原因是科普特基督教高地的居民强烈反对喝咖啡,这种习俗被视为穆斯林和奥罗莫异教徒的典型习俗。[15]然而,19 世纪咖啡种植在全国各地也发展缓慢。绍阿(Shoa)的咖啡出口为购买武器提供了资金,这是确保公国自治和扩张所需的。马萨瓦(Massawa)港每年出口 40～80 吨货物,来自恩纳里亚(Enarya)、戈贾姆(Gojjam)和塔纳湖(Tana)两岸。哈勒尔(Harar)的咖啡经过扎拉和柏培拉(Berbera)。[16]

尽管竞争激烈,但也门咖啡的高品质声誉使它在品鉴家中保持一席之地,这些客户也愿意支付更高的价格。爪哇咖啡很快就使阿姆斯特丹的摩卡咖啡

黯然失色,荷兰人从1698年开始购买大量的摩卡咖啡,从每年约35万磅增加到1715年后的150万磅。但是从1726年起,他们就不再定期去也门,而是更倾向于从爪哇采购咖啡。[17]与此同时,从1730年起,来自法属加勒比海的咖啡到达地中海。马赛商人减少了在亚历山大港的咖啡购买量,从18世纪初的每年约600吨减少到1785—1789年的每年不到200吨。[18]然而,英国东印度公司在整个18世纪一直是摩卡咖啡的主要欧洲客户,直到1800年左右才减少购买量。即使在那时,英国人的撤离也因美国船只出现在也门港口而遭到反击,1806年,摩卡咖啡仍然出口了13 000袋咖啡(约1 800吨),其中9 000袋(约1 250吨)被美国人带走。[19]

欧洲种植园咖啡也开始渗透到中东市场。奥斯曼当局为了避免咖啡短缺带来的困扰,从1738年起将关税减半,从而促进了加勒比咖啡的进口。18世纪末,马赛向黎凡特出口了约2 000吨咖啡,主要出口到萨洛尼卡、士麦那和伊斯坦布尔。在叙利亚,尤其是在埃及,加勒比咖啡的需求较少。尽管它的价格明显较低,但味道并没有得到很大的青睐。最重要的是,它遇到了强大的开罗商人的敌意,他们甚至于1764年禁止进口欧洲咖啡。[20]穆罕默德·阿里(Muhammad Ali)于1830年重申了这一禁令。[21]

在更遥远的东方,另一种饮料的竞争使情况变得更加复杂,因为从17世纪开始,茶叶的消费开始在伊朗和印度传播。茶叶最终在1820—1850年间战胜了其在伊朗恺加王朝(Qajar)的竞争对手。[22]法国人试图在巴士拉(Basra)销售他们的波旁(留尼汪岛)咖啡,但没有成功。

通过吉达和苏伊士将也门港口与开罗连接的商业网络被证明非常强大,在埃及、希贾兹和也门的重大政治动荡中幸存下来。开罗商人饱受贪婪的马穆鲁克派系之间持续不断的竞争之苦,红海咖啡的进口在1785年后显著下降。[23] 1803—1805年,瓦哈比穆斯林改革派严重扰乱了吉达的贸易。在也门,暂时与瓦哈比派结盟的阿布·拉什的沙里夫·哈穆德(Sharîf Hamûd)征服了除摩卡以外的所有提哈马沿海平原。提哈马地区的持续斗争危及与咖啡种植地山区腹地的商业关系。这一地区仍处于萨那伊玛目的统治之下,但他的权力因海关收入的损失而被削弱。因此,咖啡种植者越来越多地受到扎伊迪高地部落的袭击,几乎是永久性地反抗伊玛目。

从 1810 年起,穆罕默德·阿里对埃及的统治得到了巩固,但这种混乱的政治局面只是得到了部分纠正。他粉碎了从内志(Nejd)爆发的征服希贾兹的瓦哈比派,暂时征服了整个提哈马,包括摩卡。埃及士兵于 1833 年返回,驱逐奥斯曼帝国军官图尔克什·比尔梅兹(Türkshe Bilmez),他在吉达起义失败后逃到了提哈马,随后,埃及军队逐渐征服了也门的红海港口。不过,通过在提哈马的部署,埃及人加强了港口与他们山区腹地的隔离。此外,由于害怕埃及扩张到阿拉伯半岛,英国于 1839 年初采取"亚丁行动",并占领了该地区。

在动荡期间,军阀和统治者大力发展咖啡贸易,以获得收入来巩固他们的权力,特别是购买枪支。沙里夫·哈穆德试图将所有的咖啡出口集中在卢希亚(Luhiyya)。[24]他在 1804—1805 年秘密提议,用咖啡交换法国和英国人的武器。[25]至于穆罕默德·阿里,他并没有隐瞒自己想征服红海两岸的目的,就是为了对咖啡贸易实行严格控制,并使咖啡成为国家垄断。他试图以较低的固定价格购买咖啡,再以更昂贵的价格卖给外国商人。[26]

尽管红海的商业网络在 19 世纪的前 40 年中幸存下来,但它们发生了重大变化。印度船只更频繁地直接前往吉达,因此吉达成为他们的主要转口港。来自加尔各答的船只每年都会带来大米和棉花,并从红海苏丹那一侧的萨瓦金(Suakin)地区带走盐。[27]这不利于摩卡,因此摩卡在 1839 年英国占领亚丁之前就已经开始衰落了。18 世纪末以前很少遇到的哈德拉米商人将他们的商业网络扩展到红海的所有港口,原因尚不清楚。在吉达,他们最终占据了港口的大部分贸易。[28]

1840—1880 年,转型和连续性

1840 年以后,欧洲人渗透到红海的速度突然加快,这导致咖啡经济的突变,

但并没有从根本上改变其古老的根基。英国于 1839 年 1 月占领亚丁,作为苏伊士和印度之间海上航线的停靠港,为了防止穆罕默德·阿里征服整个也门,英国随后通过一系列条约扩大其影响力。第一次签署条约发生在 1843 年,是在拉赫伊的阿卜达勒苏丹国。1873 年,9 个邻国签署了条约,这一次是为了抵御奥斯曼帝国的扩张。[29] 从 1854 年起,在地中海和红海之间修建运河的措施激起了法国和英国在南部曼德海峡(Bab al-Mandab)的竞争,尤其是在其非洲海岸。

穆罕默德·阿里于 1840 年被迫离开阿拉伯半岛后,奥斯曼人的反应是扩大他们的领地。他们接管了希贾兹的直接管理,阿布·阿尔什的沙里夫以他们的名义统治了提哈马几年。当被证明无法恢复秩序时,奥斯曼人在 1848 年派遣了军队和官员。同年,他们从埃及人手中夺走了红海非洲一侧的萨瓦金和马萨瓦。几年后,奥斯曼人再次成为该地区的主要力量。[30]

也门高地的政治解体导致奥斯曼帝国统治的进一步扩大。随着扎伊迪伊玛目基本受到萨那控制,这个国家分裂成许多公国,由部落首领或敌对的伊玛目统治。咖啡生产者与海岸隔绝,很难将他们的作物运到港口。在通往亚丁的路上,经过阿布达里的税收和过路费都有所增加。[31] 奥斯曼帝国统治下的提哈马也发生了同样的情况,每送一批咖啡到荷台达就要缴 2.5 美元的税[32],部分是由于无政府状态造成的频繁的饥荒和流行病,进一步扰乱了咖啡生产。

欧洲人对红海的兴趣集中在通往印度洋和远东的航线上,咖啡的运输并没有立即受到影响。早在 1829 年,英国人就在苏伊士和孟买之间开通了第一条轮船航线,但这只是为乘客服务的。从 1843 年起,很快由一家法国公司跟随,经营着一条从苏伊士到印度的定期轮船线路[33],然而,这些轮船只在亚丁停靠了几年,因此对商队和帆船贸易几乎没有影响。1859 年,连接开罗和苏伊士的铁路竣工,这开启了一个新阶段,早先在这条路线上运送咖啡的商队很快就消失了。同样的价格,火车运输货物只需要几个小时,而不是三四天,而且更安全、更有规律。[34]

虽然欧洲轮船开始在红海的更多港口停靠,特别是吉达,但帆船通过降低运费继续营业。[35] 1868 年，用轮船从吉达向苏伊士运送 1 公担咖啡需要 12 美元，而用帆船则要便宜 3~5 美元。[36] 可以肯定的是，轮船还提供了速度、安全性和可预测性[37]，然而，当地商人是在红海港口之间航行的帆船的主要拥有者。[38] 与前几个世纪一样，来自苏伊士或库塞尔的当地托运人并没有涉足吉达以外的地区，而来自也门、马萨瓦或达拉克群岛的托运人则控制着红海南部的沿海贸易。此外，从亚丁湾的柏培拉和塔朱拉（Tajura）运往亚丁的口香糖和咖啡仍由索马里人垄断。

尽管 1838 年奥斯曼帝国的商业条约在理论上适用于该地区，但其他措施直到 19 世纪 70 年代末才使大部分咖啡贸易脱离了欧洲人的控制。从 1859 年开始，埃及总督为红海的沿海贸易建立了轮船航线。三年后，哈吉·哈巴比（Haji Hababi），一个富有的马格里布（Maghrebi）商人，主要从事埃及和阿拉伯之间的贸易，他推出了另一条轮船航线。他计划将所有红海港口连接起来，并在那里派驻其阿尔及利亚代理人。[40] 然而，直到 19 世纪 60 年代，埃及阿齐齐亚公司才设法建立了一条真正常规化的海运航线。[41]

亚丁作为咖啡出口港的崛起

1839 年后，英国人并没有立即将亚丁发展为转口港。可以肯定的是，塔伊兹（Táizz）以南的胡贾里亚（Hujariyya）部落的酋长，在 1839 年将他的咖啡带到亚丁并待了几个月，这主要是由于同当时控制摩卡的埃及人发生了争执。然而，第二年穆罕默德·阿里退出后，南方产区的咖啡又一次流向了摩卡。至于烟豆，它们是通过亚丁以东法德利县的舒卡拉出口的。尽管如此，第一位英国居民海恩斯（Haines）还是希望把大部分咖啡生意吸引到亚丁。在当地顾问（其中一些是摩卡咖啡商人）的簇拥下，他与萨那的伊玛目和胡贾里·谢赫谈判，提出用咖啡交换武器，但他失败了，主要是因为奥斯曼帝国和埃及代理人的反对。[42] 在 19 世纪 40 年代，摩卡商人在亚丁腹地的部落中挑起事端。[43]

然而,亚丁的关税是一个更大的障碍,在1850年英国人使亚丁成为自由港后,情况迅速发生转变。英国和美国的移民立即从摩卡搬到亚丁,紧随其后的是大多数穆斯林、犹太人和印度商人。几年内,亚丁获得了向欧洲和美洲出口的大部分咖啡。摩卡的衰落突然加速,20年内,这个城市几乎变成了一片废墟。零关税并不是亚丁的唯一优势,轮船可以直接停靠码头,而不再需要驳船。城市的仓库里可以买到咖啡豆,而在摩卡,通常需要在拜特法基赫购买咖啡豆,并组织商队将咖啡豆运往海上。既然也门的咖啡在世界上处于边缘地位,那么西方买家就可以挑三拣四,将从生产区到亚丁的运输成本和风险(亚丁距离产地比摩卡更远)强加给当地生产商和中间商。[44]

亚丁的咖啡贸易在1850年后蓬勃发展,由于缺乏对现有来源的彻底检查,数据仍然不完整。在19世纪40年代,年平均出口量约为15吨,但到了1857年,出口量超过了1 000吨。[45]大多数咖啡豆可能是从陆路运到亚丁的。这种被称为"杰贝利"(Jebeli)的咖啡是由生产者或中间商组成的商队运输的。[46]在19世纪50年代,很大一部分来自塔伊兹西北部的乌达恩,但后来大多数来自塔伊兹以南的胡贾里亚地区。[47]19世纪60年代初,在苏伊士运河开放之前,一些咖啡是通过桑给巴尔(Zanzibar)从亚丁出口到马赛。[48]

1869年苏伊士运河的开通以及1870年到欧洲的第一条电报线的开通,极大地促进了亚丁的发展。[49]19世纪70年代,该港口的咖啡贸易量翻了一番,因为英国殖民地获取了早先通过吉达、开罗和亚历山大到达欧洲的大部分咖啡。

根据1875—1876年的详细数据显示,现在有更多的咖啡豆通过海运的方式出口。在那一年,亚丁接收了6 738头骆驼载货量,相当于1 268吨,而海运载货量则为2 516吨。这种海上运输很少来自埃塞俄比亚,因为扎拉和柏培拉仅提供了156吨,主要供应商是也门港口,因为尽管奥斯曼人尽了最大努力,但他们还是无法将所有的贸易都引入他们控制的路线。仅荷台达一地就有1 968吨,占63%,而卢希亚则占16%。[50]相比之下,来自摩卡、吉安、法拉桑和舒卡拉的则很少。法国占亚丁咖啡出口的大部分,为1 403吨;其次是英国,为792吨;奥地利为369吨。美国已经跌到了次要位置,只有208吨。经过分类和清洗,有时还有脱壳,咖啡被法国、奥地利、瑞士和英国的公司购买,这确保了必不可少的玛丽亚·特蕾莎银元继续在维也纳铸造。[51]

吉达——红海最大转口港

亚丁并不是唯一从摩卡衰落中受益的港口,吉达也很繁荣。吉达的商人不仅保持着延伸到伊斯坦布尔、叙利亚、埃及和印度的商业网络,而且随着吉达成为红海地区主要转口地,也巩固了他们的区域地位。[52]

同之前一样,贸易商在10月至次年5月期间尤其活跃。[53]因为轮船仅携带一小部分货物通过吉达,所以他们仍然受制于古代航海取决于风的惯例束缚。与印度的商业关系比以往任何时候都要牢固,每年大约有50艘大型船只来印度。他们带来的主要是大米和棉花,还带来了靛蓝(其中大部分已运往埃及)和香料;与此同时,他们带回了萨瓦金的盐和咖啡。[54]吉达的集市上全年居住着一个庞大的穆斯林商人社区,共有250人左右。[55]随着摩卡的衰落,越来越多的印度船只沿着红海直抵吉达,吉达成为他们在红海的主要基地。后来,他们不再在也门的任何港口停靠,大多数印度人也因政治动荡和经济问题离开了也门内陆的城镇和市场。

与埃及的联系仍然存在,因为尼罗河谷仍为希贾兹人提供谷物和其他食品。随着棉花种植在下埃及的发展,越来越多的小麦通过古赛尔港口从上埃及运过来。回程的船只不仅运来了印度棉花和香料,还运来了大量咖啡。尽管苏伊士运河开通,但希贾兹与欧洲的直接贸易很少。货物继续流经开罗和苏伊士,有时甚至穿过伊斯坦布尔。

阿拉伯哈得拉米人和印度人现有商业网络的实力在很大程度上解释了这一点。根据马尔赞(Maltzan)的说法,1870年吉达的200名商人中,有150名是哈得拉米人。[56]从19世纪中叶开始,哈得拉米人在开罗就很有影响力,在那里他们主导了与红海和印度的贸易,能够以比当地少数几家直接从欧洲进口的欧洲公司更低的价格向吉达供应西方商品。哈德拉米人和印度人也从借贷和发展货物贸易中受益,在一个货币总是短缺加之银行不存在的地区,流动性和信任在商业交易中起着决定性的作用。哈得拉米人和印度人通过他们紧密的网络,覆盖了印度洋的大部分地区,为商业交易做了充分的准备。[57]

咖啡连同英国和印度的棉花一起,成为吉达交易的主要商品,尤其是通过荷台达,还有卢希亚或吉赞,咖啡从也门北部的整个生产区流向了吉达。一小部分咖啡也来自马萨瓦,然后从19世纪50年代开始,随着商队开始从埃塞俄比亚西部经由卡萨拉到达苏丹港口。[58]吉达每年会收到3 000~4 000吨的咖啡,差不多与18世纪贸易高峰期的数量持平。

在吉达出口的咖啡是经过精心准备的,法国副领事杜布勒伊尔(Dubreuil)在1868年很好地描述了这个过程:

> 每包咖啡都受到特别的照顾。咖啡豆撒在地上,奴隶们跪在周围,他们慢慢地捡起每颗咖啡豆,彻底地检查它们。这一行为的目的是消除所有不是半透明的和青色的咖啡豆,确保也门咖啡优于埃塞俄比亚、印度甚至美洲咖啡。因此,出口货物的纯度和质量都很高,但不幸的是,在漫长的航行中,它们受到了许多影响。首先,海水影响了咖啡豆,使其变成褐色,失去了一些香味和硬度;其次,在苏伊士、开罗和亚历山大,它们与等量的劣质咖啡豆混合。因此,阿拉伯咖啡离其原产地越远,就越不像纯摩卡咖啡。即使在吉达,也有一些商人将也门咖啡豆和埃塞俄比亚咖啡豆混合在一起,因为埃塞俄比亚的咖啡豆更大,香气比较少,质量较差。至于印度咖啡豆,它们是不透明的、深色的、形状不规则的,通常很少被人青睐。[59]

在19世纪下半叶,也门咖啡在品鉴家中仍然占有一席之地,对他们而言,吉达是主要来源。这些由吉达商队提供的摩卡咖啡的爱好者首先是埃及人、叙利亚人和土耳其人,其次还有阿拉伯半岛的阿拉伯人。在这些地区,茶叶的消费量仍然微不足道,1872年吉达进口的茶叶比丁香都要少得多。[60] 1860年,印度船只将少量茶叶运往孟买和加尔各答,但大多数咖啡都装在开往苏伊士的船上。法国驻苏伊士副领事估计,在1861年和1862年,咖啡占进口总价值的2/3以上。[61]

一些运到埃及的摩卡咖啡豆通过亚历山大港重新出口,每年的数量在400~1 000吨之间。穆罕默德·阿里的垄断体系被废除后,该港口恢复了之前在地中海地区作为阿拉伯咖啡分销商的角色,马赛商人仍然是主要买家。[62]

直到1875年左右,吉达能够保持它在红海咖啡贸易中的主导地位,是因为它建立了有效的商业网络,也门年产量的约1/3(约为10 000吨)通过该港口。然而,在19世纪70年代,亚丁将其份额提高到与吉达相当。

19世纪最后20年,红海的咖啡经济发生了许多深刻的变化。正如马赛贸易数据显示的那样,1880年后,从新大陆进口的咖啡有所增加。[63]长期以来一直是品质的同义词的摩卡咖啡受到了其他几种咖啡的挑战,特别是来自委内瑞拉、印度、海地和波多黎各的咖啡。[64]在狭窄的梯田上种植咖啡豆的也门小农发现,越来越难以与世界各地的低成本生产商竞争,甚至希贾兹人最终也从爪哇或印度进口了一些更便宜的咖啡。[65]然而,也门仍然是受人尊敬的种植材料的来源,这既是为了改造旧的咖啡园,也用于开发新的生产区域。在法国殖民帝国内部,仅在1883年,新喀里多尼亚和印度当局都要求把摩卡种子送给它们。[66]

在红海,奥斯曼帝国从1872年起再次控制了整个也门,并升级了荷台达的港口设施。然后,该港口设法夺回了亚丁与欧洲直接贸易的很大一部分。[67]荷台达的增长也损害了吉达作为区域转口港的作用。荷台达的咖啡贸易掌握在孟买的印度企业手中,也掌握在少数跟随奥斯曼帝国归来的希腊人手中,因为那时古老的阿拉伯商业网络已经基本消失了。

埃塞俄比亚适合种植咖啡的林地要比也门多得多,在19世纪的最后10年里,埃塞俄比亚的产量大幅度增加。在北部,古老的科普特基督教对咖啡的偏见被侵蚀了,大部分咖啡在当地消费。在南部,征服了梅尼里克之后,一些欧洲人获得了广阔的土地,开发了殖民式的种植园。他们与埃塞俄比亚的地主和埃塞俄比亚南部的小农一起,通过新铁路向法国吉布提港出口越来越多的咖啡豆,该铁路于20世纪头10年全面投入使用。[68]因此,红海地区的咖啡生产在20世纪果断地回到了埃塞俄比亚。

结 论

咖啡的历史与红海土地息息相关,植物学家正是在埃塞俄比亚的南部森林中发现了野生阿拉比卡咖啡。正是在这些森林中,人类尝到了咖啡豆中的咖啡因。从那里,这个习惯传到了整个奥斯曼帝国,也传到了印度和马来世界。[59]几个世纪以来,也门和哈拉的小农耐心地在他们的小梯田上种植咖啡树。阿拉伯、土耳其和印度商人掌握着出口贸易,西方人永远无法消灭他们。

然而,从17世纪开始,正是也门为阿拉比卡咖啡在世界各地的传播提供了作物和幼苗,从而失去了对供应的准垄断。随后,也门似乎丧失了适应世界市场新情况的能力,陷入了长期、缓慢且不可逆转的衰退。今天,它的产量已减少到微不足道的程度,相反,埃塞俄比亚一直能够保持其作为优质咖啡供应商的地位,并保持摩卡品牌的声誉。

注释:

〔1〕C. Schaeffer, "Coffee Unobserved: Consumption and Commoditization in Ethiopia before the Eighteenth Century," in M. Tuchscherer, ed., *Le Café avant l'ère des plantations coloniales: espaces, réseaux, sociétés (XVè–XVIIIè siècles)* (Cairo: IFAO, 2001), pp. 23-34.

〔2〕R. Hattox, *Coffee and Coffeehouses: The Origins of a Social Beverage in the Mediaeval Near East* (Seattle: University of Washington Press, 1988). 唯一的原始资料是16世纪留存Jaziri的资料。

〔3〕R. Serjeant, *The Portuguese off the South Arabian Coast: Hadrami Chronicles* (Oxford: Clarendon Press, 1963), p. 105.

〔4〕Mustuo Kawatoko, "Coffee Trade in al-Tûr Port, South Sinai," in Tuchscherer, ed., *Le Café*, pp. 51-65.

〔5〕J.-P. Pascual, "Café et cafés à Damas: Contribution à la chrologie de leur diffusion au XVIe siècle," *Berytus* 42 (1995-6): 141-56.

〔6〕Saraçgil (Ayse), "L'Introduction du café à Istanbul," in H. Desmet-Grégoire and F. Georgeon, eds., *Cafés d'Orient revisités* (Paris: CNRS, 1997), p. 32.

〔7〕Yahya b. al-Husayn b. al-Qâsim, *Ghâyat al-amânî fi akhbâr al-qutr al-yamânî* (Cairo: Dâr alKâtib al-'Arabî, 1968), vol. 2, p. 689.

〔8〕E. van Donzel, B. Lewis, and Ch. Pellat, *Encyclopédie de l'Islam* (Leiden: Brill, 1978), vol. 4,

p. 470, article on "Kahwa."

(9) M. Tuscherer, "Production et commerce du café en Mer Rouge au XVIe siècle," in Tuchscherer, ed., *Le Café*, pp. 69–90.

(10) M. Tuscherer, "Approvisionnement des villes saintes d'Arabie en blé d'Egypte d'après des documents ottomans des années 1670," *Anatolia Moderna* 5 (1994): 79–99; M. Tuscherer, "La Flotte impériale de Suez de 1694 à 1719," *Turcica* 29 (1997): 47–69.

(11) A. Raymond, *Artisans et commerçants au Caire au XVIIIe siècle* (Damascus, 1974), vol. 1, p. 133. A tonne equaled 1000 kilos.

(12) N. Bréon, "Mémoire sur la culture, la manipulation et le commerce du café en Arabie," *Annales Maritimes et Coloniales* 2 (1832): 559–67.

(13) Raymond, *Artisans*, vol. 1, p. 133, n. 2, citing Hamilton and Parsons. 这里给出的22 000吨的数字似乎有些夸张，因为我的计算表明，"负载"实际上只有140公斤左右。

(14) H. Becker et al., *Kaffee aus Arabien* (Wiesbaden: Franz Steiner, 1979), p. 20.

(15) R. Pankhurst, *Economic History of Ethiopia* (Addis Ababa: Haile Selassie University Press, 1968), p. 198.

(16) M. Aregay, "The Early History of Ethiopia's Coffee Trade and the Rise of Shawa," *Journal of African Studies* 29 (1988): 19–25.

(17) G. J. Knaap, "Coffee for Cash: The Dutch East India Company and Its Expansion of Coffee Cultivation in Java, Ambon and Ceylon, 1700–1730," in J. van Goor, *Trading Companies in Asia, 1600–1830* (Utrecht: Hes, 1986), pp. 33–49.

(18) A. Raymond, "Les Problèmes du café en Egypte au XVIIIe siècle," in *Le Café en Méditerranée: Histoire, anthropologie, économie, XVIIIe–XXe siècle* (Aix-en-Provence: CNRS, 1981), pp. 57–8.

(19) *Records of the Hijaz, 1798–1925* (Oxford: Archive Editions, 1996), vol. 1, p. 207, Lord Valentia, "Observations on the Trade of the Red Sea."

(20) Raymond, "Les problèmes," p. 58.

(21) Archives de la Chambre de Commerce de Marseille, M.Q 5.2 Egypte 1818–33.

(22) R. Matthee, "From Coffee to Tea: Shifting Patterns of Consumption in Qajar Iran," *Journal of World History* 7, no. 2 (1996): 199–230.

(23) Raymond, *Artisans*, vol. 1, table 23, pp. 146–7.

(24) Becker et al., *Kaffee*, p. 36, n. 75.

(25) Valentia, "Observations," pp. 210, 220.

(26) *Records of the Hijaz*, vol. 1, pp. 506–7, Letter to Sir Alexander Johnston, June 1, 1837.

(27) *Records of the Hijaz*, vol. 1, pp. 635–7, A. C. Ogilvie, March 26, 1849.

(28) H. von Maltzan, *Reisen nach Südarabien und geographische Forschungen im und über den südwestlichen Theil Arabiens* (Braunschweig: Friedrich Liebeg, 1873), p. 83; J. Ewald and W. G. Clarence-Smith, "The Economic Role of the Hadhrami Diaspora in the Red Sea and the Gulf of Aden, 1820s to 1930s," in U. Freitag and W. G. Clarence-Smith, eds., *Hadhrami Traders, Scholars and Statesmen in the Indian Ocean, 1750s–1960s* (Leiden: Brill, 1997), pp. 281–96.

(29) R. J. Gavin, *Aden under British rule, 1839–1967* (London: C. Hurst, 1975), pp. 63–71, 145–6.

(30) Ibid., pp. 91–7.

(31) Ibid., p. 119.

(32) *Records of the Hijaz*, vol. 2, pp. 189–239, S. Page, June 1, 1856.

(33) Gavin, *Aden*, p. 106.

(34) Archives du Ministère des affaires Etrangères, Nantes (henceforth AE), Suez, carton 1, correspondance commerciale, letter of March 2, 1862.

(35) W. Ochsenwald, "The Commercial History of the Hijaz Vilayet, 1840–1908," *Arabian*

Studies 16 (1982): 57–76; also in W. Ochsenwald, ed., *Religion, Economy and State in Ottoman-Arab History* (Istanbul: Isis Press, 1998), pp. 53–77.

〔36〕AE, Série A, Consulat de Djedda, carton 1, régistre no. 4, pp. 210–4, Dubreuil, March 31, 1868.

〔37〕Maltzan, *Reise*, p. 80; AE, Suez, carton 1, correspondance commerciale, letter of March 2, 1862.

〔38〕*Records of the Hijaz*, vol. 1, pp. 465–81. Campbell, a British Consul in Egypt, in 1836 gave a seemingly exhaustive list of 108 boats from the following harbors: Suez, Qusayr, Tur, Yanbu', and Djedda. See *Records of the Hijaz 1798–1925* 1, pp. 465–481.

〔39〕Schweiger-Lechenfeld, "Der Kaffeehandel Adens," *Österreichische Monatsschrift für den Orient* 3 (1877): 187–9.

〔40〕AE, Suez, carton 1, correspondance commerciale, letters of Oct. 7, 1861, March 2, April 10, May 29, and Oct. 17, 1862, and Jan. 22, 1863.

〔41〕AE, Série A, Consulat de Djedda, carton 1, régistre no. 4, letter of Dec. 17, 1864, p. 22; Ochsenwald, "The Commercial History," pp. 74–5.

〔42〕Gavin, *Aden*, pp. 45–51.

〔43〕Becker et al., *Kaffee*, p. 32.

〔44〕Ibid., p. 34.

〔45〕Calculated from Gavin, *Aden*, p. 388, n. 126.

〔46〕Schweiger-Lechenfeld, "Der Kaffeehandel," p. 187.

〔47〕Gavin, *Aden*, p. 119.

〔48〕L. Bernard, *Essai sur le commerce de Marseille* (Marseilles, 1887), pp. 39, 68.

〔49〕Schweiger-Lechenfeld, "Der Kaffeehandel," p. 189.

〔50〕F. Hunter, *An Account of the British Settlement of Aden* (rpt., London: Cass, 1968), pp. 100–3.

〔51〕Schweiger-Lechenfeld, "Der Kaffeehandel," pp. 187–8. 在1877年，主要的住宅有马赛的C. Tian、英国的Wright Newson and Co.、澳大利亚的Bienenfeld and Co, 以及瑞士的Escher and Furrer。

〔52〕J.-L. Miège, "Djeddah: Port d'entrepôt au XIXe siècle," in Institut d'Histoire des Pays d'Outre-Mer, *Etudes et documents, No. 15* (Aix-en-Provence, 1982), pp. 93–108.

〔53〕Maltzan, *Reise*, p. 82.

〔54〕AE, Série A, Consulat de Djedda, carton 1, régistre no. 4, pp. 210–14, letter of March 31, 1868; AE, Série A, Consulat de Suez, carton 1, letter of March 29, 1869.

〔55〕Maltzan, *Reise*, p. 83–4.

〔56〕Ibid., p. 83.

〔57〕Ibid., pp. 80–5; Freitag and Clarence-Smith, eds., *Hadhrami Traders*.

〔58〕*Annales du Commerce Extérieur, Afrique (faits commerciaux)*, vol. 1: *Egypte, Mer Rouge, Abyssinie (1843–1866)*, Avis divers No. 1361, Feb. 1867, pp. 19–24.

〔59〕AE, Série A, Consulat de Djedda, carton 1, régistre no. 4, pp. 210–14, Dubreuil, March 31, 1868.

〔60〕Maltzan, *Reise*, p. 81.

〔61〕AE, Série A, Consulat de Suez, carton 1, "Etat des marchandises importées à Suez en 1861," and letter of March 24, 1863.

〔62〕J. Julliany, *Essai sur le commerce de Marseille* (Paris: Renard, 1842), p. 317; Archives de la Chambre de Commerce de Marseille, "Compte-rendu de la situation industrielle et commerciale de la circonscription de Marseille," 1871–80.

〔63〕Bernard, *Essai*, p. 176.

〔64〕*Encyclopédie des Bouches-du-Rhône*, vol. 9, 1922, p. 280.

〔65〕Gavin, *Aden*, p. 131; W. Ochsenwald, *Religion, Society and State in Arabia: The Hijaz under Ottoman Control, 1840–1908* (Columbus: Ohio University Press, 1984), p. 96.

〔66〕AE, Série A, Consulat d'Aden, carton 4, correspondance avec les autorités françaises 1865–89.
〔67〕*Moniteur maritime, industriel, commercial et financier*, 374, July 13, 1902.
〔68〕Pankhurst, *Economic History*, pp. 199–201.
〔69〕S. Gopal, "Coffee Trade of Western India in the Seventeenth Century," and W. G. Clarence-Smith, "The Spread of Coffee Cultivation in Asia, from the Seventeenth to the Early Nineteenth Century," in Tuchscherer, ed., *Le Café*, pp. 297–318, and 371–84.

【作者】 Michel Tuchscherer

第三章
留尼汪岛和马达加斯加咖啡生产的起源与发展：1711—1972

第三章　留尼汪岛和马达加斯加咖啡生产的起源与发展：1711—1972

简　介

　　留尼汪岛（波旁）是非洲沿海马达加斯加附近的一个小岛，其咖啡产量在 18 世纪相当可观，但此后迅速下降。留尼汪岛克里奥尔人随后将咖啡从边境带到了马达加斯加，并于 1895 年被法国征服。到 20 世纪 30 年代，殖民政策使咖啡成为马达加斯加的主要出口商品，并且无意中促进了当地小农的生产。随后，留尼汪岛克里奥尔人与其东海岸的马达加斯加竞争者之间的资源之争是 1947 年起义的主要原因，这是法国殖民历史上最血腥的事件之一。这场战争有效地将小型克里奥尔种植园主挤出了咖啡市场，留下了一小部分法国大都市的企业和许多小的当地种植者。1972 年的革命导致大型法国公司倒闭，并进入管理不善的国有化时期，破坏了包括咖啡行业在内的整个经济。

1711—1895 年，留尼汪岛

　　人们于 1711 年在留尼汪岛圣保罗附近发现了野生毛里塔尼亚咖啡，它生长在海拔 600 多米的高处。人们普遍称其为"咖啡马龙"，据说"即便是最细致的鉴赏家也无法将它与摩卡咖啡区分开"。从 1720 年开始，英国和荷兰的船只购买了毛里塔尼亚咖啡，该咖啡于 1721 年在法国获得好评。但是，毛里塔尼亚咖啡仅在高海拔地区才生长茂盛,与摩卡咖啡相比,它喝起来不那么顺滑、香气更浓、口味更苦,而法国东印度公司一直很喜欢这种咖啡,该公司从 1708—1758 年管理着留尼汪岛。[1]

因此,该公司将精力集中在 1715 年推出的摩卡咖啡上。1718 年,该公司命令留尼汪岛的每个特许经营者至少每人种植 10 棵咖啡树。两年内就有 7 000 棵摩卡树,到 1723 年,有 10 万棵集中在圣保罗附近的摩卡树。到这些咖啡树成熟时,它们平均每年生产 3~5 磅咖啡豆。[2] 1718 年在法国,留尼汪咖啡被描述为"一种咖啡,其小缺点将通过适当的栽培得到纠正"[3]。然而,随着 18 世纪初世界对咖啡的需求激增,留尼汪咖啡很快被认为是在质量上仅次于也门的阿拉比卡咖啡。[4]

咖啡很快成为留尼汪岛的主要农作物,利润相当可观,摩卡咖啡的"球"成为当地的标准货币,人们燃起了它将主导欧洲市场的希望。[5] 1723 年,该公司授予法国对所有留尼汪咖啡的垄断权,并宣布第二年它将收回未种植咖啡的特许权。甚至有人就自愿销毁咖啡树而被判处死刑的问题进行了辩论。到 1735 年,留尼汪岛 345 个种植园中约有 95% 种植了咖啡。它主要与粮食作物有关,尽管有 71 个生产商只种植咖啡。[6]

尽管竞争加剧,尤其是来自爪哇的竞争加剧,但欧洲的需求确保了留尼汪岛的咖啡的出色表现,尤其是在圣苏珊娜和圣丹尼斯地区,到 1735 年,其咖啡产量占留尼汪岛咖啡产量的 72%。从 1726 年开始,总督皮埃尔·杜马斯(Pierre Dumas)指示种植者改善技术,尤其是在干燥和包装方面。[7] 在 1730—1744 年间,由于垄断公司将每磅咖啡购买价格减半,对此,一些种植者打破垄断,秘密出售咖啡豆。1725 年,所有的收成大约 40 000 磅被卖给了闯入者,这表明总销售额大大高于官方对法国的出口额,1724 年为 3 400 磅。此后,对法国的出口量迅速增加,1726 年达到 23 800 磅,1727 年为 120 000 磅,1735 年为 500 000 磅,1745 年为 2 500 000 磅。

咖啡生产属于劳动密集型,因此与奴隶的进口密切相关。据估计,每个咖啡种植园至少需要 12 个奴隶,而大型种植园则需要 20 多个奴隶。到 1735 年,当10 000个总人口中约80%为奴隶时,大型生产者持有68%的咖啡特许权,生产了83%的官方公布的咖啡。但是,咖啡的单一种植是小型种植园的特点。尽管6个最大的种植园主拥有种植园奴隶总数的17%,并生产了47%的咖啡,但他们将咖啡与粮食作物和牲畜混合在一起。[9]

从1740年到18世纪90年代,尽管在1769年公司垄断结束后产量有所增加,但留尼汪岛在世界咖啡出口中的份额却平稳下降。到1787年,该岛每年出口2 000～3 000吨咖啡,相比之下,圣多明各(海地)的年出口量为38 000吨。[10]然而,咖啡在留尼汪岛的出口中仍占据主导地位,以至于咖啡几乎构成了唯一的现金经济,并成为重要的交易媒介。在从1793年开始的革命时期,流通中的纸币迅速贬值,以致咖啡成为标准货币。当地人强烈反对将该岛的名称从波旁更改为留尼汪岛,以免损害该岛的咖啡形象,尤其是在重要的新北美市场上。[11]

这种出口相对下降有几个原因。旺格特(Wanquet)认为,自1789年以来,政府就坚持要求留尼汪岛的种植者也应种植粮食作物,而其他生产者选择了单一种植咖啡,这自然就削弱了留尼汪咖啡的国际竞争力。政府这样做是为了给邻近的法兰西岛(毛里求斯)提供港口,通行船只主要停靠在那里。[12]不良的生产技术降低了土壤肥力和咖啡产量,圣保罗地区在1730—1775年间,每棵树的产量从1.5～2磅下降到0.33～0.5磅。咖啡豆的干燥环节也经常不充分。品鉴家们将这种缺陷与种植园的规模联系在一起,由于平等继承的传统,随着18世纪的发展,种植园趋于碎片化,咖啡生产越来越多地掌握在小种植园主手中。在1732年,咖啡种植园平均占地200公顷;而到了1775年,只有2.5%的种植园超过100公顷。[13]留尼汪岛还受到龙卷风的影响,这些龙卷风在1730—1732年和1734年造成了饥荒。由于咖啡成长期长达5～6年,因此暴风雨的破坏对小型种植园的影响尤为严重。[14]龙卷风还使糟糕的内部运输网络"雪上加霜",该网络运维费占圣丹尼斯港和圣保罗港咖啡价格的10%。[15]

关于19世纪留尼汪咖啡加速衰落的传统解释是,1806年毁灭性的龙卷风导致种植者转向烟草、棉花、香料,尤其是糖。[16]然而,1817年的咖啡产量为

3 000~3 500 吨,接近 19 世纪初的峰值。产量从 19 世纪 20 年代开始急剧下降,到 1836 年下降到 928 吨,1845 年下降到 665 吨,1865 年下降到 368 吨。为此,又提出了一些其他解释。特别是咖啡种植园的规模有限,现在主要是由家庭成员组成的 200~300 公顷的种植园。到 1848 年,58%的糖料种植面积超过 100 公顷。糖的资本密集性更强,也不容易坏,这确保了后者的优势。因此,即使在 19 世纪 70—80 年代,当世界咖啡价格的上涨重新激起人们对留尼汪岛的兴趣时,土地所有制的结构也限制了咖啡的发展。[17]然而,在 1883 年,咖啡仍然是仅次于糖的第二大经济作物。[18]

1878 年从锡兰传入的咖啡叶锈病被认为是致命的打击,特别是在 1880—1882 年,这种真菌破坏了留尼汪岛的咖啡。留尼汪咖啡的出口从 1871—1880 年期间的年平均 407 吨依次下降到 1881—1890 年的 379 吨、1891—1900 年的 103 吨和 1901—1907 年的 47 吨。[19]一些富裕的种植者用利比里卡咖啡进行试验,利比里卡咖啡是一种从爪哇岛茂物(Buitenzorg)植物园引进的西非变种,但它需要 4 年时间才能有所收获,而且质量很差。[20]

留尼汪咖啡一度在法国市场上占据一席之地。到了 20 世纪 20 年代,本土品种再次受到青睐,据报道:"生长在留尼汪岛的波旁咖啡在法国市场上售价很高,几乎所有的出口都是在那里进行的。这是一种小而坚硬的豆类,有浓郁的口感和香味。"[21]此后,在留尼汪岛对马达加斯加实验农业站的幼苗进行了试验,但即便是当地的需求也不得不通过马达加斯加的进口来满足。[22]与此同时,法兰西帝国内部、新喀里多尼亚、印度,特别是 20 世纪 30 年代马达加斯加新生产者的崛起,缩小了留尼汪咖啡在法国的市场。因此,在 1945 年后,种植面积下降到了微不足道的水平。[23]

在梅里纳帝国霸权下的马达加斯加

许多贫穷的种植园主在 19 世纪放弃了留尼汪岛,并将咖啡从边境带到了廉价土地和廉价劳动力的地区。1848年,留尼汪岛废除了奴隶制,引发了一场特别严重的危机。60 160名被解放的奴隶拒绝接受种植园工作,而来自非洲和印度的工人也不令人满意,越南战俘也是如此。[24]从19世纪中期开始,留尼汪岛种植园主首先去了法国殖民地科摩罗群岛和诺西贝。然而,咖啡在科摩罗群岛并不繁荣,那里的种植者1900年后在很大程度上转向香料植物、剑麻和香草。[25]在马达加斯加西北海岸附近的诺西贝小岛上,咖啡的表现更好,但仍然有限,在1857年为300公斤,在19世纪70年代后期限于15 000公斤。[26]

留尼汪岛的克里奥尔人因此将精力集中在马达加斯加。[27]咖啡从19世纪20年代中期开始成为一种重要作物,在梅里纳统治者实行经济自给自足之后,垄断了所有主要出口产品。梅里纳法院与de Rontaunay留尼汪公司在东海岸成立了一个种植园协会。[28]国王提供了土地和劳动力,后者包括该岛东南部的战俘,辅之以同伴,强迫当地人无偿从事劳动。de Rontaunay公司提供了必要的机械和"欧洲技能",生产由双方共担。[29]1825年,de Rontaunay签订了种植15万棵咖啡树的合同;1840年,另一位留尼汪岛种植园主签订了一份为期8年的合同。两者都在马南扎里地区。[30]到19世纪中叶,de Rontaunay每年都从东海岸出口约500公斤的马达加斯加摩卡[31],该公司还于19世纪40年代将咖啡引入高原内陆。[32]

1862年开始的对外贸易自由化,再加上热带农产品价格的上涨,导致大量外国人涌向马达加斯加的东海岸,生产咖啡、烟草和糖。[33]有人在1883年声称:"那里的咖啡增长惊人。"[34]克里奥尔人主导了生产,但贸易却掌握在实力雄厚的西方公司手中,出口到毛里求斯、英国和美国。[35]

但是,梅里纳当局法院对土地和劳动力的持续垄断是进一步发展的障碍。1865年和1868年签订的条约承认外国公民拥有所有权原则,但省略了有关程序的细节。在随后的条约中,土地不可剥夺的传统政策得到重申。克里奥尔人绕过这些限制,与当地妇女建立联系,以她们的名义购买房屋、土地和奴隶。正如1884年所指出的:"如果法国人不与当地妇女生活在一起,就不能在马达加斯加做生意。"[36]然而,很少有种植园主因此获得足够的劳动力,梅纳里法院对法农波那(Fanompoana)的操纵造成了克里奥尔人的不安全感：

> 虽然马达加斯加政府表面上的政策是安抚和为岛上的外国人提供便利,但直到《安美条约》第21d条被废除,或苦力被带到这里之前,他们不会投资很多资本,因为女王保留在没有适当通知的情况下随时撤回雇佣劳工的权力,从而危及因撤回必要的劳工而投资的资本。[37]

此外,因为奴隶和法农波那工人不断逃离种植园,所以必须由主要来自人口更稠密的东南部地区的移民雇佣劳工来补充。[38]

而且,到1881年,咖啡叶锈病几乎消灭了海拔270米以下的咖啡种植园。图阿马西纳(Toamasina)出口的咖啡价值从1877—1878年的15 000美元升至1879—1880年的63 765美元,此后急剧下跌。1896年,全岛上只出口了价值499美元的咖啡。[39]一种真菌,加上一种蛀虫的肆虐,同样摧毁了诺西贝的咖啡。[40]尽管生长在海拔270米以上地区的咖啡避开了咖啡锈菌,但梅里纳法院故意忽视运输网络,导致运输成本过高。在19世纪90年代,从塔那那利佛(Antananarivo)到图阿马西纳的320公里路程,每位搬运工搬运40~50公斤,其成本为12.5法郎,而往返程成本为17.5法郎。[41]这意味着马达加斯加国内的运费高于从图阿马西纳到马赛的蒸汽船运费。[42]1884年,只有60 000磅咖啡是从梅里纳运来的,仅相当于出口总值的0.05%。[43]1883—1885年,法国和梅里纳的冲突结束了克里奥尔种植园主的苦难,他们对法国征服的诉求越来越强烈。[44]

相反,本地咖啡产量有所增加。自19世纪80年代以来,梅里纳帝国控制力逐渐被削弱,这使马达加斯加人得以在东海岸蜿蜒的斜坡上以及高原村庄周围的防御沟渠中建造小树林。由于他们分散在各处,加之内陆海拔较高,因此他们大部分没有遭到咖啡锈菌的侵害。由于管理费用较低,并且依赖家庭劳力以及种植自给自足的农作物和咖啡,使得他们在1883—1885年的战争中幸免于难。[45]与克里奥尔种植园形成鲜明对比的是,它在19世纪90年代初种植本土咖啡:

> 在塔马塔夫(Tamatave)到塔那那利佛路线上的一些村庄附近的

小型种植园,由于受到照顾和施肥而经常获得好收成。[46]

像安哥拉一样,销售咖啡的能力使马达加斯加的生产者能够避免在外国人的种植园中承包劳务,从而加剧了后者的劳务问题。[47]这也使得他们能够缴纳梅里纳的国税和履行其他财政义务,从而避免了困扰着大多数马达加斯加耕种者的债务负担,其中许多人发现他们不得不在还没有播种之前就抵押自己的作物。[48]

1896—1947年,殖民保护主义和咖啡新品种

19世纪末法国对该岛的征服一度造成了混乱,但随后导致了欧洲咖啡种植园的复兴。咖啡出口从1901年的117公斤下降到1904年的6公斤,甚至在1904年进口了12 506公斤咖啡;随后出口稳步增长,1910年为110吨,1919年为1 435吨,1923年为2 327吨,1925年为3 359吨。[49]这反映了恢复安全后生产者的乐观态度,以及法国对殖民地产品的偏爱。传统上,法国和德国的咖啡关税比英国高[50],然而,从1892年1月起,法国对殖民地咖啡的进口税减半,因此法国对"外国"产品享有每公斤0.78法郎的优势。[51]1913年8月,从殖民地进口的咖啡被宣布免税。[52]

因此,法国在第二次世界大战前几乎完全吸收了马达加斯加的咖啡出口,只有少量运往留尼汪岛。[53]从1919年起,法国成为仅次于美国的世界第二大咖啡市场。[54]1924年,勒阿弗尔占据了欧洲咖啡进口37%的市场份额,其咖啡交易所与纽约和汉堡的咖啡交易所一起,在很大程度上决定了世界咖啡的价格。[55]

在海拔600米以上的地区种植阿拉比卡咖啡仍然十分有限。湿度低于海岸,有助于对抗咖啡叶锈病,但在6个月的旱季中,缺水往往是一个问题。因此,阿拉比卡咖啡被限制在"少数几个能很好地躲避寒风、土壤特别肥沃的地区"[56]。1917年,阿拉比卡咖啡的产量估计只有35吨。[57]最初,高原咖啡的产

量仅限于塔那那利佛附近的地区,因此被称为"伊梅琳(Imerina)咖啡"。[58]种植面积从20世纪20年代中期开始扩大,因为高昂的价格补偿了劳动力和运输成本。[59]殖民政府也推广了阿拉比卡咖啡,认为它可以在出口前通过混合来提高其他品种的质量和价格。[60]因此,马达加斯加生产者在马哈赞加(Mahajanga)以北海拔800~900米的安凯兹纳(Ankaizina)地区建立了阿拉比卡种植区。[61]

在沿海地区,有人正在寻找抗咖啡锈菌的品种。尽管本土咖啡味道苦涩、咖啡因含量低,但到20世纪20年代初也在法国占领了一个小市场,与其他殖民地"野生咖啡"一起被归为努涅斯(Nunez)咖啡。[62]然而,主要的推动力是转向非洲咖啡的替代品。这个过程始于19世纪80年代,当时种植的是利比里卡咖啡,每棵树平均可生产0.5公斤咖啡。[63]但是,这些种植园受到政治干扰,而且利比里卡咖啡很难推销[64]:

> 它的产量很大,但是它的大小不一的豆、备受争议的香味以及整体缺乏吸引力,使得它很难在世界市场上销售,种植者也经常发现很难以有利可图的价格出售这种花费他多年心血和精力的作物。[65]

表 3.1　　　　　　1926—1933年马达加斯加的咖啡价格和出口

(每50公斤的平均价格,CAF马赛)

年份	价格 奎卢咖啡	价格 利比里卡咖啡	出口量(吨)	价值(瑞士法郎)
1926	738	708	2 774	27 747 000
1927	513	560	5 032	36 500 000
1928	568	545	4 032	32 930 000
1929	541	437	3 555	24 473 000
1930	334	258	6 670	33 347 000
1931	285	214	11 301	70 000 000
1932	323	236	11 544	84 640 000
1933	319	266	15 236	96 000 000

资料来源:André Pruniéres, *Madagascar et la crise* (Paris: Nouvelles Editions Latines, 1934), pp. 86, 100。

从1901年开始,使用不同类型的罗布斯塔咖啡进行的实验稍微获得了一些成功。[66]到20世纪30年代,罗布斯塔咖啡在东海岸和西北地区占据主导地位。[67]罗布斯塔咖啡在法国因其浓郁的味道而受到重视,阿拉比卡咖啡因其美味而受到重视。尽管如此,后者的出口量还是很小,以至于很难判断。[68]

生产对人为提高的价格做出了反应。巴西提振世界咖啡价格的措施为马达加斯加提供了一个"免费搭车者"的位置。[69]然而,在20世纪30年代的萧条时期,法国的殖民保护主义发挥了主要作用(见表3.1和表3.2)。此外,针对咖啡生产商的殖民补贴制度稳定了咖啡价格。

表 3.2　　　　　　1910—1982 年马达加斯加咖啡的生产和出口　　　　　　单位:吨

年份	生产	出口
1910	n.a	10
1915	n.a	442
1919	n.a	1 435
1920	n.a	1 221
1921	n.a	1 226
1922	n.a	1 500
1923	n.a	2 327
1924	n.a	2 962
1925	n.a	3 359
1926	n.a	2 774
1927	n.a	5 032
1928	n.a	4 030
1929	n.a	3 022
1930	n.a	6 671
1931	n.a	11 354
1932	n.a	13 581
1933	n.a	15 253
1934	n.a	14 336
1935	n.a	15 531
1936	n.a	25 000
1937	n.a	21 205
1938	n.a	41 204
1939	n.a.	30 921
1940	n.a.	20 162
1941	22 320	22 352
1942	140	1 139

续表

年份	生产	出口
1943	12 360	12 369
1944	23 500	45 339
1945	n. a.	26 912
1946	n. a.	22 332
1947	n. a.	29 033
1948	n. a.	19 944
1949	n. a.	25 625
1950	31 500	41 559
1951	29 000	30 521
1952	41 300	41 311
1953	44 700	36 233
1954	44 000	41 486
1955	55 000	47 737
1956	53 040	52 486
1957	49 000	48 207
1958/1959	53 700	43 999
1959/1960	40 900	40 600
1960/1961	55 000	43 620
1961/1962	55 000	41 900
1962/1963	69 600	48 700
1963/1964	59 270	47 400
1964/1965	74 000	47 800
1965/1966	53 300	46 400
1966/1967	62 300	43 200
1967/1968	82 300	54 100
1968/1969	74 700	45 300
1969/1970	57 500	49 500
1970/1971	90 400	53 200
1971/1972	65 700	57 300
1972/1973	75 500	57 400
1973/1974	84 000	69 200
1974/1975	83 100	59 200
1975/1976	80 200	70 500
1976/1977	65 300	51 300
1977/1978	85 500	65 157
1978/1979	81 840	63 057
1979/1980	84 980	69 470

续表

年份	生产	出口
1980/1981	83 880	64 688
1981/1982	77 814	58 514

资料来源：F. Ciolina, "Café," in Marcel de Coppet, ed., *Madagascar* (Paris: Encyclopédie de l'Empire Français, 1947), vol. 1, p. 306; Lucille Rabearimanana, "La Politique économique coloniale sur la côte est(Madagascar) dans les années 1950," in *Omaly sy Anio* 21—22(1985):312, 322—323; Louis Cros, *Madagascar pour tous* (Paris: Albin Michel, [1922]), p. 104; Alphonse Ramilison, "La Production Caféière à Madagascar," in *Omaly sy Anio* 21—22(1985):343—344; *Café cacao thé* 1, no. 3(1957):159; *Revue de Madagascar* 2 (April 1933):125, and 3(July 1933):9; Louis Chevalier, *Madagascar, populations et ressources* (Paris: Presses Universitaires de France, 1952), pp. 206—207。

殖民保护主义甚至被认为是在 1930—1938 年间有效创建了马达加斯加咖啡部门的原因(见表 3.3)[70]，这是在香草和石墨开采崩溃的背景下发生的。[71]

表 3.3　　　　　　　　　1930—1949 年马达加斯加的咖啡出口

（数千个 60 公斤袋子）

年份	出口	非洲出口(%)	全球出口(%)	年份	出口	非洲出口(%)	全球出口(%)
1930—1934*	203	15.21	0.79	1944	756	26.00	2.92
1935—1939*	455	20.21	1.64	1945	448	13.47	1.64
1940	336	16.39	1.44	1946	372	10.03	1.27
1941	372	15.49	1.76	1947	488	12.39	1.71
1942	19	0.92	0.11	1948	332	7.41	1.03
1943	206	7.89	0.91	1949	427	9.85	1.23

注：* 表示 5 年平均值。

资料来源：V. D. Wickizer, *Coffee, Tea and Cocoa: An Economic and Political Analysis* (Stanford: Stanford University Press, 1951), p. 475。

咖啡取代香草成为主要的经济作物，出口从 1929 年的 3 500 吨急剧上升到 1933 年的 15 236 吨。[72] 到 1938 年，咖啡占总出口的 32%。[73] 1930 年，马达加斯加甚至没有被列为东非主要的咖啡生产国之一。乌克斯(Ukers)评论说："马达加斯加生产的咖啡出口量微不足道，尽管咖啡被认为是中等的，且味道浓郁、香气宜人。"[74]然而,到 1933 年,马达加斯加是法兰西帝国最大的咖啡生产者,人们希望它能成为世界领先的咖啡生产国。[75]1947—1948 年,马达加斯加拥有 11.5 万公顷的咖啡种植园,生产 2 万吨咖啡豆。这虽然只占世界产量的 1.3%,却占法属非洲产量的 42%。[76]

最初,马达加斯加咖啡只有有限的本地和区域市场。1932 年,当地的消费量和库存量占咖啡产量的 19%。[77]1933 年,当时南非是仅次于阿尔及利亚的非洲第二大咖啡消费国,也是距离马达加斯加最近的重要咖啡市场,因此马达加斯加试图刺激与南非的贸易,但遗憾的是,这既没有海关协议的支持,也没有建立常规的运输联系的支持。[78]

1896—1947 年,耕种规模

由于种植和收获之间的时间较长,因此咖啡种植似乎最适合那些拥有大量资本的人。[79]然而,马达加斯加最适合咖啡种植的土壤是分散的,对建立大型种植园来说,土地过于有限。[80]到 1912 年,法国公司只拥有 8 个大的领土特许权,其中 6 个在 1931 年仍在经营,总面积为 55 万公顷。马达加斯加的大型企业通常通过从商业到种植园生产的多样化而生存下来,反之亦然。在农业领域,采用了其他经济作物,如可可、胡椒、香料植物、肉桂、丁香和香草。[81]大型种植园仅限于火山土壤、防止洪水冲击的土壤和富含人工肥料的红土地区。它们在东海岸很少见,主要集中在马纳扎里和马纳卡拉地区,那里交通便利。[82]相比之下,西北地区的咖啡主要由欧洲大型企业经营,其中包括成立于 1904 年的吕西安·米洛特(Lucien Millot)公司,到 1951 年,该公司拥有 6 个特许经营区、7 个咖啡和可可加工厂、1 300 名马达加斯加工人和 15 名欧洲工人,以及一艘轮船和一个港口,可以将产品运往诺西贝。[83]

乔利纳(Ciolina)声称,欧洲种植园的产量通常比马达加斯加的小农生产多 50%,平均每公顷有 375 公斤罗布斯塔咖啡和 600 公斤利比里卡咖啡。这归功于更多的土地、更肥沃的土壤和更好的技术，特别是更好的遮阴和更密集的种植。[84]1947年叛乱前夕，欧洲的大种植园平均每年生产20～30吨咖啡豆，有些甚至达到了100吨。

加利尼（Gallieni）设想形成一个"法国—马达加斯加种族"，但疟疾和马达加斯加普遍贫瘠的土壤阻挠了来自法国的潜在定居者，因此大多数定居者是贫困的马斯卡林的克里奥尔人。他们在东海岸山谷建立了不到50公顷的咖啡种植园，每年生产6～15吨咖啡豆，那里的河流和运河为运输提供了便利。[86]从1925年起，一条公路的建成吸引了欧洲人来到伊塔西地区，他们在那里尝试种植阿拉比卡咖啡，但由于较高的运输和劳动力成本、咖啡锈菌和本土竞争，导致他们中的大多数人放弃了种植阿拉比卡咖啡。[87]

1895—1897年的梅纳兰巴（Menalamba）叛乱后，马达加斯加人几乎完全是在高原内陆地区和沿海丘陵地区种植阿拉比卡咖啡。[88]与安哥拉相反，尽管一些家庭拥有几百棵树，但本土居民的经营活动基本上是小规模的，包括由家庭成员照看几棵树木。[89]此外，与大多数欧洲种植者不同，马达加斯加人的小农种植自给性农作物，尤其是木薯和玉米，这有助于他们度过动荡时期。[90]较低的间接成本和家庭劳动力提高了咖啡产量中本地咖啡产量的比重，从1944年的68%上升至1947年的87%。[91]

欧洲人声称马达加斯加的土地管理不善，树木是随意种植的，而且没有遮阴。欧洲人把不同种类的咖啡分开，而东海岸的马达加斯加人却把奎卢咖啡和其他种类的罗布斯塔咖啡混合在一起。[92]在马达加斯加的土地上，每公顷的平均产量是320公斤罗布斯塔咖啡、400公斤利比里卡咖啡和700～900公斤阿拉比卡咖啡。[93]一位典型的有偏见的观察家写道：

> 实际上，本土居民的耕作方式与欧洲人的耕作方式有很大不同。在大多数情况下，所有工作都是由家庭成员完成的，无须任何资本投入。耕作手段很简陋，没有农具；除了用来给大米去壳的研钵（它可以在收获后立即或在地面上晒干后对浆果进行捣打）外，没有其他工具。这些原始方法对于没有精心照料的咖啡灌木丛也有不便之处，这些灌

木丛经常维护不善、收成不好,并可能成为疾病的"温床"。由于忽视了同质性和质量,本土居民还会因那些源自欧洲产业所精心准备的农产品的贬值而备受责备。[94]

20世纪20年代末,农产品的高价格吸引了许多马达加斯加人从事咖啡生产,这一过程在30年代的殖民保护下得到加强。高的货币税是另一个诱因,尤其是在经济衰退时期。[95]因此,1933年有人评论说:

> 就在几年前,当你沿着东海岸河谷的一条小路旅行时,你穿过了一条连续的茂密灌木带,在这里驻足,你会看到美丽的移民开垦的种植园和土著村庄周围可怜的自给作物。而如今,你要在占地面积很大的咖啡种植园里走几个小时,移民和马达加斯加人交替出现,一个接一个,几乎不会中断。在任何可以种植咖啡的地方——无论是在冲积土壤和沼泽土壤中,还是在干涸的河道中,所有潜在的有用的土地都已经或即将被投入生产。[96]

1896—1947年,信贷与合作社

当地生产者将未加工或半加工的咖啡豆直接出售给克里奥尔种植者或中国店主,他们也提供信贷。第一个来到马达加斯加的中国移民可能是在1862年从广州来到这里,并在图阿马西纳开店。中国人在马达加斯加的存在一直很有限,直到1891年出现了更多的移民,此后他们很快在东海岸和塔那那利佛建立了零售商店。1900年,他们共有404人,都是商人。随着中国局势动荡,更多的移民浪潮推动了马达加斯加的广东人社区。[97]他们与当地的马达加斯加人通婚,建立了大家庭,连锁的乡村商店成为经济作物的第一个集散地。[98]

作为对1934年飓风的回应,总督凯拉降低利率并延长还款期,他声称官方提供信贷是支撑大萧条时期马达加斯加咖啡产业的主要因素之一。[99]农业信贷银行成立于1930年,在1932年向种植者提供了500万法郎的贷款。[100]本土和

欧洲生产者均可从该来源获得融资,利率为 3%。但是,向本土农民提供的贷款期限不能超过其预期的农业经营期限,并且由当地集体负责偿还贷款。[101] 在 1933 年,有人评论说:"这里已经存在一些(马达加斯加)种植者团体,他们共同购买必要的设备得益于农业信贷银行的帮助。"[102] 到 1935 年,已经有 43 个分支机构,它们与 21 个欧洲协会和 292 个马达加斯加协会相关,有超过 8 000 名会员。[103]

同时,合作社运动开始了。第一个马达加斯加合作社成立于 1933 年,在费努阿里武(Fenoarivo)从事咖啡和丁香的加工和销售。[104] 有人评论说:"在其他地方,合作商可以购买去浆剂,建立了咖啡准备、分拣和分类站点。"[105] 在第二次世界大战期间,合作社组织了无法再运往法国的咖啡的储存,在往年储存量的基础上,为生产者提供了信贷。结果,运动迅速蔓延。到 1945 年,马达加斯加已经有 24 个合作社(有 13 373 名成员),到 1952 年,已经有 40 个合作社,尽管其中一些处于休眠状态。[106] 1950 年,法国驻马达加斯加的高级专员巴尔格(Bargues)攻讦合作社是马达加斯加人控制咖啡生产的主要手段。[107]

1896—1947 年,技术援助和运输

从政府提供的技术援助中,无论是通过个人生产者还是集体生产者,当地生产者似乎比克里奥尔种植者获得的收益要多得多。从 1931 年开始,当局开始实施质量标准,到 1935 年,他们已经建立了 6 个实验性农业站,以培训马达加斯加人的咖啡种植和销售技术,并从 1945 年开始在安凯兹纳(Ankaizina)启动了一个发展阿拉比卡咖啡的项目。[108] 1934 年,由于两次飓风的影响,出口量下降至 14 336 吨,政府向马约特岛上的欧洲移民和本地种植者分发了 20 万株咖啡苗。[109] 欧洲种植者在自己的工厂中加工咖啡豆,据称标准化将使港口的大型工厂受益更多。[110]

运输成本困扰着马达加斯加经济作物的销售。由于缺乏资金,加上崎岖的

地形和恶劣的气候,国内运费有所提高。马达加斯加和庞大的国外市场之间的距离,使得对外贸易遭受损失。[111]然而,在马纳扎里和马纳卡拉地区,较大的欧洲咖啡种植园的铁路、公路和水路运输状况相对较好。在诺西贝和西北部的桑比拉诺平原,有一个良好的河流或沿海运输系统。[112]在诺西贝的港口,船只不必在近海抛锚,也不必使用驳船。[113]靠近从高原到海岸的两条铁路线的生产商也很有利,但在其他地方,问题就相当多了。1927年,由搬运工将货物从塔那那利佛运送到图阿马西纳,每公里需要3法郎。[114]1931年2月,法国政府投票决定向马达加斯加提供7.35亿法郎的贷款,最初的目的是改善种植者的运输基础设施[115],然而,直到1950年,全年可通行的公路只有4 000公里。[116]

此外,马达加斯加港口的劳动力稀缺,且生产力低下。海上运输是季节性的,既没有深水港,也没有安全的存储设施,因此盗窃造成的损失很高。此外,飓风经常袭击该岛。1925年,投票通过了1 200万法郎来改善图阿马西纳港口,但1927年3月的一场严重的飓风摧毁了该港口,造成了约2亿法郎的损失。[117]港口设施的缺乏使得马达加斯加被排除在主要的国际航线之外,这是造成海运价格高的一个重要原因。[118]

1896—1947年,劳动力

主流观点认为,劳动力短缺是马达加斯加发展的主要障碍。[119]这部分归咎于人口因素。尽管在肥沃的东海岸和高原上有人口分布群,但直到第二次世界大战前,人口密度总体上偏低且稳定。[120]资本的匮乏加剧了克里奥尔人更加依赖廉价的马达加斯加劳动力来种植、移植、除草和修剪树木以及收获、清洗、筛选和包装咖啡豆子。[121]男性在欧洲的种植园工作最多,妇女和儿童也参加了收割,平均每人每天收集40~60公斤咖啡豆。[122]尽管从欧洲种植园运来的咖啡经常用手推车或独木舟,但仍需要工人将咖啡豆从本地种植园运送到收集中心。[123]马达加斯加的小种植园使用家庭劳动力，而欧洲人需要大量劳动力。

在1896年废除了奴隶制之后，欧洲人无法获得足够的劳动力。据估计，500 000名解放的奴隶中的大多数人仍以无薪仆人的身份留在原主人的家中，从而补充了较富裕的马达加斯加生产者可获得的家庭劳动力。[124]对于瓦图曼德里（Vatomandry）地区的欧洲种植园主来说，招聘矿工面临的问题更加突出。此外，由于营养不良、疾病和酗酒，劳动力的质量十分低下。[125]

尽管试图在中国、爪哇、日本、斯里兰卡、印度和莫桑比克招聘劳动力，但当地胁迫和税收诱导的劳动力填补了这一缺口。他们与少数印度人和数千名中国人签订了合同，但这些人很容易感染疟疾。1907年，最后一批移民工人被遣返回国。[126]1896年，总督加利尼（Gallieni）首次对16~60岁的男性实行一年50天的劳役，他的理由是，在殖民地前的梅里纳帝国存在类似的制度。[127]另外，从1901年开始，对每个25岁以上的男性征收15法郎的税，对每个21岁以上的女性征收7法郎的税，均在工作日支付。[128]

封建社会的劳役立即对农业生产产生负面影响。索雷尔（Thorel）在1896年指出："劳役制度将劳动力从农业工作中移除，而没有考虑后果。生产受到影响，这是马达加斯加和整个国家毁灭的一个原因。"[129]

因此，马达加斯加人尽最大努力来逃避劳役。可以在有欧洲的私人就业证明后购买或给予豁免。[130]但是，欧洲种植园主普遍强加了恶劣的工作条件和极低的工资。索雷尔评论道："在此之后，移民者滥用了该制度。考虑到当地居民对强迫劳动的排斥以及他们逃避强迫劳动的愿望，欧洲移民者向马达加斯加人提供了低得可怜的工资，以换取将他们从奴役中解放出来的工作合同。"[131]

欧洲种植者也获得了为原本公共工程设计的劳役。1900年底，由于滥用职权的丑闻，废除了强制劳役，但随之而来的劳动力短缺，以及1914—1918年战争期间在法国作战的50 000名马达加斯加士兵的损失，导致该制度被重新引入。因此，马达加斯加人试图避免给欧洲人提供廉价的劳动力。正如总督在1920年指出的那样：

> 当我回到殖民地后，我对马达加斯加人普遍的冷嘲热讽和欧洲人

的某些不满感到惊讶和悲伤。我能察觉到当地居民不满的迹象……马达加斯加人不想工作了：他们不想再为欧洲人工作了，他们与我们保持距离。不正常的劳役制度对此负有责任——这是一个本应预料到的结果。如果马达加斯加人不再有信心来找我们……这是因为考虑不周的措施造成的，或至少加剧了劳工危机。

欧洲人的劳工问题在20世纪20年代后期恶化了，当时高昂的农产品价格使许多马达加斯加人转向独立的经济作物生产：

> 农产品获得了如此高的价值，使得工资之间的差异和农业工人收入的差异变得不成比例。因此，许多马达加斯加人放弃了他们以前工作过的建筑工地或公司，开始独立工作。由于农业种植园的扩大和新产业的创建，雇主对工人的需求有所增加，而此时，可用工人的数量却大大减少了。[133]

正如罗伯奎因(Robequain)所指出的那样："他们发现，这样一来，他们可以因此获得物质利益和精神安慰，从而摆脱强加于他们的单调的工作纪律。"[134]

在东海岸的咖啡区，马达加斯加独立的咖啡和香草种植繁荣起来。[135]因此，外国种植园主从招聘机构或直接从马达加斯加南部和东南部的移民领袖那里寻求为期两年的移民劳工。[136]到20世纪30年代，据估计，每年有6 000名安泰莫罗人(Antaimoro)前往北部和西北部的种植园，通常签订2~3年的合同。[137]人们试图通过提供农田来说服他们永久定居。这种做法在桑比拉诺山谷(Sambirano Valley)奏效，到1950年，欧洲大型企业在以咖啡为主要作物的种植园雇用了4 600名马达加斯加永久劳动力。[138]然而，在东海岸，由于当地的贝齐米萨拉卡人(Betsimisaraka)强烈反对移民定居，因此这种做法失败了。[139]

为了创造足够和稳定的劳动力，政府于1925年9月宣布给马达加斯加工人一份体面的工资。这项举措得到了负责监督区域中心网络的中央劳动局的支持，并得到检查员和仲裁委员会的支持。[140]然而，私人种植园主再次滥用这一制度。1926年6月，政府建立了公共服务劳工组织，从1927年到1930年，对20 000名马达加斯加"应征入伍者"实行强迫劳动。[141]私人种植园主被允许接触劳工组织的新成员,由此引起的公众抗议导致劳工组织在 1936 年被废除。[142] 1939 年年中至 1940 年 6 月,34 000 名马达加斯加人员前往法国,加剧了劳工危机。

战争期间,强迫劳动变得更加糟糕。在维希(Vichy)的统治下,从 1940 年到 1942 年,有一段自给自足的时期,这是由于英国的封锁和殖民意识形态的强化。欧洲大企业从强迫劳动中获益最大,导致东海岸的小型移民种植园主不满情绪上升。尽管这一时期东海岸地区的殖民档案仍然不对研究人员开放,但在 1943 年至 1944 年的自由法国政权时期,对强迫劳动的不满似乎达到了新的高度。[144]

1946 年 4 月,法国理论上废除了强迫劳动,但在马达加斯加,每个到工作年龄的男性仍然必须每年从事 200 天的有薪劳动。这在一定程度上是欧洲咖啡种植者压力的结果。政府不能忽视这样一个事实,即咖啡在 1938 年占马达加斯加出口额的 32%、1944 年占 34%。[145] 到 1950 年,马达加斯加的劳动力估计有 150 万人,其中 30 万人有工资。许多人通过分享种植来逃避劳役,尤其是在西部广阔的水稻种植园。[146]

1947—1972 年,耕种规模

法国当局在马达加斯加拒绝实施 1946 年劳动法与 1947—1949 年起义爆发之间,似乎有着明显的关联。大多数历史学家遵循的传统的法国和马达加斯加民族主义解释是,这是一场反对殖民统治的民族主义起义。然而,主要的民族主义组织是由梅里纳知识分子主导的,在首都塔那那利佛和法国的学生团体中影响最大。[147] 相比之下,起义发生在马达加斯加东部咖啡种植区,主要是农村和未受过教育的贝齐米萨拉卡人。像 19 世纪受梅里纳统治的其他马达加斯加人一样,他们对梅里纳怀有强烈的敌意。[148]

与此同时,贝齐米萨拉卡人是受法国人强迫劳动剥削最严重的人群,其中包括意图破坏更有效率的咖啡小农的小型移民种植者。正如查尔斯·罗伯奎因（Charles Robequain）在《东海岸》（*East Coast*）一书中所指出的那样，主人的强迫和他偶尔对劳动力的虐待，很可能导致了 1947 年起义的爆发。正是在这个东部地区，起义最为严重，并导致了欧洲农业的急剧衰落。[149]

1947 年的起义把大多数克里奥尔种植园主挤出了咖啡行业，但没有大公司。移民特许权从 1905 年的约 9 000 个下降到 1948—1949 年的 2 500 个。到 1952 年，欧洲种植园仅占咖啡生产面积的 16%、占咖啡出口的 17%。[150]法国高级专员巴尔格将克里奥尔人财富的减少主要归咎于强迫劳动的压制，并呼吁法国和其他欧洲农民大规模移民。[151]然而，与安哥拉（Angola）不同，在安哥拉，20 世纪四五十年代咖啡的高价格诱使许多欧洲外国中间商进入生产，在马达加斯加，大多数中小型外国种植园被本地生产者放弃或被更大的公司兼并。到 1958 年，仅"马达加斯加马赛"公司一家，通过其子公司 CAIM，就在马纳扎里拥有 600 000 棵咖啡树。[152]正如罗伯奎因所指出的："许多移民者将出售甚至放弃他们的种植园，涌入沿海城镇，放弃农业生产，转而从事运输、商业和中转商品出口。"[153]

尽管一些"通常很可怜的"克里奥尔种植园主在 1947 年的起义中幸存下来，但到了 20 世纪 50 年代末，他们的农场特点是家庭劳动、古老的非生产性树木和糟糕的耕作技术。罗伯奎因说，他们只有组织成合作社并得到大量国家援助才能生存。[154]到 1958 年，克里奥尔人拥有的农场产量占总产量的 25%，但他们面临着"当地种植者之间的激烈竞争"。大部分克里奥尔人成为缺席的地主，而把实际的生产留给了马达加斯加人。

在东海岸人口增长的压力下，咖啡小农边界从沿海平原稳步转移到高原脚下人烟稀少的内陆山区，因为那里可以免费获得林地。小规模移民农民主要关心的是清理出足够的土地，让一个从事刀耕火种农业的家庭在水稻方面实现自给自足。然而，气候因素，如干旱和飓风破坏的风险，往往造成收成不足。因此，他们还建立了香蕉和咖啡的混合种植园，这些种植园是从旧的种植园中采集的插枝，用咖啡销售中获得的金钱购买的香蕉和大米补充了国内大米的生产，当后者无法满足家庭需求时，咖啡生产就被证明对生存至关重要。当水稻丰收时，咖啡产量就被忽略了，但从未被抛弃，因为咖啡是生存策略不可或缺的一部分。用简单的技术进行刀耕火种的种植导致单产下降，对此，小生产者通过砍伐更多的森林来应对，这是一种极其"自由"的生产要素。[156]

1947—1972年，劳动力与品质

由于克里奥尔人劳动者被挤出，劳工问题得到缓解。马达加斯加的小生产者使用家庭劳动力，而欧洲大型企业则使用移民劳动力。因此在1955年，私营部门约38%的马达加斯加受薪劳动力从事农业生产，大部分为临时移民工人。[157]

> 较差的耕作方式和老树导致单产低下和质量差：本地咖啡种植园的产量中等，缺乏同质性。种植者毫无区别地使用了大量品种与罗布斯塔咖啡一起生产。这种方法很容易被忽视，而且很少除草。此外，咖啡树太老了：几乎都在1920—1935年间种植，大部分在12至15年前修剪过，产量也不断减少。[158]

但是，欧洲的种植者也采用了类似的栽培技术，认为只有国家才能提供改良品种的新树，并提供足够的数量来替代老树。[159]

因此，1950年的十年计划设想在阿拉奥特拉湖建立一个由6个实验站支持的农艺研究站。仿照英国东非研究所，建立了咖啡研究所。[160] 1956年，咖啡支持委员会（FSC）资助了从实验性苗圃中分发的770万株咖啡苗，主要分发给东海岸的当地农民。[161] 自1959年起，马达加斯加作为罗布斯塔咖啡生产国产量下降，国际上对阿拉比卡咖啡的需求增加，继而开始了一项由FSC资助的大型项目，以扩大阿拉比卡咖啡的生产。当局在塔那那利佛分发了172万棵树苗，并计划到1966年在菲亚纳兰楚阿（Fianarantsoa）种植5 000公顷。1960—1961年成立的咖啡委员会负责研究如何最好地销售马达加斯加阿拉比卡咖啡。[162] 为提高质量和节省劳动力，政府提倡建立一些精选植物的大型种植园，并合理安排间距以利于机械除草和运输。[163]

马达加斯加的生产者坚定不移地,可能也是明智地,拒绝了此类建议。他们保留了大片的老树种植园,其间穿插着其他粮食和经济作物:内陆地区的玉米和木薯,以及东海岸的荔枝、肉桂和香蕉。[164] 小生产者的主要关注点不是咖啡,而是大米,大米占据了农民大部分的土地、劳动力和资本。通常每年在咖啡收获时进行一次除草。用米杵和研钵给咖啡果去皮,将咖啡豆在地面上晒干后再运到当地的收集中心,不存在提高咖啡质量的显著的价格刺激。[165]

1947—1972年,信贷

1947年爆发起义后,国家信贷机构的重要性有所下降。[166] 到20世纪70年代,中国的店主兼交易商已成为小型咖啡生产商的主要信贷来源。中国人在1958年大约有5 000名,在1972年大约有10 000名,主要集中在东海岸和塔那那利佛。[167] 通过位于图阿马西纳、马哈赞加和桑给巴尔的主要出口公司的欧洲分支机构经理向这些店主提供了可观的商品信用,偶尔还借给他们独木舟和拖拉机来运输农产品。[168] 这些分支机构的经理在很大程度上决定了农作物的采购价格,而这是中国商人对生产者征收的利润。贸易商通过他自己设计并控制的称重系统评估了咖啡的价值,他通过短期预付现金的方式向生产者提供信贷,计算方法是预期的收获价值减去收获失败的风险。在收割之前,立即支付预付款,以确保将农作物出售给债权人。信贷体系确保了大多数生产者永久负债于中国的中间商。[169]

1947—1972年,贸易保护主义与市场

1947年的起义及其镇压所造成的损害是马达加斯加咖啡产业危机的主要原因之一,此外还有树木老化和技术落后。出口从战前的40 000吨下降到

1949年的25 600吨。[170]然而,咖啡产业很快就恢复了,因为它在1952年占总出口的44%。到1955年,大约有128 000公顷土地种植咖啡,超过了除木薯(190 000公顷)和水稻(680 000公顷)以外的所有其他作物。[171]

自1950年开始的主要问题是寻找海外市场。在少数交通基础设施良好的地区,如图阿马西纳附近,小生产者直接销售他们的咖啡,从而获得高价。在其他地方,小生产者依赖中间商,采取了旨在确保生存的最低限度战略。[172]然而,咖啡也是一种家庭饮料,1958年有人评论说:"咖啡有助于稳定贝齐米萨拉卡人,对他们来说,咖啡已经成为一种日常饮料。"[173]

马达加斯加咖啡面临世界市场的激烈竞争。1946年4月制订的法国海外领土十年计划,旨在促进经济发展,既有利于当地居民,也有利于法国联盟。但由于1947—1949年的动乱,该计划在马达加斯加被搁置。1950年制订的一项新的十年计划设想种植水稻、剑麻、花生、糖和烟草,以求多样化发展,从而避免对咖啡的依赖。尽管如此,仍计划将咖啡产量从1946年的26 000吨(出口22 000吨)扩大到1960年的45 000吨(出口40 000吨)[174];还计划提高质量,降低货运成本并稳定市场。实际数据参见表3.4。

表3.4　　　　　　　　　马达加斯加的出口咖啡产量　　　　　　　　　单位:吨

年份	产出	全球总量(%)	年份	产出	全球总量(%)
1946/1947—1950/1951*	27 180	1.58	1956—1957	48 000	2.25
1950/1951—1954/1955*	34 140	1.75	1957—1958	49 500	1.78
1954—1955	35 160	1.73	1958—1959	46 500	1.52
1955—1956	53 040	2.02	1959—1960	34 500	1.00

注:* 表示平均值。

资料来源:*Café cacao thé* 1,no.3(1957):159;2,no.3(1958):167;3,no.3(1959):178。

人们认为,欧洲经济共同体(EEC)的贸易保护主义政策对马达加斯加的经济增长至关重要,该国在1960年独立后的五年计划在很大程度上未能促使咖啡产业实现多样化,咖啡仍然是经济的基础。[175]与其他法郎区生产商一样,马达加斯加反对自由市场,认为这是一个"实际上对主要生产国,特别是农业生产国不利的制度"[176]。

马达加斯加的生产者在法国一直受到保护,1942年7月成立的国家垄断性采购机构——国家咖啡采购信托(GNACA)以固定价格从海外零售商手中购买咖啡,然后再以世界价格转售。尽管如此,在1950年,克里奥尔人和马达加斯加的欧洲咖啡生产商抗议GNACA的购买价格普遍低于世界市场价格:"不可否认的是,如果政府允许将自己以低于市场价格购买海外领土生产商的咖啡而获得的收益作为收入,那么这就是完全不道德的行为。"[177]

截至1950年1月中旬,GNACA已经储存了34 670吨咖啡,其中83%来自海外领土,平均价格为每公斤180法郎。而转售价格为每公斤387法郎,接近世界价格,这给法国政府带来了大约300万法郎的利润。生产地区要求政府将这些利润返还给他们,这项呼吁取得了成功,尤其是因为这些款项被认为用来协助欧洲种植者重建1947年起义中遭到破坏的种植园。但是,GNACA在1950年后期被废除。[178]

来自海外领土的咖啡继续享有法国政府在数量和价格方面给予的优惠。例如,1959年纽约市场上罗布斯塔咖啡的价格波动很大,而马赛的价格则保持相对稳定。[179]马达加斯加的咖啡出口从1949年的25 624吨增加到1956年的52 500吨。[180]这些咖啡主要出口到法国,从1950年到1955年,它们平均占海外进口的31%,占咖啡进口总额的20%。与此同时,法国联盟的咖啡生产商形成了继巴西和哥伦比亚之后的世界第三大咖啡出口集团。法郎区的主要生产商也试图通过在1961年实施咖啡标准化法规来提高其市场份额。[181]

1956—1957年,由于飓风和洪水造成了预期的马达加斯加咖啡收成不足。1959年3月,这一数字为15 200吨,而预测出口总量为55 000吨。马达加斯加在法国进口中的份额下降了。1959年的飓风也导致1960年和1961年的咖啡产量下降,因为树叶和遮阴树遭到破坏,土壤中有沙子沉积,因此,在1961年,马达加斯加占法郎区咖啡进口的20%、占法国咖啡进口的15%。

1960年独立后,马达加斯加加入了许多旨在稳定世界咖啡价格的区域和国际组织,其中主要的国际咖啡组织(ICO)对其成员国实行生产配额。配额制度从多个方面给包括马达加斯加在内的非洲生产者带来了几个问题。[183]第一，ICO由阿拉比卡咖啡生产者主导，因此他们将自己的利益置于其他生产者之上；第二，20世纪60年代初，法郎区生产商的配额为254 940吨，远低于约30万吨产量；第三，尽管罗布斯塔咖啡仅占世界咖啡产量的20%，但一些主要的罗布斯塔咖啡生产商仍未加入国际咖啡组织："作为该协议的签署方，罗布斯塔咖啡生产商承担着特别繁重的责任，因为与美国的阿拉比卡咖啡生产商不同，他们并不拥有世界出口的准垄断权。"[184]

与这个问题相关的是，从1952年到1962年，罗布斯塔咖啡的价格下跌了50%。正如帕塔特（Pataut）所说："如果在1960年，法郎区成员国没有从自己的货币市场中的特殊的金融优势中获益，那么它们的咖啡出口总额按实际价值计算，将大大低于10年前出口总量的一半。"[185]

配额带来了进一步的问题，这些配额是3年期的，而非洲的罗布斯塔咖啡生产商在1955—1962年期间的咖啡销量翻了一番，他们更愿意采用一年期配额，以便用更灵活的方式对世界市场趋势做出反应。[186]罗布斯塔咖啡生产商也面临倾销问题。巴西咖啡研究所在1960年为此目的使用了里雅斯特仓库，并计划在联邦德国开设另一个仓库。与南美生产商不同，非洲生产商在市场上的库存有限。[187]

国际咖啡组织的咖啡出口配额是为整个法郎区设立的，法郎区随后为其成员制定配额。从1962—1965年的3年时间里，马达加斯加获得了49 730吨的配额，占法郎区配额的19%、占世界配额的1.8%。[188]但是，法国是一个主要的咖啡消费国，自1959年11月起，独立于国际市场，为法郎区生产者确定了自己的罗布斯塔咖啡价格为每公斤3.20新法郎。[189]

同时，在法国的推动下，欧洲经济共同体抵制了美国和拉丁美洲加快降低共同对外关税的压力。根据《罗马条约》（Treaty of Rome）规定，该税率为16%，到1970年1月降至9.6%。[190]包括法郎区产品在内的欧共体内部咖啡税在1965年初降至零，当时罗布斯塔咖啡约占欧共体咖啡进口的1/3。然而，马达加斯加在法国以外的欧洲销量有限。1960年，它仅向意大利供应了1 008吨

(占意大利咖啡进口总量的 1%),向联邦德国供应了 538 吨(占 0.3%)。那一年,马达加斯加 83% 的咖啡出口仍然面向法国市场。[191]

此外,马达加斯加还加入了非洲集团,于 1960 年 12 月在塔那那利佛签署了两项主要协议。首先,由科特迪瓦、马达加斯加、喀麦隆和中非共和国成立了咖啡委员会联络委员会,共同负责法郎区 95% 的产出,以协调其政策。他们制定了遵守法郎区出口配额并获得法国政府授权的价格的目标。在法郎区之外,他们将协调销售以确保可能的最高价格,并承诺收集和共享信息。第二项协议是成立了非洲咖啡组织,喀麦隆、中非共和国、刚果、科特迪瓦、加蓬、肯尼亚、马达加斯加、乌干达、坦噶尼喀和葡萄牙加入了该组织。人们希望这将成为一个主要的咖啡生产商集团和新的世界组织,进一步设想其他非洲生产者(如埃塞俄比亚),以及其他罗布斯塔咖啡生产者(如印度尼西亚),可能加入这个组织。[192]

结 论

印度洋西南部的咖啡生产历史是不断变化的区域之一。商业化生产始于 18 世纪世界上最重要的咖啡供应地之一——留尼汪岛。在 19 世纪,产量急剧下降,但是咖啡被引入了东海岸和马达加斯加的内陆地区。19 世纪 80 年代,咖啡叶锈病在海拔不到 600 米的地方将咖啡消灭之前,咖啡引入取得了一定的成功。随后,利比里卡咖啡和罗布斯塔咖啡被引入了较低的海拔高度。直到 20 世纪 30 年代,咖啡一直是次要作物,当时的生产受到殖民保护的刺激。国家帮助种植咖啡的措施产生了一个意想不到的后果,那就是越来越多的当地小生产者的崛起。马达加斯加的独立生产加剧了小生产者所依赖的劳动力的长期短缺,来自后者的压力导致了殖民地劳役制度的滥用,这反过来又导致了 1947 年的起义。后者促使克里奥尔咖啡生产的大规模外流,但法郎区内的保护主义帮助了更多的欧洲企业和当地农民,直到 1972 年革命。然而,自 1947 年以来,国家信贷额度有所下降,小型本土生产商对中国中间商的负债越来越多。此外,周期性的飓风、落后的运输基础设施和受限制的市场确保大米仍是小生产者的关注点。然而，咖啡已经成为一些小生产者生存策略的一个组成部分，提供收入以弥补家庭大米生产的不足。

注释：

〔1〕Albert Lougnon, *L'Ile Bourbon pendant la Régence; Desforges-Boucher; Les débuts du café* (Nevac: Imprimérie Couderc, 1956), pp. 57-8, 61, 69, 148-51; Charles Buet, *Madagascar, la reine des Iles Africaines* (Paris: Société Générale de Librarie Catholique, 1883), p. 328; Claude Mazet, "L'Ile Bourbon en 1735: Les Hommes, la terre, le café et les vivres," in C. Wanquet, ed., *Fragments pour une histoire des économies et sociétés de plantation à la Réunion* (St. Denis: Université de la Réunion, 1989), p. 28.

〔2〕Lougnon, *L'Ile Bourbon*, pp. 72-3, 114-15, 151, 329, 340; Buet, *Madagascar*, p. 328; C. Robequain, *Madagascar et les bases dispersées de l'union française* (Paris: Presses Universitaires de France, 1958), p. 381; C. Wanquet, "Le Café à la Réunion, une 'civilisation' disparue," in Wanquet, ed., *Fragments pour une histoire*, p. 57. 英镑相当于法国的里弗，在重量上与英国的英镑略有不同。

〔3〕Quoted in Lougnon, *L'Ile Bourbon*, p. 116; see also Buet, *Madagascar*, pp. 328, 331.

〔4〕Mazet, "L'Ile Bourbon," p. 28.

〔5〕F. Ciolina, "Café," in Marcel de Coppet, ed., *Madagascar* (Paris: Encyclopédie de l'Empire Français, 1947), vol. 1, p. 299; Robequain, *Madagascar*, p. 381.

〔6〕Mazet, "L'Ile Bourbon," pp. 28-9; Wanquet, "Le Café," p. 57.

〔7〕Mazet, "L'Ile Bourbon," pp. 30-31.

〔8〕Ciolina, "Café," p. 299; Lougnon, *L'Ile Bourbon*, pp. 329, 340-2; Wanquet, "Le Café," pp. 57, 61.

〔9〕Mazet, "L'Ile Bourbon en 1735," pp. 32-3, 47.

〔10〕Wanquet, "Le Café," pp. 61-2.

〔11〕Robequain, *Madagascar*, p. 381; René Coste, *Les Caféiers et les cafés dans le monde*, vol. 1: *Les Caféiers* (Paris: Editions Larose, 1955), p. 1; Wanquet, "Le Café," pp. 57, 59-60.

〔12〕Wanquet, "Le Café," p. 62.

〔13〕Mazet, "L'Ile Bourbon," p. 30; Wanquet, "Le Café," pp. 58, 63, 65.

〔14〕Mazet, "L'Ile Bourbon," pp. 35-6; Wanquet, "Le Café," p. 65.

〔15〕Wanquet, "Le Café," pp. 63-4.

〔16〕Robequain, *Madagascar*, p. 381; Louis Cros, *Madagascar pour tous* (Paris: Albin Michel, [1922]), p. 104.

〔17〕Wanquet, "Le Café," pp. 58, 67.

〔18〕Buet, *Madagascar*, p. 326.

〔19〕Wanquet, "Le Café," p. 68.

〔20〕B. B. Keable, *Coffee from Grower to Consumer* (London: Isaac Pitman, [1924/25]), p. 13; see also A. de Faymoreau d'Arquistade, "Les Grandes cultures à Madagascar," in E. Caustier et al., eds., *Ce qu'il faut connaître de Madagascar* (Paris: Paul Ollendorf, [1893/94?]), p. 65.

〔21〕William H. Ukers, *Coffee Merchandising* (New York: Tea and Coffee Trade Journal Co., 1930), p. 98; Cros, *Madagascar*, p. 103; Wanquet, "Le Café," p. 68.

〔22〕Robequain, *Madagascar*, pp. 337, 38, 386, 389.

〔23〕Wanquet, "Le Café," p. 68.

(24) Buet, *Madagascar*, pp. 343–4, 347–9, 351.

(25) *La Revue de Madagascar* 6 (1934): 128, 131.

(26) Alfred and Guillaume Grandidier, *Histoire de Madagascar* (Tananarive: Hachette, 1928), series 4, vol. 1, p. 580; Cros, *Madagascar*, p. 104; Robequain, *Madagascar*, pp. 365, 367.

(27) M. Fridmann and J. Vianney-Liaud, "Les Caféiers sylvestres de Madagascar," *Café, Cacao, Thé* 10, no. 3 (1966): 207.

(28) Grandidier, *Histoire*, series 4, vol. 5, pp. 70, 228; J. H. Galloway, *The Sugar Cane Industry: An Historical Geography from Its Origins to 1914* (Cambridge: Cambridge University Press, 1989), p. 131.

(29) Archives Historiques de la Vice-Province de la Société de Jésus de Madagascar (henceforth AHVP), Carton dossier 11e, Tentor de Ravis, "Projet de système de conquête, colonisation et civilisation de l'Île de Madagascar," St. Denis, Aug. 15, 1852; Charles Robequain, "Une capitale montagnarde en pays tropical: Tananarive," *Revue de géographie alpine* 37 (1949): 288; Grandidier, *Histoire*, series 4, vol. 5, pp. 70, 228.

(30) Manassé Esoavelomandroso, *La Province maritime orientale du "Royaume de Madagascar" à la fin du XIXe siècle (1882–1895)* (Antananarivo: n.p., 1979), p. 87; Simon Ayache, *Raombana l'historien (1809–1855)* (Fianarantsoa: Librarie Ambozontany, 1976), pp. 321, 323; Public Record Office, Colonial Office (henceforth PRO, CO), 167/78 pt. II, Hastie, "Diary," April 2, 1825; Grandidier, *Histoire*, series 4, vol. 5, p. 171; Gwyn Campbell, "The Role of the London Missionary Society in the Rise of the Merina Empire 1810–1861," Ph.D. thesis, University of Wales, 1985, p. 296.

(31) Chapelier, "Lettres adressées au citoyen préfet de l'Ile de France, de décembre 1803 à mai 1805," *Bulletin de l'Académie Malgache* 4 (1905–6): 3, 16–18, 20, 23; Grandidier, *Histoire*, series 4, vol. 5, pp. 105, 314–5; Cros, *Madagascar*, p. 106.

(32) Robequain, *Madagascar*, p. 217.

(33) National Archives of the United States, Washington D.C., United States Consul to Madagascar (henceforth NAUS), Finkelmeier to Secretary of the U.S. Treasury, Tamatave, Jan. 5, 1870; idem to Davis, Oct. 5, 1870; 7th Annual Report on Commercial Relations with Madagascar, Oct. 1872; 8th Annual Report, Oct. 24, 1873; Finkelmeier to Hunter, Dec. 30, 1874; Robinson to Hunter, Oct. 1, 1877.

(34) Buet, *Madagascar*, p. 214; see also G. Foucart, "L'Etat du Commerce à Madagascar," in Caustier et al., eds., *Ce qu'il faut connaître*, p. 87.

(35) Essex Institute, Salem, Ropes Emmerton and Co., Correspondence, Madagascar and Zanzibar Letter Book (henceforth EI), Ropes Emmerton and Co. to Whitney, Salem, Sept. 14 and Nov. 30, 1883; Dawson to Ropes, Emmerton and Co., and Arnold, Hines and Co., Tamatave, Sept. 24, 1885.

(36) *Madagascar Times*, 2, no. 9 (March 5, 1884): 71; see also vol. 2, no. 15, April 16, 1884, p. 133.

(37) NAUS, Finkelmeier to Hunter, Tamatave, Dec. 30, 1874.

(38) Ayache, *Raombana*, p. 323; William Ellis, *History of Madagascar* (London: Fisher, Son, 1838), vol. 1, p. 337, and vol. 2, pp. 521–2; Hubert Deschamps, *Histoire de Madagascar* (Paris: Berger-Levrault, 1972), pp. 191–2; G. S. Chapus, *Quatre-vingts années d'influences européennes en Imerina, 1815–189* (Tananarive: Bulletin de l'Académie Malgache, 1925), p. 33; Samuel Pasfield Oliver, *Madagascar, an Historical and Descriptive Account of the Island and Its Former Dependencies* (London: Macmillan, 1886), vol. 2, p. 810; Gwyn Campbell, "Toamasina (Tamatave) and the Growth of Foreign Trade in Imperial Madagascar, 1862–1895," in G. Liesegang et al., eds., *Figuring African Trade* (Berlin: Dietrich Reimer Verlag, 1986), p. 534.

〔39〕Jean Thorel, *La Mise en valeur des richesses économiques de Madagascar* (Paris: Les Presses Modernes, 1927), pp. 17–18; 另外参阅 NAUS, Robinson to Payson, Aug. 7, 1880; idem to Third Assistant Secretary of State, July 3, 1885; Campbell to Porter, Oct. 6, 1888; idem to Wharton, Dec. 23, 1889; Wetter to Uhl, Oct. 8, 1894; Oliver, *Madagascar*, vol. 2, pp. 200–3; William Woodruff, *The Rise of the British Rubber Industry during the Nineteenth Century* (Liverpool: University of Liverpool Press, 1958), pp. 39–40, 63–7.

〔40〕Cros, *Madagascar*, p. 104.

〔41〕Foucart, "L'Etat du Commerce," pp. 74, 78–9.

〔42〕Ciolina, "Café," p. 302.

〔43〕Campbell, "Toamasina," p. 552.

〔44〕Noel Deerr, *The History of Sugar* (London: Chapman and Hall, 1949), vol. 1, pp. 21, 28, 241–2; AHVP, vol. 2, p. 1, Lacombe, "Histoire de la mission de Tamatave"; G. S. Chapus and G. Mondain, *Rainilaiarivony: Un homme d'état malgache* (Paris: Editions de l'Outremer, 1953), pp. 237–8; Manassé Esoavelomandroso, *Problèmes de police et de justice dans le gouvernement de Tamatave à lépoque de Rainandriamapandry, 1882–1895* (Antananarivo: Université de Madagascar, 1975), pp. 29, 42–3, 45–6; NAUS, Robinson to Hunter, Oct. 1, 1877; Robinson to Hankey, Oct. 29, 1879; Finkelmeier to Payson, May 20, 1880; Robinson to Payson, Oct. 2, 1880; idem to Third Assistant Secretary of State, Feb. 13, 1882; *Le Courrier de Madagascar* 34, Aug. 23, 1892; *Madagascar Times*, vol. 2, no. 13, April 2, 1884, p. 115, and vol. 2, no. 24, June 18, 1884, p. 229.

〔45〕*Madagascar Times*, vol. 2, no. 13, April 2, 1884, p. 115.

〔46〕Foucart, "L'Etat du Commerce," p. 87.

〔47〕David Birmingham, "A Question of Coffee: Black Enterprise in Angola," in Catherine Coquery-Vidrovitch, ed., *Entreprises et entrepreneurs en Afrique XIXe et Xxe siècles* (Paris: l'Harmattan, 1983), vol. 1, p. 124.

〔48〕Oliver, *Madagascar*, vol. 2, p. 196.

〔49〕Robequain, *Madagascar*, pp. 217, 332; E. Leplae, *Les Plantations de café au Congo Belge* (Bruxelles: Falk Fils, 1936), p. 22; Ciolina, "Café," p. 307; Cros, *Madagascar*, p. 106; Thorel, *La Mise en valeur*, pp. 17–18; *La Revue de Madagascar* 2 (April 1933): 125, and 3 (July 1933): 12.

〔50〕Keable, *Coffee*, p. 70.

〔51〕D'Arquistade, "Les Grandes culture," p. 65.

〔52〕Cros, *Madagascar*, p. 106.

〔53〕Ciolina, "Café," p. 307.

〔54〕Keable, *Coffee*, pp. 68, 70; Ukers, *Coffee*, pp. 200–1; Cros, *Madagascar*, p. 106.

〔55〕Ukers, *Coffee*, p. 77; Keable, *Coffee*, p. 75.

〔56〕Ciolina, "Café," p. 300.

〔57〕Ciolina, "Café," p. 299; see also Thorel, *La Mise en valeur*, p. 17. A ton is 1,000 kilos.

〔58〕André Prunières, *Madagascar et la crise* (Paris: Nouvelles Editions Latines, 1934), p. 100; Ciolina, "Café," p. 299.

〔59〕Thorel, *La Mise en valeur*, pp. 18–19.

〔60〕M. Choix, "Le Café," *La Revue de Madagascar* 3 (July 1933): 27–8; Agence Économique du Gouvernement Général de Madagascar et dépendances, *Madagascar à l'Exposition Internationale et Universelle de Bruxelles* (Paris, 1935).

〔61〕F. Ciolina, "Hydraulique Agricole," in Coppet, ed., *Madagascar*, p. 370.

〔62〕Cros, *Madagascar*, p. 104; Keable, *Coffee*, p. 100; J. F. Leroy and A Plu, "Sur les nombres Chromosomiques des Coffea malgaches," *Café cacao thé* 10, no. 3 (1966): 217.

〔63〕Foucart, "L'Etat du Commerce," p. 87; Ciolina, "Café," p. 299.

(64) Foucart, "L'Etat du Commerce," p. 87; Thorel, *La Mise en valeur*, p. 17.
(65) Choix, "Le Café," p. 13.
(66) Leplae, *Les Plantations*, p. 17; Ciolina, "Café," p. 299; Choix, "Le Café," p. 16; Jean Fremigacci, "Les Difficultés d'une politique coloniale: Le Café de Madagascar à la conquête du marché français (1930–1938)," in *Omaly sy Anio* 21–22 (1985): 280.
(67) Thorel, *La Mise en valeur*, p. 17; Agence, *Madagascar*; Robequain, *Madagascar*, pp. 218, 226.
(68) Ciolina, "Café," pp. 307–8; Cros, *Madagascar*, p. 107; Agence, *Madagascar*.
(69) V. D. Wickizer, *Coffee, Tea and Cocoa: An Economic and Political Analysis* (Stanford: Stanford University Press, 1951), pp. 27–8.
(70) *Entreprises et produits de Madagascar* 4 (July–Sept. 1950): 125.
(71) Prunières, *Madagascar*, p. 98; Choix, "Le Café," p. 17.
(72) Prunières, *Madagascar*, p. 100; Cros, *Madagascar*, p. 106; Thorel, *La Mise en valeur*, pp. 15, 17–18.
(73) Charles Robequain, *Madagascar et le bases dispersées de l'union française* (Paris: Presses Universitaires de France, 1958), p. 332.
(74) Ukers, *Coffee*, pp. 33, 35, 98.
(75) *La Revue de Madagascar* 3 (July 1933): 9.
(76) *La Revue du Café* 3 (Dec. 1947): 8; Ciolina, "Café," p. 307.
(77) *La Revue de Madagascar* 2 (April 1933): 125.
(78) Keable, *Coffee*, pp. 68, 70; Prunières, *Madagascar*, pp. 97–8; Ukers, *Coffee*, p. 198; *Café Cacao Thé* 5, no. 2 (1961): 132.
(79) Choix, "Le Café," p. 25.
(80) Ciolina, "Café," p. 302.
(81) Robequain, *Madagascar*, pp. 211–12, 225.
(82) Ciolina, "Café," pp. 300–2.
(83) *Entreprises et produits de Madagascar* 7–8 (April–Sept. 1951): 103–4.
(84) Ciolina, "Café," p. 304.
(85) Ibid., p. 306.
(86) Ibid., pp. 302, 306.
(87) Ibid., p. 299; Robequain, *Madagascar*, p. 222.
(88) Robequain, *Madagascar*, 136; Ciolina, "Café," p. 300; Agence, *Madagascar*.
(89) Ciolina, "Café," pp. 299, 306; Birmingham, "A Question of Coffee," p. 125.
(90) Keable, *Coffee*, p. 22; Ciolina, "Café," p. 306; Paul Chauffour, "Les Plantes saccharifères," in Coppet, ed., *Madagascar*, p. 331.
(91) Ciolina, "Café," p. 307.
(92) Choix, "Le Café," p. 16; Ciolina, "Café," p. 303.
(93) Ciolina, "Café," p. 304.
(94) Choix, "Le Café," p. 26.
(95) Ibid., p. 20; Prunières, *Madagascar*, p. 103.
(96) Thorel, *La Mise en valeur*, p. 184; Robequain, *Madagascar*, pp. 136, 263.
(97) Grandidier, *Histoire*, series 4, vol. 1, pp. 518, 563; Robequain, *Madagascar*, p. 116; Virginia Thompson and Richard Adloff, *The Malagasy Republic* (Stanford: Stanford University Press, 1965), pp. 272–3; Maureen Covell, *Madagascar, Politics, Economics and Society* (London and New York: Frances Pinter, 1987), p. 84.
(98) Grandidier, *Histoire*, series 4, vol. 1, p. 562.
(99) Léon Cayla, "Madagascar en 1934," *La Revue de Madagascar* 9 (Jan. 1934): 8–9.
(100) Prunières, *Madagascar*, pp. 84–5.
(101) André Martin, *Les Délégations économiques et financières de Madagascar* (Paris: Les Presses

Modernes, 1938), p. 207; Prunières, *Madagascar*, pp. 137–8; Agence, *Madagascar*.
(102) Choix, "Le Café," p. 26.
(103) Agence, *Madagascar*; Martin, *Délégations*, p. 207.
(104) Robequain, *Madagascar*, p. 263.
(105) Agence, *Madagascar*.
(106) Robequain, *Madagascar*, p. 263.
(107) Guinaudleau, "Madagascar," p. 158.
(108) Ciolina, "Café," p. 307; Ciolina, "Hydraulique Agricole," p. 370; Agence, *Madagascar*; Choix, "Le Café," p. 26.
(109) Prunières, *Madagascar*, p. 103; Agence, *Madagascar*; *La Revue de Madagascar* 6 (April 1934): 140.
(110) Choix, "Le Café," p. 27.
(111) Robequain, *Madagascar*, pp. 216–20; Cros, *Madagasca*, pp. 385, 410; Coppet, *Madagascar*, vol. 2, p. 328; Campbell, "Toamasina," p. 537.
(112) Thorel, *La Mise en valeur*, p. 143.
(113) Ibid., pp. 154, 156; Robequain, *Madagascar*, pp. 223–4, 230; *Entreprises et Produits de Madagascar* 7–8 (April–Sept. 1951): 103.
(114) Thorel, *La Mise en valeur*, pp. 137–9.
(115) Prunières, *Madagascar*, p. 85.
(116) Guinaudleau, "Madagascar," p. 151.
(117) Thorel, *La Mise en valeur*, pp. 150, 153.
(118) Guinaudleau, "Madagascar," p. 149.
(119) Martin, *Délégations*, p. 195; Robequain, *Madagascar*, p. 114.
(120) Gwyn Campbell, "The State and Precolonial Demographic History: The Case of Nineteenth-Century Madagascar," *Journal of African History* 32 (1991): 416; Martin, *Délégations*, pp. 195–6; Thorel, *La Mise en valeur*, p. 175.
(121) Chauffour, "Les Plantes saccharifères," p. 331; Keable, *Coffee*, pp. 22–5.
(122) Ciolina, "Café," p. 304.
(123) Keable, *Coffee*, p. 35; Ciolina, "Café," p. 306.
(124) Sandra Evers, "Stigmatization as a Self-Perpetuating Process," in Sandra Evers and Marc Spindler, eds., *Cultures of Madagascar: Ebb and Flow of Influences* (Leiden: IIAS, 1995), pp. 157–85.
(125) André You, *Madagascar, colonie française 1896–1930* (Paris: Société d'Editions Géographiques, Maritimes et Coloniales, 1931), p. 455; Martin, *Délégations*, pp. 195–6; Robequain, *Madagascar*, p. 223; Ciolina, "Café," p. 306; Choix, "Le Café," p. 17.
(126) Martin, *Délégations*, p. 196; Thorel, *La Mise en valeur*, pp. 176–8; Robequain, *Madagascar*, p. 215.
(127) You, *Madagascar*, p. 455; Martin, *Délégations*, pp. 196–7; Robequain, *Madagascar*, p. 214; Gwyn Campbell, "Slavery and Fanompoana: The Structure of Forced Labour in Imerina (Madagascar), 1790–1861," *Journal of African History* 29, no. 2 (1988): 463–86.
(128) Thorel, *La Mise en valeur*, pp. 181, 191; You, *Madagascar*, p. 456; Martin, *Délégations*, p. 197.
(129) Thorel, *La Mise en valeur*, p. 179.
(130) You, *Madagascar*, pp. 457–60; Robequain, *Madagascar*, p. 214; Martin, *Délégations*, p. 197.
(131) Thorel, *La Mise en valeur*, p. 179.
(132) Ibid., pp. 180–2; see also Robequain, *Madagascar*, p. 215.
(133) Thorel, *La Mise en valeur*, p. 184.

(134) Robequain, *Madagascar*, p. 223.
(135) Chauffour, "Les Plantes saccharifères," p. 331.
(136) Ibid., p. 331; Robequain, *Madagascar*, pp. 215, 233.
(137) You, *Madagascar*, p. 478.
(138) Robequain, *Madagascar*, p. 231; *Entreprises et produits de Madagascar* 7–8 (April–Sept. 1951): 105.
(139) Chauffour, "Les Plantes saccharifères," p. 331.
(140) Thorel, *La Mise en valeur*, pp. 182, 184–7; You, *Madagascar*, pp. 461–3, 471; Martin, *Délégations*, pp. 198, 200.
(141) You, *Madagascar*, pp. 469, 472; Martin, *Délégations*, pp. 199–200.
(142) Robequain, *Madagascar*, p. 215.
(143) Mervyn Brown, *A History of Madagascar* (Ipswich: Damien Tunnacliffe, 1995), p. 255.
(144) Eric Jennings, "Forced Labour in Madagascar under Vichy, 1940–1942: Autarky, Travail Forcé, and Resistance on the Red Island," unpublished paper, International Conference on Slavery, Unfree Labour and Revolt in Asia and the Indian Ocean Region, Avignon, October 4–6, 2001.
(145) Ciolina, "Café," p. 308.
(146) Robequain, *Madagascar*, 215–6; *Entreprises et produits de Madagascar* 5 (Oct.–Dec. 1950): 41; see also Pierre Chauleur, *Le Régime du travail dans les territoires d'Outre-Mer* (Paris: Encyclopédie d'Outre-Mer, 1956), p. 44.
(147) Jacques Tronchon, *L'Insurrection malgache de 1947* (Paris: Karthala, 1986); Lucille Rabearimanana, *La Presse d'opinion à Madagascar de 1947 à 1956* (Antananarivo: Librarie Mixte, 1980).
(148) Gwyn Campbell, "The History of Nineteenth Century Madagascar: 'Le Royaume' or 'l'empire'?," in *Omaly sy Anio* 33, no. 6 (1994): 33–6.
(149) Robequain, *Madagascar*, p. 223.
(150) Ibid., pp. 211–14, 217–18, 223, 332.
(151) Guinaudleau, "Madagascar," pp. 154, 159–62.
(152) Robequain, *Madagascar*, p. 224; 关于安哥拉见 Birmingham, "A Question of Coffee," pp. 125–6。
(153) Robequain, *Madagascar*, pp. 223–4.
(154) Ibid., pp. 214, 225; 另外参阅 Lucille Rabearimanana, "La Politique économique coloniale sur la côte est (Madagascar) dans les années 1950," in *Omaly sy Anio* 21–22 (1985): 307–37。
(155) Robequain, *Madagascar*, pp. 136, 224–5, 345.
(156) Chantal Blanc-Pamard and Francois Ruf, *La Transition caféière côte est de Madagascar* (Montpelier: CIRAD et Centre d'Etudes Africaines, 1992).
(157) Robequain, *Madagascar*, pp. 136, 230–2, 261–2, 332.
(158) Ibid., p. 136.
(159) Ibid., p. 225.
(160) *Entreprises et produits de Madagascar* 5 (Oct.–Dec. 1950): 29; Coste, *Les Caféiers*, pp. 5, 329.
(161) *La Revue de Madagascar* 1, no. 2 (1957): 43; Robequain, *Madagascar*, p. 136.
(162) *Café cacao thé* 1, no. 2 (1957): 43; *La Revue du café* 1 (1948): 2; Robequain, *Madagascar*, p. 332.
(163) Robequain, *Madagascar*, p. 225.
(164) Blanc-Pamard and Ruf, *La Transition*, pp. 95–214.
(165) Ibid.
(166) Rabearimanana, "La Politique," pp. 315–24.

(167) Grandidier, *Histoire*, series 4, vol. 1, pp. 518, 563; Robequain, *Madagascar*, p. 116; Thompson and Adloff, *The Malagasy Republic*, pp. 272–3; Covell, *Madagascar*, p. 84.
(168) Grandidier, *Histoire*, series 4, vol. 1, p. 562.
(169) Covell, *Madagascar*, p. 19; Blanc-Pamard and Ruf, *La Transition*, pp. 172–3.
(170) Guinaudleau, "Madagascar," p. 154.
(171) Robequain, *Madagascar*, pp. 122, 230–1.
(172) Blanc-Pamard and Ruf, *La Transition*.
(173) Robequain, *Madagascar*, p. 136.
(174) *Entreprises et Produits de Madagascar* 5 (Oct.–Dec. 1950): 11–19, 23–5, 29.
(175) Economist Intelligence Unit (Country Report), *Madagascar, Mauritius, Seychelles, Comoros*, vol. 3 (London, 1986), p. 16.
(176) J. Pataut, "L'Evolution des problèmes du Café," *Café cacao thé* 6, no. 2 (1962): 146.
(177) *Entreprises et produits de Madagascar* 4 (July–Sept. 1950): 123–5.
(178) Ibid.
(179) *Café cacao thé* 4, no. 1 (1960): 41.
(180) Robequain, *Madagascar*, p. 332.
(181) *Café cacao thé* 1, no. 2 (1958): 39; 1, no. 3 (1957): 49, 153; 6, no. 1 (1962): 61.
(182) *Café cacao thé* 1, no. 2 (1957): 43; 3, no. 1 (1959): 59; 3, no. 3 (1959): 174; 4, no. 1 (1960): 40; 6, no. 2 (1962): 154.
(183) *Café cacao thé* 4, no. 3 (1960): 108, 168; 5, no. 4 (1961): 279–80.
(184) *Café cacao thé* 5, no. 3 (1961): 188; see also Pataut, "L'Evolution," p. 145.
(185) Pataut, "L'Evolution," p. 146.
(186) Pataut, "L'Evolution," p. 145; *Café cacao thé* 6, no. 3 (1962): 236.
(187) Pataut, "L'Evolution," p. 146.
(188) *Café cacao thé* 4, no. 3 (1960): 168; 6, no. 3 (1962): 235.
(189) *Café cacao thé* 6, no. 2 (1962): 148, and 6, no. 3 (1962): 234; Pataut, "L'Evolution," p. 233.
(190) Pataut, "L'Evolution"; *Café cacao thé* 6, no. 3 (1962): 234, 236.
(191) *Café cacao thé* 1, no. 2 (1957): 97; 3, no. 1 (1959): 59; 5, no. 4 (1961): 278, 287–8; 6, no. 3 (1962): 244.
(192) *Café cacao thé* 5, no. 1 (1961): 53–4.

【作者】 Gwyn Campbell

第四章

非洲和亚太地区的咖啡危机：1870—1914

19世纪末,新大陆咖啡生产商的成功催生了大量论著,而亚洲和非洲的停滞与衰退却很少能吸引学者。[1]19世纪早期的统计数据罕见且不可靠,但它们表明,在19世纪30年代,亚洲和非洲在全球咖啡出口中的份额约为1/3。[2]这一比例在19世纪六七十年代大致保持不变。[3]然而,到1913年,这一比例迅速降至20%左右。[4]在这个过程中,还有一个额外的对比:亚洲遭受了特别大的下跌,而非洲在世界市场中所占的小份额相对而言保持稳定。当关注点进一步缩小到印度尼西亚和印度等大型多元化国家或地区时,结果会更加多样化。本章探讨了非洲和亚洲在世界咖啡出口中所占份额总体呈下降趋势的原因,以及这种下降不均衡的原因。

世界咖啡生产的演变发生在咖啡实际价格不断波动的背景下。从19世纪40年代末开始,世界咖啡价格一直稳定增长,在19世纪70年代上半叶达到顶峰,使咖啡成为全球热带农民的"神奇作物"。19世纪80年代初的急剧下滑预示了即将发生的事情,但在19世纪80年代末和19世纪90年代初的狂热繁荣中,大多数生产者遗忘了这一点。咖啡价格在1896年开始急剧下跌,到20世纪初,价格已经跌至以前水平的一半左右。之后,价格就一直此起彼伏,直到20世纪中期,又开始缓慢上升。[5]

在这种背景下,可以分为四种主要模式:第一,一些地区停止出口,甚至变成了小的净进口国,特别是锡兰(斯里兰卡)、菲律宾和一些太平洋岛屿。第二,对外国的出口下降了,但这在一定程度上被全国范围内消费的增加所抵消,比如爪哇和西苏门答腊在印度尼西亚国内销售,而迈索尔(Mysore)和库格(Coorg)在印度国内销售。第三,有机会主义生产者,他们中的许多人以前很少或没有种植经验,在世界咖啡价格高的时候出口;而在熊市来临之际,他们选择迅速退出,比如马来亚(Malaya)和尼亚萨兰(马拉维)[Nyasaland(Malawi)]。最后一种模式代表了对出口咖啡的长期承诺,如在南苏门答腊、东帝汶、东非、马达加斯加和安哥拉。

因果关系在解释这种复杂的反应中几乎没有用,因为所有因素的影响都不尽相同。在可能造成下降的原因中,学者们提到了税收、价格、质量、病虫害、耕作规模、土地短缺、耕作方法、胁迫、劳动力或资本的稀缺以及与替代作物的竞争。在这些原因中,有证据表明,病虫害是非洲和亚洲整体失败的主要原因,而在容易获得的林地中所得到的大量资源禀赋是某些生产者相对成功的关键。

病虫害

长期以来,主流观点认为由咖啡锈菌引起的咖啡叶锈病一直是亚洲和非洲生产者相对减少的原因。咖啡叶锈病起源于19世纪60年代末的锡兰,据报道,到1914年,向东蔓延至南太平洋的萨摩亚,向西蔓延至西非的喀麦隆。然而,这种咖啡锈菌直到20世纪70年代才在新大陆出现,除了在波多黎各的一次短暂且有控制的爆发。这种不同的疾病模式使美洲得以向前迈进,巩固了它们在世界咖啡市场上的主导地位。[6]

叶锈病在亚洲和非洲生产者的衰落中有多重要,这一点还有待确定,这种咖啡锈菌显然不能对亚洲和非洲应对措施的异常多样反应负责。幸免于咖啡锈菌的地区发展存在显著差异。可以预见的是,安哥拉和埃塞俄比亚的出口增加了,利比里亚经历了一段短暂的繁荣。[7]然而,与此相反,夏威夷的产量几乎降为零,尼亚萨兰的生产者永久放弃了一种曾一度占该殖民地出口收入2/3以上的作物。[8]科特迪瓦未能充分利用摆脱咖啡锈菌的机会,从而未能从中获利,直到20世纪20年代仍是边缘出口国。[9]

此外,被咖啡锈菌破坏的地区的反应也有所不同。锡兰在1869年发现叶锈病之后,"咖啡热"大约在10年内达到了新的高度。由于膨胀的世界咖啡价格暂时超过了咖啡锈菌的影响,咖啡地产以高价转手。然而,当价格在19世纪80年代初下跌时,锡兰对咖啡不再抱有幻想也是迅速而持久的。[10]的确,到1913年,锡兰已经成为咖啡的净进口国,其他受害者也是如此,比如菲律宾和马来亚。[11]纳塔尔(Natal)在受到叶锈病侵袭的前几年开始大幅度减产。[12]瓦努阿图(Vanuatu)和新喀里多尼亚(New Caledonia)在1910年左右才感受到叶锈病的影响,尽管咖啡在瓦努阿图迅速变得微不足道,但它仍然是新喀里多尼亚最重要的经济作物。[13]在东非,乌干达和肯尼亚摆脱了叶锈病的威胁,就好像它只是一个小刺激物。[14]

反应如此多样的原因之一是,咖啡锈菌的影响并不总是具有破坏性。在短期内,这种真菌很少杀死晚熟的阿拉比卡咖啡树,晚熟的阿拉比卡咖啡树是19世纪70年代最常见的栽培品种,也最容易被感染。然而,这种真菌会削弱它们的产量。这种真菌在幼树、健康的树木和干旱季节明显的高原地区毒性较低。在一定程度上可以通过控制遮阴和施肥或喷洒各种化学品来控制,但成本很高。此外,印度的植物育种者培育出了"库格"和"肯特"品种的阿拉比卡咖啡,在一定程度上可以抗叶锈病,后者发现于1911年,由英国殖民者在东非广泛种植。[15]

在潮湿的低地,通过用更具抗病性的咖啡品种代替旧的阿拉比卡咖啡品种,部分避免了真菌的破坏。最初来自西非的利比里卡咖啡需求旺盛,利比里卡咖啡通过向远至哥斯达黎加和昆士兰州等目的地出口种植材料来获利。但是,利比里卡咖啡早期抗叶锈病声誉很快遭到破坏。[16]此外,这种咖啡豆并不受到消费者的欢迎,并且难以用为阿拉比卡咖啡开发的机械加工。[17]刚果地区的罗布斯塔咖啡品种从1900年左右开始实验,取得很大成功,产量要高于阿拉比卡,咖啡树也不需要太多的关注,但是质量有待提高。[18]

还需要考虑到更多的局部害虫,尤其是当它们与叶锈病同时发生时。尽管咖啡锈菌于1894年出现在马来亚,但据称它对咖啡的危害要小于1899年后的透明翼蛾(Cephonodes hylas)[19],某种螟虫和咖啡锈菌的共同破坏被认为是菲律宾和纳塔尔咖啡迅速崩溃的原因。[20]据说,在印度,螟虫和咖啡锈菌的联合攻击未能破坏那里的咖啡种植。[21]

在其他地方,除了咖啡锈菌之外的生态因素也要承担责任。在马拉维,干旱和螟虫被认为是种植者放弃咖啡种植的原因。[22]夏威夷遭受了一场由不同昆虫或真菌引起的瘟疫的蹂躏,而不是咖啡锈菌。[23]纳塔尔和都锦(指越南北部地区,下同)位于咖啡种植的气候极限,这两个地区都遭受过几次极端寒冷的天气,而台风是都锦的一个额外的危害。[24]

总体而言,叶锈病的影响在咖啡林老化和缺乏新种植林地的地方尤为严重。在这种情况下,只要咖啡生产者能感受到他们的土地和劳动力有吸引力的替代用途,他们就会欣然放弃咖啡。相反,种植者经常围绕咖啡锈菌找到别的方法,当他们缺乏其他任何东西来获得有吸引力的现金收入时,他们会处理附近大量廉价的林地。原始土壤的高肥力产生了大量的"森林租金",包括很少的杂草和较低的疾病易感性。[25]在印度尼西亚的荷兰人发现,叶锈病摧毁了种植在已经种植过咖啡的土地上的小树,但对种植在原始森林的土壤上的树木,特别是种植在远离虫害集中地并且海拔相当高的原始森林的土壤上的树木,伤害则相对较小。[26]

林地短缺与耕作方法

尤其是对于爪哇岛的生产商来说,咖啡锈菌只是加快了一场正在酝酿中的危机的步伐。在这个人口稠密的岛屿上,19世纪50年代,人们已经普遍抱怨没有足够的森林来种植咖啡。[27]此外,大量原始山地森林的砍伐造成了严重的侵蚀。随着种植稻米和糖作物的低地灌溉渠道的淤塞,官员和种植者认为,应该停止进一步的森林砍伐。在19世纪末,当爪哇岛的森林边界被行政命令关闭时,局势已达到危机的临界点。[28]

其他地方也存在对有限森林资源施加过类似压力。早在爪哇岛,人们就对咖啡种植对北苏拉威西岛（North Sulauesi）脆弱生态的影响表示担忧。[29]在19世纪70年代初，最后一大片高地原始森林被砍伐，10年后，斯里兰卡放弃了咖啡。[30]在小岛屿，特别是在太平洋，咖啡种植的短暂繁荣与林地短缺有关，即使没有咖啡锈菌的袭击。[31]

种植方法放大了这个问题。在没有遮阴树的情况下，通过完全清除和燃烧森林来种植咖啡，快速且高产。然而，土壤迅速枯竭，产量下降，树木变得容易生病，这导致了更多森林不断地被清理和燃烧。在斯里兰卡，由于需要偿还贷款或为股东获得快速回报，因此投机性土地市场加大了采用这种耕作方法的力度。[32]荷兰官员强迫不情愿的印度尼西亚农民砍伐和焚烧树木，部分原因是他们渴望尽快得到他们的"开荒百分比"（奖金）。[33]

非洲适合种植咖啡的林地更为丰富，从19世纪后期开始，新的铁路开辟了此类土地。铁路渗透到英属和德属的东非内陆，加上维多利亚湖上的轮船，使这些地区与海外市场的联系比以前更加有效。[34]埃塞俄比亚和安哥拉扩大出口是铁路增长的另一个例子，尽管吉布提和罗安达铁路的技术缺陷受到了批评。[35]比任何其他因素更为重要的是，大量的林地被用于咖啡种植，这说明东非和中非能够免于叶锈病的破坏。这种优势尤其明显，因为这些土地通常位于相当高的海拔，并且所在地区旱季明显，从而减轻了咖啡锈菌的实际或潜在影响。适当的旱季可以很方便地让咖啡豆在阳光下晒干。

亚洲拥有丰富的林地储备，尤其是在东南亚，但很少有森林位于旱季明显的高海拔地区。也有例外，如越南中南部和老挝的高原，从20世纪20年代开始，法国种植园主和越南小农就开始在那里定居，将咖啡作为他们的主要经济作物。[36]然而，橡胶树通常是东南亚林地最合适的经济作物，由于东南亚林地可以保护它们远离病虫害，因此不可能在亚马逊的家园大量种植橡胶树。

对生态敏感的种植形式使一些亚洲生产商得以维持其咖啡产量。爪哇岛的农民更喜欢只清除灌木丛和小树，在高大的丛林树下栽种咖啡。这样种植的咖啡树需要更长的时间才能结出果实，产量也更低，但它们的寿命很长，并且可以控制土壤受到破坏。[37]经过一些不幸的经历，印度的种植者采用了类似的方法。他们最大限度地减少焚烧,并施用各种肥料,从而使阿拉比卡咖啡树在长达50年的时间里一直是经济作物。[38]迈索尔和爪哇岛的种植者以这种方式种植咖啡,甚至声称他们已经实现了永久性的种植。[39]也门的咖啡由于精心打造的梯田、灌溉和遮阴而在边缘环境中持续生存。[40]在新喀里多尼亚,罗布斯塔咖啡是在叶锈病肆虐后引入的,咖啡生长在肥沃的冲积河谷底部,而不是在通常的山坡上。[41]东京和肯尼亚的混合农业允许种植者在他们的咖啡树周围施用牛粪。[42]

咖啡也可以作为次要农作物纳入更广泛的种植体系中,特别是将罗布斯塔品种作为橡胶树、椰子树或油棕榈树之间的收成作物种植。咖啡收获了几个季节,然后当主要农作物成熟时,咖啡树会被连根拔起。东苏门答腊、马来亚和越南的种植园都采用这种方式耕种。[43]在苏门答腊南部的贫瘠土地上,小农户又进了一步。他们清理森林中的小块土地,种植罗布斯塔咖啡树和橡胶树,然后又种植两到三年的粮食作物,通常是干稻。这些咖啡树是经过特别挑选的,可以提早成熟,在被拔掉之前还要收获三年左右。[44]在爪哇岛中部、海拔相对较低的小种植园里,可以找到最精细的混合作物。最初种植咖啡的人,到了20世纪,他们种植了令人吃惊的多年生作物,其中罗布斯塔咖啡已成为次要成分。[45]

地　主

在经济危机期间,种植园主,尤其是大型种植园主,倾向于放弃咖啡等热带多年生植物,无论是由价格下跌、疾病还是其他原因引起的。种植园主享受不到规模经济,同时承受着高昂的管理费用和支付给欧洲侨民的高薪。这反过来导致较高的利率,进一步加重种植园主的债务负担。相比之下,小农几乎不需要任何资本。在热带森林边境,荒地对他们来说通常是免费或廉价的,廉价的手工工具构成了边际固定资本支出,依靠家庭劳动力和分享种植避免了对流动资本的任何需求。[46]因此,大种植园主是机会主义生产者,当支出特别高时,他们最有可能放弃咖啡生产。锡兰就是一个很好的例子,因为在19世纪70年代,种植园主的成本因过度的土地投机而大幅度上涨。[47]

强迫劳动是种植园主克服相对低效率的传统方式,在19世纪受到越来越大的国际压力。因此,支持安哥拉和圣多美的咖啡种植的奴隶制引发了巨大的丑闻,并最终在20世纪10年代初被废除了。[48]然而,直到20世纪60年代初,强迫劳动在葡萄牙殖民地取代了奴隶制,并在法国和比利时殖民地持续到20世纪40年代,支撑了咖啡种植园的持续发展。[49]奴隶制和强迫劳动对利比里亚和西属几内亚的咖啡种植者也很重要,国际上对这些地区改革的要求并未建立,直到1918年以后,国际联盟和国际劳工局才对此类问题产生了兴趣。[50]

在这些地区,种植园继续生产大部分的咖啡,这通常是由于殖民地对欧洲定居者的持续而公然的歧视性支持。这在肯尼亚最为明显,非洲人在白色高地失去了大片土地,被禁止种植阿拉比卡咖啡。[51]在葡萄牙的殖民地安哥拉和东帝汶,土地转让和强迫劳动的结合产生了相同的效果。[52]也就是说,在印度的迈索尔和库格,种植园几乎没有官方的支持,主要是将长期的工人与大量的临时收割机相结合,并与众多小农一起生产咖啡。[53]此外,巴西咖啡占据主导地位,取得了在世界咖啡经济中的显著优势。

无论如何,大种植园主的退出并不能解释任何特定地区咖啡产量的整体下降,因为小农户往往会从他们手中接管。当东非乌桑巴拉(Usambara)的德国种植园公司停止种植咖啡时,非洲的小农户以及意大利和希腊的小农户在山区腹地稳步前进。乌干达铁路的建成和维多利亚湖轮船服务的建立进一步刺激了内陆的咖啡经济,包括野生罗布斯塔咖啡豆的收获。[54]在19世纪,小农户也逐渐从留尼汪岛的咖啡种植者手中接管。[55]同样,利比里亚的非裔美国定居者要么出售他们的土地,要么让他们返回森林,但他们之前的许多工人从事咖啡生产。[56]1946年,法国在科特迪瓦废除了强迫劳动,导致欧洲种植园的崩溃,小农户的填补超过了这个空缺。[57]

不过,以下19世纪80年代对西高加索山脉的部分描述被夸大了,种植园主也不总是被生产咖啡的小农户所取代:"这片土地现在已经被大量的马缨丹

(一种爬行的、攀缘的带刺植物……)所覆盖,在这中间偶尔可以看到没有顶的平房和拆除的制浆厂的白色墙壁。"[58]在婆罗洲东南部、马拉维和纳塔尔,咖啡种植园肯定崩溃了,但咖啡小农户并没有取而代之。[59]此外,锡兰的咖啡小农场比19世纪70年代的种植园萎缩得更快,马来亚的小农户在20世纪初的橡胶繁荣时期与欧洲种植园主一起放弃了咖啡。[60]在安哥拉,当价格下跌时,小生产者采取谨慎的措施,停止从他们半野生的罗布斯塔咖啡树上收获咖啡。[61]

从强迫劳动变成自由小农

被强迫的小农是另一类可能放弃生产咖啡的人,尤其是在19世纪初世界第二大生产商爪哇岛。该岛因强制种植("荷兰漂浮的软木塞")而臭名昭著,在强制种植的所有农作物中,咖啡为荷兰人创造了最大的收入。[62]在荷属东印度群岛(印度尼西亚)的其他地区,咖啡也以这种方式种植,尤其是西苏门答腊和北苏拉威西岛。[63]强制性的终结无疑使一些小农户放弃了咖啡。随着1870年至1917年印度尼西亚令人痛恨的耕种制度逐渐消失,许多农民匆忙放弃了农作物,特别是在东爪哇、西苏门答腊和北苏拉威西岛。[64]

在非洲也可以观察到类似的状况。利奥波德国王(King Leopold)效仿荷兰,于1897年在整个刚果自由州强制种植咖啡,导致政府驻地附近种植的咖啡管理不善。[65]比利时于1908年接管刚果之后,暂时禁止强制种植,咖啡出口骤减,殖民地一度成为净进口国。[66]在埃塞俄比亚,强制种植和强制采伐野生树木已有数十年之久,但这使得农村居民不愿种植该作物,从而使得产量一直很低。[67]

但是,强制种植结束与产量下降之间没有明显的关联性。尽管爪哇岛生产的崩溃令人震惊,但尚不清楚是它导致耕种制度的废除,还是耕种制度废除后导致爪哇咖啡生产的崩溃。此外,随着价格的回升,欧洲的种植园主填补了一些空缺,爪哇岛小农户从20世纪中期开始大规模重新投入生产咖啡。[68]在菲律宾的吕宋岛,西班牙当局于 1881 年实行强制性咖啡种植。该作物被一群"部落"人群断然拒绝,却被另一群人热情地采用。的确,这里仍然是 1898 年之后在美国统治下咖啡蓬勃发展的为数不多的地区之一。[69]同样,英国人从德国人手中接管了东非的哈亚人,并强迫他们种植咖啡,但这种种植咖啡的强制性起源于 20 世纪 20 年代繁荣的黄金岁月中几乎被人遗忘了。[70]

竞争活动和劳动力供应

咖啡需要花大约 5 年时间才可以完全生产出来,并且可延续 20 年或更长时间,所以放弃种植的决定无法轻易做出。对稀缺和昂贵的劳动力供应的竞争性要求可能会影响这一决定,尤其当这是一个重新种植枯树而不是拔掉活树的问题时。当咖啡种植涉及大量劳动力投入时,例如在同一块土地上而不是在未开垦的土地上重新种植咖啡,转而种植另一种作物的可能性就更大了。[71]

然而,劳动力短缺本身并不能解释为什么其他作物的繁荣会以咖啡为代价,特别是在 19 世纪末期,自由的亚洲工人向种植园的供应急剧增加,种植园主从日本到印度都在进行劳动力储备。[72]只有在特殊情况下,政府才会出于政治原因采取行动阻止这种流入。因此,独立的泰国当局对进口"苦力"劳动力的欧洲种植园主持敌对态度,这被认为是 19 世纪 90 年代咖啡失败的一个原因。[73]此外,许多竞争的种植品种实际上比咖啡的劳动密集型更强,因此劳动力的可用性甚至可以加速咖啡的流失。其他因素也起了作用,特别是气候条件和相关疾病。

在全年潮湿的高原地区,生产者可能会放弃阿拉比卡咖啡,因为这样的条件有利于其他农作物,而且会加剧咖啡锈菌的传播和毒性。咖啡在这些地区的主要竞争对手是茶叶,茶叶需要全年散布水分、大量劳动力和复杂的加工设备。茶叶首先在锡兰高地、印度南部山区、西爪哇和纳塔尔邦地区取代了咖啡。[74]迈索尔和库格的咖啡之所以能生存下来,可能是由于天气稍微干燥些,尽管当地劳动力也异常丰富和便宜。[75]不久,茶叶也取代了马拉维和莫桑比克中部附近地区的咖啡。[76]金鸡纳树(金鸡纳霜的来源)在海拔较高的地方是一个更受限制的竞争对手,因为锡兰和爪哇岛的生产过剩很快导致价格暴跌。[77]

1914年之前,在一些低海拔地区,橡胶树和可可是咖啡的主要常年替代品。橡胶树种植在降雨量高且全年分布均匀的地方最为成功。东南亚和锡兰的低地森林因此被大规模地转化为种植橡胶,因为橡胶价格经历了惊人的繁荣,在1909—1910年达到顶峰。[78]橡胶对咖啡的最直接替代发生在马来亚和锡兰,但这一过程也可以在荷属东印度群岛的许多地方观察到。[79]可可价格在1914年之前异常高,在旱季稍多的地区,可可的收成要比橡胶好。因此,在西非的大部分地区,以及锡兰和爪哇岛较干燥的地区,可可把咖啡挤到了一边。[80]人们很少记得,来自加纳黄金海岸阿克瓦皮姆的著名的农业移民最初对咖啡与可可一样感兴趣,尽管他们很快就成为世界上后一种作物的主要生产者。[81]

从奴隶制向自由劳动力的过渡可能会以有利于可可而不是咖啡的方式改变劳动力成本。因此,在国际上反对向该岛殖民地进行几乎不加掩饰的奴隶贸易的呼声越来越高的背景下,圣多美和普林西比种植园主虽然变成了成功的可可生产者,但也因此做出了牺牲。[82]最初,他们计划在较低的海拔地区种植可可,同时将阿拉比卡咖啡的产量扩张到500米以上,金鸡纳树在最高的海拔处种植。然而,咖啡和金鸡纳很快被忽视了,因为几内亚湾的葡萄牙小殖民地在1900年左右成为世界上最大的可可生产地之一,劳动力变得越来越稀缺,价格也越来越昂贵。[83]这些岛屿的新奴隶贸易最终在20世纪10年代初被废除了,咖啡产量的下降幅度超过可可。[84]

含油种子的种植有时会在低纬度地区替代咖啡,尽管直到1914年之前,生产者经常因其价格与橡胶和可可价格相比不利而感到气馁。椰子树需要靠近大海才能茁壮成长,印度尼西亚北苏拉威西岛的顶端提供了一个引人注目的例子,表明劳动力资源如何从高地的阿拉比卡咖啡迅速转移到低地的椰子,这是通过人们从高地向低地的永久和临时的迁移实现的。[85]用椰子代替咖啡在南太平洋岛屿也很常见,在马来亚的部分地区也时有发生。[86]同样,在佛得角群岛,咖啡似乎以牺牲普盖拉(purgueira)油籽为代价而衰落。[87]相比之下,油棕榈似乎很少与咖啡争夺劳动力或土地。事实上,油棕榈在苏门答腊和马来亚的蔓延可能增加了罗布斯塔咖啡的产量,这种咖啡主要是在作物之间或土地空闲时种植的。[88]

在低海拔地区,甘蔗是与咖啡竞争的主要年产作物。尽管国际糖价在19世纪80年代末急剧下跌,但在纳塔尔,咖啡树却被连根拔起,为甘蔗让路。[89]斐济、毛里求斯和留尼汪岛也目睹了从咖啡到糖的转变,尽管更多的是在劳动力方面,而不是通过直接替代。[90]据说在19世纪90年代中期,夏威夷的日薪比爪哇岛咖啡种植者的日薪高出3倍,这使得夏威夷种植者更加迫切地专注于最赚钱的农作物——基本上是糖和菠萝。[91]

在高海拔地区,特别是在人口稠密的岛屿,整体粮食短缺,在食品价格上涨的情况下,谷物更容易代替咖啡。菲律宾的吕宋岛就是这样一个例子,以前专用于种植咖啡的土地不仅变成了糖,而且还变成了玉米和大米。[92]在人口稠密和城市化的爪哇岛,玉米是一种流行的农作物,可以代替旱地小农户的咖啡。[93]

吸引生产者放弃种植咖啡的替代机会不一定是在农业领域,当咖啡价格在世纪之交跌至冰点时,马来亚的一些种植园被交给了锡矿勘探者。同样,20世纪60年代后期,金伯利钻石矿的劳动力需求把纳塔尔咖啡种植园的工人给吸引走了。

价格与税收

世界价格对不同生产商相对成功的影响应该是中性的,但政府通过差别税收、配额和类似计划对市场进行干预。在1914年之前盛行的普遍自由贸易环境中,这种干预的规模有限,与第一次世界大战引发的新重商主义复兴形成鲜明对比。然而,广义的政府干预确实对这一时期一些生产商的表现产生了影响,其中非洲和也门受到的影响最严重。

保护主义最明显的结果可能是在夏威夷。可以肯定的是，1876年建立的美国优惠贸易协会，最初旨在鼓励将稀缺的劳动力从咖啡转向糖。但是，随着移民劳动力供应的增加以及美国贸易保护主义的加剧，在1898年夏威夷被正式吞并后，咖啡向美国的出口猛增。[96] 由于地理位置邻近加利福尼亚，因而提供的自然保护也可能发挥了一定作用。

法国是仅次于美国的世界上最大的咖啡进口国，但在增加从其殖民地进口咖啡方面却远没有美国成功。1892年，殖民地咖啡获得了50％的退税，但每个殖民地都受到配额的限制，配额每年进行修订。由于种植咖啡是一项持续数十年的具有经济影响的决定，因此年度配额设置所带来的不确定性可能抵消了关税优势。此外，对外国咖啡的关税还不够高，因此无法在法国建立真正的细分市场，同样质量的殖民地咖啡显然比其竞争对手便宜。1913年，法国仅有0.7％的进口来自殖民地，其中以瓜德罗普岛和新喀里多尼亚为首。[97] 法国甚至向印度的欧洲小型咖啡种植者提供直接补贴，但该殖民地仍然是一个净进口国。[98] 1914年之前，马达加斯加对此反应迟缓，一部分原因是竞争商品受到同等保护；另一部分原因是，19世纪80年代咖啡锈菌消灭后，有鉴别能力的法国消费者不喜欢那里生产的粗糙的利比里卡咖啡和罗布斯塔咖啡。[99] 直到20世纪30年代，法国才采取更激烈、更有效的措施，以牺牲法国消费者的利益为代价，向法国供应殖民地的咖啡。[100]

法国在瓦努阿图（新赫布里底群岛）的贸易保护主义产生了不同寻常的影响，反映了为这个太平洋群岛商定的法英共管的特殊条件。法国土地所有者坚持为法国市场生产咖啡，尽管规模很小，而英国种植者则完全放弃了这种作物。1901年后，澳大利亚联邦北部热带地区旨在发展生产的高额关税阻碍了后者的发展。[101] 尽管澳大利亚昆士兰州的咖啡产量在1910年仅达到70吨左右，但仍不足以满足国内需求，因此澳大利亚一直维持着保护的状态。[102]

葡萄牙帝国的歧视性关税在经济上还有其他不良影响。鉴于葡萄牙的需求有限，安哥拉、佛得角群岛和圣多美与普林西比的非洲殖民地之所以向里斯本提供咖啡，是因为采取了保护垄断性的葡萄牙轮船公司——纳韦加克国家邮轮公司的措施。这些咖啡大部分必须以不菲的价格出口，损害而不是刺激殖民地经济。因此，许多安哥拉咖啡被走私到了有国际保障的刚果自由贸易区，该贸易区包括安哥拉北部的部分地区，葡萄牙对这些地区不征收关税。

西班牙和意大利也没有取得更大的成功。来自西属菲律宾殖民地的咖啡与位置更优越的波多黎各殖民地竞争，因此从1882年到1898年对西班牙市场的保护未能阻止菲律宾出口的萎缩。[104] 当西班牙在1898年与美国的战争中失去波多黎各和菲律宾时，西属赤道几内亚向西班牙出口的劣质罗布斯塔咖啡也并没有增加，因为保护关税没有设定在足够的水平。这种情况一直持续到1936年后佛朗哥政权采取自给自足的政策。[105] 厄立特里亚无法满足自己的消费需求，因此保护性关税只是作为对埃塞俄比亚和也门咖啡的变相补贴，这些咖啡通过厄立特里亚港口重新出口到意大利。[106]

繁重的普通税也加剧了由贫穷政府统治的国家的不良表现。19世纪90年代后期，奥斯曼土耳其法律对也门咖啡出口征收的从价税定为8%，但实际税负却接近30%，结果大量咖啡被走私到英国亚丁自由港。[107] 埃塞俄比亚当局对咖啡征收20%的出口税和10%的国内税，以抵消旨在鼓励生产的财政优惠。[108] 利比里亚背负着大量外债，又受到地方性腐败破坏，于1908年将其海关归外国管理。咖啡的出口关税提高到每蒲式耳有壳咖啡1.50美元，每蒲式耳无壳咖啡0.50美元，导致随后几年出口下降。[109]

结 论

在19世纪的最后几十年里，非洲和亚洲作为咖啡生产国远远落后于美洲的主要原因可能是受到了巨大的咖啡叶锈病的影响。然而，这需要放在其他经济因素的背景下，尤其是当人们试图理解真菌对其影响的各种令人困惑的反应时，或者说，在少数几个没有受到疾病影响的地区，结果会有所不同。

作为一个成功的咖啡生产商，显然有必要进入原始森林，利用"森林租金"，弗朗索瓦·鲁夫(François Ruf)的研究对此做了大量阐述。然而，并非所有的森林都适合种植咖啡。东非和中非开放了大片林地，这些林地要么海拔很高，要么旱季明显，要么两者兼而有之。这些条件使得对抗咖啡锈菌变得更加容易，尤其是在培育更有价值的阿拉比卡咖啡时。在西非、亚洲和太平洋地区，林地要么更少，要么更潮湿，要么两者兼而有之。因此，在咖啡锈菌破坏和世界咖啡价格暴跌之后，替代作物更具吸引力。政府保护市场的行动在普遍的自由贸易条件下影响有限，而过度的税收和混乱的政治环境会对咖啡生产商产生相当严重的影响。

社会因素也有影响。因此，夏威夷的咖啡种植成了当地夏威夷人以及来自日本和菲律宾的移民的避难所。他们准备在贫瘠的土地上种植咖啡，接受苦苦挣扎和负债累累的生活，而不是苛刻的种植园生活。[110]同样，如果越南贫困的农民不想在法国橡胶种植园做苦工，那么到山上种植咖啡也是少数途径之一[111]，这些因素不容忽视，但它们需要用比这里尝试的那种大拖网更细的网来回顾研究。

注释：

[1] 本章的部分内容曾发表过。出版社已同意再版。
[2] C. Ratzka-Ernst, *Welthandelsartikel und ihre Preise; Eine Studie zur Preisbewegung und Preisbildung: Der Zucker, der Kaffee, und die Baumwolle* (Munich: Duncker and Humblot 1912), pp. 77, 79; R. Marte, *Estadísticas y documentos históricos sobre Santo Domingo, 1805–1890* (Santo Domingo: Museo Nacional de Historia y Geografía, 1984), pp. 75–6; Edmund Roberts, *Embassy to the Eastern Courts of Cochin-China, Siam and Muscat in the US Sloop-of-War Peacock, during the Years 1832-3-4* (rpt., Wilmington: Scholarly Resources Ltd., 1972), p. 404.
[3] Karl Andree et al., *Geographie des Welthandels* (Stuttgart: J. Engelhorn, 1867–77), vol. 1, p. 595; F. B. Thurber, *Coffee, from Plantation to Cup* (New York: American Grocer Publishing Association, 1881), p. 242; C. F. van Delden Laërne, *Brazil and Java, Report on Coffee-Culture in America, Asia and Africa* (London: W. H. Allen, 1885).
[4] M. L. Bynum, *International Trade in Coffee* (Washington: Department of Commerce, 1926). 另请参阅 M. Samper and R. Fernando, statistical appendix to this volume.
[5] G. Wrigley, *Coffee* (Harlow: Longman, 1988), p. 532。
[6] A. E. Haarer, *Modern Coffee Production* (London: Leonard Hill, 1956); Wrigley, *Coffee*.
[7] J. Mesquita, *Dados estatísticos para o estudo das pautas de Angola; exportação pelas alfândegas do Círculo e do Congo nos anos de 1888 a 1913* (Luanda: Imprensa Nacional, 1918); R. Pankhurst, *Economic History of Ethiopia 1800–1935* (Addis Ababa: Haile Selassie University Press, 1968); M. R. Akpan, "The Liberian Economy in the Nineteenth

Century: The State of Agriculture and Commerce," *Liberian Studies Journal* 6, no. 1 (1975): 1–25.
(8) R. C. Schmitt, *Historical Statistics of Hawaii* (Honolulu: University Press of Hawaii, 1977); C. A. Baker, "Malawi Exports: An Economic History," in G. W. Smith et al., eds., *Malawi Past and Present* (Blantyre: CLAIM, 1971), pp. 80–113.
(9) A. J. F. Köbben, "Le Planteur noir," *Etudes Eburnéennes* 5 (1956): 7–190; H. Frechou, "Les Plantations européennes en Côte d'Ivoire," *Cahiers d'Outremer* 8, no. 29 (1955): 56–83.
(10) L. A. Mills, *Ceylon under British Rule, 1795–1932* (rpt., London: Frank Cass, 1964), pp. 245–6.
(11) Bynum, *International Trade*.
(12) A. F. Hattersley, *The British Settlement of Natal: A Study in Imperial Migration* (Cambridge: Cambridge University Press, 1950), pp. 234–5.
(13) B. Weightman, *Agriculture in Vanuatu: A Historical Review* (Cheam: British Friends of Vanuatu, 1989), pp. 185–7; J. Parsons, "Coffee and Settlement in New Caledonia," *Geographical Review* 35, no. 1 (1945): 12–21.
(14) C. C. Wrigley, *Crops and Wealth in Uganda: A Short Agrarian History* (London: Oxford University Press, 1959); Haarer, *Modern Coffee Production*, pp. 342–3.
(15) Haarer, *Modern Coffee Production*, pp. 279–84, 374.
(16) Akpan, "The Liberian Economy," p. 21.
(17) A. J. Ultée, "Koffiecultuur der ondernemingen," in C. J. J. van Hall and C. van de Koppel, *De landbouw in de Indische archipel* (The Hague: W. van Hoeve, 1946–50), vol. 2b, pp. 7–88; A. and G. Grandidier, *Histoire physique, naturelle et politique de Madagascar* (Paris: Hachette, 1928), vol. 4, pp. 73–5.
(18) Wrigley, *Coffee*, pp. 54–8.
(19) J. C. Jackson, *Planters and Speculators: Chinese and European Agricultural Enterprises in Malaya, 1786–1921* (Kuala Lumpur: University of Malaya Press, 1968), p. 200.
(20) United States of America, *Census of the Philippine Islands* (Washington: Bureau of the Census, 1905), vol. 4, pp. 82–4; J. Foreman, *The Philippine Islands*, 2nd ed. (Shanghai: Kelly and Walsh, 1899), p. 337; Hattersley, *The British Settlement of Natal*, pp. 234–5.
(21) R. H. Elliot, *Gold, Sport and Coffee Planting in Mysore* (London: Archibald Constable, 1894), pp. 277–9.
(22) Haarer, *Modern Coffee Production*, p. 10.
(23) C. F. van Delden Laërne, *Brazil and Java, Report on Coffee-culture in America, Asia and Africa* (London: W. H. Allen, 1885), p. 426; T. Morgan, *Hawaii: A Century of Economic Change, 1778–1876* (Cambridge, Mass.: Harvard University Press, 1948), p. 162; T. K. Hitch, *Islands in Transition: The Past, Present and Future of Hawaii's Economy* (Honolulu: First Hawaiian Bank, 1992), pp. 113–16.
(24) Hattersley, *The British Settlement of Natal*, pp. 233–4; C. Robequain, *The Economic Development of French Indochina* (London: Oxford University Press, 1944), p. 196.
(25) C. Blanc-Pamard, and F. Ruf, *La Transition caféière, côte est de Madagascar* (Montpellier: CIRAD, 1992), pp. 199–200.
(26) W. G. Clarence-Smith, "The Impact of Forced Coffee Cultivation on Java, 1805–1917," *Indonesia Circle* 64 (1994): 241–64.
(27) R. E. Elson, *Village Java under the Cultivation System, 1830–1870* (Sydney: Allen and Unwin, 1994), p. 113; Arsip Nasional Republik Indonesia, Jakarta, Residency Archives, 52, file 1621, Kultuur Verslag, Preanger, 1854.
(28) R. W. Hefner, *The Political Economy of Mountain Java: An Interpretive History* (Berkeley: University of California Press, 1990), p. 51.

(29) M. Schouten, *Minahasan Metamorphoses: Leadership and Social Mobility in a Southeast Asian Society, c. 1680–1983* (Covilhã: Universidade da Beira Interior, 1993), pp. 54–7.
(30) J. Ferguson, *Ceylon in 1903* (Colombo: A. M. and J. Ferguson, 1903), p. 64.
(31) Thurber, *Coffee*, ch. 17.
(32) Mills, *Ceylon*, pp. 235–7; Elliot, *Gold*, p. 278; Thurber, *Coffee*, p. 4.
(33) Clarence-Smith, "The Impact of Forced Coffee Cultivation."
(34) H. Brode, *British and German East Africa, Their Economic and Commercial Relations* (rpt., New York: Arno Press 1977).
(35) E. de Felcourt, *L'Abyssinie: Agriculture, chemin de fer* (Paris: E. Larose, 1911); C. McClennan, "Land, Labour and Coffee: The South's Role in Ethiopian Self-Reliance, 1889–1935," *African Economic History* 9 (1980): 69–83; D. Birmingham, "The Coffee Barons of Cazengo," *Journal of African History* 19, no. 4 (1978): 523–38; W. G. Clarence-Smith, "Capital Accumulation and Class Formation in Angola, c. 1875–1961," in D. Birmingham and P. Martin, eds., *History of Central Africa* (London: Longmans, 1983), vol. 2, pp. 163–99.
(36) Robequain, *The Economic Development of French Indochina*, pp. 67–9, 187–9, 196, 213, 237.
(37) Hefner, *The Political Economy of Mountain Java*, p. 59; A. van Schaik, *Colonial Control and Peasant Resources in Java; Agricultural Involution Reconsidered* (Amsterdam: Koninklijk Nederlands Aardrijkskundig Genootschap, 1986), pp. 56–8.
(38) Elliot, *Gold*, pp. 277–9, 322–43; S. Playne, *Southern India: Its History, People, Commerce and Industrial Resources* (London: Foreign and Colonial Compiling and Publishing, 1914–15), p. 222.
(39) Wrigley, *Coffee*, pp. 206–8.
(40) Arab Bureau, *Handbook of Yemen* (Cairo, 1917), pp. 33–4.
(41) Parsons, "Coffee," p. 20.
(42) Robequain, *The Economic Development of French Indochina*, pp. 194–6; Great Britain, Admiralty, Naval Intelligence Division, *British East Africa* (London, 1920), p. 405–6.
(43) H. Blink, *Opkomst en ontwikkeling van Sumatra als economisch-geografisch gebied* (The Hague: Mouton, 1926), pp. 118–19; F. W. T. Hunger, *Die oliepalm (elaeis guineensis): Historisch onderzoek over de oliepalm in Nederlandsch-Indië* (Leiden: E. J. Brill, 1924), pp. 268–75; Jackson, *Planters*, pp. 202–4; Robequain, *The Economic Development of French Indochina*, p. 209.
(44) B. H. Paerels, "Bevolkingskoffiecultuur," in C. J. J. van Hall and C. van de Koppel, *De landbouw in de Indische archipel* (The Hague: W. van Hoeve, 1946–50), vol. 2b, pp. 111–12.
(45) W. Roepke, *Cacao* (Haarlem: H. D. Tjeenk Willink and Zoon, 1922), pp. 2–4.
(46) W. G. Clarence-Smith, "Cocoa Plantations in the Third World, 1870s–1914: The political Economy of Inefficiency," in John Harriss et al., eds., *The New Institutional Economics and Third World Development* (London: Routledge, 1995), pp. 157–71.
(47) Mills, *Ceylon*, p. 246.
(48) J. Duffy, *A Question of Slavery: Labour Policies in Portuguese Africa and the British Protest, 1850–1920* (Cambridge, Mass.: Harvard University Press, 1967).
(49) D. Birmingham and P. Martin, eds., *History of Central Africa* (London: Longmans, 1983), vol. 2; Chapter 3.
(50) I. K. Sundiata, "Prelude to Scandal: Liberia and Fernando Po, 1880–1930," *Journal of African History* 15, no. 1 (1974): 97–112.
(51) Paul Mosley, *The Settler Economies: Studies in the Economic History of Kenya and Southern Rhodesia, 1900–1963* (Cambridge: Cambridge University Press, 1983); R. L. Buell, *The*

〔52〕Birmingham, "The Coffee Barons"; W. G. Clarence-Smith, "Planters and Smallholders in Portuguese Timor in the Nineteenth and Twentieth Centuries," *Indonesia Circle* 57 (1992): 15-30.
〔53〕Elliot, *Gold*, pp. 279-88; H. C. Graham, *Coffee Production, Trade, and Consumption by Countries* (Washington: Government Printing Office, 1912), p. 93.
〔54〕Brode, *British and German East Africa*, pp. 51, 53, 98, 100. See also Chapter 12.
〔55〕C. Wanquet, "Le Café à la Réunion: Une 'civilisation' disparue," in C. Wanquet, ed., *Economies et sociétés de plantation à la Réunion* (St. Denis: Université de la Réunion, 1989), p. 67.
〔56〕Akpan, "The Liberian Economy," pp. 23-4.
〔57〕J. Rapley, *Ivoirien Capitalism: African Entrepreneurs in Côte d'Ivoire* (Boulder: Lynne Rienner, 1993); F. Ruf, "Stratification sociale en économie de plantation ivoirienne," Ph.D. thesis, Paris X (Nanterre), 1988.
〔58〕Elliot, *Gold*, p. 277.
〔59〕J. T. Lindblad, *Between Dayak and Dutch: The Economic History of Southeast Kalimantan, 1880-1942* (Dordrecht: Foris, 1988), pp. 30-1; Baker, "Malawi Exports"; Hattersley, *The British Settlement of Natal*.
〔60〕R. Kurian, "State, Capital and Labour in the Plantation Industry in Sri Lanka, 1834-1984," Ph.D. thesis, University of Amsterdam, 1989, p. 54; Thurber, *Coffee*, p. 92; Jackson, *Planters*, pp. 199-201.
〔61〕F. Pereira Pimentel, *Investigação commercial na provincia de Angola em 1902-1903* (Porto: Typographia "A Vapor," 1903), p. 115.
〔62〕C. Fasseur, *The Politics of Colonial Exploitation; Java, the Dutch and the Cultivation System* (Ithaca: Cornell University, 1992); F. van Baardewijk, "Rural Response to Intensifying Colonial Exploitation: Coffee and Society in Central and East Java, 1830-1880," in G. J. Schutte, ed., *State and Trade in the Indonesian Archipelago* (Leiden: KITLV, 1994), pp. 151-76; M. R. Fernando and W. J. O'Malley, "Peasants and Coffee Cultivation in Cirebon Residency, 1800-1900," in A. Booth et al., eds., *Indonesian Economic History in the Dutch Colonial Period* (New Haven: Yale University Press, 1990), pp. 171-86; Elson, *Village Java*; Clarence-Smith, "The Impact of Forced Coffee Cultivation." See also Chapter 6.
〔63〕K. R. Young, *Islamic Peasants and the State: The 1908 Anti-Tax Rebellion in West Sumatra* (New Haven: Yale University Press, 1994), chs. 5-6; Schouten, *Minahasan Metamorphoses*.
〔64〕Hefner, *The Political Economy of Mountain Java*, pp. 66-7; Young, *Islamic Peasants*, chs. 5-6; Schouten, *Minahasan Metamorphoses*, ch. 4. 种植制度迫使农民以特定的方式种植某些作物，并以政府确定的价格单独出售给政府。
〔65〕A. Poskin, *Bilans congolais: Étude sur la valeur commerciale du Congo par rapport à la Belgique* (Brussels: Société Belge de Librairie, 1900), p. 24.
〔66〕Great Britain, Admiralty, Naval Intelligence Division, *A Manual of the Belgian Congo* (London, 1920), p. 192; Graham, *Coffee Production*.
〔67〕Pankhurst, *Economic History*, pp. 199, 203.
〔68〕Paerels, "Bevolkingskoffiecultuur."
〔69〕United States of America, 1903 *Census* (1905), vol. 4, pp. 84-6.
〔70〕Curtis Chapter 13.
〔71〕Blanc-Pamard and Ruf, *La Transition caféière*.
〔72〕D. Northrup, *Indentured Labor in the Age of Imperialism, 1834-1922* (Cambridge: Cambridge University Press, 1995).

(73) W. Donner, *The Five Faces of Thailand* (London: C. Hurst, 1978), pp. 494–5.
(74) Ferguson, *Ceylon*, ch. 7; P. J. Griffiths, *The History of the Indian Tea Industry* (London: Weidenfeld and Nicolson, 1967), pp. 156–63; G. C. Allen and A. G. Donnithorne, *Western Enterprise in Indonesia and Malaya* (London: George Allen and Unwin, 1962), pp. 101–3; W. G. Freeman and S. E. Chandler, *The World's Commercial Products: A Descriptive Account of the Economic Plants of the World and Their Commercial Uses* (London: Pitman, 1907), pp. 164–6.
(75) Thurber, *Coffee*, p. 106.
(76) Haarer, *Modern Coffee Production*, p. 10; L. Vail and L. White, *Capitalism and Colonialism in Mozambique: A Study of the Quelimane District* (London: Heinemann, 1980), p. 265.
(77) Mills, *Ceylon*, pp. 248–9.
(78) A. Coates, *The Commerce in Rubber: The First 250 Years* (Singapore: Oxford University Press, 1987); L. G. Polhamus, *Rubber, Botany, Cultivation and Utilization* (London: Leonard Hill, 1962).
(79) Jackson, *Planters*; Mills, *Ceylon*; Ultée, "Koffiecultuur."
(80) W. G. Clarence-Smith, *Cocoa and Chocolate, 1765–1914* (London: Routledge, 2000); C. J. J. van Hall, *Cocoa* (London: Macmillan, 1914).
(81) P. Hill, *The Migrant Cocoa-Farmers of Southern Ghana*, 2nd ed. (Oxford: James Currey, 1997).
(82) Duffy, *A Question of Slavery*.
(83) W. G. Clarence-Smith, "The Hidden Costs of Labour on the Cocoa Plantations of São Tomé and Príncipe, 1875–1914," *Portuguese Studies* 6 (1990): 152–72.
(84) H. Lains e Silva, *São Tomé e Príncipe e a cultura do café* (Lisbon: Junta de Investigações do Ultramar, 1958), pp. 91–3.
(85) Schouten, *Minahasan Metamorphoses*, pp. 59, 165–7.
(86) D. L. Oliver, *The Pacific Islands* (Honolulu: University of Hawaii Press, 1989), p. 63; Jackson, *Planters*, pp. 202–3.
(87) A. Marvaud, *Le Portugal et ses colonies, étude politique et économique* (Paris: Félix Alcan, 1912), p. 202.
(88) W. G. Clarence-Smith, "The Rivaud-Hallet Plantation Group in the Economic Crises of the Inter-War Years," in Pierre Lanthier and Hubert Watelet, eds., *Private Enterprises during Economic Crises: Tactics and Strategies* (Ottawa: Legas, 1997), pp. 117–32.
(89) Hattersley, *The British Settlement of Natal*, p. 235.
(90) I. T. Twyford and A. C. P. Wright, *The Soil Resources of the Fiji Islands* (Suva: Government of Fiji, 1965), vol. 1, pp. 178, 190; Laërne, *Brazil and Java*; p. 512; Wanquet, "Le Café à la Réunion," pp. 66–8.
(91) F. Mauro, *Histoire du café* (Paris: Editions Desjonquères, 1991), p. 190; Hitch, *Islands in Transition*, p. 45.
(92) M. Sastrón, *Batangas y su provincia* (Malabong: Asilo de Huérfanos, 1895), pp. 354–5; United States of America, *Census*, vol. 4, p. 83; Foreman, *The Philippine Islands*, p. 337.
(93) Hefner, *The Political Economy of Mountain Java*, pp. 166–7; Paerels, "Bevolkingskoffiecultuur," p. 95.
(94) Jackson, *Planters*, p. 203.
(95) Hattersley, *The British Settlement of Natal*, pp. 234–5.
(96) Hitch, *Islands*, pp. 45, 115–16; Graham, *Coffee Production*, pp. 66–7.
(97) A. Sarraut, *La Mise en valeur des colonies françaises* (Paris: Payot, 1923), 187–8; Parsons, "Coffee," pp. 12–21, 18–20.
(98) C. Guy, *Les Colonies françaises: La Mise en valeur de notre domaine colonial* (Paris: Augustin

Challamel, 1900), pp. 228-9; Mauro, *Histoire du café*, pp. 189-93; Robequain, *The Economic Development of French Indochina*, pp. 194-7.
(99) Grandidier, *Histoire physique*, vol. 4, pp. 73-5.
(100) Chapter 3.
(101) Weightman, *Agriculture in Vanuatu*, pp. 185-6; Haarer, *Modern Coffee Production*, pp. 388-9.
(102) Graham, *Coffee Production*, p. 11. 这些是 1 000 公斤。
(103) [W.] G. Clarence-Smith, *The Third Portuguese Empire, 1825-1975, a Study in Economic Imperialism* (Manchester: Manchester University Press, 1985), ch. 4.
(104) W. G. Clarence-Smith, "The Economic Dynamics of Spanish Colonialism in the Nineteenth and Twentieth Centuries," *Itinerario* 15, no. 1 (1991): 71-90.
(105) R. Perpiña Grau, *De colonización y economía en la Guinea Española* (Barcelona: Labor, 1945).
(106) F. Santagata, *La Colonia Eritrea nel Mar Rosso davanti all'Abissinia* (Naples: Treves di Leo Lupi, 1935), pp. 140-7, 155.
(107) A. Grohmann, *Südarabien als Wirtschaftsgebiet, zweiter Teil* (Brünn: Verlag Rudolf M. Rohrer, 1933), p. 86.
(108) Felcourt, *L'Abyssinie*, pp. 104, 158; McClennan, "Land," p. 73; Graham, *Coffee Production*, p. 99.
(109) Great Britain, Foreign Office, Historical Section, *Liberia* (London, 1919), pp. 45-52.
(110) Oliver, *The Pacific Islands*, p. 192.
(111) Robequain, *The Economic Development of French Indochina*, pp. 194-7.

【作者】 William Gervase Clarence-Smith

第五章 质量与竞争力的历史建构：咖啡产业链初探

咖啡商品链是世界各地生产者和消费者之间的双向纽带,它们还将当地的加工过程和海外市场的加工过程连接起来。历史上,咖啡的种植、收获、运输、加工和出口的组织方式有着惊人的多样性。随着时间的推移,消费模式,特别是消费者的偏好发生了变化,这些变化需要加以考虑,但根据当地的情况和动态,它们对整个热带世界的咖啡生产者的影响有很大的不同。

咖啡种植者对不断变化的外部条件的反应完全不一致,不能仅仅解释为对世界市场趋势和波动的被动反应。本章以哥斯达黎加咖啡生产和商业化的发展以及对其他案例的简要参考为出发点,对当地农业生态、经济和社会条件与这种产品的国际市场变化之间的相互作用进行比较讨论。

人们特别关注某个特定国家(在这里指哥斯达黎加)的生产商生产具有某些特定属性的咖啡的过程,这些特定属性是海外消费者所欣赏的,他们也愿意为此付费。顺便提一下,哥斯达黎加的咖啡商品链与其他生产"高质量"咖啡并随后在各种安排下进行交易的国家相比,有大量的小农户参与(当然是可变的),至少在种植方面,有时在加工和/或运输方面也有大量(当然是可变的)参与。

生产与消费的统一

对咖啡的研究倾向于将生产、贸易和消费作为相对独立的问题进行讨论,这些问题与获取种子、购买和销售以及最终用于制作刺激性饮料的流程中的连续阶段有关。这反映在各种一般性著作的结构中,每一个方面都有章节描述,但它们之间的相互有机关系却鲜有描述。这同样适用于许多关于咖啡生产区域的专题讨论,这些专题讨论主要考虑到世界市场上一些特定区域的出口量或价值,粗略地看一下国际供求趋势以及某些价格波动。我们往往没有充分注意到不断变化的外部条件是如何并在多大程度上被当地经济"内在化"的,而当地经济中的内生过程和过去的历史起着决定性的作用[1],或者我们没有充分认识到当地动态在多大程度上可以相对独立于世界市场趋势和波动,同时又对它们产生影响。[2]

我们倾向于认为咖啡豆最终到达消费者手中的方式是理所当然的,以及他们不断变化的习惯和偏好如何影响关于种植、加工、运输、融资、监管和出口这种热带产品者的决策。从概念上看,生产和消费的统一几乎是不言而喻的,但从历史上看,我们需要理解它是如何发生的。我们还需要了解各种案例的共同点,以及为什么它们在某些重要方面有所不同。

商品链或生产—消费链是一个相对熟悉但理解各异的概念,它邀请我们跟随咖啡果及其苦涩的种子,从农民到加工厂,有时通过中间商,从出口公司到国际贸易商,再到海外进口商,然后到批发和零售商人,最后到消费者。无论什么样的术语及其更具体的内涵,链条中的链接类比是有用的,超越单纯的并列,用一个更为综合的视角来看待历史上咖啡生产、加工、运输、营销和最终消费之间的相互作用。这也有助于我们理解消费影响生产的方式,以及理解那些对当地条件比对外部因素更敏感的内生过程。

商品链是否实际存在有待商榷。一些学者认为它们只是一种分析工具,而另一些学者则指出,特定商品的生产和贸易并不是孤立于其他生产和商业活动而存在的,在这些活动中,参与者可能还涉及一个特定的链条。[3]虽然认识到咖啡商品链的概念是为了分析目的而构建的,但我认为,确实有某些客观的社会经济关系和制度安排围绕着这一特定商品。咖啡当然是更为复杂的生产和交换系统的一部分,但由于农民家庭对种子的消费很少,咖啡是许多农场的主要商业作物,在大多数情况下也是出口产品,因此它往往在农村收入以及区域或国家经济中发挥特别重要的作用。很明显,哥斯达黎加在"咖啡世纪"的情况就是如此,就像世界上许多其他国家均有其历史辉煌时期,甚至在今天也是如此。

生产系统和商品链

以咖啡为重心、以商品为导向的方法的一个明显局限是,它往往忽视甚至搁置与其他商业作物或自给作物的相互作用,而这些作物往往对咖啡种植者而言非常重要。同许多其他国家一样,在哥斯达黎加咖啡生产的历史上,混种是长期的规则,而不是例外。咖啡生产的完全专业化是一个相对较新的现象,仅限于某些地方的特定类型的农场。相对偏远的地区往往在更大程度上和更长时间内将咖啡与其他作物混合在一起,直到交通的改善使得从其他地方引进粮食作物成为可能并具有成本效益。在中美洲,特别是在萨尔瓦多(Salvador),这不仅适用于农民的农场,而且也包括许多大型种植园,那里工人的一部分报酬是种植园提供的简单午餐。

通常,咖啡是农场中两三种纯商业作物之一,这种策略分散了风险,也促进了全年家庭或雇佣劳动力更均匀的分配。在哥斯达黎加,通常的组合是甘蔗,就两种作物都能在中央山谷成功种植的海拔高度而言,甘蔗与咖啡部分重叠。虽然在咖啡收获期间会有一些劳动力竞争,但甘蔗切割可以在一年中交错进行,从而避开劳动力需求的季节性高峰。此外,这两种作物的价格差异可能会相互抵消。一些农民将咖啡和烟草作为他们的两种主要经济作物,最近,在以前专业化的咖啡农场出现了一场种植装饰植物和花卉生产的动向。

农民的目标可能不是排他性的,甚至不是主要为了获得最大的咖啡收成。因此,例如套种的香蕉或车前草可以与咖啡竞争土壤养分,但是除了提供一定的遮阴外,它们的农作物还具有商业价值,可以用于生猪饲料。低廉的咖啡价格促使一些农民增加了车前草的种植密度,直到咖啡价格提高之前,车前草是他们的主要经济作物。在农场,各种各样的果树常常与块茎、蔬菜、药用植物等一起成为咖啡园的一部分。从中型到大型种植园,咖啡园的专业化程度更高,并且通常由固氮树提供树荫,可以通过修剪来调节。尤其是当价格多年来一直处于低位并且咖啡市场的前景变得相当悲观时,一些咖啡种植者种植有价值的木材而不是咖啡豆,以此作为对未来的投资和咖啡生产的可能替代物。

仅仅关注咖啡,我们似乎会忘记考察与咖啡农场的牲畜饲养和其他非农业活动的可能联系。在机动车辆出现之前,大多数哥斯达黎加的咖啡农场有一些牧场,在那里饲养着牲畜、牛和骡子,或许还有奶牛。在一些大型咖啡农场,肉牛也被饲养,并在附近的城市出售。但是,随着咖啡产区的土地变得更加昂贵,畜牧业往往会转移到土地成本较低的边远地区。种植咖啡的农民,特别是在19世纪末至20世纪中叶定居的中央山谷以外地区的农民,经常养猪,然后在当地出售或带到城市市场。

在哥斯达黎加,一个多世纪以来,咖啡一直是国家农业出口增长的基础,但在今天,咖啡对经济的相对重要性远没有那么重要。就出口收入而言,其与香蕉种植园的长期竞争现已让位于高度多样化的对外贸易,包括传统和非传统农业出口以及制造业和服务业。咖啡仍具有相当大的社会意义,部分原因是大量人口仍然直接或间接从咖啡中获得大部分收入,但也因为其社会政治和文化内涵。但是哥斯达黎加的经济已经不再以咖啡为基础,未来对咖啡的依赖会更少。其他几个拉丁美洲国家也发生了类似的情况,最臭名昭著的就是巴西,尽管巴西是世界上主要的生产国和出口国,但随着自身的产量越来越大,市场份额却在迅速下降;与18世纪末到20世纪初相比,咖啡在经济中的作用要小得多。

技术与社会关系

咖啡商品链与其他农业工业商品链一样,是动态的历史结构,随着时间的推移,在种植、收获、当地运输、加工、海外运输和海外分销之间的联系的技术和社会组织方面都会发生变化。任何阶段的技术创新都可能极大地改变"上游"和"下游"其他环节的动态。例如,手动去籽机使20世纪初的哥伦比亚农民能够在偏远的山区生产咖啡,在咖啡果实发生不利于其质量的化学变化之前,几天之内很难将其运输到中央加工厂。与此同时,小农的湿法加工——与咖啡豆干燥相反——提供了许多与山区种植、温和口味的哥伦比亚咖啡相联系的品质特征,越来越受到消费者的青睐。

另一方面,在哥斯达黎加,运输的改善促进了供应网络的扩大,将许多中小型农场与工农业湿法加工厂连接起来。从某种程度上来说,新鲜咖啡果实可以从更远的农场获得足够的数量,工业规模经济倾向于更大、设备更好的加工厂,这些加工厂可以在更短的时间内和更低的成本下加工更多的数量,而且加工过程的组织更有利于质量控制。

在哥斯达黎加,如同在哥伦比亚和许多其他国家一样,咖啡的种植并没有被大型种植园所垄断,尽管它们在某些地区很重要,而且土地保有权远非平等。控制咖啡业及其社会关系网的关键与加工的组织方式密切相关:主要是通过湿法,在位于大型农场或城镇的中央加工厂进行,技术程序越来越多,对质量的关注也越来越多。然而,这种加工方式也对收获方式(只采摘成熟的咖啡果实)、运输发展(先是牛车,然后是铁路和卡车运输)以及咖啡厂主和新鲜咖啡果实供应商之间的关系产生了影响。这些客户网络并不局限于购买咖啡豆,因为私人信贷在构建资金流动和收益方面发挥了重要作用,尤其是在1949年银行系统国有化之前,甚至在那之后。在一个特定的地方,农场主(农民)和受益人(加工厂)之间的互动也有其他非经济的含义,如电影《教父》所展示的人际关系,象征性的亲属关系表达了两者社会等级与互惠。

商品链不仅通常被视为经济主体之间合作的结果,还反映出利益冲突之间微妙和潜在的不平衡。[4] 就咖啡而言,这不仅适用于本地出口部门参与者之间的关系,而且还适用于出口和进口这种有价值的商品的国家之间的关系。有时,他们已达成协议,以避免供应和价格的极端波动;在其他时候,主要生产者试图单方面限制供应以提高价格,尽管这总是会促使其他人种植更多的咖啡或增加产量。

参与咖啡商品链的各种经济主体的议价能力在一个时间段内有所不同。冲突和谈判之间的结果,以及政府干预或经济危机的影响,已经改变了所有权模式、咖啡收入的相对分配、垂直或水平整合的程度以及商品链的总体结构。例如,世纪之交的危机使得偿还债务变得非常困难,债务随后被取消抵押品赎回权。因此,许多主要的农场和加工厂从中美洲所有者手中转移到了欧洲债权人手中。反过来,有时将这些产品卖给移民到这些国家的同胞,随后与他们国家的进口公司保持密切联系。德国人尤其如此,他们于19世纪末至20世纪初在危地马拉和哥斯达黎加的咖啡行业中独树一帜。其他贬值和负债累累的种植园则连同加工设施被投放到当地的土地市场,随后出现了国内集中化进程。此外,无论是通过抵押赎回加工公司的债务还是直接出售给富裕农民,很多小农户还是失去了他们的土地。在19世纪末至20世纪的哥斯达黎加,移民到中央山谷以外的定居点仍可部分抵消这种咖啡种植区域土地集中的过程,在那里咖啡种植将在二三十年后重新发展。最终,咖啡种植区域开垦的逐渐终结使技术集约化对于哥斯达黎加咖啡产量的持续增长至关重要。

质量是一件奇怪的事

从字面上和形象上来讲,"好咖啡"都是一个品味问题。不同地点和时期,以及不同社会经济和文化群体的消费者更喜欢各种类型的咖啡,就像他们选择了不同的调制方式一样。咖啡的质量是以下因素的综合:某些可测量特征,如干豆的颜色、密度、化学成分、湿度、形状和大小;鉴赏家和专业品尝者最欣赏的其他特征,如烤制后的香气和杯子的味道;一些无形的特征,这些无形的特征仍然是消费者喜好的一个因素,如特定的品牌和原产国,有时根据出口商或进口商的利益进行宣传,或通过消费者认为理想的特定类型的产品(有机、绿色、鸟类友好)进行宣传。

公认的特定农场的名称可能会获得认可,这些农场始终如一地生产具有理想品质的咖啡。哥斯达黎加的一些大农户已经按照精确的海拔高度和位置对咖啡进行了分类,小心翼翼地收割和加工,并直接出口给事先签订供应合同的烘焙商。

消费者通常首选来自特定地区的咖啡,其中最著名的是牙买加的蓝山。在哥斯达黎加,这种区别以前是通过特雷索斯(Tres Ríos)的咖啡获得的,特雷索斯是首都圣何塞附近较早的种植地之一。就海拔、气候和获得的豆类而言,塔拉祖(Tarrazu)被认为是理想的区域。正如古德蒙森(Gudmundson)在本章中所指出的那样,这与塔拉祖的咖啡较早的低调相比是一个巨大的变化。最近,为了避免滥用某些咖啡的实际原产地,生产厂家和加工公司在质量特别高的地区,如洛斯桑托斯地区的多塔,努力保证它们加工和出口的所有咖啡来自原产地。

烘焙商、零售商和消费者也将某些普通的国家产品与特别高质量的本地产品联系在一起。"摩卡"和"爪哇"是历史上的例子,它们后来具有非常不同的客观特征,现在是用于其他目的的术语。危地马拉、哥斯达黎加、哥伦比亚和肯尼亚的咖啡赢得了长期的声誉。

当一个国家的原产地与来自该国的更高质量的咖啡联系在一起时,便值得我们探究它是如何形成的:它仅仅是在盲品中对可测量的特征或其他属性的或多或少的客观评估,还是进口商和烘焙商干预了对"质量"的社会认知?出口商和进口商的营销活动是否有效、是从什么时候开始的?这些不是我们在这里可以完全回答的问题,但我们在讨论哥斯达黎加质量的历史建构以及将这一进程与其他进程进行比较时,应牢记这些问题。

本章中,我们无法解决的另一个相关问题是不断变化的市场细分,因为它与质量和价格有关。作为精英消费的舶来品,成本可能不是贵族、商人和知识分子最重视的方面。在几个方面,咖啡后来成为"平均资本主义",用一位对美国咖啡营销和消费历史有深刻见解的研究人员的话来说,这是一种非常恰当的表达方式。[5]在工业革命期间,咖啡作为工人阶级饮料建立的早期阶段,以及后来推出"咖啡休息时间"试图让上班族更加清醒时,价格无疑成为一个非常重要的考虑因素,低质量的咖啡种子可以找到市场。与此同时,社会和知识精英继续欣赏某些与高质量相关的属性,并且通常会为此付出代价。欧洲和北美烘焙商将不同产地的咖啡混合在一起,进一步加剧了这种市场分割;然后是不需要"高质量"咖啡的可溶性咖啡生产工艺的发展;最近,由于非传统市场的扩张,高收入国家和中低收入国家的消费者接受了高山咖啡的高价格,而中低收入国家需要进口咖啡,但无法支付"更好"的品质费用。因此,生产商可能采取不同的策略,有些专注于获得市场更青睐的特性,而另一些则专注于低成本生产。

自19世纪中叶以来,尤其是在20世纪前40年,许多哥斯达黎加出口商致力于提高质量,以便为其咖啡获得尽可能好的价格。但是,在这个国家中,还有其他人则基于降低成本或提高加工速度而采取了不同的生产流程,以便在所有品质的价格都较高时出售劣等的咖啡。显然,在质量和生产成本之间需要权衡取舍,在一些地区偏向于更高的质量,而在另一些地区则强调降低成本和把握时机。前者通常位于中高海拔地区,后者位于较低的海拔地区,那里的种子的固有特性对国外消费者的吸引力较小。

从咖啡林到加工再到出口的纵向一体化整合企业,可以使农业和农用工业的生产都适应其参与国际市场的目标。但是,即便是那些从当地农民那里购买全部或大部分咖啡的加工企业,也开始就果实的质量(尤其是成熟度)设定条件,而且质量之间的价格差异也更加明显。出口商和海外批发商的代理商也有明确定义的标准、质量控制和价格差异。

尽管哥斯达黎加咖啡的质量在20世纪30年代获得国际认可,但其质量仍然是参差不齐的。除了海拔高度变化外,当地的气候甚至土壤类型都会影响种子的特性。并非所有咖啡果实都在适当的成熟度下收获,即使在湿法加工中,也有多种方法产生不同的品质。例如,将咖啡果实机械去浆后,用新鲜、干净的河水清洗会改善最终产品,但由于需要额外的劳动力和大量的水,因此并非总是如此操作。随后去除黏液的后续发酵并不总是可以得到适当控制,可以通过添加某些物质或用机械手段来加速发酵,这当然可以节约用水并减少污染,但可能会对质量造成不利影响。

很难确定哥斯达黎加咖啡的整体质量随着时间的推移是提高还是降低了,也许没有线性的长期趋势,而是在较短的时期内有较大的变化。19 世纪早期的加工是简陋的,整个咖啡果实都是晒干的,然后用石臼或通过牛车车轮和牛蹄去皮,或通过简陋的机械设备去壳。之后,随着湿法在出口导向型生产中盛行,该方法逐渐得到改善。精心挑选成熟的咖啡果实,并对干果进行严格分类。然而,持续干燥加工过程反映在对老式磨坊的描述中,19 世纪 80 年代,干果去壳后,仍然使用装满石头的牛车或基础的脱粒机,用于家庭消费和出口(见表 5.1 和表 5.2)。[6]

表 5.1   19 世纪 30—40 年代,哥斯达黎加咖啡商品链

基层农场	加工	当地贸易	运输	海外贸易
阿拉比卡咖啡;周围有树荫或周围有树和车前草。	在小农场上手工加工的;晒干的土地;用石臼手工脱壳。	当地和外国商人买的是去皮的劣质咖啡。	当地人:先是骡子,然后是骡子和牛车。	自由贸易:国际价格下降趋势(1830—1840 年下降50%);1848—1849 年短期危机。1848 年伦敦市场上咖啡的价格比牙买加、里约热内卢、马拉开波、锡兰的还要低。
密度:2 000～2 500 公顷面积逐渐扩大到 4 000 或 4 500 公顷。	一些大中型农场的干法加工;用牛车车轮或牛蹄脱壳。	一些出口商直接通过中间商出口高质量的羊皮纸咖啡。	到太平洋港口的路:通往蓬塔雷纳斯的国道,建于 1846 年。	
年产量从 19 世纪 30 年代的几百法纳加(体积单位,产量约 100 磅)增加到之后 10 年的 6 万～8 万法纳加。	1838 年第一次使用湿法清洁剂,有铺setup的露台;其他人在 19 世纪 40 年代。每台处理能力为 2 000 法纳加/年。	当地消费很少,最好的是巧克力和杏仁。	到欧洲:航行到瓦尔帕莱索和绕过好望角。	一开始的出货量很小,是寄售;以实物信用进口,以咖啡销售收入支付。
生产力/公顷:原始肥力和耕作制度(20～30 法纳加/公顷);多达 40～50 法纳加/公顷)。	农民庭院中的体力劳动;中间受益区的动物驱动;较大的装置中使用液压来操作除泥器和脱壳机。		咖啡运到港口的成本,约为蓬塔雷纳斯离岸价(FOB)的 12%。	主要目的地(首先经过智利):英国、德国、法国。
大农场的小咖啡园种植咖啡和其他农作物。			在港口储存和通过驳船转运至船舶的成本很高(FOB 价格的 15%～25%)。	出口量持续增长到 1848 年(当年 96 544qq);在接下来的两年内减少。
大农场里没有树荫的小树林。			欧洲港口的运输成本大约为 8%。	1845 年,大约有 35 家出口商。
咖啡采摘先按天付费,再按金额付费。				咖啡从最初的试验品变成了主要的出口商品(1833 年占出口总值的 5%,1839 年成为主要出口产品,1843 占年出口额的 80%)。
咖啡区:维里拉河流域、瓜尔科和奥罗西山谷。				参与国际贸易:1830 年为 0.04%;1840 年为 0.2%;1850 年为 0.9%。

表 5.2　　19 世纪 50—80 年代,哥斯达黎加咖啡商品链

基层农场	加工	当地贸易	运输	海外贸易
阿拉比卡:第一次提到"圣拉蒙"矮秆品种;利比里亚的试验。1870 年以前的一点影子;然后是豆科和咖啡树。咖啡密度因遮阴而降低;一般为 1 400～1 600 公顷,但在多元文化的咖啡地里较少(约 720～1 150 公顷)。 咖啡面积估计期末为 15 000～17 000 公顷。年产量:1859 年 10 万法纳加以上,1867 年 20 万法纳加;19 世纪 70 年代经济增长放缓。农场数量迅速增加,达到 7 500～8 000 个。 维里拉河流域(圣何塞/埃雷迪亚附近)的每公顷生产力开始下降。从新大陆到中央谷地的东西两岸都有高生产率。19 世纪 80 年代咖啡叶锈病的问题。 许多小农场和一些大农场都开始专营咖啡。在西北角的定居边界。在中央谷地,咖啡与其他几个规模大小不一的农场结合在一起。咖啡、香蕉、牲畜在雷文塔松-图里亚尔瓦(Reventazon-Turrialba)的大型农场。	晒干的咖啡被小规模的农场主晒得灰蒙蒙的;晒干的天井较少。 有些中型农场,有公牛、牛车或简单的设备;动物驱动的脱粒机与石轮脱壳,木材轮脱粒内膜。 大部分采收用湿法脱皮,主要是晒干,但也有少数在临近收获期时使用机械蒸汽机。第一台用于打磨和分类种子的机器。用手动除尘器清洗。最后由在长桌上工作的妇女挑选干种子。 有数百名小农场主参与了这一过程。 加工工厂(所有类型)的数量在该时期结束时增加到 250 个。	最低等级的少量购买以供当地消费。 老板买了新鲜的樱桃咖啡,出口的羊皮纸咖啡。 加工厂所有者用欧洲进口商提供的资金向农民提供贷款。 慢慢地习惯喝咖啡,部分地取代了吃巧克力。	牛车从农场运到加工厂,再从那里运到太平洋港口。19 世纪 80 年代,铁路和牛车路线结合到加勒比海的一个港口。 帆船和汽船沿美国中部海岸向北航行,绕过好望角向南航行。 国内运输成本在 19 世纪 60 年代和 70 年代增加了两倍;19 世纪 80 年代,由于通往加勒比海和太平洋港口的交通运输之间的竞争,该数字下降了 1/3。 伦敦到岸价的下降百分比:1850 年为 8%,1870 年和 1880 年分别为 5% 和 6%。	自由贸易:由于欧洲消费的扩大,价格上涨到 19 世纪 70 年代中期;随后的衰退以国际通缩作为补偿。 哥斯达黎加咖啡的价格比 1864 年的危地马拉咖啡、里约热内卢咖啡和马拉开波咖啡贵。 自 1850 年起,与欧洲直接贸易;欧洲收货人和一些托运人向哥斯达黎加的出口商提供了购买咖啡的信贷(以实物或货币形式)。 目的地:作为转口地的英国;欧洲大陆,主要消费市场;一些咖啡到美国东海岸和西海岸。 出口量增加了两倍(1885—1889 年平均为 240 000qq)。 19 世纪 50 年代、60 年代和 70 年代,咖啡出口占哥斯达黎加出口总值的 88%～90%;由于香蕉生产,咖啡出口下降到 83%～89%。 哥斯达黎加在世界咖啡市场的参与率从 1851—1869 年的 1.3% 增加到 30 年后的 2%。 1850 年有 76 个出口商(占总数的 85%)。

到了 19 世纪末,仍然有人抱怨从哥斯达黎加出口的某些咖啡的质量不尽如人意,而当地媒体则强调了这样一个事实,即最高质量的哥斯达黎加咖啡总是有需求,在世纪之交的危机期间降价幅度较小。[7] 然而,在某些地理来源的长

期声誉仍主导消费者偏好的市场中，这些咖啡尚未达到最高价格。

> ……这完全取决于购买者对"质量"的理解……咖啡的外观或名称对他而言非常重要。摩卡咖啡是最糟糕的。但最终还是摩卡咖啡，有人会为它支付荒谬的价格。爪哇咖啡是未经清洗的，会随着时间的流逝而变黄，由于吸收了水分而膨胀，其香气微弱，但有人却为此付出了高昂的代价。[8]

随后的国际价格回升期间，哥斯达黎加和欧洲移民咖啡加工商和出口商对质量下了很大赌注，并取得了积极成果。无论是在喧嚣的 20 年代还是随后的经济衰退期间，以当地加工商和出口公司的知名品牌生产的优质咖啡豆均以相对较高的价格出售。到 1925 年，哥斯达黎加咖啡行业在欧洲的一位代表表示，该国的咖啡是"世界上最昂贵的咖啡之一"，并且"哥伦比亚、危地马拉和萨尔瓦多的那些咖啡可以以更低的价格购买"[9]。9 年之后，在最近成立的德芬萨咖啡研究所（Instituto de Defensa del Café）的官方杂志上发表的一篇文章指出，哥斯达黎加咖啡的价格在英国市场上名列前茅，仅次于牙买加的蓝山。[10] 当时，大多数高质量哥斯达黎加咖啡的最终目的地是德国市场，那里的咖啡价格很高，而且有着牢固的商业联系（见表 5.3 和表 5.4）。

表 5.3　　19 世纪 90 年代至 20 世纪 20 年代,哥斯达黎加咖啡商品链

基层农场	加工	当地贸易	运输	海外贸易
阿拉比卡:波旁品种的引种与初步推广;到试验期结束时,种植罗布斯塔。	湿法主要集中在中央谷地,具有不同程度的垂直和水平一体化的技术。	新鲜的咖啡直接由受益商购买,受益商包括国外的基金和中小农场主。由加工厂的业主设定价格。在世纪之交的危机中,生产国和受益者之间首次发生冲突。	牛车去工厂和火车站。20 世纪 20 年代首次使用机动车辆。	市场没有联合监管,但巴西有单边行动;20 世纪 20 年代的咖啡实行三次"定价"(1907 年、1917 年、1920 年)和"永久防御政策"。1894 年达到最高价格;1897—1906 年发生重大危机,随后的经济复苏伴随着短期的波动(第一次世界大战,1920 年的危机);1927 年之后,哥斯达黎加的咖啡价格出现了相对波动。
阿拉比卡在中央谷地不同的国内生产单位和雇工农场的树荫下。更专业的咖啡农场在维里拉河流域。咖啡和其他农作物一起种植,主要的农场有辛罗斯桑托斯、蒂拉兰、尼科亚、桑卡洛斯。	在一些较干燥或较偏远地区进行干燥处理,将从农场和露台的咖啡在树上或地上晾干,供家庭消费。	一名外国进口商人告诉当地的代表,他们可以直接从较小的商人那里买到羊皮纸咖啡。	咖啡通过铁路运往加勒比海港;1910 年以后也到了太平洋。	
开始对咖啡进行第一次现代化生产:规范的豆类作物种植,增加使用,利用老树,建立新的修剪系统。平均种植密度约 1 580 公顷。	宣传使用机械干燥机、圆筒和圆盘脱壳机、脱粒机、抛光机和其他与主要湿式加工厂配套的设备。	有些咖啡是由拥有干制设备的农民购买,在当地销售。	汽船横越大西洋到东海岸。19 世纪 90 年代,国内运输价格约为 9%;20 世纪初,地方货运费逐渐减少。	目的地:美国东海岸和西海岸的低质咖啡市场;英国是高等级的交易中心;德国是高品质咖啡的主要市场,直接从英国进口。
咖啡面积:在 19 世纪有 2 万公顷,年产量为:1898 年有 470 000 法纳加;1921 年之前,在 33 万~42 万法纳加之间波动(除了 1914 年和 1916 年);然后在 20 年代末达到 50 万法纳加。	内燃机的动力和照明的初始使用。技术上有多种受益方,从采矿到技术化生产系统。		19 世纪末到 20 世纪之间的海运费下降了,而在第一次世界大战期间又上升了。	出口量增长缓慢(40 年增长了 40%);1925—1929 年平均为 388 000qq。
	每个季度的最大处理能力仍然在 5 000 法纳加左右。20 世纪 20 年代有 220 个加工厂。			哥斯达黎加对外贸易的重要性从 90% 下降到 35%~55%。
农场数量:1883—1893 年约 8 600 个。中央谷地的咖啡公司由于失去种植能力、害虫和疾病导致生产率大幅下降,平均 10~12 法纳加/公顷。中央谷地以外的新土地产量更高。				哥斯达黎加咖啡市场的占有率:1890 年为 1%,1900—1909 年为 1.5%。1907 年主要出口国为 187 个,1915 年为 124 个。
咖啡采摘按收获量付费,除了在世纪之交的危机期间。				

表 5.4　　　　　　　　20 世纪 30—50 年代,哥斯达黎加咖啡商品链

基层农场	加工	当地贸易	运输	海外贸易
阿拉比卡:典型,波旁,Hibrido Tico(高化,20 世纪 40 年代)和 Villa Sarchi(矮化,20 世纪中期)。 在各种规模的农场的规定树荫下进行技术转型,种植园和施肥的密度逐渐增加。 咖啡种植面积(含农场面积<0.7 公顷):1935 年为 4.8 万公顷,1950 年为 5.3 万公顷,1963 年为 8.3 万公顷。 直到 1955 年,生产波动在 50 万法纳加左右,并有轻微的下降趋势;那一年之后,产量迅速增长,1959—1960 年期间达到 100 万法纳加。 咖啡农场的数量(包括那些小于 0.7 公顷的)逐渐增加:1935 年为 2.5 万户,1950 年为 2.8 万户,1963 年为 3.5 万户。 20 世纪 30—40 年代低产量/公顷,50 年代部分恢复(1935 年为 5.3 法纳加/公顷产量,1955 年为 10～11 法纳加/公顷产量)。主要区别在于生产单位的地域和类型。 在 Pérez Zeledón 和 Coto Brus 的土地定居和咖啡的初步扩张。 第二次世界大战期间,随着咖啡价格的降低,更多的绿咖啡可以降低生产成本。	私掠船的数量减少了:1935 年为 222 艘,1940 年约 150 艘,20 世纪 50 年代末约 124 艘。在中央谷地咖啡区有更大的减少;一些人搬到新咖啡区,或在那里建立新的咖啡区。 第二次世界大战期间,厄瓜多尔军方(战时管理德国财产的办公室)运作过几位受益者。国家银行在 40 年代和 50 年代经营着几家加工厂,并开始了初步合作。 越来越多以内燃机、电动机和电力为基础的机械化;预干燥机和烘干机;在工厂内移动咖啡的设备,机械分离器;自动谷物选择;用电子眼进行机械选择的初试。 接收网络随着道路的改善、卡车的使用和木制容器的建造而扩展。不同受益人在影响范围内的重叠越来越多。更好地利用现有能力,接受来自不同地区、不同时间的咖啡。一些植物接受和混合来自不同海拔的咖啡。 经营规模广:大多数工厂的工人不到 20 人,但大部分劳动力集中在较大的工厂。非常小的受益者慢慢消失;处理 10～19 000 和 20 000 以上法纳加的更大的重量。	自 20 世纪 30 年代起由咖啡馆协会(1848 年后,咖啡馆)监管。预收款制度、接收款制度和海外售后尾款制度。 20 世纪 30 年代初,咖啡农和咖啡加工厂之间的冲突越来越多,然后从制度上进行了疏导。 当地的出口商购买了小商人制作的咖啡。 大多数受益人不再直接出口。 20 世纪 50 年代,国有银行为合作企业提供资金,并支持技术革新。	当地的交通工具有牛车,也有卡车送到受益人处,再从那里送到火车站。 通过火车将咖啡送到两个海岸的港口。 美洲之间的高速公路连接该国南部的潜在咖啡区:首先是 Pérez Zeledón,然后是 Coto Brus。 轮船前往欧洲和美国。	直到 20 世纪 30 年代都不受监管;第二次世界大战期间美国的配额;后续的谈判。 第二次世界大战期间的价格中等但有保障;强劲的战后需求和高昂的物价直到 1956 年;那一年之后急剧下降。 目的地:20 世纪 30 年代欧洲(特别是德国)的主要消费市场;战争期间对美国的出口;之后两条不同质量和价格的路径。 20 世纪 30—40 年代出口量保持不变,50 年代略有增长。 20 世纪 30 年代,咖啡在哥斯达黎加对外贸易中的比重为 60%,随后在下降趋势中波动。 哥斯达黎加参与世界咖啡贸易:在 20 世纪 30 年代大约为 1.4%～1.5%,在第二次世界大战后到 1950 年间下降到 1%,到后期又恢复到 1.8%。 出口公司的数量下降了:1944—1945 年期间,80% 的咖啡由 4 家公司出口。

在第二次世界大战期间,哥斯达黎加的出口与其他拉美国家一样,转向了美国市场。美国市场既不承认,也不为优质咖啡支付溢价。因此,咖啡种植者、加工商和出口商不再关心该市场的质量,而是更多地关注降低成本。从那时起,加工企业就具有两种不同的程序和质量:美洲咖啡和欧洲咖啡,这取决于咖啡是流向旧大陆还是流向北美。

在哥斯达黎加和其他国家,农业和农业工业阶段的某些变化也影响了最终产品的质量。在提高效率或降低成本的同时,其中的某些变化似乎对品质产生了一些有害影响,随着从典型到高产矮化品种的转变,次品咖啡豆的数量也增加了,并且有人提出遮阴种植的咖啡比不遮阴种植的咖啡好。随着劳动力变得更加昂贵且收割变得稀缺,并且由于雇用了更多的移民工人,他们习惯于"压榨"树枝而不是只采摘成熟的果实,因此收获了更多的生咖啡。这种趋势变得更加明显,因为较低的价格使选择性采摘的成本效益降低,并且新程序允许加工不成熟的果实,即使质量受损。尽管近年来高速电子颜色分类既可以提高生产率,又可以实现更均匀的分级,但加工的机械化仍可能在一定程度上损害了质量。

哥斯达黎加咖啡的国际竞争力是通过结合对质量的长期关注和降低单位农业和工农业生产成本的方法建立起来的。随着劳动力变得更加昂贵,从20世纪前40年对质量的高度重视转向每公顷产量、收获劳动生产率和工业效率的提高,以高速加工大量产品,然后将不同的市场分为不同的等级。

哥斯达黎加的咖啡商品链实际上不是一个而是几个不同的细分市场,针对不同的产品质量和消费市场:最差和最便宜的咖啡始终是供国内消费的,留给本地消费者的比例一直是(不是偶然的)与难以出口的低档咖啡所占比例大致相同。当地烘焙师将咖啡与花生壳和焦糖混合在一起的做法——增加体积和重量以及甜度和深色——形成了流行的消费习惯,这些习惯倾向于劣质咖啡,这使得国内对纯咖啡的需求微不足道。只有当国外价格一直很低时,尤其是在最近的世界市场危机期间,由于国内价格的放松管制,才有一些公司在本地市场上出售很多优质咖啡,有越来越多的人开始喜欢更高质量的产品。

虽然出口市场主要面向欧洲,但质量往往会提高,以利用那里提供的更好的价格。随着海外消费者开始购买研磨咖啡,并在超市而不是咖啡店购买,有一种趋势是使用某些品牌的预先包装咖啡混合物。未烘焙的咖啡豆或经过烘焙的咖啡豆的外观变得不那么重要了,尽管产地仍然很重要,因为它在宣传和消费者偏好中起着重要作用。

到了 20 世纪中叶,美国市场变得越来越重要,加工过程倾向于强调降低成本。近几十年来,美食和生态细分市场在美国和西欧都有所扩大。随着日本和东欧咖啡消费的增长(不那么强劲),需求变得更加多样化,分别处于价格/质量的范围内(见表 5.5 和表 5.6)。

表 5.5　　　　　　　　**20 世纪 60—80 年代，哥斯达黎加咖啡商品链**

基层农场	加工	当地贸易	运输	海外贸易
矮化品种占据主导地位（1979—1980 年占 35%，1988—1989 年占 85%）；高密度（7 000/公顷）；重化学输入。	主要扩大每个受益者带来新鲜咖啡的地区；植物数量从初期的 119～122 株减少到 80 年代后期的 100 株。	由经济发展下属的咖啡部门管理。	主要由吉普车和卡车运输；道路网络迅速扩展。	直到 1989 年，由国际咖啡组织监管出口到成员国，但同时也限制了市场份额的增长。
20 世纪 70 年代的平均收益率上升到世界最高水平，80 年代则相对稳定。较高的产量与农场大小呈正相关（5 公顷以下 5.5 吨/公顷，较大农场 5.8～7.4 吨）。	合作受益人处理了 40% 的收成。最低限度由调节的机构设定；利润际由章程规定。节省劳动力的技术应用于生产效率高、成本低、工厂规模大。40 个受益人平均每人处理 3 万多法纳加，增效 3 倍。农业产业化经济规模不断扩大，劳动生产率不断提高。	1961 年新通过的关于生产者、加工厂和出口公司之间关系的立法。用于国内消费的咖啡加工和烘焙分离。庞大的采购网络将来自不同地区的咖啡送到中心地区的加工厂。	受益人有自己的卡车，但开始租用交通工具。咖啡通过铁路和卡车运到两岸，然后用集装箱运到海外。	目的地：优质的咖啡出口到西欧、美国、日本的市场；向其他市场出售低档咖啡。生产咖啡的合作社联盟成了一家重要的运输公司。投资加工过程中，出口企业的垂直度和集中度。
农业劳动生产率（尤其是在收获季节）成倍增长。1970 年和 1984 年人口普查期间，咖啡产量稳定在 8 万公顷左右。		当地消费占总生产的百分比变化：从 20 世纪 60 年代开始下降，到 1982—1983 年上升，然后波动。		咖啡在国民经济中的比重下降。
年咖啡产量：自 20 世纪 60 年代以来持续增长，70 年代中期增长了 200 万法纳加，1985—1986 年大约增长了 300 万法纳加。	出口加工的最后阶段技术含量越来越高，而且越来越多地由出口商来完成			哥斯达黎加对世界市场的参与度日益增长：这一时期开始时为 1.8%～2%，20 世纪 80 年代时为 2.2%～3.3%。
农场数量相对稳定，1984 年约有 3.4 万个。				
20 世纪 70 年代，Pérez Zeledón 的咖啡产量大幅增长。				
根据海拔、气候和地区的不同，质量差异很大。				
20 世纪 80 年代，大量的尼加拉瓜的收割工人涌入美国。				

表 5.6　　　　　　　　哥斯达黎加咖啡商品链,20 世纪 90 年代

基层农场	加工	当地贸易	运输	海外贸易
1993—1994 年,90% 的咖啡树都是卡杜拉(cataturra)或卡杜艾(catuai)。 在某些高产地区重新恢复咖啡产量;在某些边缘地区咖啡产量有所下降。 暂时减少使用价格低廉的农药,然后提高价格。 7 万名收咖啡的工人(给咖啡厂送咖啡的人),但只有 4 万个农场。5 公顷以下农场占 60%。 咖啡总产量: 106 000 公顷,相对稳定。 平均产量: 33～35 法纳加/公顷。 严重依赖尼加拉瓜劳动力进行收割。	大多数受益者消除了发酵,并大大减少了水的使用。 99 个受益人在经营,其中合作社 23 个。一些加工厂的合作社破产了。 私人受益人所有权的变化;跨国公司更多地参与当地加工企业。 4 家集团获得了30%咖啡采收加工的控制权,并覆盖全国。 4/5 的受益者各自处理了超过 20 000 法纳加;有几家公司处理了超过 10 万法纳加。 只有 1/10 的受益者完成了准备出口粮食的全部过程;其余的人将干燥的种子送到专门的植物那里。 有些咖啡在国内烘焙出口。	自 1992 年以来,国内市场(11%)放松了管制;4/5 由 3 家公司控制。本地烘焙师的总数为 48 个。 截至 1998 年,共有 48 家 ICAFE 成为"非政府公共实体"。 国内消费约占总产量的 10%～12%。 咖啡的品种越来越多,质量也越来越好。 哥斯达黎加是咖啡生产国中人均消费量最高的国家(每年为 4.1 公斤,5 年平均)。	铁路关闭。国内卡车运输网络。 当地合同运输。 无论是袋装还是散装的,咖啡用集装箱运输到港口。 集装箱运输到欧洲、美国、日本和其他国家。80%的咖啡通过加勒比海港口。	从 1989 年开始就没有国际咖啡组织配额了。咖啡的自由贸易。一些限制后来通过咖啡生产国(ACPC)之间的协议来支持价格。 1989—1993 年的严重危机,随后的复苏,然后是剧烈的投机波动,最近价格大幅下跌。 德国是哥斯达黎加咖啡的主要进口国(21%),其次是英国和美国(各占 13%)。 17 家主要出口公司加强对少数跨国公司咖啡出口的控制。 品牌再次变得重要起来;加工公司、出口商和海外进口商之间的直接联系。小规模推广有机咖啡和其他生态咖啡。 哥斯达黎加在世界咖啡市场的占有率为 3.1%～3.5%。

优质咖啡的成本

某些咖啡的较高价格和客观特征与主观消费者偏好有关,也与较高的生产成本和有限的供应有关。牙买加的"蓝山"也许是这方面的极端例子,但来自特定高海拔地区的山地种植温和冲泡咖啡也属于这种例子。

从 20 世纪 60 年代初国际咖啡组织成立到 1989 年经济协议终止,由于出

口商和/或进口商之间的公开或秘密协议,使价格波动有所缓和。像巴西这样的主要生产国的短期气候因素暂时推高了价格,而投机性买卖可以使投机性交易更加明显,就像他们最近所做的那样。但是从长远来看,不断变化的供应市场需求的成本往往会占上风。

然而,由于其他因素发挥了重要作用,咖啡的供应既不是立即的,也不是由当前的价格机械确定的。因为其他因素也发挥了重要作用。其中一个众所周知的因素是推迟种植新咖啡区(通常是在高价格期即将结束时)和受随后几年产量增长而价格进一步下降之间的影响。然而,我们也必须记住,咖啡生产区的扩大往往与农民定居过程有关,这可能反映了内生的动态,而不是价格趋势。

具有"高品质"属性的咖啡可以在许多地方生产,但就单位面积产量而言,这些地方不一定具有生产力。就像一些可以收获最好的葡萄的葡萄园一样,这样的土地和气候通常不是丰收的理想之地。就咖啡而言,似乎是海拔和其他气候因素造成了差异,而不是土壤的肥沃程度。

在今天的哥斯达黎加,南部洛斯桑托斯山区的塔拉兹和多塔以及中央山谷火山斜坡上的几个海拔相对较高的地区,在产量和生产率稍欠缺的条件下,可以生产出特别"好"的咖啡。温度和云量可能会导致某些真菌疾病的问题,部分解决方法是消除遮阴树和使用杀菌剂。那里的收获往往较晚,果实成熟缓慢,需要几次采摘,因此收获成本较高。

与种植"纯硬豆"阿拉比卡咖啡的热带其他地区相比,哥斯达黎加的平均单产相对较高,但它们是通过大量的资金投资获得的,单位成本可能与其他地区相似或更高。

咖啡品种之间的差异会影响质量和生产成本。罗布斯塔咖啡可以在阿拉比卡咖啡不能种植的地方成功种植,例如在较低的海拔和更温暖的气候下,从而将非洲和亚洲的广大低地纳入其中。每公顷罗布斯塔咖啡的产量大大高于阿拉比卡咖啡。[11]在某些国家,种植罗布斯塔咖啡一直是可行的策略,但其他国家(如哥斯达黎加)则更注重质量,因此选择山区种植阿拉比卡咖啡,并最终禁止种植其他种类的咖啡。

从历史上看,疾病一直是罗布斯塔咖啡取代阿拉比卡咖啡的重要因素。荷兰东印度群岛(现为印度尼西亚)就是这种情况。克拉伦斯-史密斯(Clarence-Smith)在本书中解释了阿拉比卡咖啡的生产如何受到咖啡叶锈病的攻击,并随后用罗布斯塔咖啡恢复常态。咖啡叶锈病从一个大陆或地区向另一个大陆或地区的缓慢传播,使得种植容易受到影响的品种的成本高昂且生产力低下,尽管后来发现可以在一定程度上加以控制。

一些杂交阿拉比卡品种已被选为对主要疾病具有抵抗性,但新品种和耕作制度的影响却是混杂的:随着产量的提高,有必要更频繁地重新种植咖啡树林。对于成功利用这些品种进行现代化改造的农民而言,其经济利益在每公顷总收入方面比在单位成本方面更为明显。另一方面,某些矮小的栽培品种似乎不易受到真菌侵害,例如咖啡锈菌,但已经引起了农民对质量问题的担忧。

运输与转型

国内运输有时成为特定地区扩大咖啡生产的障碍,尽管这些地区有生产高质量咖啡的潜力。将果实运到加工厂的难度和成本,使得资本所有者投资偏远崎岖的山地咖啡种植园的吸引力不如在较易接近的山谷中饲养牲畜的吸引力。取而代之的是,在拥有高质量咖啡的农业生态理想的土地和气候的山区定居的农民发现,咖啡是一种有用的商业作物,可以补充他们的生计种植,即使运输困难,并且最初的加工必须在农场进行。这方面的典型案例是 19 世纪末和 20 世纪初哥伦比亚西部的安蒂奥基亚省,那里的农场主统治着山谷,农民种植咖啡和自给作物,并在高地养猪。中美洲最近的一个例子是洪都拉斯,低地放牧的扩大显然将农民推向了一些更远的山区,那里交通困难,但咖啡种植却很好。20 世纪中叶以后,那个之前以养牛和种植香蕉为主的小农户咖啡产量迅速扩大。

干咖啡果实可以比新鲜果实保存更长时间,但是重量和体积使得长途运输成本很高。因此，最好是在农场或附近的工厂利用干法加工咖啡，如萨尔瓦多的部分地区，当地缺水是收获季节的一个限制因素，众所周知，巴西选择干法加工大量低级咖啡。关于哥斯达黎加干法加工的详细信息不多，也许是因为它的存在在大多数时候被官方忽视了，但我们知道，在水不足以进行湿法加工和运输困难的地方，干咖啡果实是在当地加工的。

湿法加工的羊皮纸咖啡（pergamino）覆盖咖啡衣比整颗咖啡果实轻得多。虽然种子仍然被内层皮或外壳所覆盖，但果肉和外层皮已经被去除。羊皮纸留下来是为了在加工、储存和运输过程中保护咖啡豆。在适当的条件下，干羊皮纸咖啡可以保存更长的时间，而不会对种子的理想特性造成太大损害。事实上，羊皮纸保护咖啡种子，直到 20 世纪，大部分哥斯达黎加咖啡是作为羊皮纸咖啡出口的，而不是青咖啡果实。

考虑到 19 世纪甚至 20 世纪初可用的储藏和运输设施较差，羊皮纸实际上确实有助于保护咖啡豆。英国进口商更倾向于在英国脱粒，然后再将其大部分出口到欧洲大陆。渐渐地，在 20 世纪中叶以后，存储、包装和运输的改善以及美国市场的重要性日益提高（进口商偏爱青咖啡果实），使哥斯达黎加和其他咖啡生产国的本地脱粒成为主要问题。首先，它是在现有的农业工厂中完成的，然后在一些技术高度复杂的工厂中，这些工厂对湿法加工的咖啡进行了抛光和分类以供出口。

海外运输是成本的主要组成部分，也可能影响质量。装载哥斯达黎加第一批咖啡出口的轮船沿着南美洲海岸的太平洋航线到达瓦尔帕莱索（Valparaiso），从那里再出口到欧洲，首先是智利的原产地港口。1890 年，新建的通往加勒比海岸的铁路大大缩短了从哥斯达黎加向欧洲和美国东部出口咖啡的距离。与此同时，蒸汽船进一步降低了成本和延误，以及产品因长途海运而变质的风险。

与殖民时代以来的中美洲出口作物（如靛蓝和胭脂虫）相比，新收获的咖啡甚至干咖啡豆都是体积稍大的商品。因此，咖啡种植的持续普遍增长要求也促进了从农场到加工中心、仓库到港口的运输网络的不断扩大和改善。

咖啡农场的前世今生

农业生产不仅仅发生在农场,也不仅仅从种植到收获。咖啡种子的起源和路线、种植系统和加工方法对于理解这一商品链的历史发展至关重要。就哥斯达黎加咖啡而言,铁皮卡(Typica)咖啡的原始种子显然来自18世纪末的古巴。圣多明各(今海地)的移民种植园主将无遮阴种植和湿法加工的技术带到了这里,他们在这个前法国殖民地寻求革命解放风暴的庇护。随后,其他种类的咖啡和其他种类的阿拉比卡咖啡的种子通过各种途径从世界上几个地方来到哥斯达黎加。

随着农村居民点扩展到中央山谷以外,在阿拉比卡生长不良的地区,哥斯达黎加农民用其他种类的咖啡进行试验:1886年,利比里卡咖啡(来自西非,可能经过牙买加,于1874年第一次到达)在首都圣何塞出售;它被宣布为特别适合温暖、潮湿、低海拔地区,然而,咖啡的质量并不令人满意。自1908年以来,哥斯达黎加农业部在加勒比沿海低地和北部平原试验性地传播罗布斯塔种子(来自比利时属刚果,可能也经由西印度群岛)。在第一次世界大战期间,随着这种咖啡少量出口,质量问题就变得至关重要:考虑到含有罗布斯塔咖啡的货物劣质、价格更低,所以决定摧毁试验种植园。[12]

除了铁皮卡咖啡,阿拉比卡咖啡品种的质量也是一个问题:波旁咖啡是留尼汪岛的一个品种,在萨尔瓦多很受欢迎,20世纪初在哥斯达黎加的中央山谷小规模种植。关于它的质量是否与铁皮卡咖啡相似,存在着相当多的争论,对类似罗布斯塔咖啡出口的惨败的担心导致了禁止其引进和传播的措施。然而,在20世纪40年代,由中美洲和墨西哥咖啡联合会以及美国进口商发起的一系列测试,通过将波旁咖啡归类为与哥斯达黎加中央山谷典型采集的咖啡相同的"严格高生长"类别,从而解决了这个问题。哥斯达黎加咖啡委员会立即开始种植大型苗床,并大规模推广波旁咖啡品种。[13]

一个带有矮化基因的波旁咖啡突变导致了一个更小但高产的品种的出现，随后选择了一种名叫维拉莎琪（Villa Sarchi）的品种，该品种以哥斯达黎加中央山谷地区命名，在该地区发现了该品种并建立了商业苗床。事实证明，它与巴西卡杜拉（Caturra）非常相似，后者在20世纪60年代引入后成为主要品种。如果施用大量肥料并均匀修剪，两者对低密度或几乎没有遮阴的高密度种植园的反应都很好。每公顷的产量和劳动生产率显著提高，并且最终产品的质量似乎没有改变（尽管一些老年农民仍然认为铁皮卡咖啡更好）。

生产的单位成本可能不会随着新的遗传物质和技术组合而大幅度降低，但也不会显著增加。这种新耕作制度的长期农业生态可持续性和能源效率还有待商榷，然而，尽管出现了技术密集化的强烈趋势，但实际的耕作制度远没有从官方建议和标准化描述中推断出来的那么统一。

加工是关键环节

使用湿法加工的咖啡加工厂及其代理人是哥斯达黎加咖啡商品链的关键组成部分。在"上游"，他们从许多中小型农户那里购买了新鲜咖啡豆，他们经常借钱给这些农户，除了其他担保外，他们通常还要求向受益人提供一定量的咖啡。在"下游"，几家工厂可能会为一家出口公司提供货源，而不论它们是否拥有共同所有权。

加工的组织影响了生产结构、当地运输、国内交换和咖啡出口。这里仅举两个与哥斯达黎加的情况有很大不同的例子，危地马拉的大多数咖啡种植园有自己的咖啡豆，并且经常出口自己的咖啡。在哥伦比亚西部，自20世纪初以来，许多小农场主已经将他们自己的咖啡进行了净化和干燥，然后出售给作为主要出口商代理的当地商人；或者在1927年之后，通过哥伦比亚咖啡联合会进行销售。

自19世纪中期以来，大多数哥斯达黎加咖啡是在农业加工厂用湿法加工的。虽然有助于提高质量,但也导致对加工、咖啡生产信贷网络和出口业务的集中控制。这并不是说所有的哥斯达黎加咖啡都是这样加工的,也不是说所有的代理人都属于咖啡出口商中的精英。在世纪之交,有报纸报道称,这个国家收获的咖啡有一半以上是未经加工的,其中大部分是"未经净化和干燥的,与尼加拉瓜和萨尔瓦多的咖啡相同,但与巴西的咖啡不同"。[14] 哥斯达黎加的部分咖啡在 20 世纪初至 20 世纪中叶仍是采用干法加工,甚至在 20 世纪 70 年代后期,这也是某些偏远的咖啡地区主要采用的方法。但是,核心咖啡产区也生产了来自晒干咖啡果实的"天然"咖啡豆。[15] 通常这些"天然"咖啡的质量被认为是非常低劣的,因此人们努力使其只在国内市场销售,当时称之为"国民消费者咖啡馆"。

直到 20 世纪中叶,大多数哥斯达黎加加工中心位于中央山谷和一些偏远的咖啡产区的大型农场中。农民或商人可能将咖啡果实直接带到附近的一家代理商,但是随着购买者之间的竞争越来越激烈,某些加工公司的代理人会去迎接把咖啡带到圣何塞或其他主要城市的牛车,并在郊区购买,从而抢占其他潜在的买家。从 20 世纪 20 年代开始,机动车辆和道路建设促进了卡车作为移动收集点的使用。20 世纪 30—50 年代,越来越多的加工和出口公司建立了部分重叠的果实网络,即在收获期间每天接收、测量新鲜咖啡果实并装载到卡车上。

代理人数量在 19 世纪下半叶有所增加,但在 20 世纪,随着交通的改善,使得集中处理成为可能,这些数量先是稳定的,然后在 20 世纪 40 年代后减少。每个咖啡加工厂的供应网络过去在中央山谷地区局部重叠,现已扩展到更大的区域,并开始从该国的几个不同地区运送咖啡。显然,这改变了农民和加工厂之间的结构关系,但也影响了后者之间的相互作用。对"客户"的竞争通常很激烈,但与此同时,代理商试图协调向农民提供的价格,或者至少是在收到果实时给予的预付款,以提高他们的集体谈判地位。最近,一些主要的私营和合作加工公司签署并公布了一份文件,在文件中,它们协调了关于购买咖啡果实的政策,特别是关于成熟程度的政策。

自19世纪末以来,哥斯达黎加的农民通过当地报纸对海外价格有了更好的了解,而当地报纸又通过海底电缆接收急件,而不是像以前那样等待船只带回来的信息。在世纪之交的危机中,咖啡生产商开始更加强烈地反对加工和出口公司联合定价,"他们聚集在一起向贫困农民发动战争……毫无疑问,这是一个先入为主的计划……"[16]之后不久,由于媒体报道了中央咖啡生产地区主要加工企业之间达成降低价格一致的协议,从而证实了农民的怀疑。至少一个主要城市的小农场主迅速动员起来,并威胁要把咖啡在树上晒干,一周后,支付给他们的价格大幅度上涨。[17]

至少这是一次消除价格差异的尝试,以利于某些特定地区的咖啡种植者,因为那里的质量和国外认可度使出口商获得了异常高的价格。当加工厂在1903年试图为所有咖啡设定统一价格时,该地区的农民动员起来并成功捍卫了他们的利益,同时还开创了质疑优先权(以当地市场上咖啡的现行价格为基准)的先河。[18]

20世纪20年代,较大的农场主和加工厂的所有者聚集在农会中,为全国所有代理人制定了国内咖啡购买价格。除价格水平本身之外,这一联合决定也激怒了中小型生产商,因为它的确阻止了他们从其他咖啡厂为他们的咖啡谈判更好的价格。除了为这些非常杰出的先生们赢得"咖啡商会信托"的绰号之外,这一决定还促进了一个独立的咖啡农协会的成立,该农协会将在今后几年在反对单方面定价的斗争中发挥重要作用。[19]

20世纪初的哥斯达黎加,许多中小型咖啡种植者或他们的代言人将咖啡业主视为代理人的信托基金,也就是经济学家所谓的寡头组织。较大的公司确实试图在彼此之间设定价格,并人为地制造一个"买方市场"。正如1932年全国咖啡生产协会的负责人所说,当时当地咖啡价格的争端十分激烈,小农户正在联合起来反对加工企业,其中一些企业也开始从在危机中无力偿还贷款的债务人手中夺走土地:"咖啡厂的所有者表现得像狼一样。"[20]然而,精英的团结有时会被一个新来者或一个背信弃义的受益者打破,他们试图增加自己在加工和出口业务中的参与。人们甚至可以重新解释后来规范咖啡种植者和加工企业之间关系的法律,以及《公平贸易法》作为法律和制度措施,不仅化解了这两个群体之间的对抗,还将价格设定机制和受益者之间的关系制度化。政府进行了调解,以避免极端的虐待行为,这反过来可能会导致较小的咖啡种植者再次抗议。

加工企业和他们的咖啡供应商之间的关系随后通过制度渠道得到了调节,但是利益冲突在接下来的几年里引起了严重的摩擦。总统莱昂·科尔特斯(León Cortés,1936—1940)是咖啡精英中的一员,他是咖啡协会的主席,他与全国咖啡生产者协会的领导人进行了对质。正如古德蒙森在本书中所讨论的,在20世纪40—50年代,咖啡厂的所有者和有组织的小农之间的公开冲突较少。尽管他们反对,但社会立法在第二次世界大战期间由一个或多或少失去精英支持的"社会基督教"政府、越来越温和的共产党领导的工人运动以及天主教会的社会进步阶层组成的独特联盟通过。1949年,在一场短暂的内战中,有些"社会民主主义"的胜利者将银行系统收归国有。他们在推翻前政府的努力中得到了咖啡精英的支持,但他们的社会政治改革计划需要打破精英对信贷的垄断,并加强国家在经济中的作用。第二次世界大战期间从德国人手中夺取的一些大型农场和咖啡厂,在20世纪50年代仍由国有银行管理,并在60年代初移交给小农合作社。内战后,咖啡研究所也进行了重组,并改名为"咖啡办公室"(Oficina del Café)。1961年,经过大量的公开辩论和私人谈判,通过了一部新法律,修改了与咖啡种植者、加工企业和出口商之间关系的法规。[21]此后,根据国际咖啡协定,咖啡办公室(现为国际咖啡研究所)在管理出口协议方面发挥了突出作用,直到1989年国际配额制度崩溃。1998年1月,咖啡研究所成为一个非政府公共机构,代表哥斯达黎加咖啡的培育、加工和出口。

质量和竞争力问题

正如托皮克(Topik)在第1章中所指出的那样,咖啡商品链很早就全球化了,比许多继续在当地或地区生产、交易和消费的粮食作物要早得多。当哥斯达黎加开始出口咖啡时，它是在欧洲销售的，欧洲是一个需求旺盛且供应相对充足的市场，它在那里与来自南美和西印度群岛、亚洲和太平洋岛屿以及阿拉伯半岛的咖啡竞争。大约在1830年，主要生产地已经从旧欧洲大陆转移到新大陆，并从西印度群岛（特别是圣多明各）向大陆转移：委内瑞拉和巴西是主要生产国，哥伦比亚的咖啡刚刚开始扩张，哥斯达黎加在中美洲开创了持续的出口导向型咖啡生产。[22]

咖啡最初在哥斯达黎加小规模种植，不像人们常说的那样只在农场种植，而是在较大的种植园内种植。尽管扩张迅速，但19世纪哥斯达黎加咖啡种植园的面积与巴西的单一地区相比微不足道，与委内瑞拉的产量也相距甚远。哥斯达黎加资源有限，显然该国永远不会成为世界咖啡市场的主要参与者，因此也很难影响价格的形成。相反，它可以通过质量本身为自己赢得一席之地，首先是在出口和加工企业，然后是个体农民，最后则是政府机构，并为此付出了巨大的努力。

直到20世纪中叶，哥斯达黎加咖啡产量的增加主要是基于土地和劳动力的额外投入。在世纪之交前后，许多农场进行了一些技术改进，伴随着土壤肥力下降和树木老化，至少减缓了产量的下降。最终，在20世纪上半叶，每公顷产量略有提高，但哥斯达黎加的生产力却远远落后于萨尔瓦多，后者以精心耕种和极高的产量而闻名。

加工对于哥斯达黎加咖啡在欧洲市场取得成功至关重要，尤其是在世纪之交之后。成熟咖啡果实的劳动密集型收获、快速运输到中央咖啡加工厂、清洗、净化、发酵、干燥、分类、储存和海外运输中的护理都有助于确保质量，这是小生产者在全球咖啡商品链中具有竞争力的关键。

哥斯达黎加在20世纪中期，特别是在六七十年代，其咖啡种植才取得了异乎寻常的平均高收益，这使得该国咖啡生产尽管土地和劳动力稀缺且昂贵，却仍具有成本竞争力。[23]加工技术也在不断改进，但作为一种节省劳动力的措施，收获更绿色的咖啡果实可能会威胁到该国咖啡的高质量标准以及该国在世界市场上的优势之一。另一方面，目前越来越多的生产商和加工企业对提高收获的咖啡果实和加工过的咖啡豆的质量表现出了新的兴趣。因此,即使在新的世界市场条件下,哥斯达黎加咖啡部门在 20 世纪头几十年卓有成效的战略仍然可以再次采用。

注释:

(1) William Roseberry 讨论了Cardoso, Faletto 和其他拉丁美洲依赖理论学家对外部过程"内在化"的重视,参阅 W. Roseberry, L. Gudmundson, and M. Samper, eds., *Coffee, Society, and Power in Latin America* (Baltimore: Johns Hopkins University Press, 1995)。

(2) François Ruf, *Booms et crises du cacao* (Montpellier: Kharthala, 1995) 提出了一种可可生产周期模型,在该模型中,当地的农业生态、技术、人口和社会经济因素在一种国际商品的更广泛的市场和消费过程中发挥关键作用。

(3) 对于前一职位的简要总结,参见 Michel Griffon, "Présentation du séminaire," in CIRAD, *Economie des filières en regions chaudes. Formation des prix et échanges agricoles* (Montpellier: CIRAD, 1990), pp. 1-3, and for the latter, cf. Lawrence Busch, "How to Study Agricultural Commodity Chains: A Methodological Proposal," in ibid., pp. 13-22。

(4) 参阅案例: Robin Bourgeois and Danilo Herrera, *CADIAC. Cadenas y diálogo para la acción. Enfoque participativo para el desarrollo de la competitividad de los sistemas agroalimentarios* (San José: IICA-CIRAD, 1996)。

(5) Michael F. Jiménez, "'From Plantation to Cup': Coffee and Capitalism in the United States, 1830-1930," in Roseberry, Gudmundson, and Samper, eds., *Coffee, Society, and Power*, pp. 38-64.

(6) Carlos Naranjo, "El Beneficiado 1890-1930," in *Cuadernos de Historia Aplicada* (Heredia: Universidad Nacional, 2001).

(7) Ibid.

(8) *El Noticiero*, Nov. 14, 1906, p. 1, cited by in ibid., p. 15.

(9) Theodore H. Mangel, cited by Gertrud Peters, "Observatorio histórico de los mercados nacionales e internacionales del café. 1900-1960," research paper, Universidad Nacional, Heredia, 1998, p. 6.

(10) Ricardo Jinesta, "¿Qué debe hacerse para asegurar el rango del café de Costa Rica en el futuro?," in *Revista del Instituto de Defensa del Café* 1, no. 2 (Dec. 1934): 161-5, cited by Peters, "Observatorio," p. 11.

(11) 在印度,最近的数据是小粒咖啡每公顷 760 公斤,在罗布斯塔小粒咖啡每公顷 1 112 公斤。Cf. Sunalimi N. Menon, "Notes Techniques. Interconnection between Post Harvest Processing and the Intrinsic Quality of Coffee," in *Café cacao thé* 36, no. 3 (July-Sept. 1992): 213-22.

(12) Carlos Naranjo, "La Modernización de la caficultura costarricense 1890-1950," M.Sc. thesis in history, Universidad de Costa Rica, 1997, pp. 94-104.

(13) Ibid., pp. 103-4.

(14) *La República*, January 29, 1898, p. 3, cited in ibid., p. 41.

(15) Alvaro Jiménez, *Algunas ideas sobre comercialización de cafés naturales y el serio problema del merodeo* (San José: Oficina del Café, 1978).

(16) In "El Café y sus explotadores," 1898, cited by Naranjo, *La Modernización*, p. 43.

(17) Naranjo, *La Modernización*, pp. 47-48.

(18) Ibid., pp. 48-50.

(19) V. H. Acuña, "La Ideología de los pequeños y medianos productores cafetaleros costarricenses (1900-1961)," 在 *Revista de Historia*, no. 16 (July-Dec. 1987): 137-59

中，讨论了这一运动的动员和口号。关于1921年协定和随后的抗议，参阅 Naranjo, *La Modernización*, pp. 233-5。

〔20〕Manuel Marín Quirós, "Discurso ante la Asamblea de Productores de Café, celebrada en el Teatro Júpiter de Guadalupe, en la tarde del domingo 27 de marzo de 1932," in *Revista de Historia*, no. 16 (July–Dec. 1987): 133-6.

〔21〕*Ley no. 2762 de 1°. De julio de 1961 reformada por ley no. 2798. Ley sobre el régimen de relaciones entre productores, beneficiadores y exportadores de café* (San José: Oficina del Café, 1961).

〔22〕这并不是说哥斯达黎加是第一个在地峡种植咖啡的地方。我们知道，咖啡早在中美洲其他地方的果园里就已经存在了，至少有一份历史文献中提到了18世纪中期危地马拉山区的一些贸易咖啡生产：Jaime Villar, "La Tierra templada en América Central," text written in 1744, apparently first published in Venezuela, and republished in *Annales de la Sociedad de Geografía e Historia* 31 (1958): 68-70。感谢 José A. Fernández 向我推荐这一文献。

〔23〕最近对哥斯达黎加咖啡商品连锁店的研究包括：Paul Sfez, "La Cadena de exportación del café en Costa Rica," in M. Samper, ed., and P. Sfez, *La Cadena de producción y comercialización del café: Perspectiva histórica y comparada* (San Jose: Pan-American Institute of Geography and History and Universidad Nacional, 2002); Wim Pelupessy, "La Cadena internacional del café y el medio ambiente"; Rafael Díaz Porras, "La Importancia de los modelos teóricos de la competitividad en el comercio internacional del café"; and Marco Sánchez Cantillo, "La Competitividad de la torrefacción de café en Costa Rica," in *Economía y Sociedad*, no. 7 (May-Aug. 1998)；以及埃雷迪亚国家大学历史系的几篇未发表的研究论文。

【作者】 Mario Samper K.

第二篇

农民——种族、性别和财产

第六章

爪哇岛的咖啡种植：1830—1917

第六章　爪哇岛的咖啡种植：1830—1917

18世纪初，爪哇岛在荷兰东印度公司（VOC）的支持下开始出口咖啡，该公司将咖啡引入了利润丰厚的欧洲市场。直到19世纪30年代，咖啡种植事业经过一路曲折才得以逐渐发展起来，并作为农业国家控制体系（称为种植系统）的一部分。在1830年后的半个多世纪里，欧洲进口的大部分咖啡来自爪哇岛。在19世纪80年代早期，在咖啡叶锈病肆虐爪哇咖啡园的前夕，该岛出口了荷属东印度群岛近82%的咖啡，占世界咖啡出口的18%。[1]

此后，爪哇岛的咖啡种植迅速下降。然而，由于强制种植咖啡在其全盛时期一直是殖民地收入的基础，因此荷兰殖民政府不愿意废除其对咖啡生产和出口的垄断是可以理解的。[2]到1917年，当垄断最终结束时，荷属东印度群岛的咖啡产量仅占世界产量的5%、占世界出口的2%。[3]

与蔗糖（耕种制度的另一种主要商业作物）相比，关于咖啡种植对爪哇岛农民的影响，我们知之甚少，前者对当地人经济生活的方方面面都产生了深远的影响。[4]殖民地政府几乎将有关咖啡种植的所有方面都交给农民，尽管在19世纪后期进行了一些现代化的改革，但生产仍由农民掌握。因此，咖啡种植不在政府的密切监督之下。这与殖民地官员严格管理的蔗糖种植形成了鲜明对比。根据殖民地档案馆的最新研究判断，在爪哇岛以及苏门答腊岛从事咖啡生产的农民受到了深远的影响。[5]

因此，本章旨在概述从1830年至1907年间咖啡种植对爪哇岛农民生活的影响。其间，爪哇岛农民被迫以政府的名义大规模生产咖啡，并且他们进行了大量调整以符合这些要求。这些调整及其副作用，很大程度上阐述了农民在为世界市场生产商品作物时的经营方式。

强制性咖啡种植试图利用现有的农户组织,但是由于大型种植园提高咖啡产量需要大量的劳动力,因此爪哇岛农民在将咖啡纳入其他经济活动方面遇到了相当大的困难。他们更喜欢在村庄内或附近将咖啡作为次要农作物来种植,而这并不需要太多的时间和劳动力,因此为家庭劳动力的分配提供了一定的灵活性。当咖啡种植被证明在经济上没有回报时,与所涉及的劳动力数量成正比,并与其他收入来源相比,爪哇岛农民对此变得漠不关心。从 19 世纪 80 年代开始,爪哇岛咖啡种植的下降很大程度上是由于这种情况引起的。

1832 年以前的爪哇岛咖啡种植

在 18 世纪,爪哇岛每年提供的咖啡超过 4 000 吨,是出口咖啡到欧洲的第二大地区。[6]那时,几乎所有的咖啡都种植在西爪哇岛,特别是在非常适合种植咖啡的西里本—普里安甘(Cirebon-Priangan)地区。荷兰东印度公司说服并胁迫该地区的当地统治者接受合同义务,以固定价格供应咖啡。当地酋长随后从他们的臣民那里购买咖啡,臣民必须按照"封建"义务为他们的领主服务。[7]

随着对咖啡需求的增加,西爪哇岛的人们被迫搬迁到适合种植咖啡的地区。领主的下属控制着这些咖啡种植者的社区。一个村庄社区由一定数量的人力单位卡卡(cacah)组成,每个单位至少容纳 4 个人。[8]每个家庭都被算作一个单位卡卡,其达到规定的生产配额的能力取决于其拥有的人力。农民并不急于种植咖啡,因为种植咖啡的大部分收入没有到他们手中。流入一个家庭的现金微不足道,不足以引发劳动力分配的变化。在西苏门答腊岛,乡村社区和家庭是根据不同的原则组织起来的。此外,营销不受东印度公司的控制,而是掌握在英美闯入者手中。因此,农民家庭对赚钱的机会做出了积极的反应,其中包括 18 世纪咖啡种植带来的机会。[9]

1800 年后,东印度公司倒闭,爪哇岛由荷兰直接控制,除在 1811—1816 年间英国短暂控制过该岛。咖啡种植吸引了很多关注,因为它对新当局具有潜在的价值。一些改革措施被引入,使咖啡对种植者更具吸引力,主要是向渴望从中获利的私人商人开放市场。咖啡种植园被出租给村庄,以实物或金钱的形式换取产量的一半到 1/3。剩余的咖啡豆可以卖给私人贸易商,但政府保留以固定价格购买咖啡的选择权。[10] 这些改革是更广泛的经济议程的一部分,旨在创造一个"有男子气概的自耕农"。[11] 然而,随着当地酋长的下台,他们的下属成了咖啡种植园的租户。他们在卡卡之间分配种植园,收集产品,卖给来自沿海城镇的中国人、阿拉伯人或欧洲商人。

1832 年后的国有商业性质的农业企业

1830 年后,爪哇岛农民的生活发生了变化,当时颁布了一项新政策,迫使他们为殖民国家留出一部分土地或劳动力来种植一系列商业作物。爪哇岛逐渐获得了对许多作物的垄断权,特别是靛蓝、糖、烟草和咖啡。农民按政府规定的价格得到了补偿。为了加工原材料,政府将合同授予欧洲和"外国东方"的制造商,这些制造商获得信贷支持来建立工厂,并提供了必要的劳动力。但是,咖啡豆不需要像糖一样的工业化,通常在生产商使用干法进行初级加工后即可出口。一家半官方的荷兰公司经营出口和运输业务,然后代表国家在荷兰的拍卖会上出售产品。

农作物的价格通常远低于世界市场价格,因此爪哇岛通过在荷兰出售作物获得很高的利润率。这项新政策在财政上取得了很大成功,超出世界政客们的最高期望,并且一直保持到 19 世纪 70 年代。在这一点上,它的基本原则在政治上是不可接受的,并被一系列自由主义思想所取代。但是,咖啡行业的强迫现象持续时间要比其他农作物持续时间长得多。[13]

尽管历史学家后来给它起了一个名字,但新的经济政策几乎不是一个体系,而是一系列令人困惑的地方安排。地方官员在执行当地条件的基本概念方面具有一定的自由度,这一概念因地区而异。农民社区最大限度地利用了当地官员的自由度,他们热衷于从增加商品作物的出口中获取个人利益。[14]

在耕种制度下,咖啡最初不包括在农民种植的农作物中,但经过长时间的争论,咖啡在 1832 年被定为强制性农作物。[15]表面上说,由于私有商人无处不在的影响,这样做是为了杜绝据称在咖啡行业中广泛传播的滥权行为。[16]此后,特定的农民社区将以每皮库尔(pikwl,62 千克)25 荷兰盾的价格向政府提供咖啡。这笔款项的 2/5,即 10 荷兰盾,最初是作为土地租金(土地税)扣除的。另外还扣除 3 荷兰盾,以支付从仓库到出口港口的运输费用。在没有提高土地租金的地区,耕种者的工资在降低。

1832—1884 年咖啡生产的扩张

地方官员开始着手扩大商品作物的生产,因为按总产量的比例,他们获得了丰厚的奖励。由于在爪哇岛的许多地方种植了咖啡树,因此咖啡的种植在 1832 年之后有了长足的发展。到 1834 年,据报道该岛拥有 187 185 108 棵咖啡树,其中 2/3 是新种植的。[18]由于这种扩张,爪哇岛的咖啡产量显著增加(见图 6.1)。[19]出口数据表明,直到 19 世纪 80 年代初,从印度尼西亚出口的大部分咖啡来自爪哇岛(见图 6.2)。大多数咖啡来自强制性交货,这证明了国家强加给农民的巨大劳役(见图 6.3)。

大约在 1840 年,最初的扩张结束后,咖啡种植稳定下来。农民们尽可能多地从现有的种植园以及他们村庄附近的灌木树篱和森林中采集咖啡,除非被迫,否则他们几乎不会关心维护远处的咖啡种植园。就咖啡树的数量而言,在 19 世纪 40—50 年代,咖啡种植几乎没有扩大。[20]那时,许多适合在村庄附近种植咖啡的土地被占用,农民被迫去很远的地方寻找合适的土地。地方官员向农民施压,要求他们更加小心地维护种植园中现有的咖啡树,以保持产量。因此,需要对植物进行修剪、施肥,并保护其免受野生动物侵害,任何空白处都应种满苗木。[21]

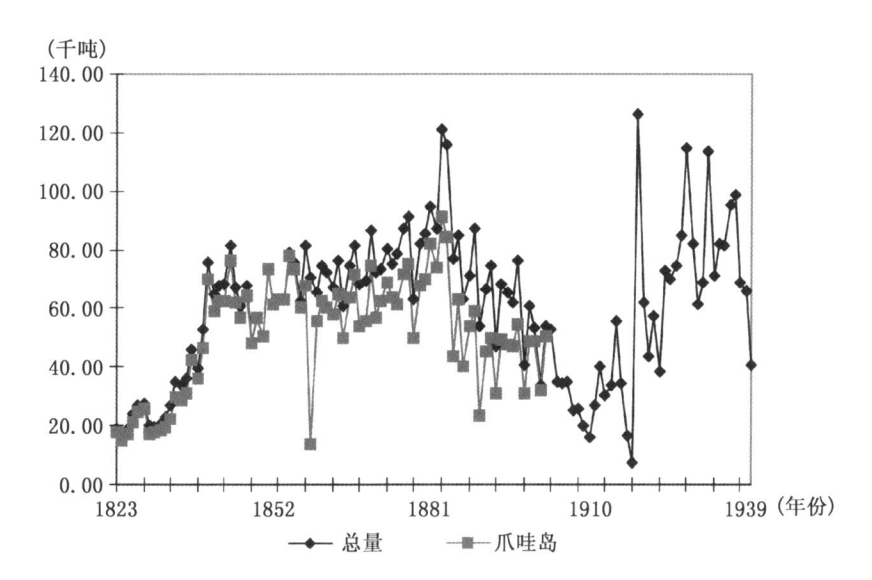

资料来源：R. E. Elson, *Village Java under the Cultivation System*, 1830—1870 (Sydney: Allen and Unwin, 1994), pp. 64, 65。

图 6.1　1823—1939 年印度尼西亚的咖啡产量

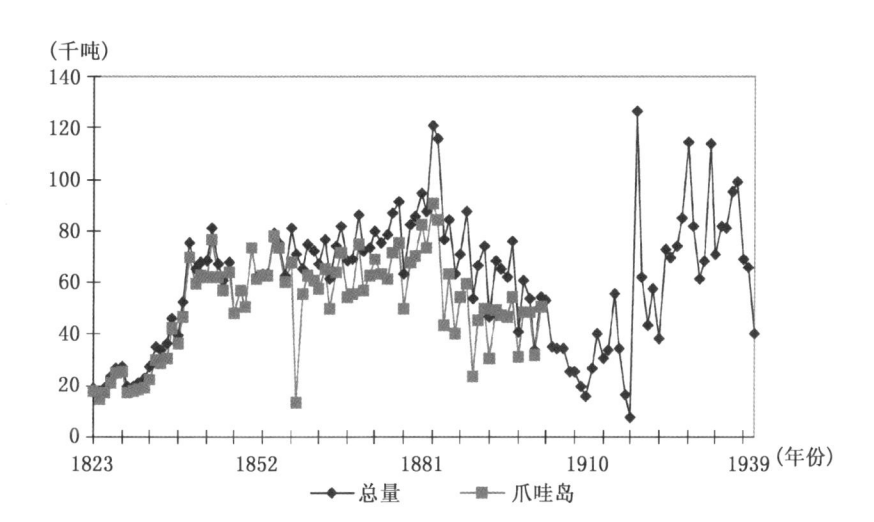

资料来源：Elson, *Village Java*。

图 6.2　1823—1939 年咖啡出口量

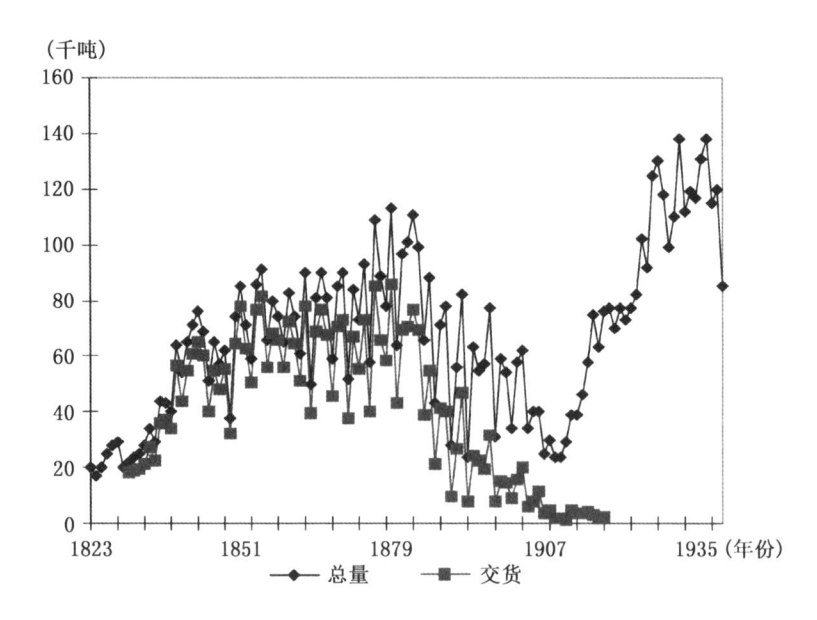

资料来源：Elson, *Village Java*, pp. 64,65。

图 6.3　1823—1935 年强制性交货占咖啡总产量的比例

人们认为适合种植咖啡的土地面积减少是一个问题，但官员们不得不承认，真正的问题是付给咖啡种植者的回报太低。[22] 1867 年，价格从每皮库尔 8.40 荷兰盾的低点提高到了 13 荷兰盾。为了进一步鼓励农民，他们被允许在自己的村庄清洗和烘干咖啡，而不必在仓库附近操作，也停止了从农作物补贴中扣除咖啡运输成本的做法，现有的种植园可以在产量下降时被废弃。[23]

1872 年，对爪哇岛最主要的咖啡种植区普里安甘种植咖啡的具体规定进行了修订，以减轻当地农民的压力并鼓励他们扩大生产。修订后的法规大大减少了维护远离村庄的大型咖啡种植园所需的工作量。[24] 这些改革在某种程度上帮助了咖啡种植者，并使种植效率有所提高，但并没有阻止咖啡出口过程中的不稳定波动（见图 6.2）。

1880 年后咖啡种植的衰落

1880 年后,爪哇岛的咖啡种植量下降,主要是由于毁灭性的咖啡叶锈病的传播所致。[26] 尽管殖民地政府为恢复咖啡种植做出了许多努力,但未能恢复昔日的辉煌。[27] 在 19 世纪的最后 20 年中,生产和出口骤降至前所未有的低点(见图 6.1 和图 6.2)。

殖民政府曾努力在咖啡种植中引入一定程度的技术复杂性,并使其现代化,但在 19 世纪的最后 20 年中效果不佳。[28] 然而,咖啡仍然是一种收入来源,但是,政府只是慢慢地并勉强限制了该地区的咖啡垄断地位。1900 年后,荷兰不断变化的政治因素导致一项新的殖民政策出台,该政策号称更加热衷于促进当地人民的福祉,从而加速了 1917 年咖啡种植义务的彻底废除。[29]

农民特别不愿意在大型和偏远的种植园种植咖啡,这一任务需要对家庭层面的劳动力进行重大调整。他们更喜欢在自己的村庄里或周围小规模种植咖啡,以补充收入,尤其是在咖啡回报率下降的时候,如 19 世纪 90 年代中期世界咖啡价格崩溃之后。与其他收入来源如雇佣劳动、小型家庭工业和小额贸易相比,咖啡作物对大多数农户越来越没有吸引力。随着当地经济生活的各个方面变得更加商业化,那些替代收入来源越来越受到村民的欢迎。[30] 殖民国家不愿意承认改变当地人经济生活是导致对咖啡兴趣下降的一个因素。为了更好地理解农民不愿意种植咖啡的原因,有必要研究这种作物的种植是如何融入当地经济的,特别是咖啡种植如何与农户的其他活动相冲突。

咖啡种植与小农经济

19 世纪中叶,爪哇岛种植咖啡有 3 种不同的模式:在种植园中、在树篱中和在农林复合种植中种植。在远离村庄的种植园中,种植咖啡是农民最艰苦的种植方式,但政府更喜欢采用这种方式,因为它的短期生产能力更高。为了准备咖啡种植园,人们被动员起来。他们清除了土地上的灌木和大树、翻耕、除草、修梯田和围栏。幼苗是从老种植园收集的,排列在成排的遮阴树之间,每个家庭通常种植600棵左右。这项初步工作通常在旱季进行,一直持续到雨季初期。在初始阶段,咖啡种植户必须住在种植园附近的临时住所中,以节省时间和劳动力。[31]

并不确定是否动员了整个家庭,还是只有男人被征召来从事这项工作,这迫使人们在艰苦的条件下长时间离开家园。在远离村庄的种植园种植咖啡不受欢迎是可以理解的,因为它使人们远离其他经济活动,如种植粮食作物和进行家庭工业。

其他种植咖啡的方式不会引起此类问题。人们可以很容易地适应种植咖啡所需的工作,如灌木树篱或在需要最小限度清理的森林中种植灌木(农林业)。这并不需要多么艰苦的劳作,妇女和儿童也可以参与。

播种完成后,尽管收获需要大量劳动力,但农民不必定期辛苦工作。3~4年后,直到咖啡树结果之前,几乎不需要维护。艰巨的任务是采摘咖啡豆并将其装在袋子中带到村庄,那里的男人、女人和孩子们帮忙清洗和干燥咖啡豆。

偏远地区的农民不方便将咖啡豆运送到当地仓库,这造成了巨大的困难。背着沉重的袋子沿着山路艰难跋涉,尽管牲畜有时会帮助这一操作。由于仓库人员和称重设备不足,以及支付现金短缺,农民不得不等待许多天才能交付咖啡,从而进一步得罪了他们。

种植咖啡的劳动力分配方式因地区而异,主要取决于当地的安排。这些都受到生态和人力限制的影响,这种限制在主要种植咖啡的爪哇岛偏远的高地地区最为严重。当劳动力稀缺时,一个或几个村庄的农民通常在种植的初始阶段结合他们的资源。这也许是一种追溯到1830年以前的做法,当时咖啡的种植被强加给整个村庄。当工作量很大时,村庄就沿袭这种旧习俗,使负担更加平均地分配到家庭中。农村集体劳动也可能是收获的必要条件。然而,为了维持生计,村民们将种植咖啡树的土地分给各个家庭,这几乎不需要劳动。这可能反映出一个事实,即1832年之后,在荷兰政府的眼中,农民家庭已成为生产咖啡的基本单位。[33]

在准备土地的最初阶段,农民可能承受不起离开稻田的风险,这部分与咖啡种植相吻合。政府对种植园的坚持,与种植咖啡的其他两种首选模式相反,因此被证明是一个主要的绊脚石。随着时间的推移,咖啡吸引的注意力越来越少。老化的咖啡种植园很少被取代,尤其是当离村庄不远的地方几乎没有可用于此目的的林地时,也没有种植幼苗来填补老化种植园的空白。虽然栅栏被证明对野生动物的破坏是无效的,但是人们同时忽视了它对咖啡种植园的保护作用,因此,在19世纪五六十年代,种植园每公顷生产的咖啡豆越来越少。[34]

农民对咖啡的热情也减弱了,因为咖啡带来的收入很少,付出的劳动力却很多。支付方式因地而异,在一定程度上取决于当地官员的意愿。因此,政府在1844年将购买价格降低到每皮库尔10荷兰盾,并征收2%的超重费来补偿运输过程中的重量损失,从而使情况更加困难。[35]每皮库尔的价格随后增加,但对农民收入的贡献取决于在确定官方价格时没有考虑的一系列因素。咖啡的补贴有时会交给村长,他们发现把大部分补贴收入囊中并不困难。然而,荷兰人对此不以为然,他们认为这是迫使农民把咖啡豆拿到仓库的一个原因,他们在那里得到了当面给付的报酬。[36]

爪哇岛的农民经济虽然以生产供消费的粮食作物为中心,但并不像学者们经常描述的那样,是一种赖以生存或自然的经济。[37]即使在19世纪初期,国内工业、小额贸易和有偿劳动也很重要。[38]为满足家庭物质需求而挣钱的活动范围和程度取决于家庭可支配的资源数量。鉴于可获得的信息很少,很难准确了解农村家庭的情况。然而,大约在1880年,在爪哇岛中部一个种植咖啡的丘陵地区,一户农民家庭每年80%以上的现金收入来自粮食作物生产以外的工作。这些收入的72%主要来自出售园艺产品、草、木材和妇女编织的衣服。卖咖啡赚的钱只占总收入的4%,与其他收入相比微不足道。然而,咖啡种植园需要所有经济活动15%的时间。因此,爪哇岛农民不愿意种植咖啡并以较低的固定价格卖给政府也就不足为奇了。[39]

目前尚不清楚按性别划分劳动力的方式,但是,根据工作的性质,可以推断出,需要辛苦的体力劳动的工作落在了丈夫的肩膀上。妻子花了一些时间在粮食作物的生产以及水稻的播种、除草、收割和干燥稻谷上,这与爪哇岛妇女的惯常做法一样。她们还花了很多时间编织布料以供出售,而这再次成为女性的工作。农场规模小促使粮食作物生产的劳动力少,比如平均0.04公顷的水稻田、0.07公顷的旱地和0.03公顷的院子。在高地地区,水稻是在梯田上小规模种植的、仅能够向当地居民提供部分食物。[40]

爪哇岛的咖啡种植区与苏门答腊岛的咖啡种植区不同,苏门答腊岛的男子赚钱与种植粮食的妇女之间存在明显的区别。[41] 在爪哇岛,男人也参与经济活动来赚钱,但他们还必须花费大量的时间来生产粮食作物,因此他们不能太长时间离开家去处理咖啡。爪哇岛农民显然了解不同类型的工作在经济价值方面的重要性,即使一些观察家认为这是幼稚的,与西方关于时间和劳动的经济价值的观念格格不入。

尽管爪哇岛农民不愿意从事无法带来足够经济报酬的工作,但他们还是不能放弃咖啡,因为咖啡是一种强制种植的作物。耕种制度是建立在统治者获得农民土地和劳动力的基础上的。在整个19世纪中叶,被迫种植咖啡的家庭数量呈上升趋势(见图6.4),而种植咖啡的农户数量的增加大部分发生在中爪哇岛(见图6.5)。[42]

强迫劳动的影响可以从被迫种植咖啡的农户数量的统计数据中看出来,这一数字一直在上升,直至达到该岛所有农户的近60%。政府似乎试图通过强迫更多的人种植咖啡来弥补适合种植的土地面积的迅速减少。然而,有一些地区差异表明当地的力量在起作用,西爪哇岛的咖啡种植者比中爪哇岛和东爪哇岛多,如表6.1所示。

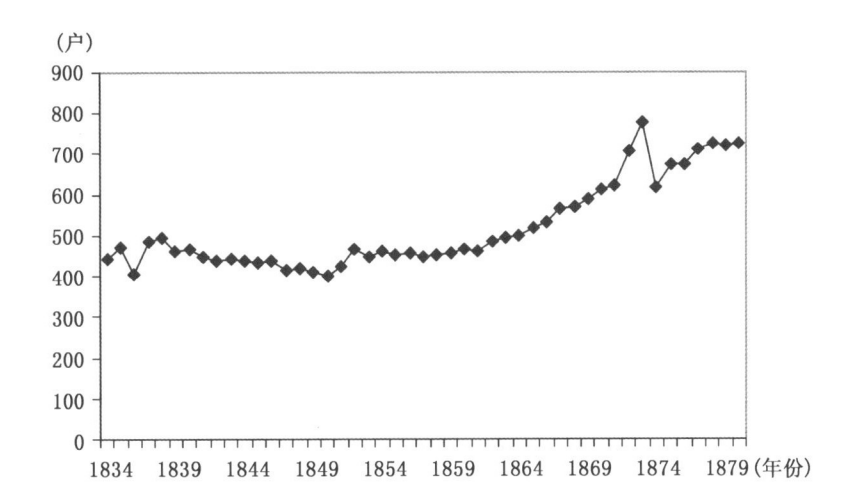

资料来源：Elson, *Village Java*, pp. 64, 65。

图 6.4　1834—1879 年爪哇岛咖啡种植农户数量

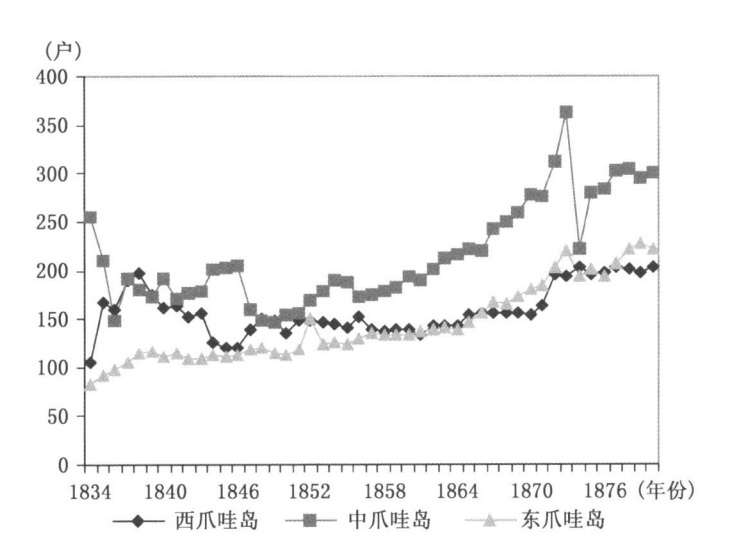

资料来源：Elson, *Village Java*, pp. 64, 65。

图 6.5　1834—1879 年按地区划分的爪哇岛咖啡种植农户数量

表 6.1　　1836—1870 年强迫咖啡种植对农民的影响

地区	1836—1860年农民家眷的数量（人）	占1836—1860年所有农民家眷的百分比（%）	1840—1870年农民家眷的数量（人）	占1840—1870年所有农民家眷的百分比（%）	1850年农民家眷的数量（人）	占1850年所有农民家眷的百分比（%）	总数（人）	占比（%）
西爪哇岛	159 689	65	161 422	57	134 521	45	139 857	47
中爪哇岛	148 496	32	192 361	40	153 093	39	192 834	31
东爪哇岛	97 560	27	111 101	30	113 606	27	133 516	27
爪哇岛	405 745	38	464 884	41	401 220	36	466 207	33

资料来源：F. van Baardewijk, *Changing Economy in Indonesia*, vol. 5: *The Cultivation System*, *Java 1834—1880* (Amsterdam: KIT, 1993), pp. 186—193; "Kultuur Verslag"(cultivation reports held in Dutch archives), 1836—1851, and *Koloniaal Verslag*, 1852—1871。

但是，在中爪哇岛和东爪哇岛的变化表明家庭层面的国内经济活动发生了变化。大多数农民家庭已经习惯于日常生活中使用现金。为了增加他们的货币收入，他们发现有必要使种植粮食作物以外的经济活动多样化。一段时间以来，咖啡一度是一种相当有利可图的收入来源，尤其是对那些可以在自家附近的树篱和森林中小规模种植咖啡的人来说。1860年后，越来越多的农民转向种植咖啡，但这是一个短暂的现象，因为到1880年，种植咖啡的家庭数量再次下降。相比之下，在西爪哇岛，咖啡种植数量仍然很高，但停滞不前。这是因为当地居民不再抱有幻想，他们被迫寻找适合种植咖啡的土地，远离自己的村庄，而且不需要额外报酬。

在19世纪中叶，咖啡生产家庭的农作物收入经常波动（见图6.6）。咖啡种植者实际收到的钱取决于几个因素，包括土壤肥力、树木年龄以及村民对村官的控制程度。在东爪哇岛巴苏鲁安（Pasuruan）种植咖啡的农民发现，这里是一个非常适合种植咖啡的地区，因此似乎比其他地方的咖啡种植者受益更多。

结　论

咖啡种植收入下降显然是1850年后咖啡产量下降的主要原因。[43] 农民随

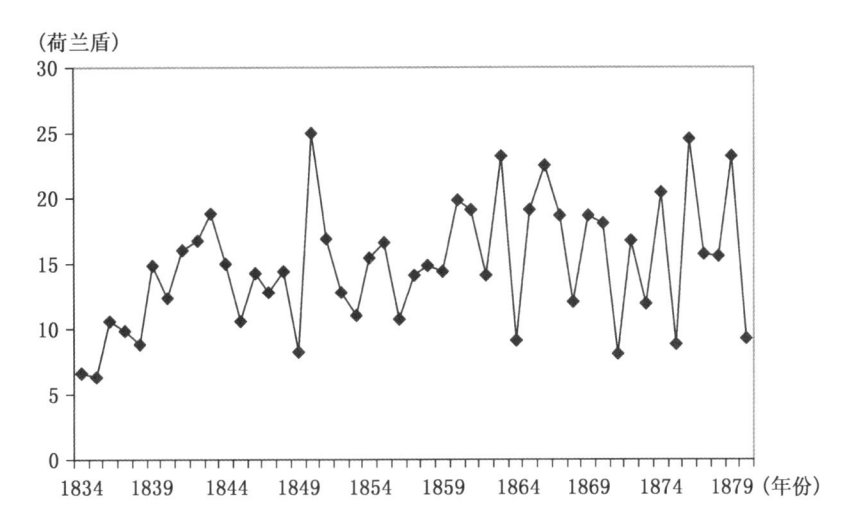

资料来源：Elson, *Village Jave*, pp. 64, 65。

图 6.6　1834—1879 年每个农户的农作物收入

后开始将更多时间分配给其他经济活动。[44]但是，直到 20 世纪初，他们仍准备在小村庄内和附近森林里小规模种植咖啡。咖啡叶锈病爆发后，农民在某种程度上也响应了政府为使小农咖啡种植合理化所做的努力，然而，对于大多数爪哇岛的农民来说，改革太迟了，因为他们发现了更好的出路。

注释：

〔1〕D. Bulbeck, A. Reid, and Lay Cheng Tan, *Southeast Asian Exports since the Fourteenth Century* (Singapore: ISEAS, 1998), pp. 150–1.
〔2〕C. Fasseur, *The Politics of Colonial Exploitation* (Ithaca: Cornell, 1992), pp. 142–61.
〔3〕Bulbeck et al., *Southeast Asian Exports*, pp. 162 and 166.
〔4〕C. Fasseur, "Organisatie en sociaal-economische beteekenis van de gouvernementssuikercultuuur in enkele residenties op Java omstreeks 1850," *Bijdragen tot de Taal-, Land-, en Volkenkunde* 133 (1977): 261–93; G. R. Knight, "From Plantation to Padi-Field: The Origins of the Nineteenth Century Transformation of Java's Sugar Industry," *Modern Asian Studies* 14, no. 2 (1980): 177–204; R. E. Elson, *Javanese Peasants and the Colonial Sugar Industry: Impact and Change in an East Java Residency, 1830–1940* (Singapore: Oxford University Press, 1984).
〔5〕C. Dobbin, *Islamic Revivalism in a Changing Peasant Economy: Central Sumatra 1784–1847* (London: Curzon Press, 1983); K. R. Young, *Islamic Peasants and the State: The 1908 Anti-Tax Rebellion in West Sumatra* (New Haven: Yale University Press, 1994); M. C. Hoadley, *Towards a Feudal Mode of Production. West Java, 1680–1800* (Singapore: ISEAS, 1994); F. van Baardewijk, "Rural Responses to Intensifying Colonial Exploitation; Peasant Reactions to the Introduction and Intensification of the Forced Cultivation of Coffee

in Central and East Java, 1830–1880," paper presented at the Fifth Dutch-Indonesian Historical Congress, Lage Vuursche, 1986; M. R. Fernando and W. J. O'Malley, "Peasants and Coffee Cultivation in Cirebon Residency, 1800–1900," in A. Booth, W. J. O'Malley, and A. Weidemann, eds., *Indonesian Economic History in the Dutch Colonial Era* (New Haven: Yale University Press, 1990), pp. 171–86.

〔6〕Bulbeck et al., *Southeast Asian Exports*, p. 147. A tonne was 1,000 kilos.

〔7〕D. H. Burger, *Ontsluiting van Java's Binneland voor het Wereldverkeer* (Wageningen: Veenman, 1939), pp. 3–49; Hoadley, *Towards a Feudal Mode of Production*.

〔8〕Hoadley, *Towards a Feudal Mode of Production*, pp. 37–45.

〔9〕Dobbin, *Islamic Revivalism*.

〔10〕P. H. Van der Kemp, *Java's Landelijke Stelsel 1817–1819 naar Oorspronkelijke Stukken* (The Hague: M. Nijhoff, 1916), pp. 123–65.

〔11〕G. H. Soest, *Geschiedenis van het Kultuurstelsel* (Rotterdam: H. Nijgh, 1869), vol. 1, pp. 117–47.

〔12〕R. E. Elson, *Village Java under the Cultivation System, 1830–1870* (Sydney: Allen and Unwin, 1994), pp. 36–7.

〔13〕Fasseur, *The Politics of Colonial Exploitation*.

〔14〕R. Van Niel, *Java under the Cultivation System* (Leiden: KILTV, 1992), pp. 121–53.

〔15〕Elson, *Village Java*, p. 63. 1830年到1870年间的很多档案资料在这篇关于耕作制度的优秀研究中得到了再现，这份资料是我这一时期的主要参考来源。

〔16〕S. van Deventer, *Bijdragen tot de Kennis van het Landelijke Stelsel op Java* (Zalt-Bommel: Noman and Zoon, 1865), vol. 2, pp. 499–528.

〔17〕Elson, *Village Java*, p. 64.

〔18〕Ibid., pp. 64–5.

〔19〕图6.1–图6.3 基于P. Creutzberg, ed., *Changing Economy in Indonesia*, vol. 1: *Indonesia's Export Crops 1816–1940* (The Hague: M. Nijhoff, 1977), pp. 105–12 的统计。

〔20〕Elson, *Village Java*, pp. 110 and 131.

〔21〕Ibid., pp. 135–6.

〔22〕J. Kuneman, *De Gouvernements Koffiecultuur* (The Hague: M. Nijhoff, 1890), pp. 23–33.

〔23〕Elson, *Village Java*, pp. 137–8.

〔24〕J. W. De Klein, *Het Preangerstelsel (1667–1871) en zijn Nawerking* (Delft: J. Waltman, 1931), pp. 119–29; A. Goedhart, *De Onmogelijke Vrijheid* (Utrecht: Vrijuniversiteit, 1948), pp. 66–90.

〔25〕Kuneman, *De Gouvernements Koffiecultuur*, pp. 34–41.

〔26〕W. Burck, *Over de Koffiebladziekte en de Middelen om haar Bestreiden* (Buitenzorg: Gouvernements Drukkerij, 1889).

〔27〕K. W. Huitema, *De Bevolkingskoffiecultuur op Sumatra* (Wageningen: Veenman and Zoon, 1935), pp. 26–43.

〔28〕Huitema, *De Bevolkingskoffiecultuur*, pp. 26–43; Kuneman, *De Gouvernements Koffiecultuur*, pp. 119–33; *De Gouvernements-koffiecultuur van 1888 tot 1903* (Batavia: Gouvernementsdrukkerij, 1904); *Koloniaal Verslag*, 1890, appendix TT.

〔29〕Goedhart, *De Onmogelijke Vrijheid*.

〔30〕M. R. Fernando, "Growth of Non-Agricultural Economic Activity in Java, 1820–1880," *Modern Asian Studies* 29, no. 1 (1995): 77–119.

〔31〕Elson, *Village Java under the Cultivation System*, p. 65.

〔32〕Ibid., pp. 66–7.

〔33〕Ibid., p. 67.

〔34〕Kuneman, *De Gouvernements Koffiecultuur*, pp. 42–56.

(35) Elson, *Village Java*, pp. 69–72.
(36) W. G. Clarence-Smith, "The Impact of Forced Coffee Cultivation on Java, 1805–1917," *Indonesia Circle* 64 (1994): 245–50.
(37) Burger, *Ontsluiting van Java's Binneland voor het Wereldverkeer*.
(38) Elson, *Village Java*, pp. 3–22; P. Boomgaard, *Children of the Colonial State* (Amsterdam: CASA, 1989), pp. 116–34.
(39) Arminius, "Het budget van een Javaansche landbouwer," *Indische Gids* 11, no. 2 (1889): 2174–7.
(40) Ibid., pp. 2174–5, 2181.
(41) Young, *Islamic Peasants*, pp. 146–51.
(42) 图6.4-图6.6是基于 F. Van Baardewijk, ed., *Changing Economy in Indonesia*, vol. 5: *The Cultivation System, Java 1834–1880* (Amsterdam: KIT, 1993), pp. 249–60 的数据。
(43) Elson, *Village Java*, pp. 139 and 196.
(44) Fernando, "Growth of Non-Agricultural Economic Activity."

【作者】 M. R. Fernando

第七章

锡兰(斯里兰卡)咖啡种植园的劳动力、种族和性别：1843—1880

第七章 锡兰(斯里兰卡)咖啡种植园的劳动力、种族和性别：1843—1880

锡兰(斯里兰卡)的咖啡种植园是在19世纪早期英国殖民统治下发展起来的，直到20世纪的最后25年，咖啡种植园一直主导着该岛的经济发展。本章是关于种族、种姓、性别差异及意识形态和实践如何被纳入这些种植园的劳动关系，显示了当地政府的政策是如何支持欧洲船主，并帮助维持了后者和当地企业家之间的差异，叙述了招募外国印度劳动力来满足咖啡种植园的需求，以及工人是如何与社会隔离的，并分析了种族、种姓、男权制和债务是如何被用作劳动力控制的方法，无论是在劳动力的招募还是在种植园的工作组织中。实际上，本章研究的是经济以外的胁迫(强迫劳动)形式如何有效地提高欧洲资本主义生产的收益。

对咖啡种植园的欧洲所有权偏见

英国在锡兰的殖民统治与西欧工业资本主义的建立几乎是同时的。1795年，英国占领了锡兰的部分地区，但直到1815年，整个岛才处于英国的行政控制之下。这一时期，英国开始宣称自由放任政策是增加财富最有效的方式。此外，伦敦对殖民地政府施加了越来越大的压力，要求它们削减开支。这一点，再加上当时兴起的商业风气，以及国际市场上咖啡有利可图的价格，为岛上咖啡种植园的迅速发展铺平了道路。

在此之前，即荷兰统治时期，咖啡就已经在锡兰种植和出口，由坎迪亚(Kandyan)地区的僧伽罗人作为一种园艺作物种植。西印度的生产系统，即种植园生产的咖啡,是由英国人引进的,主要由白人男性管理和拥有。[1]这是锡兰政府推行的一项政策的结果,该政策有意识地促进欧洲人对咖啡种植园的所有权和管理。锡兰政府通过强调欧洲人有必要为其他国家"树立榜样"来合理化这一政策。[2]然而,官员们有明显的既得利益,他们希望自己发展咖啡种植园,而且最初也被允许这样做。

根据这项鼓励欧洲管理的政策,向希望从事咖啡种植的欧洲企业家提供了具体的财政奖励。包括通常以赠款的形式提供廉价的土地,以及免除与咖啡生产有关的许多税,如机械进口税和土地税。[3]参与制定这种激励措施的当地官员迅速利用了咖啡种植的潜在利润。事实上,官员们开发了大部分早期的种植园,尤其是在19世纪40年代。[4]总督爱德华·巴内斯(Edward Barnes)爵士常被认为是岛上种植工业的"先驱",也是他开发了佩雷代尼亚的格兰诺鲁华(Grannoruwa)种植园。大多数种植园是由私人经营的,种植园主的主要动机似乎是为了赚到19世纪40年代咖啡繁荣时期的高额短期利润。1860年以前,咖啡种植园的平均面积可能很小,仅约100英亩或40公顷。[5]

国家与种植园主之间的亲密关系体现在政策上。锡兰的地方官员热衷于支持种植园主,因为他们推动了政府资助的劳工移民。1855年成为总督的亨利·沃德(Henry Ward)爵士提出了帮助他们的计划。其中包括从盈余收入中拨出一部分资金,创建了一家运输公司和一家锡兰代理公司,在便利的登船港口设有仓库。官员与种植园主之间的联系常常"影响官员在种植园主与种植园工人纠纷中的公正性",导致判决结果偏向于种植园主。[6]在许多情况下,村民或工人可以申诉的欧洲官员本身就是种植园主。[7]记录还表明,法官几乎无一例外地做出了有利于种植园主的裁决。[8]

尽管大多数种植者对种植方法知之甚少,甚至没有接受过正式的培训,但他们能够阻止来自当地种植者的竞争。直到19世纪50年代,人们才开始有系统地招募具有一定农业经验的人来建造种植园。[9]当地的僧伽罗人和泰米尔人的企业家也在某种程度上参与了咖啡种植。[10]然而,他们的耕作几乎完全以小农场为基础。[11]种植园和小农对咖啡工业的相对贡献可参见表7.1。

表 7.1　　　　　1849—1884 年(部分年份)的种植园和小农咖啡出口

年份	种植园咖啡成交量 (1 000 cwts)[a]	种植园咖啡单位价值 (s)[b]	小农咖啡成交量 (1 000 cwts)	小农咖啡单位价值 (s)	小农咖啡成交占比 (%)
1849	210	33	127	18	38
1850—1854	237	44	118	33	33
1860—1864	450	54	132	40	23
1870—1874	749	82	135	55	15
1880—1884	405	91	27	58	6

注：a. cwt 为英担，是一种古老的英国计量单位，相当于 112 英磅或 50.802 35 千克。

b. s 为英国先令。

资料来源：D. R. Snodgrass, *Ceylon: An Export Economy in Transition* (Homewood, Ill.: Richard D. Irwin, 1966), p. 30。

表中数据显示，虽然当地种植咖啡的小农也从咖啡繁荣中获利，但当地人似乎并没有英国人那么成功。显然，由于国家的土地政策强烈支持欧洲人的所有权，所以可获得的适当和充足的林地是造成这种情况的重要原因之一，对于希望发展更大股份的当地企业家来说，资金的可得性似乎是另一个因素。1844 年，建立一个种植园的最低成本约为 3 000 英镑，种植园主通常不得不向在岛上经营的英国银行和代理机构借款，这些贷款机构愿意为一个英国种植园主发放抵押贷款，但不愿意为一个锡兰企业家这样做。此外，如果他们这样做，通常利率更高，这使得本土企业家的利润低于英国人。后者在英国人拥有的资金的帮助下，建立了大规模的种植园。[12] 因此，从一开始，欧洲人在所有权和管理方面就受到青睐，而这种种族对立在咖啡种植园的等级制度中变得根深蒂固。

本地劳工短缺

咖啡种植园在岛上的蔓延很大程度上依赖于在适当季节的劳动力供应。

雇佣当地农民的努力没有成功。爱德华·巴内斯爵士甚至让沿海省份的工人免除义务兵役,这样种植园主就可以利用他们的劳动。[13] 遵照科尔布鲁克-卡梅隆(Colebrooke-Cameron)委员会的建议,义务兵役在1833年被完全废除。人们希望这能解放农民,让他们在种植园里工作,而不必为公共项目提供劳役。然而,事实并非如此,主要原因是咖啡种植园并没有以任何严重的方式破坏农民与土地的联系。[14] 因此,不能依靠当地的劳动力来承担咖啡采摘工作,而这正好与农村农业对劳动力的巨大需求相吻合。

此外,当地僧伽罗人由于工资相对较低、工资发放不定期、官员对种植园主的偏袒而不敢加入种植园的劳动力大军。[15] 一些僧伽罗人在田地里做计件工作、运输货物、建造房屋、砍伐森林,但是他们不愿意在咖啡种植园里定期工作。更重要的是,他们无法确定能够采摘咖啡,而这正好与农村农业对劳动力的巨大需求相吻合。[16] 1840年,殖民地国务卿指出,为种植园服务的人口稀少是一个"巨大的赤字"[17]。

咖啡种植园的"外国"劳动力

在这种情况下,种植园主转向了距离较近且容易发生饥荒的印度南部马德拉斯省泰米尔地区,在那里,大量的低种姓农业工人生活在艰苦的条件下。他们之所以生活艰苦,与3种现象有关:一是1770—1850年英国殖民政府的政策导致普通村民对土地巨头和城市高利贷者的长期负债;二是这些地区在这一时期遭受了间歇性的饥荒和贫困,特别是对最低种姓和阶级的影响尤其严重;三是即使在正式废除奴隶制之后,地主和前奴隶之间仍然存在着债务关系,如1843年在马拉巴尔(Malabar)等英国直接统治下的大部分地区,以及1855年在特拉凡科(Travancore)王族国家,都发生了这种情况,1862年生效的《印度刑法》也没有减轻前奴隶的债务负担。这些现象的综合影响是"公社化的破坏",产生了大量贫困工人,他们需要在异常萧条时期找到一些生存手段。[18]

第七章 锡兰(斯里兰卡)咖啡种植园的劳动力、种族和性别：1843—1880

坦加维(Tanjavur)是锡兰咖啡种植园的主要劳动力来源之一,凯瑟琳·高夫(Kathleen Gough)的研究反映了许多低种姓的压力。她对库巴佩泰(Kumbapettai)村的研究表明,在1855年之前,大多数低种姓群体处于被奴役状态。奴隶制的废除并没有给前奴隶提供更大的流动性,因为许多奴隶是阿迪迈阿鲁卡尔(Adimai Alukal),主要属于帕拉尔(Pallar)和科纳尔(Konar)种姓,他们变成了地主的债务工。这种关系使地主能够通过债务的束缚来保留足够的劳动力,同时也使他们摆脱了不断增长的奴隶人口带来的负担。[19] 当需要劳工耕种时,地主通过债务奴役来行使权力,把他们留在印度；如果不需要他们,就让他们找别的工作,这对地主来说是有利的。随着人口的增长,这群工人也在增加,创造了一个扩大的临时"劳工池"。事实上,地主逐渐发现让工人负债的必要性降低了,因为劳动力很容易获得。因此,大多数从坦加维来的移民是哈里扬人(Harijan),来自非婆罗门农民的低种姓。这一苦力群体尤其受到农业困境的影响,成为锡兰地区从事种植园工作的主要劳动力。[20]

在马德拉斯的许多地方,情况也是如此。19世纪早期,土地所有者对他所指挥的工人们拥有一定的威望。然而,在19世纪50年代之后,许多地主把土地租给了富农和高利贷者[21],结果,土地所有者只需要用更少的劳动即可耕种他的土地。与此同时,经济的日益货币化开辟了其他投资形式。在这种情况下,地主们发现投资其他领域是值得的,比如教育和工业,即使要以牺牲他们对工人的支持为代价。到19世纪末,土地所有者发现在播种和收获的时候,雇佣临时的工人比保持一个永久的劳动力更有利可图。这意味着,任何农业问题都会对临时工人产生严重的不利影响。正如奈洛尔的收藏家在1900年指出的那样：

> 从前,土地所有者和他的雇工是农业单位。工人们依附于土地,在好年景和坏年景都依赖于他们的主人……土地所有者现在已经不担心雇佣工人了,因此在困难时期也没有必要维持他们的生计,这样做的动机也更少了……在播种和收获的时候,他雇用了大量的工人,然后就不再提供雇佣。一次季风的侵袭,所有这些在过去自然会指望

主人来养活他们的劳动者,现在都被抛弃了,没有任何办法。

尽管存在这些问题,但工人们也不愿意总是在锡兰从事种植工作。众所周知,种植园工作是艰苦和困难的,而且几乎没有国家支持工人的权利。此外,海上航行有时很困难,这也阻碍了迁移到锡兰的移民,这意味着锡兰咖啡种植园的劳动力供应无法得到保证。鉴于这种不可预测性,种植园主使用金钱诱惑来获得足够的劳动力,同时也采用经济以外的强制手段,包括基于种族、种姓、男权制和债务的社会控制方法。

鼓励劳动力迁移的早期尝试

此外,第一次有组织地尝试招募种植园劳动力的是成立于1842年的锡兰农业协会(Ceylon Agricultural Society)。锡兰政府在这个组织的建立中扮演了重要的角色,锡兰政府的殖民国务卿菲利普·安斯特鲁瑟(Philip Ansthruther)成为该组织的第一任主席。另一次尝试是在1858年,总督亨利·沃德爵士通过了第15号法令,目的是"鼓励和改善来自印度南部的苦力移民"。由该法令成立了移民劳工委员会,该委员会试图用种植园主提供的部分资金招募工人。[23]

委员会知道,尽管印度南部的低种姓工人遇到了一些麻烦,但要说服他们到锡兰种植园工作并不容易。显然,金钱诱导在这方面很重要,在1851—1861年间,沿海招募系统发展起来。招聘人员每带来一名移民,每人可获得1~2先令的报酬,此外每月还可获得1英镑的预付金。工资高于印度南部。就委员会而言,它愿意为健全的成年男子支付相对较高的工资,而妇女和青少年则支付较低的工资。[24]

移民通常通过首领招募者(kangany)*来进行。首领招募者是种植园主给

---

* 相当于现在偷渡过程中的"蛇头"。——译者注

他预付款,让他雇人来种植园工作的人,他们通常来自一个相对较高的种姓,熟悉并来自印度南部的农村。他们会引诱亲戚和其他人到锡兰的一个种植园干活。愿意这样做的人会得到一笔现金预支,以支付他们在旅途中发生的费用。

劳动力被细分为更小的群体,每一个都在招募者之下,他们通常负责一个亲属群体。有些工人组成团队,人数从 25 人到 100 人不等,从团队中选出一名领袖,也叫招募者,负责他们的旅程、谈判,监督他们的劳动,并从他们的工资中得到微不足道的一部分作为回报。[25] 还有另外一种制度,根据这种制度,首领招募者会在潜在的工人到达时接待他们,负责带领他们到种植园,并由此获得报酬。

工人们通常在那里工作 5～12 个月,然后带着积蓄回家,有时会回来,或者在第二年被其他人接替。[26] 政府采取的立场是,咖啡种植的季节性周期意味着季节性迁徙基本上可以满足咖啡业的需求。[27] 据估计,1843—1877 年间,平均有 56 000 名男子、10 300 名妇女和 8 000 名儿童来到锡兰的咖啡种植园工作。

女 工

考虑到移民的问题,早期的移民大多是男性,但种植园主热衷于鼓励女性移民,原因有几个:一个重要的考虑是南印度妇女的报酬较低,这反映了盛行的男权意识形态,体现在种姓制度中。对几个向锡兰派遣工人的地区的工资比率进行比较发现,女性的工资只有男性的一半左右。1859 年,丁尼弗利(Tinnevelly)和马杜赖(Madurai)的一名男性工人每天能拿到 3 便士,而一名女性工人每天只能拿到大约 1 又 3/4 便士。[28] 在仰光(Yangan)也有类似的不平等现象。[29] 另一个重要的考虑是,来自低种姓和阶级的妇女处于印度等级秩序的底层,这迫使她们接受艰苦和卑微的工作。

此外,种植园主认为,如果妇女和男子一起来,就有更大的机会使种植园拥有更稳定的人口。因此,移民劳工委员会秘书长特别要求在印度的代理人寻找愿意带着妻子和家人一起来的工人。[30]就代理人而言,他觉得最好多招些妇女,因为她们"更稳定、更有规律"。此外,如果男性能被说服带着他们的妻子和孩子一起来,他们很可能会待更长的时间,而不是工作几个月后就回去。[31]种植园主渴望留住那些在最初阶段生存下来的工人,因为这一阶段的死亡率非常高,可能高达25%。[32]这是由于路途上的恶劣条件和适应环境的问题以及工作制度造成的。如果鼓励妇女移徙,就会减少促使男子迅速回家的动力。此外,由于性传播疾病和相关问题的发生率很高,一小部分移民妇女被视为是罪恶的。

尽管这些因素反映了对妇女的歧视和男权态度,而且这种态度在整个种植园的历史中一直存在,但在种植园里的妇女数量确实有所增长。在印度南部,贫困的增加和庇护关系的侵蚀导致劳动力性别组成的缓慢变化。更多的妇女开始移民,1843—1877年间,她们占移民总数的20%。

很可能是由于妇女人数不多,导致她们在稳定的家庭关系之外提供性服务。医疗记录显示,男性工人中性传播疾病的发病率非常高。种植园里为数不多的妇女,在路途中不得不忍受可怕的艰辛,经常暴露在疾病和感染中,还不得不面对男性工人的性虐待。他们的困境可以从贾夫纳政府代理人特怀纳姆(W. C. Twynam)在移民初期的观察中看出。他看见:

……悲惨的苦力们在1843年和1845年,仅有一两个女人和50～100个男人,他们吃不饱,穿不上衣服,吃他们能捡到的任何垃圾(更多是出于生存所迫、毫无选择);他们在丛林小路上行走,有时方圆数英里内几乎找不到一滴水,有时大半段路都淹在水里,整个国土都是一片沼泽;他们在刚从丛林中开垦出来的土地上工作,或者在即将被改造成种植园的丛林中工作,居住条件很差,而且他们的雇主对他们知之甚少……[33]

劳动控制与管理的男权制和种姓制度

工人们受困于一个以明显的分化和等级意识为特征的劳动制度中。这是建立在肤色、种族、种姓和性别基础上的,在这个金字塔的不同层次之间,只有很少的程式化的互动。重点是对劳动力进行最大限度的控制,并逐渐灌输对当权者的尊重。女性工人处于金字塔的底层,男性的统治在每一层都得到了加强。[34]

种植园有明确的地理界限,其中有严格的等级制度。领头的是白人管理者,或称为"大主人"(periya dorai),他像管理加勒比地区的奴隶种植园一样管理着这里的种植园。他的话就是法律,在种植园里是不容置疑的,这种社会的接受通过一系列的仪式和行为模式来体现,强调了他的完全权威。工人们不能直视他的脸,如果在路上遇到他,必须给他让路。不可直接对主管说话,也不可在他面前脱下内袍。工人们不能使用雨伞或穿其他形式的服装,因为这些可能表明他们的地位高,或可能缩小他们和上级之间的社会及政治距离。住房和身体舒适度的差异进一步强化了这一点。管理员住在富丽堂皇的平房里,有着美丽的风景和花园,与工人们的军营式房子相距甚远,后者甚至很少具备足够的水和最低限度的卫生条件。

在"大主人"下面的是"小主人"(sinna dorai),通常是欧洲人的助手。他们也得到了很多舒适的住房和特权,但生活方式没有"大主人"奢侈。两个最高权力级别之间的明显距离是很重要的,因为它强调了区分的重要性和毫无疑问地接受对等级制度的尊重。在"小主人"下面的是种植园管理人员、会计和其他帮助管理办公室的人。这些人说泰米尔语,但不属于同一背景的工人。在许多情况下,他们来自锡兰的北部或东部,而不是印度南部。他们被称为员工,住在宿舍里,他们的住房比工人的好,但不如主管的房子舒适。员工负责工资的发放和称重、生产过程的检查。他们对待工人的态度符合传统组织的一般原则,也就是说,他们对工人不太尊重,而且常常是极其傲慢的。

首领招募者是种植园劳资关系的关键人物。虽然他的角色在技术上类似于工头和招聘人员,但他的权力扩展到种植园主和工人:

> 劳动者与物业管理人员接触的缺乏,使物业管理成为劳动者与物业管理人员联系的纽带;在早期,他甚至代表雇主发放工资,直到最近,一个劳动者的辞职通知需要首领招募者的同意。他与招募来的人的种姓关系和亲属关系为他的权威提供了道德基础。他调解了他们的家庭事务,是他们劳动争议的代表和发言人。加上首领招募者和他的劳工团队之间的庇护关系是一种债权人—债务人关系,使劳动者受到财政束缚,巩固了他的领导地位。作为中间人的首领招募者不是一个中立的元素,而是种植园权力结构中的一个支柱。在工人们看来,他实际上是他们的雇主。[35]

劳动者处于金字塔的底层,数量最多,但从金钱和物质报酬上看却是最少的。然而,在工作人员中也有一个明确的等级制度。首领招募者的首领通常是最高级别的,工人们被分成不同的帮派,每个帮派都有自己的首领,称为帮派首领。整个工作队伍的结构是这样的,这些分工往往会加强被视为"家庭原则"的东西。这意味着,每一级的男性权威都对等级低于他的人行使权力,而尊重等级高于他的人。这种方法据说能产生最"令人满意的结果",因为工人们通常可以在种植园安顿下来。[36]

种姓制度为等级制度引入了另一个元素。这是从印度引入的,可以看作一种种族主义意识形态。种姓被认为是同族通婚的群体,传统上与等级森严的职业联系在一起。每个种姓都有细分,一个人通过出生获得她或他的种姓。在移民工人中数量上占主导地位的两个种姓是苏德拉(Sudra)和阿迪·德拉维达(Adi-Dravida)。

种姓制度以不同的方式传入锡兰的种植园。第一,首领招募者通常是一个来自相对高种姓的人。由于移民是在他的监督下进行的,并且通常是在家庭或亲属团体中进行,因此有利于种姓身份的保存。第二,当这些群体到达这个种植园时，他们与世隔绝，很少与锡兰社会的其他成员有接触。在1871年，居住在种植园里的人中只有3.3%是当地的僧伽罗人。[37] 第三，在首领招募者和帮派首领的统治下形成的劳工帮派是基于种姓的，加强了种姓和亲属关系。研究表明，帮派首领群体倾向于在种姓和亲属关系方面是同质的。[38] 第四，种植园主保留种姓差异，并利用其背后的意识形态来控制工人，这符合他们的既得利益。

房屋和食物的准备也保持着种姓差异。管理部门尊重种姓差异，在早期，管理部门通常会根据首领招募者的建议来分配住房，他会确保可接受的住房标准得到遵守。例如，某些种姓不会面对其他种姓，某些种姓不会与其他种姓生活在一起。[39] 由于高种姓的人不喜欢与低种姓的人生活在同一水平上，所以居住的地方通常是按种姓来安排的。也有记录表明，阿迪·德拉维达人在一个节日里烹饪食物，但苏德拉人拒绝食用。

女性工人在社会阶层中处于最底层，直接受男性控制。尽管她们工作是为了工资，但她们几乎无法获得或支配金钱。在大多数情况下，她们的工资低于男性，通过首领招募者交给男性伴侣，男性伴侣通常根据自己的需要使用。事实上，在种植园里，把妇女的工资给男人是一种一直持续至今的做法。妇女面临着阶级、社会、种姓和性压迫的最坏影响。她们经历了种姓压迫的负面影响，受到了社会和工作环境中固有的男尊女卑的影响。这些妇女中的大多数不得不承受种姓意识形态中固有的男性统治的冲击，这种意识形态在亲属群体迁移过程中得以保留，甚至得到强化。她们中的一些人在新环境中甚至面临着更为严格的性限制，因为她们的丈夫试图将她们的性行为"私有化"，而在印度的传统背景下并没有那么严格。事实上，可以认为，融入产业劳动力的过程和性质在亲属和亚种姓群体中，导致了种姓意识形态和种姓权力的强化，并导致了女性在其社区中的自由丧失。

负债和不定期付款作为劳动控制方法

控制工人的一个重要方法是通过债务。由于路费是预付给工人的,他或她通常是在欠债的情况下开始生活的。这种债务通过首领招募来调解,首领招募者在一定程度上控制了工人的行动,因为他们把资产借给了工人。此外,由于钱是通过首领招募者预付的,所以工人"实际上是首领招募者的仆人"[40]。支付的手段和水平使得工人们几乎无力偿还累积的债务。在大多数情况下,工人对自己必须偿还的债务数额并不清楚,而且常常"要为比他实际收到的或为他花费的更多的款项负责"[41]。工人的债务被写在一张纸上,或可称为"卖身契"。只有在支付了这些费用之后,工人才能自由地离开工作岗位。

这一制度被一些种植园主滥用,当他们不想让劳工离开他们的种植园时,他们就拒绝签发放行单。[42] 警卫的使用加强了对种植园劳工流动性的控制。[43] 作为一名新劳工,招募者认识他,如果他逃跑了,他经常会在印度南部的家乡被抓,他或他的亲戚将负责偿还他的债务。我曾在其他地方指出,卖身契制度在实践中包含了契约原则,尽管它从未在法律上被正式视为契约原则。[44]

移民劳工委员会主要对招募更多劳动力感兴趣,认为负债是妨碍劳动力供应的主要因素,显然种植园主将首领招募者描述为罪魁祸首。早在 1859 年,它就注意到:

> 制度中最大的邪恶,毫无疑问,是它对劳动力的供应产生了最有害的影响……苦力的损失是由于首领招募者对他的压榨,或者被迫偿还其他苦力所收到的预付款,这些苦力可能在前往工作地点的途中死亡。[45]

尽管如此,种植园主很早就明白了进步对工人的重要性。虽然他们对招聘者所享有的权利持批评态度,但他们也利用这一制度来确保工人能够在劳动力需求高峰期成功地与种植园联系在一起。

劳动关系的一个特征是工资发放的频率很低,通常一年只有 2~3 次。扣发工资使管理层在收回预付款方面有了一定的保障,同时也把劳动力与咖啡生产的高峰期联系起来。此外,营运资金保持在最低限度。种植者的流动资金有限,必须履行更优先的义务,例如购买大米和商店。因此,他们宁愿尽可能晚地给工人发工资。[46]一位首领招募者对这种拖延战术的解释如下:

> 我以前的主人,他是一个非常好的人,但他有一个脾气,当我来到办公室,说我以为苦力应该有工资,如果他心情好,他会给我支票,说:几千卢比。如果他不愿意,他会叫我滚蛋!如果是那样的话,两三天后我会再问他一次。现在,如果我说:"两千块钱是不够的。"我的主人会回答:"好吧,你可以带两头黑猪去!"我若回答:"愿上帝为我见证!两头黑猪是不够的。"他可能会回答:"很好,你可以把猪和澳大利亚公牛生的小红母牛养在一起!"确实如此。[47]

近一个世纪以来,几乎没有人试图系统化或规范工资水平。在 19 世纪 30—40 年代,10~11 小时工作日的工资水平在 4~9 便士不等;而到了 19 世纪 60 年代,日工资水平上升到每天 10 便士。[48]工资也采取了现金和实物形式。大多数种植园向工人供应大米,费用从工人的工资中扣除。大米主要从印度南部进口,在困难时期价格会上涨。种植园工人因为大米的供应而得到缓冲,因为大米是工资的一部分。与此同时,进口大米的成本增加导致种植园的名义工资下降。

劳动者的恶劣生活和工作制度及其抗争

工人生活在恶劣的环境中,健康状况差,死亡率高。据殖民地助理外科医生组织(ACS)估计,1843—1867 年期间,约有 350 510 人下落不明,占移民工人总数的 25%。他认为,如果建立一个更复杂的医疗监察系统,从北部省的海上地区开始监督,这些下落不明者中很大一部分本可以避免。移民需要沿着内陆路线前往他们的几个目的地,并且应该严格执行在咖啡种植园里的卫生法规。[49]这些种植园的工作和生活条件非常恶劣,包括鞭打和殴打,这造成了很高的死亡率。[50]

种植园工人得不到足够的医疗服务,使这种情况更加严重。殖民地政府和种植园主之间经常争论由谁来承担医疗费用。1872年的第14号法令不能令人满意,取而代之的是1880年的第17号医疗需求法令。然而,种植园主和政府在如何资助该计划的问题上存在分歧,后者坚持认为种植园主应该承担医疗计划的总费用,这遭到了种植园主的强烈反对,他们认为费用应该由国家承担。伦敦的殖民地办事处向科伦坡(Colombo)的当地殖民地政府施加压力,通过了1881年第11号法令,根据在某一种植园雇用的工人人数征收人头税,为健康计划提供资金。然而,在1882年,政府同意承担一半的医疗福利费用。1882年的第9号法令对大米征收了低进口税,以取代人头税。

然而,这并没有解决问题。还有一些情况是,通过发放给工人的大米所赚取的利润,从工人身上收取额外的医疗费用。[51]对产妇设施和福利的重视程度最低。1872年的《医疗条例》规定,为种植区提供基本医疗设施。提供的产假津贴是两组大米和4周内每周75美分的现金。

种植园中提供的住房很差,会使健康状况恶化。工人们住在一排排的房间里,是像兵营一样的建筑,这些建筑通常是用石头建造,带有金属屋顶,类似于其他殖民地的种植园中的建筑。根据一位种植园主的说法,工人们似乎更喜欢小一点的房子,他们认为这样既暖和又舒适。在他看来,12英尺长、12英尺宽的房间可以容纳大约12名工人,因为他们不反对被挤得相当近。值得注意的是这种态度对成本的影响。这一排排的房间,每间房花费他5英镑,而管理员的平房却花了他500英镑。[52]在种植园里逗留时期,工人们住在一排排的房间里;在咖啡种植时期,住房条件几乎没有变化。事实上,这些简陋的房子仍然存在于种植园中,作为大多数工人的住房。

妇女面临着三重负担:低收入的艰苦工作制度、艰苦条件下的家务劳动和家庭暴力,以及生育子女却无法获得适当照顾。种植园的住房条件对妇女来说特别恶劣,因为她们必须在家里做大量的工作,尤其是做饭和打扫。在这种情况下,妇女的困难经历因她们缺乏隐私和易受性虐待而更加严重。因此,她们无疑更容易受到健康问题和相关死亡率的影响。

如果认为工人们顺从地默认和接受了他们的工作和生活条件,那就大错特错了。尽管他们主要是移民,而且政府和管理措施限制了他们自由流动以及在种植园之间联系的可能性,但他们确实抵制对他们的控制。在这种情况下,工人们的反抗是特别的,是在个人层面上的,他们使用的是斯科特(Scott)所说的"弱者的武器":逃跑、蓄意破坏,甚至偷盗。这些行为构成了"不成文的抵抗历史"的一部分。[53] 有些情况下,工人根本就没有回到岛上工作。还有旷工和逃离种植园,这两种抵抗方式在19世纪末尤为明显。直到20世纪,正式的工会和其他政治组织才发展起来,那时兴起的茶叶和橡胶种植园全年需要更稳定的劳动力。

结　论

同世界上其他地方的种植园一样,锡兰咖啡种植园的劳动关系是等级分明的,在生产的各个层次都加强了庇护和男权制度。在锡兰,妇女的地位特别差,部分原因是从邻近的印度南部迁移到岛上的人口结构相对松散,也没有受到监督。此外,种姓差异发挥了特殊作用,它在管理、分工和种植园利益分配方面补充了基于肤色、种族和性别的等级制度。虽然在世界各地的热带种植园中可以发现对流动劳动力的经济以外的控制形式,但种姓制度仅限于印度教工人迁移的地区,在锡兰尤为突出。

注释：

(1) J. Ferguson, *Ceylon in 1893* (London: J. Haddon, and Colombo: A. M. and J. Ferguson, 1893), p. 64.
(2) SLNA 5/81, Maitland to Castlereagh, Aug. 19, 1808, p. 141. SLNA 4/3 Bathurst to Brownrigg, June 23, 1813, pp. 53ff.
(3) L. A. Mills, *Ceylon under British Rule, 1792–1932* (London: Oxford University Press, 1933), p. 224.
(4) E. F. C. Ludowyk, *The Modern History of Ceylon* (London: Weidenfeld and Nicolson, 1966), pp. 61-2.
(5) D. R. Snodgrass, *Ceylon: An Export Economy in Transition* (Homewood, Ill.: Richard D. Irwin, 1966), p. 23, shows that the average size of coffee land sold to a European between 1833 and 1860 was 97 acres.
(6) S. B. D. de Silva, *The Political Economy of Underdevelopment* (London: Routledge and Kegan Paul, 1982), p. 259.
(7) Ibid., p. 260.
(8) Ibid., p. 262.
(9) D. M. Forrest, "Hundred Years of Achievement," *The Times of Ceylon Tea Centenary Supplement*, July 31, 1969.
(10) M. Roberts and L.A. Wickremeratne, "Export Agriculture in the Nineteenth Century," in K. M. de Silva, ed., *History of Ceylon* (Colombo: University of Ceylon Press, 1973), vol. 3, pp. 94-7.
(11) Snodgrass, *Ceylon*, p. 26.
(12) Ibid.
(13) G. C. Mendis, ed., *The Colebrooke-Cameron Papers: Documents on British Colonial Policy in Ceylon 1796–1833* (London: Oxford University Press, 1956), p. xxvii.
(14) L. R. Jayawardena, "The Supply of Sinhalese Labour to Ceylon Plantations (1830–1930): A Study of Imperial Policy in a Peasant Society," Ph.D. thesis, University of Cambridge, 1963.
(15) Silva, *The Political Economy*, pp. 236–73.
(16) I. H. Vanden Driesen, *Indian Plantation Labour in Sri Lanka: Aspects of the History of Immigration in the 19th Century* (Perth: University of Western Australia Press, 1982), p. 3.
(17) SLNA 4/193 Despatch, Ansthruther to Colonial Secretary of State, Nov. 24, 1840, London.
(18) Silva, *The Political Economy*, p. 244.
(19) K. Gough, "Caste in a Tanjore Village," in E. R. Leach, ed., *Aspects of Caste in India, Ceylon and North West Pakistan* (Cambridge: Cambridge University Press, 1962), pp. 119-21.
(20) Gough, "Caste," pp. 131, 184-95.
(21) D. Kumar, *Land and Caste in South India: Agricultural Labour in the Madras Presidency during the Nineteenth Century* (Cambridge: Cambridge University Press, 1965), p. 85; S. Sarkar, *Modern India 1885–1947* (New Delhi: Macmillan, 1983), p. 34.
(22) Quoted in D. Wesumperuma, *Indian Immigrant Plantation Workers in Sri Lanka: A Historical Perspective 1880–1910* (Kelaniya: Vidyalankara Press, 1986), p. 93.
(23) Driesen, *Indian Plantation Labour*, p. 70.
(24) SLNA 2/2644, Dawson to Graham, March 6, 1960.
(25) 这一段和下一段的大部分材料来自《圣经》提供的清晰的分析和描述，参见SLNA 3/34 Pt. 1, Tennent to Grey, Despatch No. 6 (misc.), April 21, 1847。
(26) Driesen, *Indian Plantation Labour*, pp. 8, 52.
(27) K. M. de Silva, "Indian Immigration to Ceylon – The First Phase c. 1840–1856," *Ceylon Journal of Historical and Social Studies* 4, no. 2 (1961): 106-37.

(28) SLNA 2/2644, Graham to Hansbrow, March 24, 1859.
(29) SLNA 2/2644, Graham to Dawson, Sept. 20, 1860.
(30) SLNA 2/2644, Dawson to Graham, March 6, 1860.
(31) SLNA 6/2644, Graham to Hansbrow, March 24, 1859.
(32) Colonial Office, CO 54/475, W. G. Van Dort, "Report on the Gampola Civil Hospital," in "Correspondence on the Condition of Malabar Coolies in Ceylon."
(33) Colonial Office, CO 54/475, Letter to Colonial Secretary, Henry T. Irving, in "Correspondence on the Condition of Malabar Coolies in Ceylon," p. 16, Enclosure no. 8, Sept. 30, 1869.
(34) R. Kurian, "State, Capital and Labour in the Plantation Industry in Sri Lanka 1834–1984," Ph.D. thesis, University of Amsterdam, 1989.
(35) Silva, *The Political Economy*, p. 329.
(36) *Ceylon Labour Commission Handbook*, 1935, p. 20.
(37) E. Meyer, "Between Village and Plantation: Sinhalese Estate Labour in British Ceylon," in *Asie due Sud: Traditions et Changements* (Paris: Colloques Internationaux du CNRS, 1979), p. 460.
(38) R. Jayaraman, *Caste Continuities in Ceylon: A Study of the Social Structure of Three Tea Plantations* (Bombay: Popular Prakashan Press, 1975), p. 20.
(39) Rachel Kurian, *Women Workers in the Sri Lanka Plantation Sector* (Geneva: International Labour Office, 1982).
(40) SLNA PF/24, Attorney General to Colonial Secretary, No. 364, Sept. 4, 1897.
(41) *Report and Proceedings of the Labour Commission* (headed by Sir Hugh Clifford) (Colombo, 1908).
(42) K. V. Jayawardena, *The Rise of the Labour Movement in Ceylon* (Durham, N.C.: Duke University Press, 1972), p. 18.
(43) Report of the agent of the government of India 1926.
(44) Kurian, "State, Capital and Labour," p. 93.
(45) *Report of the Immigrant Labour Commission*, Colombo, for half-year ending June 30, 1859.
(46) L. R. Jayawardena, "The Supply of Sinhalese Labour to the Tea Industry in Ceylon," Research Study, Cambridge University, 1960, p. 27 (kindly made available by the author).
(47) A. P. Lanter, "A Planter's Pilgrimage and Some Rum'uns Encountered by the Way. Memoirs of Alfred Hugh Mead 1873-1939," pp. 7–8 (undated memoirs of a Ceylon planter, kindly made available to the author by his great grandson Philip van Ryneveld).
(48) Jayawardena, *The Rise of the Labour Movement*, p. 20.
(49) Colonial Office, CO 54/475, W. G. Van Dort, "Report on the Gampola Civil Hospital," in "Correspondence on the Condition of Malabar Coolies in Ceylon."
(50) Driesen, *Indian Plantation Labour*, p. 10.
(51) Wesumperuma, *Indian Immigrant Plantation Workers*, p. 252.
(52) W. Sabonadiere, *The Coffee Planter of Ceylon* (Colombo: Mees, J. P. Green, 1866, pp. 65–6.
(53) J. C. Scott, "Everyday Forms of Peasant Resistance," *Journal of Peasant Studies* 12, no. 2 (1986): 5–6.

【作者】 Rachel Kurian

第八章

危地马拉的咖啡和当地劳工：1871—1980

直到19世纪中叶,危地马拉才成为重要的咖啡生产国。由于政治动荡、蝗虫侵袭以及萨尔瓦多的分离,经济在整个殖民地时期的最后几年以及刚独立后的数年都陷入了困境。而萨尔瓦多则生产了该国的主要经济作物——靛蓝。在19世纪40—50年代,胭脂虫的出口适度反弹,胭脂虫是一种由生活在仙人掌上的昆虫尸体制成的红色染料。国内外纺织品生产商对这种染料有强烈的需求,同时该国西南部的阿马提尔安(Amatitlán)和安提瓜(Antigua)周围的种植园和小农场在蓬勃发展着。但是,尽管胭脂虫在好年景中可能会非常有利可图,但它的生产无异于高度投机,在错误的时间下的一场小雨,或者一场突如其来的寒流,都可能毁掉一年的收成。无论如何,上述生产只涉及该国的一小部分地区和数千名工人。由经济协会领导和由政府资助的发展协会"国家之友"组织,一些土地所有者和印第安社区开始在19世纪50—60年代尝试种植咖啡,在某些地方他们将咖啡与胭脂虫一起种植,并对新作物期望颇高。[1]

但是事实证明,过渡到咖啡既不迅速也不简单。在哥伦比亚和哥斯达黎加种植咖啡的经验教训并不能简单适用于危地马拉的土壤和气候。几项早期努力均以灾难告终。胭脂虫具有风险,随着新型化学染料的出现,天然染料的市场在19世纪60年代急剧减少。但是,要说服农学家们摒弃固有的偏见并推陈出新实属不易,至少在一些先驱者指明方向之前是这样的。资金总是短缺。在贸易和商业中,没有什么比咖啡这种新兴商品在价格和安全性上更稳定了。同样的一个事实是,咖啡进入全面生产之前需要花费4~5年的投资,这也加剧了资本问题。早期的种植者不得不通过家庭成员、商业信贷以及抵押品(如城市房地产)的方式筹资,为其第一批咖啡种植园(农场)募集资金。一旦开始生产,他们通常可以从商行获得经常项目融资或从外国人那里获得贷款,并以较低的利率获得海外资本。[2] 但是,长期的农业信贷仍然难以获得,而且普遍昂贵。由于其中很大一部分土地来自外国控制的资源,因此,经济的每次下滑以及随之而来的丧失抵押品赎回权都将使得越来越多的土地和生产落入非危地马拉人手中。

技术为新农作物的推广带来了类似的障碍。[3] 尽管像哥斯达黎加这样的早期出口商最初是通过销售干加工咖啡为生的,但到了19世纪60年代,欧洲市场对通过湿法处理才能获得的产品的需求量越来越大,这就要求种植者在储罐和干燥设备上进行大量投资,或者被迫以低价将其收成出售给拥有所需设备的加工商。这种资本和加工需求使大中型种植园比家庭农场更受青睐,并为危地马拉的发展确立了与哥斯达黎加或波多黎各完全不同的模式。[4]

为了发展大规模的咖啡生产,危地马拉的种植者需要获得空前数量的适宜的土地。其中许多人属于占危地马拉大多数的本地人口,至少他们长期以来是这么宣称的。尽管西班牙人和克里奥尔人定居者在殖民时期通过合法和非法的方式侵占了大片印第安土地,但西班牙法律仍然承认本地人民的权利,是"在[欧洲]征服之前美洲大陆的古代领主"[5],并多次确认村庄拥有其社区土地的所有权。然而,这些边界财产的归属模棱两可,到19世纪初,农村土地变成了社区、种植园、小农场主、牧场主和地方政府多重申诉争夺的地方。在没有广泛种植某一种经济作物的情况下,这种混乱无可厚非,但现在咖啡开始改变这一切,引发了长达半个世纪的土地冲突,有时甚至是暴力冲突。

除了在阿马提尔安和安提瓜进行的早期实验(仅第二次实验成功)之外,咖啡主要在危地马拉的两个地区发展,即西部山区的博卡科斯塔(Boca Costa)和共和国东北部的阿尔塔维拉帕兹(Alta Verapaz)。传统上,西部山区人迹罕至的地区只有几个城镇,咖啡很快成为当地的主流作物,使许多居民变成了外来投资者雇佣的农场工人。[6] 但是,印第安人占领了博卡科斯塔的大部分土地,它们不是位于山区,而是在相邻的高地上。这是他们用来生产季节性"热带"农作物的土地,例如棉花、花生和短季节品种玉米。然而,在许多情况下,在社区的大规模抗议活动中[7],国家只确认了他们所拥有的一小部分财产,宣布其余部分为国有并对外开放,将其出售给可能的咖啡种植者。阿尔塔维拉帕兹大部分适合咖啡的土地也有社区要求,在某些地区,印第安村民率先种植了这种农作物,以此作为维持生计的辅助手段。但是,国家和商人的政策界定大相径庭,私人生产的效率要高于社区,私人农场逐渐取代了印第安本土的咖啡和玉米。

大规模生产新出口产品面临的最严重问题是普遍和持续的劳动力短缺。早期的工作是从附近村庄招募胭脂虫工人或妇女和儿童。[8]由于咖啡劳动是季节性的,种植者最初每年只需要几个月的额外工人。但是,随着生产的扩大以及由于它明显地威胁到当地人口的土地和生计,劳动力变得越来越难获得。危地马拉在世界市场上的地位依靠其优质的咖啡,这取决于每次精心仔细的收割,这个过程需沿着小树林在山坡重复开展,可能要 6 个月或更长时间。工人反复经过相同的灌木丛,只在咖啡豆成熟为红色时才进行采摘,然后将当天采摘的豆子带到加工棚。危地马拉的精英们也持有那个时代白人特权的偏见,他们欢迎欧洲移民加入他们的劳动力队伍,但离开欧洲的移民发现北美、阿根廷甚至巴西更具吸引力。如果要在危地马拉发展大规模咖啡种植,那么就明摆着一定会受制于印第安人。

西部高地的本地居民出于各种原因而拒绝在咖啡种植园工作。在殖民时期强迫雇佣劳工的经历让他们对在这个炎热的国家遇到的昆虫、炎热和疾病感到恐惧。[9]雇佣工人的死亡率之高令人震惊,幸存者同时将疾病带回了自己的家乡。印第安人还记得他们在土地所有者、工头和国家官员那里遭受的言语和身体上的虐待,他们把印第安人视为低等种族。尽管有些印第安人自愿去了低地进行长途贸易,而另一些人则短暂停留在那里种植热带作物,但当地居民仍在尽可能避免与非印第安人接触,甚至避免在商业农业中为他们工作。

对于那些希望招募工人的人来说,通常他们会沮丧地发觉,印第安人不需要他们提供的钱。大多数人仍然能够在其家乡社区获得足够的土地和其他资源来自给自足。文化决定了他们有限的"需求",他们几乎可以完全依靠自己的生产和通过物物交换来满足需求。[10]他们对资金的需求量仍然很小,而且在很大程度上是固定的，比如教堂费或地方政府税，通常他们可以通过出售一些农产品或手工艺品或在附近打工来轻松满足这些需求。他们明白高工资的好处，并可能会寻求更高的收入，但通常只是为了能够工作更少的时间。[11] 19 世纪 70—80 年代，危地马拉的印第安人并不是资本主义的自由工人，从某种意义上说，只是出卖自己的劳动力以维持生计，大多数人对资本积累或参与工业消费文化的机会缺乏兴趣，这令人苦恼。

种植园主期望他们能够调动足够的劳动力来获得财富，他们要求国家干预以强迫印第安人为出口经济服务。但是，由于对保守党和拉斐尔·卡雷拉（Rafael Carrera）的大部分政治支持来自这些当地社区，因此政府总体上反对强迫劳动计划。然而，1871 年，咖啡种植者在那一年的自由革命中发挥了重要作用，并很快在新政权中担任了许多重要职务。因此，尘埃落定后，新政府将注意力转向劳工问题就不足为奇了。1876 年 11 月，总统发布了一项法令，恢复了强迫劳动法案——现在称为"诫命"（mandamientos），该法案自独立以来很少使用。由于该系统自 18 世纪开始运作，缺少工人的危地马拉地主向殖民地上诉法院／行政委员会申请了一项法令，要求一个或多个社区在一定天数内或无限期地向地主提供一定数量的工人。[13] 这是雇佣劳动，如果价格低于市场价格的话，法律要求雇主提前支付差旅费和工资。1876 年的总统令撤回了这些法案，并于次年颁布了一项通用劳动法以完善这一制度[14]：需要工人的出口生产商可以向首席政治家（部门长）申请帮助。如果申请被接受，将命令特定的村庄提供一定数量的工人，如果在部门内工作，则每次供应两周，如果在部门外，则每次供应一个月。这项命令可以延续。雇主预先向工人支付工资，包括考虑差旅时间在内，社区官员负责选择完成命令的人，并确保这些人准时到达正确的地方。印第安人讨厌诫命，无论个人还是社区，都竭尽所能逃避这些诫命。但是，长期的强迫雇佣劳工的历史使这些草案成为"惯例"，并赋予其合法性。

诫命为出口部门的工人提供了服务，但这一制度远不能令人满意。劳动力并不便宜。一个基本问题是政治上司的介入。诫命使他可以控制自己所在地区的大部分劳工，这些劳动力有时也被他自己使用，或者更常见的是，他索要贿赂:"这需要一定的勇气来面对部门老板,并要求诫命。那个可怕的人物对种植园主来说,就像是一个居住在庇护所中的神灵,很难接近又令人恐惧,只有那些施以重金诱惑的人方能接近。"[15]雇主预先一次性支付了工人的工资,老板或腐败的社区官员可能会在将这些资金分发给劳工前中饱私囊。即使工人得到了报酬,诫命仍然是强迫劳动。大多数被招募的人忿忿不平地工作,缺乏热情或主动性。另一些人则拒绝参加,在去科斯塔的路上或从种植园回来的路上,逃离社区和工作团队。由于人员流动,雇主几乎没有机会培训工人从事专门的工作或留住熟练工人。

对于印第安人来说,诫命是有偿劳动,但报酬很低,并且这些人对他们去的地方或所做的事情几乎没有自主决定权。当他们需要种植自己的作物时,这些法案可能会使得他们离开自己的社区,或者令他们的作物容易受到捕食者、恶劣天气或盗窃的侵害。在农场中,他们暴露于疾病和高温之中,有时由于住房不足和艰苦的工作条件,病情会更加恶化。雇主经常试图超额工作,通常是通过向他们分配在可用时间内无法完成的任务来完成。由于诫命工人自备食物,如果不及时返回自己的村庄,他们将面临严重的问题。那些抱怨或抗拒的人受到虐待、殴打或监禁。许多工人死亡。幸存者筋疲力尽地回到他们的社区,或许会发现他们的农作物被毁、家人们饥肠辘辘,可能还有另一项诫命等待着他们。[16]

诫命既不能令雇主满意,也不能令工人满意,但它们至少延续到 1920 年,因为其对咖啡经济起到了重要作用。根据 1877 年的《劳动法》(在 1894 年的修订中进行了更详细的介绍),一个当地男性被迫逃离诫命的唯一可行方法是能够证明他与出口部门签订了劳动合同。1894 年的法律对该法案增加了豁免条款:"(1)16 岁及以上、工酬为 30 比索及以上的季节性工人……(2)工酬为 15 比索及以上的定居者(驻地工人)……(3)可能会签订至少 3 个月的合同,从事一小段咖啡、甘蔗、可可或大规模香蕉种植活动的印第安人。"[17]也就是说,除了反复被诫命外,唯一可行的选择是被送往出口农场。不仅首席政治家和社区官员应该遵守这种债务提供的豁免,而且雇主也有强烈的动机保护自己与合同制下的人免受强迫劳动的影响。结果,在高地可及的地区,几乎每个合格的本地男子和许多妇女很快就被捆绑束缚在数项出口财产上。寻找工人来履行诫命的工作越来越深入周边地区,从而迫使更多人签订债务契约。到世纪之交,一个又一个村庄都在报告说无人能被征召。

债务劳工系统运作的关键是包工头。这些人定期在高地生活或旅行,发放预支工资,并为种植园招募工人。少数被称为承包商的人独立运作,自行签约并把这些合同转给出价最高的人,但大多数工人仅被一两个农场雇用。他们的收入来自签约人的人均收入,以及这些人在种植园工作天数的佣金。招聘人员争夺合同工时,不可避免地存在竞争甚至冲突。例如,根据法律,禁止签约一个已经负有合同义务的人,但招聘人员还是这样做了,将由此产生的混乱归咎于工人,并使农场陷入了关于工人"所有权"的各种法律斗争。招聘人员自由分配酒精:"内巴吉(Nebaj)的劳工承包商来来往往。而且有朗姆酒[白兰地]。这个地方臭气熏天。朗姆酒业务和咖啡业务是合作的。"[18] 酒庄老板通常经营附带业务,借钱给印第安人,并强迫他们签订劳动合同。如果这些人第二天早晨醒来拒绝前往科斯塔,招募人员就会向当地政府寻求支持,有包工头报告说,工人们被捆绑在一起,并在守卫的警戒下去往科斯塔。

实际上,1894 年法律规定,负债的工人有两种:一种是定居者,这些人与他们的家人基本永久地生活在农场,将自己置于农场主的日常控制之下,以获得土地作自给自足的耕作和打工的报酬作为回报;另一种人来自被咖啡覆盖的山区小镇,或是从危地马拉东部移民过来的拉美裔人(非印第安人),但大多数是印第安人,他们放弃了高地的原籍社区,住在咖啡种植园里。他们为什么要这样做?有些人在家犯罪,或是由于酗酒或赌博而丧失了土地权;其他人则是想要逃离破裂的婚姻或家庭关系紧张。随着时间的推移和财产的不同,定居者的数量也有很大的差异,在阿尔塔维拉帕兹尤为重要。[19] 那里的咖啡种植园直接吞没了社区土地,使印第安人可以选择逃往边远地区或留在原地,但现在已经成为依赖他人的劳工。考虑到印第安人对祖先的陵墓的承诺以及对与特定山脉和洞穴有关的神灵的崇拜,离开并不容易。无论如何,他们试图通过在无人认领的地方安顿下来,以摆脱咖啡种植的魔爪,"有人买了土地并让他们工作,否则他们就必须走得更远"[20]。

比定居者更普遍的是临时工,他们每年离开村庄2~6个月到咖啡农场工作。无论债务是多少,他们都要求每年获得更多的工资预付款。他们被组织成团队,并根据需要将其派遣到种植园。或者更确切地说,他们试图这样做,因为印第安人比起诚命,对解决欠债的热情不高,他们采用了类似的抵抗策略。除了这些困难,季节性劳动力对出口部门具有真正的优势。最重要的是,工人在不需要农场劳动时也可以养活自己。雇主无须全年提供足够的工资来支持工人及其家人,也无须为替代工人的再生产和培训提供资金,就像自由劳动力的雇佣情况一样。相反,雇主只支付工人实际需要工作的几周或几个月的工资,而且工资受诫命强制性的影响而降低。

雇主当然也要为此付出代价。资产账面上有数百甚至数千名劳动者的债务,占用了资金或迫使雇主按利息借款。工人死亡或逃跑,他们的债务可能会消失。总体而言,土地所有者(finqueros)会更喜欢印第安人在无须预付工资情况下工作的制度,但印第安人则坚决抵制,如果他们必须工作并且只有一笔债务保护他们免受合同的侵害,他们将从种植园中提取尽可能多的钱。政府和雇主拥有军队、电报和连发步枪的强制威慑力。但是本地居民人口众多,并且他们意识到如果没有他们的参与,出口经济将会崩溃。

少数人使用实际或威胁性暴力来强迫他们认为在文化和种族上低劣的大多数人口为他们打工,这种关系注定会带有紧张气氛。精英们认为印第安人懒惰、愚蠢、肮脏和酗酒:"印第安人是贱民,躺在吊床上,喝着玉米啤酒。"[21]他们发现最简单的假设是,他只能受到威胁和暴力的驱使。农场主叫他们蠢猪,工头经常扇工人耳光、殴打他们、将他们扔进监狱,或者将他们捆绑起来,以惩罚他们真实的或想象中的违规行为。雇主长时间要求印第安人工作,给他们分配过多的任务,在他们采摘的咖啡重量上做手脚或利用印第安人的知识匮乏来操纵他们的债务记录而欺骗他们。[22]难怪当危地马拉签署了1923年禁止强迫劳动的《华盛顿公约》时,种植园主们一度感到担忧。

大部分虐待是结构性的,几乎是无意识的。因为种植园主的种族主义使他们认为印第安人生活在肮脏的环境中,所以种植园只能为临时工提供最简陋的住房,通常是一个敞开的棚子,让他们杂乱地挤在一起,但两边是敞开的,工人们暴露在自然环境中。雇主为负债累累的工人提供的食物通常不足,饮用水则被肥料或化学药品所污染。如果他们抱怨,工头就叫他们"吃屎"。[23]卫生设施很差或根本不存在。在这种情况下,包括疟疾、痢疾和天花在内的疾病猖獗,在科斯塔和高地之间奔波的工人将疾病传播到广大地区。[24]为了提高效率或保护自己的健康,种植园主做出改进,例如挖厕所或给工人接种疫苗,他们通常不向其认为太愚蠢而无法理解的印第安人解释这些变化,从而抹杀了大部分可能带来的好处。

尽管大多数季节性劳动和手工劳动是由男人完成的,但妇女在咖啡经济中也可以工作。起初,他们从附近的村庄招聘一些临时工,但随着生产的扩大,在男性占优势的家庭中,女性更有可能从事咖啡劳动。妻子和孩子通常与男人一起在田里劳作以偿还理论上可能是男人的债务,但实际上所有这些都被视为家庭义务。如果该男子去世,雇主有时会试图强迫妻子或孩子为未偿还的余额承担责任。[25]这是违法的,但家庭成员通常是默许的,因为这为他们提供了额外的垫款,或者对定居者来说,是因为它保证了他们可以继续获得土地以维持生计。在极端情况下,男人将妻子或女儿"卖"给招聘人员,收取预付款,使不知情或抗议的妇女负有债务和劳动义务。有些妇女,特别是单身母亲或寡妇,会自己与农场签订合同,采摘收成,在整理的过程中,把坏咖啡豆筛选出来,或为劳工团队做饭。所有人都遭受过性骚扰的威胁或被性骚扰,都承受着劳动债务的压力。在工作方面,一位妇女感叹道,我们"与男子应享有同等的法律权利"[26]。

但是,如果认为本地妇女或男子在所有情况下都只是被动的受害者,那就错了。诚然,他们很少公开反抗,无论是反对土地入侵、劳工要求,还是反对政府官员的滥用职权。这样做,尤其是在1871年之后,随着国家镇压能力的扩大,会招致毁灭。公开反抗很可能会淹没在鲜血中,但还有其他更有效的抵制方法。有时工人被叫到农场时拒绝离开社区,或试图延迟离开,而如果受到迫害,无论是逃到一个无人居住的地区还是逃离边境,他们都可以轻易地逃避;一位官员承认,劳动压力"促使许多印第安人移民到墨西哥和英属洪都拉斯"[27]。包工头通常拥有法律和国家的支持,但在村子里,他只能靠自己了。大多数人本身在社会上就处于边缘地位,如果他们在一个夜晚消失,也不会引起骚动,双方都知道这一点,双方更多的是促成谈判,而不是单方面提出要求。[28]在农场里,工人经常做事拖拉、破坏或逃跑,这有时会促使雇主在晚上监禁整个团队,以防他们逃跑。[29]

如果说不是最具戏剧性的话,最常见、最有效的当地反抗形式就是请愿书。这一策略在殖民时期得到了完善,当地社区、家庭和个人向地方官员、州长和总统散发抗议文件,并反复进行个人上访,有时甚至跑到首都。他们在这些演讲中控诉了他们所说的农场、招募者或地方当局对他们的虐待,并乞求官方干预,为他们伸张正义。他们当然也要谨慎地承认,他们所投诉的官员可能不知道这些虐待行为,因为他们是腐败下属和贪婪蠢猪的受害者。这些请愿书引起了收件人的注意。他们知道,如果压迫得太厉害,印第安人可能会诉诸暴力,也许是大规模暴力,就像19世纪30年代的卡雷拉起义[31]和20世纪在墨西哥南部断断续续爆发的"种姓战争"一样。但是,如果轻易让步,就会损害国家和精英权威。相反,这些请愿通常是在社区、工人、雇主和国家之间的谈判过程中发起的,或是谈判过程的一部分。几百年的殖民统治让每一方都大致准确地知道,在不导致谈判破裂的情况下,他们能推进多少和走多远。偶尔发生误判或误解,但典型的是,这些请愿给季节性工人带来了每小时多几美分的承诺,或者要求雇主停止一些特别恶劣的虐待行为,还有严厉的警告,要求印第安人立即向农场报告并履行他们的合同。一般而言,他们确实做到了,尽管所有人都知道,这些谈判可以并且可能会在不远的将来的某个时候再次开始。

临时性有偿劳动对工人及其家庭和社区的影响是复杂而矛盾的。[32]前往科斯塔的男人和女人遭受疾病以及身体和语言的虐待。他们还面临着文化荒漠化的困惑,尽管临时工由于在社区帮派中工作的趋势,以及由于他们离开村庄的时间相对较短而对临时工的影响有所减弱。对于一些工人来说,工资使他们有机会获得新的消费品并创造新的"需求",而另一些工人则有一些积蓄并购买了土地或农业设备。不过,最普遍的是,农场的工资和食物配给只是为了弥补高地村庄家庭生活的不足,因为现在不断增长的人口迫使资源减少。临时性的劳动力使当地社区能够支持原本不可能支持的人口,但是这使他们容易受到就业率下降的影响。

除了简单的生活之外,家庭获得有薪劳动的最显著的影响也许是对世代关系的影响。年轻人不再需要等待数年或数十年严格服从他们的父亲,以希望继承土地的权利,这在传统上形成巨大的紧张关系。现在,他们可以根据需要找到其他工作,或者他们可以积累足够的钱来购买自己的土地。

至于社区,农场的临时有偿性工作往往会耗尽高地经济所需的劳动力,有时是在播种或收获周期的关键时刻。它还加剧了疾病和酗酒问题,以及加剧了任何新货币化经济中固有的日益增长的社会经济分化的紧张局势。从积极方面来看,工资使村庄有更多的钱可用,其中一些钱用来加强社区机构,比如宗教兄弟会(cofradias)或购买诉讼土地。最重要的是,这使得高地能够供养更多的人口,而不是仅仅依靠当地的资源。

危地马拉的诫命一直持续到第一次世界大战之后的数年。受"百万之舞"(Dance of the Millions)事件之后的咖啡价格暴跌,以及全球流感流行和长期独裁者曼努埃尔·埃斯特拉达·卡布雷拉(Manuel Estrada Cabrera)倒台的影响,在20世纪20年代初激起了对该国劳动制度的重新思考。一项新政权废除了农业强制雇佣劳动力[33],无论如何,现在大多数种植者等同于被政治领导人勒索。报纸上就废除债务和实行自由劳动,即"自由劳动"的可能性展开了前所未有的辩论。[34]这些文章并非从资本主义的角度考虑自由劳动,而是安排强制性雇佣劳动,印第安人——现在也适用于贫穷的拉美裔人——在这种安排中没有预付款或债务。这种制度可能对所有参与者都有好处,但是从种植者的角度来看,它以强有力的流浪法律和能够执行该法律的政治制度为前提,危地马拉在20世纪20年代初期都没有这种制度。种植园主和印第安人从根本上来说都是保守派,那些年来,这个国家卷入了一场最终未能成功的政治民主尝试,因此当咖啡价格在1924年反弹时,争论逐渐平息,债务的"习惯"重新确立。

问题在1929年以后再次出现。危地马拉比其他许多咖啡初级生产者更好地渡过了萧条时期[35],但20世纪30年代初收入下降促使咖啡种植者再次质疑劳动力成本并寻找降低成本的方法。20世纪20年代的人口普查使雇主和国家意识到了本地人口的增加,从而为结束劳动力短缺提供了可能。经过工资经济工作的一代人之后,危地马拉的许多印第安人,无论是作为个人还是作为群体,已经获得了只有现金才能满足的需求。在1931—1932年间,他们敲开了农场的大门,却发现找不到工作。但是当改革来临的时候,他们只迈出了半步。1934年5月,独裁者豪尔赫·乌比科(Jorge Ubico)将军结束了劳工债务并建立了自由工作制度,正如20世纪20年代初期的辩论所概述的那样:农村男人、印第安人和拉美裔人,都可以自由地按自己的意愿工作,但不能证明他们有权获得相对大量的土地,或者没有从事豁免职业或贸易的人被要求在出口种植园里一年至少工作100~150天以赚取工资。[36]

政府为此出台了一项严格的新流浪法律[37],通过强制性身份证和工作记录以及警察检查站和扫荡农村地区的方式来执行。但是,尽管有该法律,印第安人仍然拒绝在没有预付款的情况下去农场工作。州政府在这个问题上做出了让步,但将这些债务限制在几个月内就能还清的范围内,而且不会强制执行长期劳动债务。当地人民欢迎这些变化,不仅是因为他们现在要求非印第安人和印第安人都必须工作,他们重视工作,而且新法律似乎更公平:"当乌比科进入政府时,发生了变化,因为他在宪法中创建了一个使工作神圣化的条款。"[38]销售工作文件很快就显示出,出口经济对劳动力的需求与那些土地很少、不得不寻找雇佣劳动力的印第安人和拉美裔人之间出现了一种新的平衡。

尽管印第安人认为新法律是对旧法律的改进,但他们仍然抵制强迫劳动。许多人躲藏起来,试图避免可能被迫出示工作记录的情况:"幸存者就像蜥蜴一样藏在岩石中,只是抬起头来窥视搜寻更多工人的危险。"[39]其他人则贿赂当地官员,证明他们没有土地或职业,或购买伪造的证件。雇主与工人达成协议,同意支付比实际更低的工资,但记录在他们账本上的天数比实际工作的天数要多。政府希望新法律能够吸引在墨西哥和英属洪都拉斯避难的移民返回,但很少有人这样做。那些被指控流浪的人有时会作精心而成功的辩护,法院竭尽全力地帮助被告获得可以证实其主张的证据。[40]

新法律给社区带来了变化。效果之一是扭转了半个世纪以来拉美裔人向西部高地城镇迁移的趋势,这样做可以利用现金的增加所带来的招聘和商业机会。对包工头和承包商的依赖完全消除了,这取决于负债累累的客户。从原住民较富裕的人群中走出来的拉美裔人进入那里,接管了劳动力的招聘,包括小商店和贸易的管理,并利用政府积极的道路建设活动来建立卡车和公交线路。[41]随着价格上升幅度的降低和大部分人口日益贫困,这些活动的利润比以前少了,但仍比自给农业或易货贸易的利润多,而且也免除了流浪法的约束。其结果是,一方面使许多城镇的地方经济"重新印第安化",同时加速了当地居民之间的社会经济分化,并增加了这种分化所导致的冲突的可能性。

直到1944年革命之后,精英阶层才最终放弃了法律上的强制劳动。确实,这是新政府开始讨论的第一个主题。关于印第安人的落后和懒惰,以及他们不愿为工资工作的旧争论重新浮出水面,但时代变了。[42]一方面,现在很明显,西部高地和阿尔塔维拉帕兹的人口正在迅速流失,资源不足。1950年的人口普查证实了这一点:该国几乎一半的农业人员种植了两块(一块约等于1.7英亩)或更少的土地,到20世纪末,只有20%～30%的西部高地印第安人有足够的土地养家糊口。[43]

年轻的革命者致力于将危地马拉转变为现代资本主义经济,包括自由劳动,但要循序渐进。他们废除了作为招募劳动力工具的流浪法[44],但对可能影响出口或疏远强大的农业精英的改革犹豫不决。例如,政府批准了针对城市工人的工会,但不批准针对农村工人的工会。相反,人们希望土地改革能够解决农村问题。第一步是制定法律,要求出租未使用的土地。然后在1952年,新的阿尔本斯(Arbenz)政权颁布了第900号法令,这是拉丁美洲历史上最全面的土地改革之一,尽管其中一项改革仍处于资本主义制度的范围之内。至1954年6月,约有10万户家庭获得了75万英亩的社区或个人财产,并且正在征用更多土地。[45]政府承诺提供信贷、道路和农业推广服务，以使改革更加有效。然而，由于冷战的紧张局势，在美国支持的流亡入侵和军队政变的打击下，革命失败了。白色恐怖使土地改革退步并废除了大多数劳工权利。

1950年的经济状况在接下来的几十年中明显加速增长，不平等现象加剧。人口几乎成倍增长，从1950年的280万增加到20世纪80年代中期的850万，因此人均获得土地的机会继续下降。在采取措施解决土地短缺的压力下，革命政府推动了殖民计划，将印第安人安置在该国大部分无人居住且偏远的北部地区。但是，在20世纪70年代，当得知该地区的某些地方似乎拥有重要的石油储备时，军队驱逐了定居者，无地和失业寻求工作的人数增加。[46]在西部高地进行研究的人类学家报告说，现在根本不需要强制招聘工人，只要把一辆卡车停在村庄广场上，通过当地电台宣布种植园所需的所有季节工就足够了。[47]但是，法外胁迫并没有消失，特别是在那些武装警卫试图阻止劳工组织罢工的出口资产领域上。

20世纪60—70年代，在大小城镇中，死刑小组杀害了数百名工会领袖和政治活动家。[48]到20世纪70年代末，紧张局势变得难以忍受，城市地区和农村地区爆发了罢工，20世纪60年代受到镇压的左翼游击队再次出现在西部高地。危地马拉爆发了暴力事件，并陷入内战的恐怖之中。到80年代中期，战争已经毫无结果地平息了，但对罢工和劳工组织的镇压仍在继续，这让危地马拉成为南半球劳工（或仅仅是人权）记录最糟糕的国家之一。数以万计的因战争或高地经济破坏而流离失所的人争先恐后地在城市"非正规部门"中生存，或在科斯塔的咖啡、甘蔗和棉花种植园寻求工作。危地马拉出现了自由劳工。

在各种各样广泛支持的生产计划中，从大型的奴隶种植园到家庭农场，咖啡在热带出口商品中也许是独特的，所有这些都可以使之有利可图。如果说在19世纪末，巴西生产大量咖啡并主导市场，而哥斯达黎加为自己找到了一个小而高质量的市场，那么危地马拉的经验就介于两者之间。到20世纪初，该国已成为世界第四大咖啡出口国，产品在欧洲受到了高度评价，以至于许多产品是以单个农场的名义销售的。这种能够在保持高质量的同时将相对大规模的生产结合起来的能力是可能存在的,因为成千上万名印第安人被国家权力、"惯例"和1930年后越来越多的"需求"强迫从事咖啡劳动。这是低成本但不便宜的劳动力;危地马拉按生产力排名在20世纪10—20年代远远落后于邻国。但劳动力是可以得到的,这确实让危地马拉的精英们能够出口大量高质量的咖啡,从而在世界市场上获得较高的价格。这一过程也使当地居民陷入贫困,并有可能破坏一种有着数百年历史的文化。

注释:

〔1〕危地马拉的早期咖啡历史,参阅 Ignacio Solís, *Memoria de la Casa de Moneda de Guatemala y del desarrollo económico del país*, 6 vol., (Guatemala City, 1979); Julio C. Castellanos, *Coffee and Peasants in Guatemala* (Stockholm, 1985); and David McCreery, *Rural Guatemala, 1760–1940* (Stanford: Stanford University Press, 1994), chap. 6。

〔2〕Most evident and most successful were Germans: Regina Wagner, *Los alemanes en Guatemala, 1828–1944* (Guatemala City, 1991)。

〔3〕Mauricio Dominguez, "The Development of a Technological and Scientific Coffee Industry in Guatemala, 1830–1930," Ph.D. diss., Tulane University, 1970.

〔4〕关于哥斯达黎加,参阅 Ciro Flamarión Cardoso, "The Formation of the Coffee Estates in Nineteenth-century Costa Rica," in K. Duncan and I. Rutledge, *Land and Labour in Latin America* (Cambridge, U.K.: Cambridge University Press, 1977);关于波多黎各,参阅 Laird Bergad, *Coffee and the Growth of Agrarian Capitalism in Nineteenth-Century Puerto Rico* (Princeton: Princeton University Press, 1983);关于哥伦比亚,参阅 Marcos Palacios, *Coffee in Colombia, 1850–1970* (Cambridge, U.K.: Cambridge University Press, 1980);关于比较,参阅 Stanley Stein, *Vassouras: A Brazilian Coffee County, 1850–1900* (Cambridge: Cambridge University Press, 1957), and Warren Dean, *Rio Claro: A Brazilian Plantation System* (Stanford: Stanford University Press, 1976);关于危地马拉地产的规模,参阅 *The World's Coffee: Studies of the Principal Products of the World Market*, no. 9 (Rome, 1947), 136。

〔5〕Archivo General de Centro América (hereafter AGCA), Tierras, 5989 52765.

〔6〕以一个城镇的斗争历史为例,详见 AGCA, Ministerio de Gobernación (hereafter MG), 28564 153 and 157, 28588 135, 28589 234, 28593 120 and 145, and 28595 37 and 39。

〔7〕Jefes Políticos 在 AGCA 上的论文,按部门和年度组织,为社区举行数百次关于土地流失的抗议活动。参阅笔记 McCreery, *Rural Guatemala*, chap. 8。

〔8〕参见 E. Bradford Burns, *Eadweard Muybridge in Guatemala, 1875* (Berkeley: University of California Press, 1986)的照片。

〔9〕Murdo MacLeod, *Spanish Central America: A Socioeconomic History, 1520–1720* (Berkeley: University of California Press, 1973), chap. 2.

〔10〕种植园主和州政府经常因为印第安人缺乏"文明需求"而感到沮丧。案例参阅 Antonio Batres Jáuregui, *Los Indios: Su historia y su civilización* (Guatemala City, 1893)。

〔11〕关于这一现象,参阅 Elliot Berg, "Backward Bending Labor Supply Functions in Dual Economies: The African Case," *Quarterly Journal of Economics* (Aug. 1961): 468–92。

〔12〕*Recopilación de las leyes de Guatemala* (Guatemala City, 1881), vol. 1, p. 457.

〔13〕关于危地马拉殖民时期的赔款问题,参阅 Lesley Bird Simpson, *Studies in the Administration of New Spain*, vol. 3: *The Repartimiento System of Native Labor in New Spain and*

第八章　危地马拉的咖啡和当地劳工：1871—1980 | 215

  Guatemala (Berkeley: University of California Press, 1938)。

〔14〕*Recopilación...Guatemala*, vol. 2, pp. 69–75.

〔15〕*Diario de Centro América* (Guatemala City), Jan. 29, 1919.

〔16〕在villages of Santa María de Jesus and San Lucas Sacatepéquez against finca Mauricio 这个案例中含有对于反对命令条件的典型系列抗议，参阅 AGCA, Jefe Político, Sacatepéquez, 1886, Santa María, Aug. 20 and 21, 1886, and San Lucas, May 10 and Aug. n.d., 1886, and the responses of the owner E. Lehnoff, June 21, Aug. 23, and Sept. 1, 1886。

〔17〕*Diario de Centro América*, Feb. 22–24, 1894.

〔18〕Robert Burkitt, "Explorations in the Highlands of Western Guatemala," *Museum Journal* (University of Pennsylvania) 21, no. 1 (1930): 58–59.

〔19〕Arden King, *Cobán and the Verapaz: History and Cultural Process in Northern Guatemala* (New Orleans: Middle American Research Institute publication no. 37, 1974), and Guillermo Nañez Falcón, "Erwin Paul Dieseldorff, German Entrepreneur in the Alta Verapaz of Guatemala, 1889–1937," Ph.D. diss., Tulane University, 1970.

〔20〕Burkitt, "Explorations," 45.

〔21〕*Diario de Centro América*, April 19, 1892.

〔22〕关于印度人如何被欺骗的尖刻评论，参阅 *Diario de Centro América*, May 3, 1919。

〔23〕AGCA, B119.21.0.0 47749 350.

〔24〕20世纪30年代，一位在奇奇卡斯特南戈（Chichicastenango）高地社区工作的人类学家报告说，除了疟疾之外，这个村庄没有其他疾病，这些疾病是由从海岸返回的工人带来的; Ruth Bunzel, *Chichicastenango: A Guatemalan Village* (Seattle: University of Washington Press, 1952), 143。

〔25〕E.g., AGCA, B119, 21.0.0 47751 119.

〔26〕AGCA B119.21.0.0 47811 106.

〔27〕Ministerio de Agricultura, *Agricultura-1902*, 41–42.

〔28〕关于屠杀了一些定居爱好者并激起了政府的暴力反应的事件，参阅 David McCreery, "Land, Labor, and Violence in Highland Guatemala: San Juan Ixcoy (Huehuetenango), 1890–1940," *The Americas* 45, no. 2 (Oct. 1988): 237–49。

〔29〕要了解一个特别戏剧性的逃离种植园的故事，参阅 Juan de Dios Rosales, "Notes on Aguacatán," Microfilm Collection of Manuscripts on Middle American Cultural Anthropology, University of Chicago, no. 24。

〔30〕许多例子可以在 AGCA 的 *jefes políticos* 的文件中找到。

〔31〕R. L. Woodward, *Rafael Carrera and the Emergence of the Republic of Guatemala, 1821–1871* (Athens: University of Georgia Press, 1993).

〔32〕一些人类学研究部分地处理了社区劳动和生活之间的关系。其中包括 Richard Appelbaum, *San Ilde-fonso Ixtahuacán, Guatemala* (Guatemala: Cuadernos del Seminario de Integración Social Guatemalteca, no. 17, 1967); Bunzel, *Chichicastenango*; Robert Carmack, ed., *Harvest of Violence: The Maya Indians and the Guatemalan Crisis* (Norman: University of Oklahoma Press, 1988); Benjamin Colby and Pierre van den Berghe, *Ixil Country: A Plural Society in Highland Guatemala* (Berkeley: University of California Press, 1969); Ricardo Falla, *Quiché rebelde* (Guatemala City, 1978); Jackson Lincoln, "An Ethnographic Study of the Ixil Indians of the Guatemalan Highlands," Microfilm Collection of Manuscripts on Middle American Cultural Anthropology, University of Chicago, no. 1; Douglas Madigan, "Santiago Atitlán: A Socioeconomic History," Ph.D. diss., University of Pittsburgh, 1976; Maude Oakes, *The Two Crosses of Todos Santos: Survivals of Mayan Religious Rituals* (Princeton: Princeton University Press, 1951); Jean Piel, *Sacabaja: Muerte y resurrección de un pueblo de Guatemala, 1500–1970* (Guatemala City, 1989); James Sexton, ed., *Son of Tecun Uman* (Tucson: University of Arizona Press, 1985); Waldeman Smith, *The Fiesta System and Economic Change* (New York: Columbia University Press, 1977); Charles

Wagley, *The Economics of a Guatemalan Village* (Menosha, Wis.: American Anthropological Association Memoir no. 58, 1941); Kay Warren, *The Symbolism of Subordination: Indian Identity in a Guatemalan Town* (Austin: University of Texas Press, 1978); and John Watanabe, *Maya Saints and Souls in a Changing World* (Austin: University of Texas Press, 1992)。

〔33〕农业的指令终结的证据是间接的，因为从理论上讲，自1894年的劳动法以来，相关指令就是非法的，政府经常否认它们的存在，参阅 McCreery, *Rural Guatemala*, 302。

〔34〕参阅，尤其是 *Imparcial* (Guatemala City), Guatemala's first modern newspaper。

〔35〕Victor Bulmer-Thomas, *Political Economy of Central America since 1920* (Cambridge: Cambridge University Press, 1987), chaps. 3 and 4.

〔36〕Rosendo Mendez, *Leyes vigentes de agricultura* (Guatemala City, 1937), 214-15.

〔37〕Ibid., 244-47.

〔38〕Warren, *Symbolism*, 149.

〔39〕来自Ben Pau教授提供给作者的一份未发表的手稿。

〔40〕参阅的许多案件在de los Tribunales档案中，目前是存在AGCA。

〔41〕For a more recent, if unsuccessful, example of such entrepreneurship, see Sexton, ed., *Son of Tecun Uman.*

〔42〕参阅案例 *El Imparcial*, May 2, 1945。

〔43〕Appelbaum, *San Ildefonso Ixtahuacán*, 18.

〔44〕Augusto Zelaya Gil and Manuel Antonio Lucerno, eds., *Resumen de leyes de la República, clasificados y anotados por secretarías* (Guatemala City, 1955), 255.

〔45〕Jim Handy, *Revolution in the Countryside: Rural Conflict and Agrarian Reform in Guatemala, 1944-1954* (Chapel Hill: University of North Carolina Press, 1994), 94-95.

〔46〕关于北部定居点的暴力事件，参阅Ricardo Falla, *Massacres in the Jungle: Ixcán, Guatemala, 1975-1982* (Boulder, Colo.: Westview Press, 1994)。

〔47〕由 John Watanabe 教授向作者报告。

〔48〕关于危地马拉的政治暴力，参阅 Susanne Jonas, *The Battle for Guatemala: Rebels, Death Squads, and U.S. Power* (Boulder, Colo.: Westview Press, 1991)。关于最近的情况，参阅 www.amnesty-usa.org。

【作者】 David McCreery

第九章

自上而下与自下而上的父权制——尼加拉瓜咖啡种植园的债务劳役：1870—1930

第九章　自上而下与自下而上的父权制

在拉丁美洲，咖啡生产涉及各种各样的阶级关系。* 在解放奴隶之前，巴西种植园的许多工人是奴隶，废除死刑之后，大多数人成了定居者。[1] 19世纪，在哥斯达黎加、委内瑞拉和哥伦比亚的部分地区，咖啡主要由家庭农场生产。[2] 在尼加拉瓜、危地马拉和萨尔瓦多，大多数咖啡是在大型种植园生产的，这些种植园依靠强迫劳动和债务劳役。[3] 尽管咖啡生产社会的阶级特征存在很大差异，但在性别特征上有一些惊人的相似之处。

拉丁美洲咖啡经济中的性别关系主要来自自然与文化的结合：咖啡生产的本质和父权制文化。从本质上讲，咖啡收割一直是一个艰苦的过程，一次只能对一个咖啡果（含咖啡豆）进行采摘和分拣。在许多地方，这一生产阶段往往是妇女和儿童的工作，部分原因是她们的"灵巧手指"和低薪劳动力。[4] 尽管在父权文化和意识形态方面存在差异，但在拉丁美洲的咖啡产区，父权社会的特征具有很大的相似性。[5]

较早的历史记录表明，咖啡生产中的劳动力主要是男性。[6] 但随后的研究推翻了这一观点，表明妇女在劳动过程中起着重要的作用，有时甚至是主要的作用。[7] 本章通过研究作为尼加拉瓜最早的咖啡生产区之一的格拉纳达省的一个城市迪里莫（Diriomo）债务负担的父权制特征，对咖啡生产地区的两性和阶级关系进行了研究。迪里莫是洛斯普韦布洛高原（Plateau de Los Pueblos）上众多社区之一，该地区横跨格拉纳达（Granada）、马那瓜（Managua）、卡拉佐

---

* 感谢 Robbie Gray、Donna Guy、Turid Hagene、Colin Lewis、Eugenia Rodriguez、Steven Topik 和 John Weeks，以及剑桥大学出版社的审稿人对本章内容的初稿给予的非常有价值的意见。

(Carazo)、马萨亚(Masaya)的咖啡产区。迪里莫的这个故事在许多方面是尼加拉瓜的大型咖啡种植园和农民社区的历史。[8]

尽管在尼加拉瓜的社会范围内,父权权威的法律适用于各阶层的男女,但父权的做法却因阶级和种族的不同而大相径庭。[9]为了强调父权制的社会分化,我称之为自上而下的种植园主父权制和自下而上的农民父权制。自上而下的父权制是尼加拉瓜咖啡种植园劳役阶级、种族和性别特征的中心。自下而上的父权制则促进了劳工的性别特征和农民家庭生产的时代特征;在尼加拉瓜和其他拉丁美洲国家,这往往使妇女和儿童进入而不是从咖啡行业的劳动大军中退出。

研究分为五个部分。第1节探讨了拉丁美洲的父权制及其司法基础。第2节介绍了尼加拉瓜的土地私有化和债务劳役,重点是迪里莫。第3节分析了自上而下的父权制,特别是保护和暴力的庇护做法如何增强种植园主对农民的阶级和性别统治。我在其他地方也谈到过基于财产的父权制的种族维度。[10]第4节自下而上分析了父权制:男性农民的父权制如何使他们将妻子和子女置于债务劳役之下。第5节考察了迪里莫地区以女性为户主的家庭的高发生率,以及普遍的男性特权在多大程度上影响了女性的劳役和家庭地位。

父权法律与实践

我对父权制的定义有五个方面。[11]父权制是基于高层男性对女性和从属男性的统治。父权权威是由法律、经济、政治、社会和性权利、特权和义务组成的。父权制在家庭、地区和民族国家的综合领域中具有不同的含义、表现形式和后果。父权制具有历史偶然性和社会特殊性:父权制的实践因时代、阶级、种族、民族和世代而异。最后,父权制关系是动态的:男人和女人不断地重新协商父权制的统治和从属地位。

性别不同于父权制,但与父权制有关。性别由男女差异和不平等(包括但不限于性别差异)的物质实践和意识形态构成并再现。就像父权制一样,性别角色和关系在历史上也在不断变化,在社会上是特定的,并且不断地进行重新协商。历史学家普遍认为,父权制即使不是造成性别不平等的主要原因,也是原因之一。但是,他们对父权制在构成阶级、种族差异和不平等方面的作用都关注较少。

为了理解尼加拉瓜社会的性别和阶级动态,本节考察了咖啡种植园主对男性和女性工人在劳动、身体、工资方面的控制,以及农民对他们妻子和孩子的劳动、身体和工资的控制。父权制的双重视角(自上而下和自下而上)凸显了尼加拉瓜社会秩序的特征,而历史学家们则基本上忽视了这些特征。

父权制是拉丁美洲殖民和后殖民时期社会和司法秩序的基本原则。在19世纪独立后,父权制在许多方面变得强硬而不是软化。[12] 在19世纪下半叶,以咖啡生产为特征的时代,父权制法律和惯例趋于采取更多的专制形式。每个家庭中的年长男性,从最高到最低(奴隶制除外),对妻子、子女和其他受抚养者拥有广泛的权力。拉丁美洲的家庭法建立在父权制的基础上——大致可以翻译为族长的权力。[13] 父权制在法律上要求妻子服从丈夫、子女服从父亲。族长是高级男性,是其家庭每个成员的监护人和法定代表人;他是国家在家庭中的代表,也是家庭成员在国家和公共领域中的代表。只有族长才有权建立契约关系和管理财产。因此,他签署合同,并控制家庭中每个成员的财产和劳动。此外,家庭的家长有法律义务在家庭领域内维持纪律。为此,族长不仅被允许,而且有义务惩罚他们认为合适的成员。尽管法律禁止过分残暴的行径,但在一定范围内,无论地位高低,族长都是他们领域的主人。拉丁美洲政治体系的框架建立在这样一个前提下,即社会在最基本的层面上由男性户主统治。[14]

矛盾的是,19世纪下半叶在整个地区进行的自由改革倾向于在许多关键领域加强父权制。在许多国家,法学家修改了民法典,以加强丈夫对妻子的身体、劳动、工资和财产的控制。尽管对成年儿子的父权制有所放宽,但未婚女儿一生都要服从父权制——除非在法律上"解放",即由父亲授予其独立权。此外,如果成年子女不服从父亲的话,他可以要求国家强制执行他的意愿。根据该地区的宪法,尼加拉瓜1858年的宪法规定,如果一个人收买了他父亲的权力,他将被剥夺公民权。[15]总之,拉丁美洲的法律传统确立了男性长者对女性和下属男性的权威。为了贯彻这一原则,新共和国的宪法赋予父权在国内和公共领域广泛的权力。

对于已婚妇女来说,父亲的死亡或婚姻都不会带来解放,因为丈夫对其妻子行使了父权制。从法律上讲,妻子的处境与孩子大致相同,尤其是在财产、劳动和个人等方面权利缺乏。1867年尼加拉瓜《民法典》的序言中阐明了妻子与孩子之间的对等关系,其中指出:"妻子必须像未成年人一样服从丈夫的监护。"[16]

父权制对女性的主导根据两个标准存在高度的差异:妇女的婚姻状况和荣誉,意味着性的尊严。本文分析了前者,对于后者——女性的荣誉及其在父权制权力的再造中的角色——只是一带而过。然而,这里"女性荣誉"的两个方面是切题的。首先,在殖民时代,衡量荣誉和体面的正式标准会因种族归属而异,其实在民族独立后也是如此,只是不那么正式而已;其次,妇女的合法权利和特权取决于"公众"对其荣誉的看法。实际上,"公众"对妇女荣誉所作出的判断完全取决于社区的族长。

回到父权制与婚姻状况之间的关系,丈夫的去世可以在某些意义上使已婚妇女从男性的直接权力中解放出来,尽管在家庭内部比家庭之外更多。寡妇(以及合法解放的未婚成年女性)的权利与成年男性的权利相似。寡妇被允许管理财产、签订合同和领取工资。然而,在一个重要方面,寡妇和单身女性仍然合法地归于男性管辖。与其他地方一样,在尼加拉瓜,任何妇女都不得行使父权。直到20世纪初在尼加拉瓜以及在该地区的其他国家,寡妇和未婚妇女还没有对其子女拥有合法权利。在以女性为户主的家庭中,父母的权力移交给了年长的男性,即使他与家庭没有血缘关系。这种做法的社会和法律依据是妇女像儿童一样,即在法律上被定性为准未成年人。因此,她们既没有资格,也没有能力对他人行使权力。剥夺妇女家长权的实际效果是,未婚母亲和寡妇负有抚养子女的法律责任,但缺乏对子女的司法权威。

1904年尼加拉瓜的《民法典》进行了部分修订,使已婚妇女摆脱了丈夫的统治。此后,妻子可以在未获得伴侣同意的情况下管理财产并签订合同。但是,妇女不能行使对子女的权力,除非有所铺垫——父亲去世或被宣布精神上无能力。[18] 对《民法典》的修正最终在1940年赋予父母对子女的共同权力。

尽管修改了父权制法律,但尼加拉瓜的司法系统仍保留着男性权威。直到20世纪末,只要丈夫的行为不是特别明目张胆,甚至连男性通奸都是合法的。用一位法律学者的话说:"当丈夫在家庭之外有一个情妇,并且在没有公开丑闻的情况下,他不会受到法律的起诉。"[19] 这种宽容与将女性通奸定为犯罪形成鲜明对比。妻子的不忠,甚至公众认为她的行为不雅,也构成离婚的理由。在这种情况下,法官经常对妇女施加严厉的惩罚。例如,当法官裁定一名妇女的名誉受到侵犯时,他们常常拒绝所谓的犯罪分子接近她的孩子。而且,如果她被丈夫、父亲或兄弟谋杀,法律允许法院给予谋杀者豁免权,理由是公众对女性猥亵行为的看法给整个家庭带来了耻辱。

尼加拉瓜的司法制度符合地区法学。尽管一夫多妻制在拉丁美洲被禁止,但在许多国家一夫多妻制享有广泛的事实上的法律保护。通奸法对所有社会的家庭模式都有深远的影响。在尼加拉瓜,男女在婚姻内外的性权利之间的矛盾促使重男轻女的做法正常化,包括对妇女和儿童的家庭暴力。

关于正式的政治参与,直到20世纪中叶,在许多拉美国家,只有有财产的、专业的和有文化的成年男性才有资格投票、任职并参与民族国家的正式政治事务。在尼加拉瓜,任何妇女,不论阶级或婚姻状况,都不能投票或担任国家公职,直到1954年。法律和法外的父权制框架限制了尼加拉瓜的债务劳役的阶级和性别特征。

自耕农:债务劳工

咖啡生产的扩大释放了土地私有化的过程,该过程创造而不是破坏了尼加拉瓜有土地的农民（自耕农）。[20] 在咖啡热潮之前，迪里莫的社会按阶级阶层进行了适度的分层，但明显是按性别和种族划分的。尽管贫富悬殊，但在迪里莫印第安社区的支持下，几乎所有家庭都享有共同财产权。对于大多数迪里莫人而言，日常生活取决于家庭对自给自足的生产，对耕地、水路、林地、人行道和牧场的广泛共同权利。

随着19世纪咖啡种植园的扩张，土地和劳资关系的动荡加剧了迪里莫的阶级和性别分层。这些相同的动荡逐渐侵蚀了种族差异的社会意义。大约在20世纪初，尼加拉瓜政府裁定私有财产是唯一合法的土地所有权形式。为此，它在法律上废除了印第安社区及其共同财产权。与尼加拉瓜西部的其他市镇一样，在迪里莫，消除印第安人的土地权为印第安人社区敲响了丧钟。[21]

私有土地财产的兴起加剧了农民的阶层分化；它没有创造出无地农民或农村无产阶级。在20世纪初，当迪里莫的阶级特征变得越来越异质，而种族特征却变得越来越不一样时，大多数迪里莫人生活在贫穷的农民家庭中，这些农民幸存下来，有时居无定所，与中农阶层并存。该镇的精英阶层由中等种植园主组成；这些镇上的父辈管理着政府当局，统治着社区的日常生活。但是，他们不是"统治阶级"。在市镇范围内，蒙巴乔火山（Mombacho volcano）山坡上的大型咖啡种植园主统治着农村社会。这些种植园主主导了地区政治，其中许多人还跻身该国主要政治人物和土地所有者之列。

在迪里莫，咖啡的兴起催生了一个新的社会，即自耕农和大种植园主寄生与共生并存，但前者比后者数量更多。农民自给自足可能使个体种植者能够向苦苦挣扎的雇工支付工资，而雇工只能靠自给自足的农业生存，而不是季节性工资。但是，种植园主从农民的自我供给中获得的任何收益，都被种植园主阶级系统调配农民劳动力所遇障碍的负面影响所抵消。因为最重要的是，农民的自给自足阻碍了农场主增加大量季节性劳动力。随着时间的流逝，咖啡种植园的扩张使迪里莫的许多家庭变得贫困。但是，直到20世纪中叶，农民的生计主要依靠家庭生产，这就是咖啡种植园主的困境。由于农民从事自给自足的农业，种植园主没有现成的临时工大军，他们依靠季节性的有偿劳动来维持基本生存。因此,大型咖啡种植园主不得不以某种方式强迫迪里莫自给自足的农民生产剩余产品——在这种情况下为剩余劳动力。从19世纪70年代到20世纪30年代及之后的时期,格拉纳达的种植园主通过债务拖欠、公开的暴力、家长式统治和国家劳工法案来解决他们的劳工问题,并且基本都是这样。

与危地马拉一样,尼加拉瓜也颁布了法律,迫使农村贫困人口从事种植业。[23]然而,在危地马拉,大多数咖啡种植园的工人是由国家征召的;而在尼加拉瓜,大多数农民是因为负债而被迫从事种植业。迪里莫市政府制定了劳工法案,但这只是一个例外,而不是常规。不像危地马拉那样,国家官员或他们的助手将农民召集起来,让他们去采摘咖啡,而在尼加拉瓜的种植园里,大多数劳动者是在欠债的情况下工作的。在迪里莫,偿债制度依靠武力:国家强制性劳动的力量是父权制权威和债务力量的基础。要求所有农民在咖啡种植园工作的法律是尼加拉瓜政治的一部分,但在很大程度上,这些强制劳工法只是背景摆设。种植者和农民之间的个人安排占据了社会和政治中心舞台。父权制统治着日常生活;他们制约了咖啡种植园主和工人的意识和劳动关系。

尼加拉瓜的劳工关系通常涉及债务,并且始终涉及使该系统正常运转的国家机构。在迪里莫,种植园主通常向农民提供预付现金,农民承诺他们或他们的家属在整个收获季节及以后的时间在咖啡种植园工作,直到用劳动偿清债务。大多数迪里莫人被迫屈服于劳动法,种植园主的权力和农民贫困使得情形每况愈下,从而引发债务困境。1880—1915年,大约有52%的迪里莫人用劳工偿债。

自上而下的父权制

与拉美其他地区的债务危机不同,尼加拉瓜的债务危机比农村资本主义的劳工偿债更加阻碍重重。[25] 1870—1950年,在大约80年的时间里,咖啡种植园主通过性别权利、义务、特权和强迫等手段攫取农民的劳动。这就形成了一个基于阶级和性别的自上而下父权制度。自上而下的父权制不是为无偿劳动创造条件,而是推迟了这一过程。

这种自上而下的父权制在19世纪70年代的迪里莫相对较新。在咖啡生产之前,大多数迪里莫人的日常生活主要由本地社区管理。迪里莫的印第安社区在性别和财富方面并不平等;然而,它的不平等结构不同于拉美裔西班牙人社会。在咖啡彻底改变当地环境和社会之前,西班牙法律中所规定的父权制在很大程度上与迪里莫的日常生活无关。在咖啡生产开始导致迪里莫本地社区的衰落之后,父权制成为种植园与劳工偿债关系的中心。种植园主的父权制和对等制——自上而下的父权制——并非代表着殖民地时代传承的古老社会关系,而是源于咖啡时代的动荡。然而,西班牙传统的父权制法律和习俗促成了迪里莫债务劳工的合法化。随着咖啡生产和对劳动力需求的扩大,种植园主、政府官员和劳工都在努力用不同的方式来重复与父权制相关的传统做法。随着时间的推移,对父权权利和义务的协商过程,促成了尼加拉瓜咖啡区农村社会的重塑。

有时候,父权制的重塑是有目的和有意识地完成的。起草尼加拉瓜强制劳动立法的法学家借鉴了法律和国内父权制的语言,将种植园主对劳工的法律权力编入法典。[26] 新的劳动法赋予种植园主们法律上和精神上的宗法权威。因此,劳动法赋予种植园主拥有传统上由族长享有的权利:可能最重要的是,惩罚受抚养者的权力。此外,根据传统的父权制法律和习俗,要求下级家庭成员服从高层男性,以适应新的种植园主——劳工关系。正如国家要求家庭族长维护他们的家庭秩序一样,国家还要求种植园主承担法律责任,以维持其种植园的纪律。

除了对家庭父权制进行这些明显的重塑外,自上而下的父权制重塑是在立法者和国家的支持下完成的。一种社会进程正在进行,它将传统的高层男性的权力和权威与新地主阶级的权力和权威相结合。在迪里莫,债务劳工的新语言呼应了爱国主义和西班牙重男轻女的法律以及传统的法典和习俗。父权制的权利和义务很快在拉美社会、家庭、宪法和国家建设的政治话语中发挥了超越其传统背景的作用。在迪里莫,对父权权利与义务的新含义和理解成为新兴阶级和种植园劳动性别关系的主要特征。

自上而下的父权制被制度化为合同制劳工义务。种植园主对下属的授权、服从命令的权利以及保护的诺言已写入种植园主与工人之间的合同。父权制、暴力和保护的双重特征在劳工合同的语言中很明显:一方面,工人发誓"服从其主人建立的所有惯例和习俗";另一方面,种植园主许诺"在种植园中向劳工提供援助和救济"。[27]为了促进劳役制度,种植园主和国家重新解释了旧的父权制法律和惯例,以使新的关系合法化。农民们答应服从族长的权威;作为回报,种植园主承担了父权义务和保护他们的雇工的责任,对受抚养人履行义务。在迪里莫,劳役制度依靠顾客与客户之间的纽带,而这并不是市场力量的核心。

债务劳工合同的文本往往是公式化的,因此更多地显示了有关雇主权利和义务的合法性和期望,很少涉及日常习惯。然而,法庭记录的劳资纠纷则在很大程度上揭示了劳动实践的父权特征。值得注意的是,被工人指控违反劳动法的种植园主经常通过强调他们的常规行为来捍卫他们的荣誉和名誉。种植园主详细描述了他们定期给工人提供的帮助或救济。根据种植园主的说法,他们在种植园庆祝节日是父权制实践中的重要体现。许多种植园主向迪里莫的法庭报告,在庆祝活动的高潮中,他们和他们的妻子如何亲自向男女老少的劳工分发酒精、食物、衣服和礼物。[28]

在法庭抗争中,种植园主经常通过试图推翻工人对事件的说法来驳斥渎职的指控。许多种植园主向迪里莫的农业法官解释说,尽管他们的财产账目似乎表明违反了劳动法,但实际上却显示出相反的事实:履行了父权义务。种植园主和种植园管理者曾多次解释或试图解释最初看来是不正规和高度非法的账目,在此过程中,他们重新研究了工人的证据,并将其重新陈述为该种植园父权制的证明。例如,对于扣留工资和篡改工资表(即对雇工债务和劳动报酬的计算)的指控,唐·亚历杭德罗·梅贾(Don Alejandro Mejía)向地方法官解释说,检察官对种植园账簿的解读从根本上歪曲了他的种植园劳动关系的数量和质量。梅贾说,除已付(或未付)的工资外,他给予的报酬包括施舍、食物、衣服和支付给牧师、药剂师、草药师和医生为雇工及其家庭提供服务的各种费用。在正式记录中,他坚持认为这些对父权制的慷慨的计算并没有体现出来。[29] 另一位种植园主奥古斯丁·阿维莱斯(Augustín Avlés)告诉法院说,他所支付的工资核算减少了他的工人薪酬。他说:"我给了这些男人们很多钱,用于酒、食物、疾病、死亡、救助和施舍。"[30]

尽管种植园主有时会就其慈善事业发表演讲,但有相当多的证据表明,种植园主经常向雇工收取救济费。父权制援助是保护人的义务还是工人的权利之争,在迪里莫法庭上的诉讼中尤为突出。争论的问题是,是否应在法律上合法地将父权制保护和援助的费用加到劳工的债务中。[31]

种植园主指责劳工逃离种植园,违反了该国的劳动法,劳工们通常试图获得法律援助来为自己辩护。然而,一般只有那些刚刚降级成为劳工的中农,才会花钱请人在法庭上帮助他们。这些更精明的、一度富裕起来的劳工常常作证说,他们的雇主通过在他们的账户上虚报费用,或者没有记录他们在劳动中支付的债务,非法且故意延长了他们的劳役期限。在这种情况下,劳工的法律顾问通常会要求地方法官查看种植园账簿,但几乎没有种植园主会允许法院查看他们的账簿。然而,在少数允许这种所谓公开——实际上相当私密的——审查工资的人当中,有许多人对他们提供的父权制援助和礼物收取费用。揭露了这种行为后,劳工们谴责了这种滥权行为,称这种滥权是在他们的背后幕后操作并且是违法的。通常,劳工们的自我防卫建立在这样的主张之上:救济援助是种植园主的父权义务和工人的习俗权利的一部分。在父权制的谈判中,工人们把救济援助解释为一种礼物,而不是一种支付手段或贷款。[32] 总而言之,种植园主通常把帮助工人们描绘成父权制的恩惠;然而,这些救济援助和礼物往往取代了工资。

如果父权保护通常只是暗中支付工人劳动报酬,那么迪里莫的种植园主通常会采用更强硬的手段。他们在劳工的合同中加入了明确的条件,即他们提供的所有援助将加到劳工预先收到的原始现金中,从而增加了劳动债务。通过将这项修正案写入合同,种植园主声称他们的行为既不违法也不隐瞒,而是种植园主与工人之间相互理解的一部分。然而，就其本身而言，工人们声称对这些所谓的相互理解一无所知。相反，他们声称这种做法是种植园主试图将自己描绘成仁慈管理者的另一种方式，实际上，这种做法使种植园主的父权权利大大超出了法律的范围。

迪里莫法庭上的证词相互矛盾，表明种植园主的礼物和援助起着三重作用。视情况而定，它们可以成为施舍和恩惠的一种手段，从而巩固种植园主和工人之间的父权关系；它们可能是支付劳动报酬的一种手段，也可能是种植园主增加农民债务的一种机制。记住，债务是迪里莫地区调动劳动力的主要方式，也是争夺父权援助和赠礼、自上而下的父权制谈判的核心内容。[33]

如果格拉纳达的种植园主夸大了对下属的父权制忠诚，那么迪里莫的劳工们就父权制的礼物恩赐和恩惠提出反诉，并主张为自己的过错行为进行辩护。1900年，格拉纳达最大的种植园主之一唐·华金·库德拉（Don Joaquín Cuadra）下令迪里莫的乡村行政官抓捕逃离他的种植园或违反劳工义务的债务人。康塞普西奥·雷耶斯（Concepción Reyes）和他的儿子帕洛米托（Palomito）是在拉网行动中被抓到的约50个逃亡工人之一。迪里莫的乡村警察在雷耶斯及其儿子的农地里逮捕了这些人；他们正在收获玉米和豆类，这是农民自给自足的基础。在市政监狱中待了几天之后，雷耶斯告诉法官，他之所以逃离那个种植园，是因为在这之后（这是他作证的关键），库德拉没有履行自己的承诺——在必要时帮助他的家人。在这里，我们看到雷耶斯试图扭转局势，反对他伟大的老板。雷耶斯的自卫基于库德拉侵犯了父权交易的说法。在这种情况下，迪里莫的农村法官没有支持劳工对父权制度的改造；相反，宣布雷耶斯及其儿子是"破坏劳动者"，并判处他们在市政公共工程中被强迫劳动。[34]

迪里莫农业法庭的记录显示，种植园主和劳工们正积极地参与父权制的谈判。种植园主和工人都有意识、有目的地违反了劳动法，并且都把自我维护作为理由来掩盖他们的过错。然而，在这些竞争中将种植园主和工人的权力等同起来，将严重歪曲农村社会的阶级和性别特征。对大多数劳工来说，从最基本的角度来看，他们在法庭上的存在都是非自愿的，并且本身就体现了父权权力和胁迫能力。此外,种植园主通过谈判达成父权制,以将劳工与他们的种植园联系起来,而劳工通过谈判达成父权制,以尽量减少其束缚。套用艾瑞克·霍布斯鲍姆(Eric Hobsbawm)的说法,后者是迪里莫的劳工们努力让这个体系运转起来、将其缺点最小化的方式。[35]

仅仅是法庭记录的存在,以及他们互为对立面的证词,就表明了一种关于自上而下父权制的共同信仰。在迪里莫,不论贫富,种植园主和劳工都奉行一种道德,即种植园主负有保护工人的责任,而劳工则有理由要求父权保护。从日常习俗、期望和父权制的意义上讲,道德与现实之间的分歧或趋同,就是种植园主和劳工争论的原因。我们作为历史学家,在迪里莫的法庭辩论中的证人、抄写员和口译员中扮演着重要角色。考虑到法庭记录的性质,很难以其制度化的官僚主义来探究司法系统的真正构架。对于历史学家来说,几乎不可能看见无疑在种植园主和劳工之间进行的那些私下的讨价还价,也不可能看到那些没有在纸上承诺过的交易,这是非正式承诺的世界的一部分。不过,官方记录显示,父权制谈判是债务劳役形成的核心;我还要补充一点,它也是迪里莫的悠久历史的核心。父权制谈判是迪里莫建立新社会的过程的一部分,尽管这个社会发生了变化,但已经持续了近一个世纪。

咖啡种植园主试图通过采用双方同意的做法,使得工人可以在最低程度上接受劳役制度。然而,法庭记录指出,在种植园主的承诺和劳工对父权制保护的期望之间存在着系统性的差距,父权制暴力弥补了这一空白。在格拉纳达的大型咖啡种植园,父权制暴力对于债务劳役的运作至关重要。迪里莫的大多数劳工合法或非法地受季节性劳动制度的约束。法律要求所有劳工采摘咖啡直到收获结束,无论他们是否负债,这都是合法的,同时也是政府批准的公然强制性劳动措施。作为法律措施的补充,种植园主经常使用非法手段来控制工人。后者包括篡改种植园账簿以伪造债务,拒绝让已经还清债务的工人离开种植园,以及在收获结束时伪造合同以确保下一年继续剥削工人。许多工人夹在相互冲突的压力之中——既要耕种赖以生存的土地,又要承担对雇主真正或特定的义务,于是就从咖啡种植园逃了出来。迄今为止,逃亡是抵抗劳役制度的最常见形式。

当一个种植园主上报一个逃跑的劳工时，他就启动了镇压程序。在整个收获季节，迪里莫的官员向尼加拉瓜各地的同僚发送逃跑的劳工名单，要求他们抓捕并遣返逃兵。安装了电报机后，乡村治安法官每天（有时是每小时）保持联系，抓捕和遣返逃兵。就像危地马拉一样，电报可能是尼加拉瓜咖啡区最有效的国家手段。劳工们深谙电报的主要用途和效果，他们经常切断线路。

迪里莫的乡村警察在乡村巡逻，抓捕逃兵。警察把抓住的逃兵用铁链锁在一起，押送到市监狱。那里的劳工被关起来，等待司法判决。[36]治安法官和他们的农村警察的工资是根据他们逮捕和定罪的逃犯的数量计算的，因此，镇压机构的人员按计件工资支付。这种做法完全在法律范围内，法律规定"追捕、逮捕、监禁和遣返违法工人所产生的费用将由劳工承担；换句话说，就是劳工的债务。"[37]通过这种方式，执行债务由市议会和被定罪的劳工共同提供资金。

负责执行劳工制度的官员，主要是农业官员，本身就是种植园主。作为法官，他们首先判处逃跑的劳工和其他"破坏劳动者"为期两周的公共工程劳动。具有讽刺意味的是，在迪里莫，被定罪的劳工通常通过修理电报线路来减轻他们的刑期。此后，警察将劳工交还给其老板，他的老板按照法律规定"符合种植园的习俗"进一步予以惩罚。工人担心这些打着法律擦边球的惩罚。正如劳动法指示种植园主以"一切必要手段"维持其种植园的秩序一样，一些种植园主施加残酷的惩罚，包括鞭打工人和将其长期囚禁在小笼子里。[38]

被控违反劳动法的劳工们经常向迪里莫的农业法庭投诉他们所受到的不公正和不人道的待遇。佩德罗·梅尔卡多（Pedro Mercado）告诉法庭，种植园主唐·亚历杭德罗·梅贾"对他造成了极大的痛苦"。[39]然而，根据《共同财产保护法》的规定，有关纪律措施的证词大部分是笼统的。也许劳工们拒绝在法庭上叙述自己受到侮辱的细节，毕竟这是迪里莫最公共的场所。法庭可以是迪里莫的剧院、讲坛和新闻发布室的综合体。

与法院记录的期限形成鲜明对比的是，50年后，迪里奥姆·诺斯（Diriome Nos）在描述父权制的刑罚时，已经没有了他们和他们的祖先曾遭受的种种压榨。在20世纪90年代中期,迪里奥姆·诺斯的口述历史充斥着有关对咖啡种植园中严厉刑罚的可怕故事。在20世纪末,这些故事构成了迪里莫社会下层民众历史记忆的重要核心。直到20世纪40年代,从事劳工债务的男人和女人都描述了他们自己、他们的家人和后代以及上几代人的苦难。他们生动地(可能是夸张地)描述了许多迪里莫人遭受的侮辱性惩罚细节,他们说这是在蒙巴乔种植园里不足为奇的事。[40]

值得一提的是,尽管历史上曾记录种植园主的残暴行径,但我没有发现有关工人因残酷和不寻常的惩罚而对雇主提出刑事指控的记录。书面记录中关于惩戒措施的缄默,与口述历史中过多的细节,提出了两种截然相反的解释。一种解释是,某种程度的残酷惩罚是常规做法、是理所当然的,因为劳工、他们的法律顾问和法官认可血腥的措施是种植园主父权制度的合法组成部分;另一种解释是,种植园主很少施加残酷的惩罚,主要是作为对潜在的逃犯的威慑,而不是作为违反劳动法的惩罚。

不论残酷惩罚是习惯性的还是例外的,暴力都是公开的,是种植园主统治劳工的制度的一部分。种植园主有权酌情惩罚劳工,这种权力的法律和习俗基础是父权制法律和传统的产物。种植园主的惩罚权直接或间接地源于父权制,国家赋予族长以维持秩序的权力和惩罚受抚养人的义务。种植园主在咖啡种植园维持秩序,主要是通过改组父权制权力来保护受抚养人并惩罚其不服从行为。在迪里莫,父权制的刑罚助长了劳役制度的阶级和性别特征。与种植园主公开的纪律形式和对劳工债务的操纵相比,市场机制在咖啡种植园劳工的招募和纪律方面起着很小的作用。

除了建立在男女权力和上级下级男性权力关系上的父权制和性别关系之外,地主还行使另一种类型的父权制。显然,一些咖啡种植园主希望在种植园工作的妇女和女孩提供性服务,作为一种义务或恩惠。尽管种植园主的性骚扰本身很少是劳工诉讼的对象,但男性劳工却经常向法庭控诉雇主违反劳动法骚扰、强奸他们妻子女儿的行为。法院的记录中几乎没有关于种植园主的性行为的详细信息,这可能不足为奇。要进行这样的诉讼,就需要证人、证词以及各种公开的披露,而丈夫和父亲很可能希望在迪里莫避免这种情况。取而代之的是,劳工对种植园主非法性行为的指控被作为一种随口评论而成为证词,似乎是要一改雇主正派、荣耀和仁慈的虚假面目。[41]

最后,出于所有实际目的,寡妇是唯一被合法允许在迪里莫法庭上发言的女性。所有其他妇女都由她们的男性家人代表出庭,包括父亲、丈夫或监护人。大多数妇女没有公开发言权这一事实,在很大程度上是由于几乎"找不到"关于种植园主对女性劳工性侵犯的指控。

自下而上的父权制

自上而下的父权制在很多方面都是由自下而上的父权制支撑起来的。劳工按照父权制的法律和习俗,有权签署合同或委托他的妻子和子女参加劳动制度。这种可能性之所以成为现实,部分是因为女性参与种植园劳动被编入了农业劳动法。尼加拉瓜的农村劳动法没有性别歧视。反之,1885—1910 年之间颁布的法律明确规定:"所有 16 岁以上的男性或女性,其财产或收入低于 500 比索的人,都必须通过为雇主工作来维持自己的生活。"[42]劳动法有助于使这种观念规范化:贫困女性可以(实际上应该)被迫从事种植劳动。

值得注意的是,为了保护妇女等所谓的目标,父权制法律建立了一个性别权利不平等的框架。相反,农业劳动法批准了强迫劳动的性别平等。通过使贫困劳动人口的劳动义务的性别平等制度化,农业劳动法与父权制法律形成了鲜明的对比,从某种意义上说,父权制法律的目标高于农业劳动法。在农村贫困的情况下,女性强迫劳动的合法化,加上男性的父权制,并没有促进男性对妇女和儿童的保护,反而进一步导致男性在种植业中支配其妻子和子女的劳动。

劳动法中正式的性别平等与家庭法中正式的性别不平等之间的这种对比,支持了性别历史学家的一个核心发现。虽然父权制法律要求年长的男性保护和监管他们的女性和男性家属,但父权的保护方面在社会高层比在社会低层体现得更为明显。尽管——或者说在这个案例中因为——有父权制法律,贫穷的农民妇女面临着残酷的现实,即与男性同伴一起陷入债务劳役的深渊,并与他们隔离。

在迪里莫,大多数注册成为劳工的农民都是以家庭为单位,户主可以是男性,也可以是女性。因此,农民家庭是收获咖啡的典型劳动单位。通常,对于家庭和个人而言,进入劳役制度的第一步就是注册仪式。在这种仪式中,一家之主出现在农业行政官面前,宣誓效忠雇主。例如:

> 寡妇约瑟法·卡诺(Josefa Cano)和她的五个孩子一起……向唐·奥古斯丁·阿维莱斯发誓要到他在蒙巴乔火山上的种植园供职。该家庭将担任咖啡采摘者,以6箱咖啡果(他们自己采摘)加每天两顿饭作为获得的"实际"收入。他们有义务在需要时立即工作,在收割期间及以后继续工作,直到用劳动偿清债务。卡诺提前收到了4比索。她发誓要让自己和她的孩子服从雇主建立的所有惯例和习俗。

一家之主收取了家庭所获得的任何现金或工资。但是,如果一个家庭未能履行其劳动义务,则其所有成员(包括孩子)均应负有法律责任以偿还债务。命运就落在盖坦一家的合同上:

> 何塞·安吉尔·盖坦(José Angel Gaitan)与两个儿子和两个女儿共同向唐·阿波利纳·马伦科(Don Apolinar Marenco)宣誓……如果一名工人出工时死亡、受伤或由于任何原因缺勤,那么那些身体健康且能够干活的人将承担劳动债务。如果该家庭不履行承诺,将被处以30比索的罚款,这笔款项将被加到预付款和他们收到的任何其他款项中。担保人:埃斯特班·盖坦(Esteban Gaitan)。他们遵守种植园的工作制度和惯例。[44]

不久,何塞·安吉尔·盖坦去世,长子受伤。在这一年之内,该家庭没有遵守条款安排。由于家庭不幸,何塞·安吉尔的父亲是家庭的担保人,他请地方法官解除家庭的劳动义务。但是,迪里莫的地方法官裁定,他无权撤销具有法律约束力的合同。[45]

家庭劳役使大量妇女和儿童进入了不自由的劳役制度。债务劳役的历史滋生出了农民家庭作为生产和消费单位的经典受压榨对象的乱象。通常,此模式适用于自给农业中自给自足的农民。但是,在债务劳役的情况下,家庭扩大了农民家庭生产的范围,涵盖了向种植园主提供的土地劳动。

除了家庭劳役之外,男性农民还把妻子和孩子们安排给季节性或更长期的劳役制度。在劳动制度下,农民招募家庭成员的合法权利建立在父权制的基础上,特别是法律赋予高层男性为其被赡养的人签订合同并控制其劳动的权利。父权制的这种表现使妇女在家庭内外都从事咖啡采摘工作。

在迪里莫,男性签约出卖妻子和孩子时通常可获得预付的现金。例如,1905年,拉莫纳·赞布拉诺(Ramona Zambrano)的丈夫保证她将在种植园为艾森斯塔克和巴尔克工作。赞布拉诺的丈夫获得了20比索的预付现金,作为回报,他的妻子发誓:"由我的丈夫授权,他签署了这份合同,我有义务用自己的劳动偿还全部款项,以及可能通过帮助我的丈夫在共和国境内的咖啡种植园工作而增加的任何费用……"[46]与所有已婚妇女一样,赞布拉诺在没有丈夫书面许可的情况下,不得签订合同或领取工资。在注册仪式中,拉莫纳·赞布拉诺承诺,她的工资以及获得的任何其他款项将交给她的丈夫。

同样,何塞·马里亚·马西亚(José María Marcía)从唐·亚历杭德罗·梅贾那里获得了34比索的预付现金和价值6比索的草帽。马西亚保证,他的妻子和6岁的女儿将在3次咖啡丰收之前或直到还清债务之前一直采摘咖啡。[47]这是另一起案件,其中一名男户主行使父权制权力,授权安排他的妻子、孩子做劳役,并将收入占为己有。

对债务劳役的这种分析强调了在忽视阶级关系的性别特征方面可能存在的陷阱。在尼加拉瓜,与拉丁美洲一样,父权制,包括农民父权制在内的族长在公共领域代表其家庭的所有成员。结果,在迪里莫,男性出现在劳工名单上的数量超过其在债务劳役中的实际参与率。劳工们不仅要保证自己的劳作,还要保证家属负担劳作的义务。因此,乍一看,雇工名单上似乎大多是男性。但是,仔细解读,即根据性别进行的阅读,可以发现隐藏在父权制羽翼下的妇女和儿童。

拉莫纳·赞布拉诺和约瑟法·马尔泰兹·德·马西亚(Josefa Maltez de Marcía)的故事来自保存劳役制合同的正式登记册的《马图拉斯图书馆》(Libros de Matrículas)。这些记录没有提供有关拉莫纳、约瑟法和其他妻子是否愿意或不愿意陷入债务劳役的线索。但是，与《马图拉斯图书馆》保持沉默形成鲜明对比的是，迪里莫的农业法庭档案中充斥着儿子和女儿的声音，他们对父亲让他们沦为劳工的权利提出了异议。例如，玛格丽塔·阿吉拉(Margarita Aguilar)与唐·维森特·库德拉(Don Vicente Cuadra)的案件始于1878年，当时恩里克·阿吉拉(Enrique Aguilar)从唐·维森特·库德拉那里获得了预付款，并保证他13岁的女儿玛格丽塔将清偿债务。10年后，玛格丽塔仍对库德拉负有债务，她请法官废除这项安排。她的律师辩称："由于(她)已成年，摆脱了父亲的统治（父权制），法院不可以再强迫她偿还父亲的债务。"不幸的是，库德拉的律师指出，未婚女儿仍然要服从其父亲的权威，直至其被合法解放。由于恩里克·阿吉拉从未将玛格丽塔从父权制中解放出来，所以她仍然受困于劳动制度中。[48]

总体上，迪里莫农民家长受到贫困的驱使，不得不出卖其家属的劳动。一位名叫维多利亚·格拉纳拉(Victorino Granera)的父亲向法官解释了他的困境：

> 由于贫穷总是使我陷入经济困境，为了让我的家庭寻求改善，我必须给众多的家庭成员提供食物和支持，因此，我委托我约11岁的儿子来工作。在圣地亚哥的种植园做一个债务劳工……儿子对债务劳动的贡献帮助我提供了家人的必需品。但是，尽管他年轻、举止得体、没有过错，却因我的贫穷而被监禁强迫劳动。[49]

男性养家糊口/女性家庭主妇的模式显然与迪里莫农民家庭中按性别分配的劳动相矛盾。这种模式基于20世纪50年代的美国和西欧家庭内部性别分工模式，主要是中产阶级和城市居民。尽管该模式甚至对于原本应该适合的国家来说，也比实际更为理想，但有关迪里莫农民家庭模式的大量证据表明，劳工的性别/世代分布完全不同。当家庭被迫自给自足时，妇女和儿童通常是第一个"非农业"工作的人,或者更确切地说,是在所谓的传统农民经济的界限之外工作的人。在迪里莫的劳工中,最明显的家庭模式是 20 世纪 50 年代的家庭模式。在迪里莫,补充家庭劳动力资源的必要性经常将妇女和儿童列入迪里莫的"正规部门"中:即偿债劳役制度。在这种情况下,劳工往往献身于所谓的"家庭"领域,即自给自足。

迪里莫的农民自给自足,从而维持其非市场经济的方式,与 20 世纪后期拉丁美洲农村家庭维持农民生计的方式类似。实地调查一再证明,当农户面临灭绝的威胁时,女儿往往是第一个寻求外部就业的人,通常是在家庭服务和墨西哥工厂工作。[50] 然而,社会科学家常常在父权制法律和习俗中忽视这种做法的根源,据此,高层男性有权分配他们认为合适的家属劳动。因此,在拉丁美洲,妇女在家庭之外的工作与其说是妻子和女儿"想要"或"决定做什么"的问题,还不如说是家庭和更广泛的政体中权威和权力在哪里的问题。

回到 19 世纪的迪里莫,有一个例子是一位妻子让她的丈夫参加劳动制度。1882 年,维森塔·洛佩兹(Vicenta López)承诺丈夫费尔南多·阿塞维多(Fernando Acevedo)的劳动,并收到了 13 比索的预付款。[51] 这个案例与父权传统形成了鲜明对比,它所揭示和保留的性别秩序是令人关注的。这表明父权制并非全盘剥夺。但除此之外,这个明显独特的案例强调了进一步研究尼加拉瓜和更多的咖啡生产国债务劳役性别特征的必要性。

女性的领导权

伴随咖啡革命而来的社会动荡给迪里莫的家庭户主地位留下了印记。1882 年,普韦布洛约有 40% 的家庭以妇女为户主,婚姻似乎不像一个世纪前那样普遍。[52] 1776 年,成年人口中有 31% 是单身;而到了 1883 年中,这一比例为 51%。[53] 尽管我们不知道出于普查目的,"已婚"是否是指合法的婚姻结合,但比较数据表明,不结婚行为有所增加。结合 1883 年以女性为户主的家庭的高发率,我们对拉丁美洲农村的农民社会的看法与我们通常看到的情况截然不同。传统的观念认为,农民家庭是以男性为主,至少有两名成年人工作,这种观念在迪里莫似乎并不普遍,正如我在其他地方所说的,在 19 世纪的拉丁美洲大部分农村地区也不普遍。[54]

这些证据表明,咖啡革命、债务劳役和父权制家庭瓦解之间存在着联系。但是,这个强有力的结论值得仔细推敲。这样的前提是基于一个观念,即在上一个历史时期,男户主家庭普遍存在。虽然可能是这种情况,如 1776 年迪里莫的较高婚姻率所表明的那样,但我认为这里的证据仍然是不确定的,其原因有很多,尤其是 1776 年的人口普查是由教会负责的,该机构确保人们结婚。相反,我提供了一个较弱的假设,农村女性的不结婚行为部分可能是由父权制引起的。在父权制的法律和习俗中,男人有权为妻子和孩子签订契约以偿还债务和支付工资,因此农村女性很可能会谨慎行事。毕竟,如果女性希望或更有可能必须在劳动制度中工作(并且如果她们的父亲已去世或已经解放了她们),那么女性可以签署自己的债务劳役,并获得可能的预支现金和工资,或者也可能得不到。女户主的形象通常使我想到单身母亲,这也是最近拉丁美洲政策辩论的偏见所在。然而,在 19 世纪的迪里莫,寡妇约占女户主家庭的 35%,而单身母亲则占其余的 65%。在其他情况下,寡妇和单身母亲都可能被归入男性户主家庭。然而,债务劳役可能既是危险也是机会,加上女性土地所有权和参与现金经济的可能性,以及咖啡革命的各个方面,给了一些农村女性保持单身的动机和资金。

我认为,在迪里莫,女性和儿童参与债务劳役的比率很高是四个因素共同作用的结果:一是农业法将强迫劳动制度中农村穷人的性别平等纳入法律;二是父权制的法律和习俗赋予了男性农民掌控其妻子和孩子的权力;三是儿童和女性在咖啡收获期工作的习俗,而高层男性则负责自给自足;四是父权制法律和习俗鼓励农村女性不结婚行为的可能性。最后一点可能导致以女性为户主的家庭的高发率,进而成为女性参与债务劳役的原因。

男女性别关系的这段历史凸显了女性的经济依赖与男性对女性在财产、劳动和性行为的控制之间的联系。尤其是,有如此众多的债务劳役是妇女和儿童,以及在迪里莫,几乎 40% 的家庭是女性户主,这些事实表明父权制在债务劳役的发展和农民分化过程中的重要性。

总之,父权制的双重特征促进了尼加拉瓜大型咖啡种植园劳资关系的性质和持久性。迪里莫的证据表明,尼加拉瓜的农村社会秩序不是由父权制网络和意识形态所覆盖的以市场为导向的社会[55],而是父权制以双重形式支撑着经济、政治和社会生活的融合。自上而下来说,种植园主的父权制在某种程度上有助于在农民中间建立共识,在一定程度上,迪里莫的农民认为债务劳役是合法的,该制度依靠劳工承认高层男性有权行使权力和权威,但前提是他们还必须援助下属。而自下而上来说,农民的父权制对咖啡种植园里大量的女性和年轻劳动力影响很大,女性和儿童被拖进债务劳役的泥沼中,不是因为市场手段,而是因为父权制。

注释:

〔1〕对于拉丁美洲咖啡生产国的分析,参阅 Steven C. Topik, "Coffee," in Steven C. Topik and Allen Wells, eds., *The Second Conquest of Latin America: Coffee, Henequen, and Oil during the Export Boom, 1850–1930* (Austin: University of Texas Press, 1998), 37–84。巴西的案例,参阅 Warren Dean, *Rio Claro: A Brazilian Plantation System, 1820–1920* (Stanford: Stanford University Press, 1976)。

〔2〕关于哥斯达黎加,参阅 Mario Samper, *Generations of Settlers: Rural Households and Markets on the Costa Rican Frontier, 1850–1935* (Boulder, Colo.: Westview Press, 1990);关于委内瑞拉,参阅 Doug Yarrington, *A Coffee Frontier: Land, Society and Politics in Duaca, Venezuela, 1830–1936* (Pittsburgh: University of Pittsburgh Press, 1997); and William Roseberry, *Coffee and Capitalism in the Venezuelan Andes* (Austin: University of Texas Press, 1983)。

〔3〕关于危地马拉,参阅 David McCreery, *Rural Guatemala, 1760–1940* (Stanford: Stanford University Press, 1994);关于塞尔瓦多,参阅 Aldo Lauria-Santiago, *An Agrarian Republic: Commercial Agriculture and the Politics of Peasant Communities* (Pittsburgh: University of Pittsburgh Press, 1999);关于尼加拉瓜,参阅 Jeffrey L. Gould, *To Die in This Way: Nicaraguan Indians and the Myth of Mestizaje, 1880–1965* (Durham: Duke University Press, 1998); Elizabeth Dore, *The Myth of Modernity: Peonage and Patriarchy in Nicaragua, 1840–1990* (Durham: Duke University Press, forthcoming); and Julie Charlip, *Cultivating Coffee: The Farmers of Carazo, Nicaragua* (Ohio University Press, forthcoming)。

〔4〕关于"灵活的手指"是由历史而非生物构造的争论,参阅 Diane Elson and Ruth Pearson, "Nimble Fingers Make Light Work: An Analysis of Women's Employment in Third World Export Manufacturing," *Feminist Review* 8 (Spring 1981): 87–107。

〔5〕关于拉丁美洲的父权制分析,参阅 Elizabeth Dore and Maxine Molyneux, eds.,

Hidden Histories of Gender and the State in Latin America (Durham and London: Duke University Press, 2000); 尤其是 Elizabeth Dore, "One Step Forward, Two Steps Back: Gender and the State in the Long Nineteenth Century," and Maxine Molyneux, "Twentieth-Century State Formations in Latin America," 3–81; Heidi Tinsman, *Partners in Conflict: The Politics of Gender, Sexuality and Labor in the Chilean Agrarian Reform, 1950–1973* (Durham: Duke University Press, 2002); and "Household *Patrones*: Wife Beating and Sexual Control in Rural Chile, 1964-1988," in Daniel James and John French, eds., *The Gendered Worlds of Latin American Women Workers* (Durham: Duke University Press, 1997), 264–96; Karin A. Rosemblatt, *Gendered Compromises: Political Cultures and the State in Chile, 1920–1950* (Chapel Hill: University of North Carolina Press, 2000); Steve J. Stern, *The Secret History of Gender: Women, Men and Power in Late Colonial Mexico* (Chapel Hill: University of North Carolina Press, 1995); Thomas Miller Klubock, *Contested Communities: Class, Gender and Politics in Chile's El Teniente Copper Mine, 1904–1951* (Durham: Duke University Press, 1998); Susan K. Besse, *Restructuring Patriarchy: The Modernization of Gender Inequality in Brazil, 1914–1940* (Chapel Hill: University of North Carolina Press, 1996); Ann Farnsworth-Alvear, *Dulcinea in the Factory: Myths, Morals, Men and Women in Colombia's Industrial Experiment, 1905–1960* (Durham: Duke University Press, 2000); Gilbert M. Joseph, ed., *Gender and Society: A Special Issue of the Hispanic American Historical Review* 88 (2001)。

[6] 案例参阅 Stanley Stein, *Vassouras, a Brazilian Coffee County, 1850–1900: The Roles of Planter and Slave in a Plantation Society* (1958; rpt., Princeton: Princeton University Press, 1985)。

[7] Verena Stolcke, *Coffee Planters, Workers and Wives: Class Conflict and Gender Relations on São Paulo Plantations, 1850–1980* (Basingstoke: Macmillan, 1988), and "The Labors of Coffee in Latin America: The Hidden Charm of Family Labor and Self-Provisioning," Coffee in Latin America: The Hidden Charm of Family Labor and Self-Provisioning," in William Roseberry, Lowell Gudmundson, and Mario Samper K., eds., *Coffee, Society and Power in Latin America* (Baltimore and London, 1995), 65–93; Lowell W. Gudmundson, *Costa Rica before Coffee: Society and Economy on the Eve of the Coffee Boom* (Baton Rouge, Louisiana, 1986); Heather Fowler-Salamini, "Gender, Work and Coffee in Córdoba, Veracruz, 1850–1910," and Francie R. Chassen-López, "'Cheaper Than Machines': Women and Agriculture in Porfirian Oaxaca, 1880–1911," both in Heather Fowler-Salamini and Mary Kay Vaughan, eds., *Women of the Mexican Countryside, 1850–1990* (Tucson, 1994), 27–73; Michael F. Jiménez, "Class, Gender, and Peasant Resistance in Central Colombia, 1900–1930," in Forrest Colburn, ed., *Everyday Forms of Peasant Resistance* (New York and London: Sharpe Publishers, 1989), 122–50; Gould, *To Die in This Way*, 134–176; and Charles Bergquist, *Labor in Latin America: Comparative Essays on Chile, Argentina, Venezuela, and Colombia* (Stanford: Stanford University Press, 1986), 351–52.

[8] 参阅 Charlip, Chapter 10, on the Carazo region。这两章之间的对比可能反映了一个事实，即该地区的社会变化模式存在显著差异，或者她和我对社会变化的解释完全不同。

[9] 我将 Terence J. Byers's 的术语用于另一个目的, 参见 *Capitalism from Above and Capitalism from Below: An Essay in Comparative Political Economy* (Basingstoke: Macmillan, 1996)。Judith Stacey 在"民主的父权制"中将社会主义中国男权向农民的延伸称为"民主父权制(Berkeley: University of California Press, 1983), 虽然我的"自下而上的父权制"和 Stacey 的"民主父权制"有相似之处，但在我看来，"民主父权制"是一个矛盾修辞法。

[10] Dore, *The Myth of Modernity*.

[11] 这个定义借鉴了 Anne Phillips, *Divided Loyalties: Dilemmas of Sex and Class* (London: Virago, 1987), and *Which Equalities Matter?* (Cambridge, U.K.: Polity Press, 1999); Mary Kay Vaughan, "Modernizing Patriarchy: State Policies, Rural Households, and Women in Mexico, 1930–1940," in Dore and Molyneux, eds., *Hidden*

Histories, 194–214; Deniz Kandiyoti, "Bargaining with Patriarchy," *Gender and Society* 2, no. 3 (1988): 274–90; and Tinsman, *Partners in Conflict*。

〔12〕Dore, "One Step Forward, Two Steps Back."

〔13〕关于墨西哥的法律，参见 Silvia Marina Arrom, *The Women of Mexico City, 1790–1857* (Stanford: Stanford University Press, 1985), 55–96; for Argentine law, see Donna Guy, "Lower-Class Families, Women and the Law in Nineteenth Century Argentina," *Journal of Family History* 10, no. 3 (1985): 318–31. 关于父权制和家庭关系，参见 Ann Varley, "Women and the Home in Mexican Family Law," and Donna Guy, "Parents before Tribunals: The Legal Construction of Patriarchy in Argentina," in Dore and Molyneux, eds., *Hidden Histories*, 172–93, 238–61。关于父权制和国家建设，参见 Mark Szurchman, *Order, Family and Community in Buenos Aires, 1810–1860* (Stanford: Stanford University Press, 1988), 190。

〔14〕单词 *patria*（祖国）和 *patriarch/patriarca*（统治者、酋长或一家之主）来自同一个词根。

〔15〕Luis Zuñiga Osorio, "Patria Potestad," tesis para el doctor en derecho, Managua, p. 47. For implementation of laws, see E. Bradford Burns, *Patriarch and Folk: The Emergence of Nicaragua, 1789–1858* (Cambridge: Harvard University Press, 1991).

〔16〕Zuñiga Osorio, "Patria Potestad," 32–8.

〔17〕Elizabeth Dore, "Property, Households and Public Regulation of Domestic Life: Diriomo, Nicaragua 1840–1900," and María Eugenia Chaves, "Slave Women's Struggles for Freedom in Colonial Guayaquil," in Dore and Molyneux, eds., *Hidden Histories*. 147–71, 108–26.

〔18〕Zuñiga Osorio, "Patria Potestad," 49.

〔19〕Ibid., 53. 1904年和1940年对尼加拉瓜民法典的修正案允许男性通奸者不受惩罚。

〔20〕Gould, *To Die in This Way*, 42–56; Elizabeth Dore, "Land Privatization and the Differentiation of the Peasantry: Nicaragua's Coffee Revolution, 1850–1920," *Journal of Historical Sociology* 8, no. 3 (1995): 303–26.

〔21〕关于印第安社区的生存，参见 Gould, *To Die in This Way*。

〔22〕Dore, *Myth of Modernity*.

〔23〕Chapter 8.

〔24〕由 Censo de la población 的作者进行计算，Diriomo, Año 1883, Archivo Municipal de la Prefectura de Granada (hereafter cited as AMPG), caja 191, leg. X7, fol. 152 (copy kindly provided by Justin Wolfe)。Censo Provisional de 1906, and Libros de Operarios, 1880–1915, Archivo Municipal de Diriomo (hereafter cited as AMD).

〔25〕For the capitalist/protocapitalist nature of Latin American peonage, see Arnold J. Bauer, "Rural Workers in Spanish America: Problems of Peonage and Oppression," *Hispanic American Historical Review* 59 (1979): 34–63; and Alan Knight, "Mexican Peonage: What Was It and Why Was It?," *Journal of Latin American Studies* 18 (1986): 41–7.

〔26〕Ley de Agricultura, Decree of Feb. 18, 1862, Archivo Nacional de Nicaragua (hereafter cited as ANN). 文件由主任 ANN, Lic. Alfredo Gonzalez 在收录前交给作者。此后引证为1862年的农业之路。

〔27〕Libros de Operarios, 1879–1905, AMD, Ramo de Agricultura. 参阅案例 Contratos de Agricultura, 1905, no. 32, Jorge Cabrera compromete con Sr. Alejandro Mejía, AMD, Sección Alcalde Municipal。

〔28〕Demanda verbal entre Sr. Esteban Sanchez y Don Celedino Borge, March 28, 1889. AMD, Ramo de Agricultura.

〔29〕Entre Casimiro Ramirez y Don Alejandro Mejía, Feb. 12, 1899, AMD, Ramo de Agricultura, Sección: Juez de Agricultura.

〔30〕Libro de Condenas, 1881, AMD, Ramo de Agricultura, Sección: Juez de Agricultura.

〔31〕Kandiyoti, "Bargaining with Patriarchy."

〔32〕Luis Cano contra Don Andrés Marcia, Libro de Condenas, 1894, AMD, Ramo de Agricultura, Sección: Juez de Agricultura.

〔33〕Steve Stern describes a similar process as contesting absolute and contingent patriarchal

〔34〕Entre Concepción Reyes y Joaquin Cuadra, Libro de Condenas, May 8, 1900, AMD, Ramo de Agricultura, Seccion Jueces de Agricultura.

〔35〕E. J. Hobsbawm, "Peasants and Politics," *Journal of Peasant Studies* 1, no. 1 (1973): 3-22.

〔36〕Sr. José Esteban Sandoval demanda a Nicolás Mercado y Ramipio Pérez, Libro de Condenas, Dec. 22, 1901, AMD, Rama de Agricultura, Sección Jueces de Agricultura.

〔37〕Ley de Agricultura, 1862, Art. 32.

〔38〕"土地所有者或雇主有义务保护和防止其土地或劳动中的混乱，并有权为此使用一切必要和可用的手段……"；"土地所有者有义务防止其土地上的混乱"。在这一点上，他们有权使用所有的手段。

〔39〕Libro de Condenas, May 8, 1900, AMD, Ramo de Agricultura, Sección: Juez de Agricultura.

〔40〕Interviews with Nestor Sanchez, Teófilo Cano, and Carmen Ramirez, Diriomo, 1991, 1995.

〔41〕Demanda verbal entre Sr. Carlos Castillo y Don Andrés Marcia, Jan. 5, 1885, AMD, Ramo de Agricultura.

〔42〕Ley de Trabajo, Art. 1, *La Gaceta* (Managua), Oct. 3, 1901.

〔43〕Partida no. 325, Lista de Operarios 1879, AMD, Ramo Alcaldia Municipal, Sección Alcalde Municipal.

〔44〕Partida no. 381, March 16, Matrícula de la familia de José Angel Gaitan con Don Apolinar Marenco, AMD, Ramo Agricultura, Juez de Agricultura, Libro de Matriculas 1886.

〔45〕Entre Esteban Gaitan y Don Apolinar Marenco, Dec. 22, 1887, AMD, Rama Agricultura, Sección, Jueces de Agricultura, Asuntos, Demandas.

〔46〕Matrícula 287, Feb. 4, 1905, Operarios de los Señores Eisenstick and Bahlcke, Hacienda Alemania, AMD, Ramo Alcaldía Municipal.

〔47〕Matrícula, No. 357, July 28, Operarios de Alejandro Mejía, Libro de Operarios Comprometidos 1879, AMD, Ramo Alcaldía Municipal.

〔48〕Margarita Aguilar vs. Don Vicente Cuadra, AMD, Rama Agricultura, Juez de Agricultura, Feb. 5, 1888.

〔49〕Entre José Esteban Sandoval y Marcelino Alguera: una demanda, April 28, 1924, AMD, Ramo Agricultura, Juzgado. 这个案例表明，在迪里莫法律废除后，债务奴役的现象仍在继续。

〔50〕Lourdes Benería and Martha Roldán, *The Crossroads of Class and Gender* (Chicago: University of Chicago Press, 1987), 1-16.

〔51〕"Vicenta López lo comprometio su esposo Fernando Acevedo con 13 pesos deudando para cortar café a 2 medios por el real, cosecha proxima," Libro de Operarios Comprometidos, Operarios de Alejandro Mejía, 1882, AMD, Ramo Alcaldia Municipal, Sección Alcalde Municipal.

〔52〕Censo del Departamento de Granada, Año 1882, AMPG, caja 175, leg. 486, fol. 121.

〔53〕Censo de Diriomo de 1883, AMPG. 根据人口普查，40%的成年人已婚，51%的人单身，9%的人丧偶。

〔54〕Elizabeth Dore, "The Holy Family: Imagined Households in Latin American History," in Elizabeth Dore, ed., *Gender Politics in Latin America: Debates in Theory and Practice* (New York: Monthly Review Press, 1997), 101-17.

〔55〕Richard Graham 认为，赞助是巴西资本主义的一个方面。*Patronage and Politics in Nineteenth-Century Brazil* (Stanford: Stanford University Press, 1990)。

【作者】 Elizabeth Dore

第十章 尼加拉瓜的小农与咖啡

尼加拉瓜卡拉佐(Carazo)地区的咖啡业始于1880—1930年,并给该国的经济和社会带来了重大变化,但广泛的无产阶级化并不是其中之一。即使少数几个大型咖啡种植者开始主导生产、融资和加工,但大部分土地仍由数量更多的中小型咖啡生产者掌握。这些较小的生产者以与较大的竞争对手相同的方式经营着新的咖啡经济:生产和销售咖啡,买卖土地,分割和合并土地所有权,借贷资金。他们变得活跃而乐于助人,他们可能以与较富裕的邻居相同的方式看待经济。在咖啡经济中,小种植者唯一没有以同样的方式参与的是加工和出口,这成为最大种植者的专属和利润丰厚的领域。

　　但是,自给自足的农业部门并没有消失。实际上,由于国家保证了对合作农场(国家提供给市政当局的土地,免费或按名义价格将其分配给无土地者)的土地使用权,土地面积得以扩大。在大型咖啡种植园,这些自给自足的农民是季节性劳工的主力,有时还有需要额外收入的小咖啡农户加入进来。

　　咖啡市场导致土地、信用和劳动市场的扩张,以及社会的商业化,咖啡种植园和土地本身的使用权以及这些项目的继承权被谨慎地分离开来——用于出售或抵押。在所有这些市场中的广泛参与表明,卡拉佐人很容易加入这些转变。

　　然而,这并不是说传统没有继续下去。较小的农场主继续依靠家庭劳动,较大的种植者通过婚姻巩固了同盟,而家长式关系缓和了买卖双方、借贷双方之间的商业关系。女性可以行使更多权利,但是局限在父权制社会的范围内。许多本地居民成为咖啡种植者,或者通过把他们的传统顾问变成拉迪诺组织(Ladino organizations),把他们的旧公共土地变成现代化的、细分的合作农场,给传统的土地披上现代的外衣。

对尼加拉瓜经济历史的重新评估为桑地诺主义者(Sandinistas)所面临的一些问题提供了新的启示,桑地诺主义者的土地改革工作是由海梅·惠洛克·罗马(Jaime Wheelock Román)领导的。惠洛克对尼加拉瓜农村无产阶级化的分析已经成为标准解释,它有望找到数代对集体土地拥有权或国有农场的工资有兴趣的失地工人。[1] 相反,桑地诺主义者惊讶地发现,小农户数量之多出乎意料,甚至连无产阶级化或半无产阶级化的工人都想拥有自己的土地。他们发现,农民认为自己是生产者而不是工人,当给予合作社优惠融资安排的选择时,大多数人选择了更高的利率和拥有他们自己的个人财产。这些工人想要重温祖上荣光。

这项研究的结果也与本书其他地方的发现有明显不同,尤其是伊丽莎白·多尔(Elizabeth Dore)在附近的迪里莫所做的工作以及大卫·麦克雷里(David McCreery)在危地马拉的研究。无疑,某些差异是由每个学者可利用的资源的性质决定的。在某种程度上,差异是关注的焦点之一:多尔着眼于工人的条件,而本研究着眼于农民的机会。在一定程度上,这两章共同显示了咖啡热潮期间的各种关系。本地社区的力量也很有可能发挥了重要作用。在卡拉佐,人们似乎更愿意放弃传统的土著生活方式,而转向寻求更多的商业利益。早在19世纪50年代,卡拉佐的土著居民就种植作物、加工糖以供市场使用,而在马塔加尔帕(Matagalpa)和尼加拉瓜其他北部地区,土著居民和拉迪诺人之间的斗争却没有在卡拉佐出现。[2] 卡拉佐景象也许不会出现于每个咖啡区域,但仔细阅读整个咖啡种植世界中的类似文件,可能会发现比旧的无土地化和无产阶级化更适合这种景象的地方。

小农和土地

本研究的重点是位于尼加拉瓜太平洋地区与马那瓜山脉接壤的卡拉佐地

区。卡拉佐的面积为 950 平方公里,是尼加拉瓜面积最小、人口最多的地区之一。该地区最初是格拉纳达的一个县,在 1891 年被授予省的地位。卡拉佐位于高原上,北部与马萨亚省接壤,南部与太平洋接壤,西部为马那瓜省,东部是格拉纳达省和里瓦斯。曼努埃尔·马图斯·托雷斯(Manuel Matus Torres)博士 1848 年在卡拉佐的希诺特佩镇(Jinotepe)创立了拉塞瓦庄园(finca La Ceiba),并开始在尼加拉瓜种植咖啡。[3]迪里安巴镇(Diriamba)和圣马科斯镇(San Marcos)也成为主要的咖啡产区。1926 年,由卡拉佐、马萨亚和格拉纳达组成的普韦布洛区生产了该国 44% 的咖啡。卡拉佐地区没有马那瓜地区的陡峭山丘,因此"可以更好地种植,并且在质量和数量上都有更好的产出"[4]。简言之,卡拉佐是尼加拉瓜咖啡种植的发源地,一直是该国最重要的咖啡产区之一。

到 1877 年,咖啡的出口使土地成为一种有价值的商品,以至于中央政府建立了土地登记处。1877 年 7 月 16 日发布的《不动产保护登记条例》(The Registro Conservatorio de Bienes Raíces)基于两个原则:通过向公众开放记录来消除财产交易中的保密性,并明确划定财产权利。[5]登记处的记录显示了土地市场是如何随着咖啡经济的发展而发展的。为了本文的研究目的,土地类别为:微型农场,少于 10 曼扎纳(1 曼扎纳等于 1.7 英亩,即 0.7 公顷);小型农场,10~49 曼扎纳;中型农场,50~199 曼扎纳;大型农场,200~499 曼扎纳;以及超大型农场,500 或更多曼扎纳。这是对拉丁美洲(尤其是中美洲)财产规模传统分类的修改,传统分类将 10 以下、10~49、50~499 和 500 及以上的农场分组在一起。[6]

根据农场的记录显示,1880—1930 年,共记录了 1 175 个咖啡农场销售的规模和价格数据。出售的农场中,约有 91% 为微型农场或小型农场,占该地区的 40%;中型农场占总数的 8%,面积占 32%;没有出售超大型农场,大型农场数量占 1%,面积占 14%。

出售的大部分土地并未并入较大的不动产中用以创建大型种植园和自由住宅。对 73 个被解体的农场的调查报告表明:最初,有 55% 的微型农场、21% 的小型农场、8% 的中型农场、3% 的大型农场和 1% 的超大型农场,在解体过程中,大型农场倾向于分裂,从而增加了小型农场的规模。73个农场变为102个,但是尽管发生了所有分裂的情况,微型农场并没有明显增加,占新成立农场的56%。小型农场大幅度增长至33%,中型农场略微增长至10%。小型农场的增长显然是以大型农场为代价的,大型农场下降到1%,而且那里没有超大型农场。

对245个农场合并成更大农场的分析也得出了类似的结果。在新成立的农场中,小型农场占43%。中型农场在19%的并购案中诞生。当然,更大的农场应运而生:9%的农场变成了大型农场,还有3%的超大型农场。但是即便是微型农场(占26%),也是合并的结果。

这些交易的结果可以在1909年尼加拉瓜政府进行的咖啡普查(Censo Cafetalero)中看到。这项调查发生在何塞·桑托斯·塞拉亚政府(1893—1909年)的末期,该政府被认为促进了咖啡经济的兴起,并被指责剥夺了尼加拉瓜的"农民"。但人口普查显示,仍有75%的农场由小型出资人和小农拥有,这些农场占咖啡农场面积的55%。不过,小型农场并不是生产力最高的农场,10个最大的种植者生产了53%的咖啡。

但是,小种植者并未构成传统意义上的"农民",小种植者的主要利益是维持生计,他们通常被排除在商业和出口经济之外。咖啡普查显示,较小的种植者更密集地种植他们的土地,试图种植尽可能多的咖啡。每曼扎纳土地中,超大型农场平均有262棵树,大型农场平均有306棵树,中型农场平均有476棵树,小型农场平均有574棵树,微型农场平均有793棵树。这些农民的经营目标与为市场生产的大农场主相同。

除出售财产外,还出现了其他市场:共有66起关于出售继承权的案件。这些与生俱来的权利有时以相当大的折扣出售。1901年,迪里安巴木匠何塞·玛丽亚·佩雷斯以150比索的价格出售了其母亲雷蒙娜·佩雷斯的遗产的所有权,这些财产的价值为262比索。[7]

但是,并非每个人都进入了咖啡经济。另一些人继续维持自给自足的生计,这种经济不仅没有随着咖啡的增长而消失,而且实际上是由国家政府扶持的。国家的目标很可能是在收获季节保持全年可用的劳动力储备。国家通过向当地社区提供合作农场土地来促进这种经济发展：1881年，国家为拉巴斯镇提供了6卡（1卡＝64曼扎纳，或109公顷）土地和2卡牧场，用于放牧牲畜。[8] 1886年，当地居民向位于圣马科斯的杜尔塞地区提交了文件，表明他们要求对他们的合作土地进行调查，结果显示该社区有40卡土地。1890年，该州送给迪里安巴9.75卡土地，送给圣特雷莎8.25卡土地。国家还分别于1892年和1900年向希诺特佩授予合作土地，并于1892年将合作土地授予迪里安巴。[9]

社区又将土地分配给当地居民。在1880—1930年间，格拉纳达和希诺特佩的土地注册处共记录了563起案件，其中卡拉佐地区通过捐赠、出租、出售或标注被占用的土地，将土地分配给合作农场。其中，只有43块土地（几乎只有8%）最终在1930年之前种植了咖啡。显然，合作农场并非新兴咖啡种植者的目标。相反，合作农场保留其传统角色：小块土地用于自给农业，与之相随的几处大型土地最有可能是养牛场。

1880—1906年，大约有77%的合作农场土地是分配给接收者的，没有收取法律规定的费用；而1907—1930年，大部分土地（62%）被出租了。1906年颁布了一项禁止出售合作农场土地的法令，转向出租而不是捐赠。[10] 虽然租金根据时间和地点的不同而有所变化，但每年的费用通常是象征性的。1907年，在希诺特佩，每曼扎纳的土地租金为3比索。1911年，在罗萨里奥（Rosario），一处物业的租金为每曼扎纳50美分，另一处为25美分。1916年在拉孔奎斯塔（La Conquista），土地租金为每曼扎纳4美分，1919年在拉巴斯（La Paz），土地租金为每曼扎纳3美分。[11] 尽管一些出租物业相当大，但大多数仍属于小规模土地，也即由大多数捐款所构成。

虽然合作农场是小农经济、国土或荒地，但它们却是大农场主的领域。在1878—1930年的67笔土地销售中，大约56%是200或更多曼扎纳，其中37%的土地销售属于500以上曼扎纳，总计28 366曼扎纳。但是，这些财产绝大多数是牧场。到1930年，这些土地中只有21%最终种植了咖啡。

小农和信贷

规模较小的农民需要现金，无论是经营自己的农场还是购买小型咖啡农场和其他土地以扩大规模，因此他们都需要借钱。咖啡生产的融资通常是较小种植者与较大种植者之间关系的纽带。但是，小农不仅受到银行或大农户的摆布。1880—1930 年间，有 550 人在卡拉佐放贷，这表明任何有多余现金的人都愿意放贷，而且人们借钱不依赖于少数几个贷方。

直到 20 世纪前，在卡拉佐都没有银行贷款。第一笔贷款是 1901 年从中美洲伦敦银行向维森特·罗德里格斯（Vicente Rodriguez）提供的 150 比索，用于他在圣塞西莉亚的迪里安巴农场的收割。[12] 1880—1930 年间，益格鲁中美洲商业银行在卡拉佐提供了 27 笔贷款，尼加拉瓜国家银行发放了 71 笔贷款。海外商业公司提供的机构性贷款更为重要，该公司提供了 99 笔贷款。但是私人贷款占据压倒性优势，在同一时期内，仅冈萨雷斯一家就提供了 418 笔贷款。

可用的信贷形式有两种：转售协议或抵押，即农场本身或其他财产的抵押。两种形式的贷款通常都以咖啡偿还，通常采用该地区 3 个主要咖啡购买者和加工者确定的利率，即由提供多种贷款的同一个人确定。

转售协议是最早出现在财产记录中的放债形式。借款人在保留使用权的同时将其财产卖给贷方，并同意他可以在某个日期之前回购财产。转售协议虽然在 20 世纪初是最普遍的，但至少持续到 1930 年。通常，协议规定借款人/卖方可以以与出售时相同的价格（即无息）再购买财产。无息贷款似乎很有吸引力，但它无息是有原因的——它有风险。

对贷方/买方的好处是财产已向他或她注册。如果借款人不偿还贷款，则贷方不需要寻求法律手段来获得土地所有权。取而代之的是，它采取了一项新的契约将财产归还给卖方/借款人。一位希诺特佩的咖啡种植者说，当借款人偿还贷款时，贷方通常"不接受"。大部分通过转售协议借钱的人——占

66%——失去了农场。但是,这并不意味着这些人最终沦为失地无产阶级的一部分,他们中的73%拥有其他土地。财产登记处显示,只有26%的未回购农场有进一步交易,这意味着这些财产没有与购房者/贷方拥有的其他土地正式合并,也没有用作自己贷款的抵押品。

实际上,即使失去财产所有权,先前的所有者也有可能保留使用权。在转售协议仍然有效的情况下出售财产的情况表明了这种可能性。例如,1902年5月3日,圣马科斯的家庭主妇彼得罗娜·阿奎尔(Petrona Aguirre)以200比索的价格将她的3曼扎纳的农场卖给了圣马科斯的抄写员本杰明·萨帕塔(Benjamín Zapata),转售协议约定于1903年3月之前以29法纳加咖啡购回[法纳加(fanega)衡量的体积通常等于125磅]。1902年5月18日,萨帕塔以200比索的价格将仍然在有效期的该农场卖给了希诺特佩的医生卡米洛·祖尼加(Camilo Zúniga)。反过来,祖尼加于1902年6月21日将农场以200比索的价格卖给了希诺特佩的农民安东尼奥·萨利纳斯(Antonio Salinas)。1903年5月9日,安东尼奥·萨利纳斯的继承人维森特·萨利纳斯·莱瓦(Vicente Salinas Leiva)将其以750美元的价格卖给了彼得罗娜·阿奎尔。当天,阿奎尔就在另一份转售协议中以1 195比索的价格将农场转售给希诺特佩的农民纳瓦罗(Navarro)。没有转售记录;然而,下一笔交易显示该农场由阿奎尔掌控,因为她在1906年5月获得了163.20比索的抵押。阿奎尔设法在1907年11月上旬偿还了债务,只是在当月晚些时候,她与帕布罗·埃米利奥·查莫罗(Pablo Emilio Chamorro)以280比索的价格签订了另一份转售协议。她没有偿还这笔钱,并在1909年把农场给了查莫罗。在等待阿奎尔偿还债务时,查莫罗承诺将农场出售给格拉纳达州的农民瓦莱里奥(Valerio),以换成40法纳加咖啡。该协议载明,瓦莱里奥立即获得了农场的所有权。[13]

尽管过去7年发生了许多交易和所有权变更,但该农场仍由原始所有者借款人阿奎尔掌握,直到将其转让给瓦莱里奥。中间的购买者从来都没有自己拥有农场,但他们能够使用它、作为资产来买卖它。显然,房地产和贷款市场活跃。贷款是更有利可图的投资,这从反复销售和贷款的明显偏好而不是积累土地和集中生产就可以看出来。

抵押贷款的风险较小,但价格较高,抵押贷款通常需要用咖啡偿还。贷款的期限往往取决于财产的大小:土地所有权越大,期限越有利。小型资金筹集者和小农通常每月支付2%,中型农民支付1.5%,大型农场贷款低于1%,自由农户支付大约1.25%。没有迹象表明惠洛克将成为利率较高的标准。[14] 小农的贷款利率不低于1%,262个小农中只有1个小农可以享受,而大农场或超大农场的贷款利率均不超过3%。但是,尽管较大的土地所有者通常支付较低的利率,但他们也支付销售佣金,一般为2.5%。如果生产的咖啡不足以偿还贷款,则剩余的咖啡可以以现金或银行汇票的形式支付,"违约佣金"为2.5%。要求还款的几笔贷款的规模也很重要。在这14种抵押贷款中,有11种由小型资助者持有,2种由小农持有,1种由中型农民持有。

虽然最大的咖啡种植者和加工者也是主要的贷方,但较小的咖啡种植者有许多获得贷款的选择。在1877—1930年间向卡拉佐的咖啡种植者贷款的550人中,大多数人(73%)是卡拉佐的居民。仅有3%的贷款来自国外,而24%的贷款来自其他的卡拉佐城市。大多数贷方(57%)只提供一次贷款。大约90%的贷方提供了5次或更少的贷款。

契约贷款与抵押贷款之间的一个显著差异是违约率。尽管66%的契约贷款借款人失去了财产,但只有28%的抵押贷款借款人违约或出售了他们的财产以偿还债务。因此,契约贷款中放贷人的目的似乎是获取财产,而抵押贷款放贷人的目的似乎是赚取利息利润。当考虑按揭还款的及时性时,利润动机似乎更加清楚。在提供到期日和取消日期的抵押贷款中,有63%的抵押贷款取消得很晚(627笔抵押贷款)。虽然本金数月甚至数年都没有还清——最常见的是,取消贷款的时间推迟了1~2年,但贷款人却在收取利息。

小农最有可能拖欠抵押贷款:33%的人拖欠抵押贷款,相比之下,小农为26%,中型农户和土地所有者为20%,大农户为7%。然而,最令人震惊的是,即便是小农,大多数也能够偿还贷款。此外,在拖欠债务的情况下,很少有贷款人保留财产来增加自己的土地所有权。大多数人将农场转手给中小种植者,然后向他们放贷,继续着有利可图的债务循环。

小农和加工

尼加拉瓜的咖啡加工始于基本的手工方式。根据胡安·门多萨(Juan M. Mendoza)的《迪里安巴历史》(Historia de Diriamba),大约在1868年,还没有由畜力驱动的蒸汽加工厂或磨坊,咖啡去皮使用木桩在瓜纳卡斯特木制成的盒子中。[15]

登记表中很少有记录提供有关农场所包含设备的详细信息。在19世纪,有14个农场将脱壳机列为设备。其中,3个农场详细说明了该设备是由石材砌成的,可能类似于危地马拉制造商爱德曼制造的简单石臼,或者是一个临时装置。早在1893年,何塞·马瑞亚·拉卡约(José Maria Lacayo)在他的160曼扎纳的农场就拥有了戈登碎浆机(Gordan pulper),英国制造的设备被认为是最好的。在19世纪,拥有加工设备的最小物业是弗朗西斯科·卡斯特罗(Francisco Castro)在圣马科斯的30曼扎纳的农场和萨尔瓦多·拉卡约(Salvador Lacayo)的圣特雷莎农场,其中种植了3万棵咖啡树。然而,卡斯特罗还拥有186曼扎纳的圣马科斯庄园、25曼扎纳的奥约德阿瓜和海欣达庄园,并且可能已经在30曼扎纳的农舍里使用脱壳机,以及从多个农场购买咖啡。同样,拉卡约拥有几处物业,配备这种设备的农场平均规模为73曼扎纳。[16]

在20世纪,登记表中描述了使用处理设备的22个其他属性。较小的属性继续具有基本的脱壳设备,具有咖啡加工厂这一属性更为普遍。1909年的咖啡普查调查了尼加拉瓜农场使用的机械。在卡拉佐,他们报告了18台蒸汽机;36台由"血液"驱动的机器,大概是指由人或动物的力量驱动[帕勃罗·埃德尔曼(Pablo Edelman)详细描述了需要人手动转动曲柄的机器和需要牛转动的机器];[17] 还有1台由水力驱动。蒸汽操作设备主要用于大型农场:8个中等农场、3个大型农场和3个超大农场。

直到第一次世界大战之后,尼加拉瓜的咖啡种植者才开始实现生产过程的现代化。到了 20 世纪 20 年代,咖啡种植者才开始清洗所有的咖啡,因为这样可以在市场上卖更高的价格。种植园主曾提出这一主张并补充道,1926 年生产的未清洗或普通咖啡的比例在全国仍为 60%,在卡拉佐为 70%。[18] 较高的干咖啡比例似乎进一步强化了这一论点。大多数咖啡的确是由小农生产的,如果大多数咖啡是由较大的种植者生产的,他们能够负担得起昂贵的湿法加工过程,则湿咖啡的生产百分比可能会更高。然而,如果多达 70% 的卡拉佐的咖啡没有清洗,那么就连一些较大的种植者也会选择干燥法。考虑到投资的高回报率,低劣的处理方法似乎并没有对他们的收入造成足够的损害,从而形成进一步的投资。

然而,加工设备的成本可能是高昂的。1864 年,帕勃罗·埃德尔曼估计咖啡加工设备的价格从 860 比索提高到 900 比索,但他也指出,安装在危地马拉有 5 万棵咖啡树的巴尔塞纳种植园的设备花费了 1 455 比索。到 1922 年,当何塞·罗布列托(José Robleto)去世,在归档他位于圣马科斯有 50 000 棵咖啡树的圣乔治牧场的存货时,其设备价值已标列为 4 600 科尔多瓦(1912 年,科尔多瓦取代了比索)。正是由于设备的高昂成本,才使 70% 的卡拉佐公司拒绝将其咖啡带到专门的咖啡加工商处,或更常见的是让较大的种植者购买和加工他们的咖啡。从理论上讲,较小的种植者可以借钱购买加工设备,但是如果他们要用咖啡偿还债务,他们将如何处理? 贷款方是否会为购买设备提供资金,来与他们自己的咖啡加工厂竞争? 毕竟,规模较大的种植者需要用咖啡来偿还自己的债务。

例如,尼卡西奥·马丁内斯·桑兹(Nicasio Martinez Sanz)是 Trilla Castellana 的所有者,该厂于 1905 年成立,是登记表中记录的最早的一位债务人。1907 年,他估计其账面上的机器价值为 11 000 美元,包括 2 个水箱、1 个洗槽、1 座石砌的天井和 1 台蒸汽驱动的咖啡脱壳机及其所有配件。[19] 马丁内斯有自己的债务要支付:1910 年,他向特奥多罗·特菲尔(Teodoro Tefel)借了 32 100 德国马克,其中 2/3 约定用咖啡偿还,其余的则用信用证偿还。条款规定咖啡应"经过清洗或脱粒,具有良好的商业质量,经过良好的清洁和选择"。如果没有足够的咖啡来满足要求,则他将不得不为未交付的每一公担(100 磅)支付 1.5 马克。[20] 难怪马丁内斯要求许多欠他钱的人用咖啡偿还,并交给他的债权人。

尽管咖啡加工商没有像放债人那样多,但是规模较小的农民确实有一些选择。1923 年的尼加拉瓜官方名录列出了 4 家定制加工厂:除了拉卡斯泰拉纳、希诺特佩,还有属于曼努埃尔·拉卡约继承人的圣罗莎、位于迪里安巴的属于罗曼和巴尔托达诺的圣罗萨利亚,以及美国在圣马科斯拥有的海外商人公司工厂。该目录还列出了 15 家拥有蒸汽驱动加工设备的农场所有人,包括属于该地区最大的 3 个贷方和种植者的何塞·埃斯特万·冈萨雷斯庄园、何塞·伊格纳西奥·冈萨雷斯庄园和维森特·拉帕乔利庄园。

1926 年,美国领事哈罗德·普莱特(Harold Playter)估计有 50% 的种植者拥有自己的清洁和加工厂。到了 1929 年,卡拉佐吹嘘自己拥有无数台定制咖啡机:"……这些磨坊拥有强大的机器,成本高达数千科尔多瓦。"[21]

但是,规模较小的种植者可以选择的种类数量不可能转化为用于偿还债务的咖啡的更好价格。贷款协议经常规定,咖啡在还款时将按市场价或 3 个区域商人商定的价格进行估价,价格不可能有太大变化。

机会不均

咖啡的繁荣确实提供了机会并创造了新的财富,而卡拉佐的 3 个主要家族——拉帕乔利、冈萨雷斯和巴尔托达诺——都出身卑微。维森特和布埃纳文图拉·拉帕乔利(Buenaventura Rappaccioli)是马塞顿妮娅·古铁雷斯(Macedonia Gutierrez)的两个私生子,后者靠卖雪茄和粗制甘蔗酒精谋生,还有意大利移民胡安·拉帕乔利(Juan Rappaccioli)。1890 年,布埃纳文图拉是迪里安巴第一个社交俱乐部的创始人之一,将精英聚集在一起。[22] 1909 年,拉帕乔利兄弟是卡拉佐最大的土地拥有者,拥有 1 245 曼扎纳土地和 325 000 棵咖啡树,价值 1 232 000 比索。维森特·拉帕乔利曾同时担任参议员和众议员,但在 1928 年竞选总统失败。[23]

冈萨雷斯的兄弟何塞·埃斯特万和何塞·伊格纳西奥在土地所有权方面落后于拉帕乔利,拥有 980 曼扎纳土地,但凭借 76.6 万棵咖啡树,其财产价值 317.5 万比索。他们也出身卑微:他们的祖父罗曼·冈萨雷斯(Román Gonzalez)是胡安·古贝托·帕拉雷斯(Juan Gualberto Parrales)和一位土著妇女贝纳贝拉·冈萨雷斯(Bernabela Gonzalez)的私生子。[24]胡安和贝纳贝拉的儿子弗朗西斯科是一个成功的农民,因此他可以为他的两个儿子——何塞·埃斯特万和何塞·伊格纳西奥——提供很好的发展基础。何塞·埃斯特万被称为"伟大的现代化推动者",于 1897 年将第一辆福特汽车带到了该地区。正是在何塞·埃斯特万担任迪里安巴市长期间,瓦斯照明被带到了该市,他在 1920 年当过自由党总统候选人。何塞·伊格纳西奥曾是一名医生,在美国接受过教育,并且是该地区最重要的咖啡种植者和放债人之一。他于 1916 年成为尼加拉瓜副总统候选人。[25]

在社会和政治上,第三重要的家族是由目不识丁的打零工者恩里克·巴尔托达诺(Enrique Baltodano)领导,他与著名的弗朗西斯科·德·塞尔斯·帕拉莱斯(Francisco de Sales Parrales)的女儿多洛雷斯·帕拉莱斯(Dolores Parrales)结婚。根据胡安·门多萨(Juan Mendoza)的说法,帕拉莱斯让其女婿担任卡车司机并负责一些未开垦的土地,巴尔托达诺用它来发家致富。[26] 1909 年,恩里克的儿子伊格纳西奥、罗曼和莫伊斯拥有 400 曼扎纳的土地,价值 500 000 美元。他们虽然不是最富有的精英阶层,但政治和社会影响力很大。莫伊斯是一名医生,他曾在巴黎接受教育,并曾担任参议员。[27]直到 1964 年,该地区最重要的农场仍然属于布埃纳文图拉·拉帕乔利,何塞·伊格纳西奥·冈萨雷斯和莫伊斯·巴尔托达诺兄弟。[28]

当然,大多数咖啡种植者不具备这 3 个家庭的财富。最大的种植者获得了资源,以通过维护小树林和收获产品的更高水平的护理来确保更好的收获。前十大咖啡种植者生产出卡拉佐咖啡的53%，拥有49%的咖啡土地和46%的树木。此外，有70%的生产者没有加工设施，加工者形成了寡头垄断，控制了产品的报价；之后，出口商通过出口咖啡又获得了30%的回报。

超越富裕咖啡生产者与较小生产者之间的划分是基于性别和种族的划分。妇女和土著居民都在咖啡经济中找到了机会。但是这些机会受到了限制：妇女们对父权制的规范感到愤慨，而土著居民发现，机会被留给那些基本上已经成为拉美裔的人。

在咖啡经济中，妇女与男子一起成为财产的买卖双方以及资金的贷方和借方。有完整数据的交易显示，所有咖啡资产贷款中有10%是女性，而借款人中有21%是女性。在财产销售中，妇女占卖方的19%，而买方占13%。1909年的咖啡普查显示，所有咖啡农场中有12%为女性所有。妇女经常担任丈夫的法律代表，她们偶尔管理自己丈夫的生意，甚至有一位妇女因出售其共有财产而成功地将丈夫告上法庭。

但是妇女还是经常受到丈夫的限制，丈夫的遗嘱要求妻子不许再婚，威胁要夺走子女的监护权。父亲们在遗嘱中为孩子们制定了指导方针。他们公然留下物品来承认私生子和情妇，因此为继承的咖啡财富提供了一个准公开性的场合。在这种情况下，男性自由到处炫耀，寡妇则处境艰难。妇女在劳动力再生产中继续发挥传统作用；平均每个家庭有10个人，妇女和儿童在自己的农场和较大的农场提供劳动力。对于精英家庭而言，孩子对于将家庭联系起来的通婚至关重要。拉帕乔利家族、冈萨雷斯家族和巴尔托达诺家族都相互通婚。

当然，妇女不可能简单地同男人一样获得她们所有的权利和特权。如果土著男子在较大程度上抛开其土著身份，则他们可以获得所有男性都拥有的财产权和投票权，这主要可以通过放弃传统土著社区看出来。与马塔加尔帕地区不同，卡拉佐没有任何文件表明公认的拥有土地的土著社区一直存在到20世纪。与马塔加尔帕相反，也没有关于土著社区和拉丁美洲人在土地上发生暴力冲突的记录。

当然也有一些争议。1865 年,圣马科斯的土著社区未能阻止其部分土地被宣布为是荒芜无用的并被出售。1866 年,在希诺特佩,土著社区在类似的战斗中取得胜利。但是圣马科斯案中的几位土著领导人只是继续购买土地并使自己成为咖啡种植者。考虑到希诺特佩的土著人已经在 19 世纪 50 年代大量参与商业制糖业,立即进行的拉丁化就显得不寻常了。[29]

罗萨里奥和拉孔基斯塔社区似乎已经抛弃了土著地位,成为拉丁美洲人社区。这些不是咖啡生产区,土著领导人很可能只是成为新的市政官员并分配了合作农场土地,从而给传统惯例披上了拉丁美洲的虚假的外衣。

因此,似乎没有一个群体被系统地排除在咖啡经济之外,所有社区成员都发现成功的程度有限。当然,这要求它们适应不断变化的经济、社会和政治体制。但这些体制的构成方式符合传统,例如,客户关系在个性化贷款协议中依然存在,尽管它们现在有了公开文件和利息的法律手续。

结　论

那种认为大种植园扩张取代了农民,并把他们变成无产阶级的老一套看法,确实是错误的。在卡拉佐,大部分土地由小型农户和中小型农户持有:根据从 1880 年至 1930 年登记表的记录,其中 91% 的农场和 40% 的土地,以及 75% 的农场和 55% 的土地包含在 1909 年的咖啡调查中。记录显示,许多小农确实设法购买了小农场和额外的土地,以扩大其拥有的土地,但幅度不大。而且,大多数合并为较大资产的农场(占 88%)仍属于小农场和中小型农场。

1909 年的咖啡普查还显示,这些小型咖啡农户并不是"农民",他们没有兴趣为市场生产产品或仅生产少量产品来维持生计,取而代之的是,他们正在密集种植以最大化他们的收入。他们投资土地、借钱,并在必要时根据自己的财务状况出售或雇佣劳动力。他们主要关注的仍然是他们的家庭,但那个家庭实际上是一门生意;同样,即便是大农场主也经营家族企业。

这些模式揭示了尼加拉瓜乡村财产结构的复杂性。这是一个流动和动态的过程，让一些人放弃咖啡种植，而让另一些人加入。1878—1904 年，大约有 175 人出售了他们唯一拥有的咖啡财产，而以前没有拥有咖啡财产记录的另外 102 个人则首次购买了这种土地。

同时，那些只想维持生计的人仍然可以进入合作农场，国家继续向市政当局提供荒地以满足这些需求。国家分配给卡拉佐的土地多于市政领导分配给个人的土地，这一事实表明该地区几乎没有土地短缺。

然而，获得土地并不是唯一重要的问题。农民需要信贷，虽然他们发现信贷很容易获得，但他们也发现，贷款条件对小农而言更为复杂。签订了转售协议的人很可能是没有机会获得抵押贷款的人：以契约贷款形式出售财产的人中只有 34% 同时也是抵押贷款持有人。该条款似乎比抵押贷款更好：大多数情况下，不收取任何利息，而在这种情况下，利率往往低于抵押贷款。但是风险更高：契约贷款更有可能导致违约。但是，贷款买家并未保留该财产以增加其资产。取而代之的是，该财产被转售，或者可能被用作资产，而先前的所有者仍然是租户，维护该财产并生产咖啡。

在抵押贷款中，小农更有可能被要求支付更高的利率，而他们用来偿还贷款的咖啡被支付的钱也更少了。然而，数据显示，在财产很少的情况下，人们也可以借到大量的钱并设法偿还。大大小小的种植者都违约了，尽管土地所有者可能会放弃一笔亏损的业务，而继续拥有更有利可图的种植园。贷款人的数量也超出了预期，从而为小农提供了更多的市场选择。与大农场主相比，小农显然处于劣势，但并未被排除在市场之外。

咖啡提供了巨大利润的潜力。在这段时间里，成本收益具有显著的一致性。法国工程师保罗·勒维（Paul Levy）估计，1870 年的平均利润为 35%。美国领事普莱特利用更详细的统计数据，估计 1906—1926 年的 20 年利润率平均值为 36%。勒维的估计包括 3 年内建立咖啡园的成本。[30] 如果扣除启动成本来估算已经建立的农场的利润，利润率水平将提高到 50%。

加上从贷款中获得利息，以及较大种植者出口加工的咖啡中的收益，出口商的利润在1920—1921年的9%的低点到1910—1911年的61%的高点之间波动,1906—1925年的20年间平均利润率为36%。由于大多数加工商也是生产商,因此该利润是生产利润的补充。

但是,拥有加工厂并不能保证成功。佩德罗·戈麦斯·鲁哈德(Pedro Gomez Rouhaud)的"人民咖啡厂"曾经非常成功,该物业价值14.1万美元,其中包括:一栋双层住宅;办公室和工人宿舍;储存咖啡的仓库;庭院;槽臼,包括制浆机、脱壳机和分级机的各种机械;田里的草和甘蔗。[31]但他最终陷入了沉重的债务之中,以至于他在1932年去世时,他的继承人不得不出售工厂以偿还债务。买主是铁路和香蕉企业家曼诺·凯思(Minor C. Keith),他创立了联合水果公司。

但是,戈麦斯·鲁哈德的继承人,一名格拉纳达律师,发现自己不太可能与小农户的家庭一样。人民咖啡厂的失败意味着投资的损失,而不是家庭毕生积蓄或生活方式的损失。对于规模较小的咖啡农户,选择的余地要少得多:他们可以重返自给自足的农业和/或去较大的咖啡农场工作。尽管大小咖啡种植者之间有很多相似之处,但在最后的分析中,他们承担的风险产生了截然不同的后果,这就是大农场主和小农场主之间的区别。

注释:

〔1〕对惠洛克的解释,参见 *Imperialismo y Dictadura* (Managua: Editorial Nueva Nicaragua, 1985)。

〔2〕关于马塔加尔帕,参阅 Jeffrey L. Gould, *To Die in This Way: Nicaraguan Indians and the Myth of Mestizaje, 1880-1965* (Durham: Duke University Press, 1998)。

〔3〕关于咖啡在卡拉佐的起源,参阅 Alberto Lanuza Matamoros, "Estructuras socioe-cónomicas, poder y estado en Nicaragua, de 1821 at 1875," graduate thesis, Costa Rica, 164; Paul Levy, *Notas Geográficas y Económicas sobre la República de Nicaragua* (Paris: Libreria Española de E. Denné Schmitz, 1873), xxx; Julian N. Guerrero and Lola Soriano, *Monografía de Carazo* (Nicaragua: 1964), and the *Registro Oficial*, No. 60, p. 251, León, March 14, 1846。

〔4〕Harold Playter, *The Coffee Industry in Nicaragua* (Corinto, Nicaragua: American Consulate, 1926), 7.

〔5〕Norma Maria Tapia Cerda, "Sistema Jurídico Registral Adoptado en Nicaragua," doctor in law thesis, Universidad Centroamericana, Managua, Nicaragua, 1980.

〔6〕*Diagnostico Socio-Económico del Sector Agropecuario: Carazo* (Managua: Centro de Investigaciones y Estudios para la Reforma Agraria, CIERA, and Ministerio de Desarrollo

Agropecuario y Reforma Agraria, MIDINRA, Dec. 1980), 64, 70–1.
〔7〕*Registro del Inmuebles,* May 8, 1901, no. 60, p. 51.
〔8〕One caballeria equals 64 manzanas, or 109 acres.
〔9〕*Libro de Propiedad*, Granada, Feb. 8, 1881, no. 34, pp. 17–18; Sept. 26, 1886, no. 389, pp. 271–3; Feb. 25, 1890, no. 94, pp. 53–5; April 18, 1890, no. 295, pp. 169–75; *Libro de Propiedad*, Jinotepe, May 24, 1892; April 3, 1900, no. 74, pp. 80–1; Dec. 19, 1892, no. 553, pp. 78–80.
〔10〕Managua, June 27, 1906, issued as a clarification of the Agricultural Law of 1902.
〔11〕*Libro de Propiedad*, Jinotepe, Dec. 23, 1907, vol. 21, pp. 164–5; April 25, 1911, vol. 40, p. 94; Feb. 6, 1911, vol. 21, p. 181; April 1, 1916, vol. 50, pp. 274–5; Aug. 19, 1919, vol. 71, p. 93.
〔12〕*Registro de Inmuebles*, Jinotepe, Feb. 16, 1901, no. 42, p. 38. 比索在1912年之前一直是官方货币，据说它与美元等值。
〔13〕*Registro de la Propiedad y Derechos Reales*, Jinotepe, May 11, 1902, no. 179, p. 110; May 20, 1902, no. 211, pp. 130–1; Oct. 16, 1902, no. 511, p. 307; May 28, 1903, no. 210, pp. 117–8; May 28, 1903, no. 211, pp. 147–8; *Libro de Propiedad*, Jinotepe, May 22, 1906, vol. 11, pp. 80–1; Nov. 23, 1907, vol. 11, pp. 81–2; April 9, 1909, vol. 11, p. 82, vol. 22, p. 302; May 12, 1908, vol. 22, pp. 302–3.
〔14〕Wheelock, *Imperialismo y Dictadura*, 86.
〔15〕Juan M. Mendoza, *Historia de Diriamba* (Guatemala: Imprenta Electra, 1920), 35.
〔16〕*Libro de Propiedad*, Jinotepe, Nov. 8, 1893, no. 220, pp. 278–9; *Libro de Propiedad*, Granada, March 27, 1890, no. 176, pp. 106–7; *Libro de Propiedad*, Jinotepe, Dec. 21, 1893, no. 213, pp. 335–6.
〔17〕Pablo Edelman, *Apuntamientos sobre el beneficio del cafe y las maquinas en que se ejecuta* (Managua: Imprenta del Gobierno, 1864).
〔18〕Playter, *Coffee Industry*, 5, 32.
〔19〕*Libro de Propiedad*, Jinotepe, Sept. 7, 1907, vol. 1, margin notes, pp. 75–6 and vol. 18, p. 90.
〔20〕*Libro de Propiedad*, Jinotepe, Oct. 11, 1910, vol. 1, p. 76, vol. 19, pp. 95–6.
〔21〕Playter, *Coffee Industry*, 42–3; Fernando Briceño, "Jefe Político de Jinotepe," in *Memoria de Hacienda* (Managua: Tipografía Nacional, 1929), 267–9.
〔22〕Jorge A. Blanco G., *Diriamba* (Managua: Editorial Atlántida, 1938), 37.
〔23〕Guerrero and Soriano, *Monografía*, 93.
〔24〕Mendoza, *Historia*, 79.
〔25〕Ibid., 392–403.
〔26〕Ibid., 52–3.
〔27〕Ibid., 331–2.
〔28〕Guerrero and Soriano, *Monografía*, 50.
〔29〕Justin Wolfe, "Rising from the Ashes: Community, Ethnicity and Nation-State Formation in Nineteenth-Century Nicaragua," Ph.D. diss., University of California, Los Angeles, 1999, pp. 162–3, 225; Julius Froebel, *Seven Years' Travel in Central America, Northern Mexico, and the Far West of the United States* (London: Richard Bentley, 1859), book I, p. 50.
〔30〕Levy, *Notas Geográficas*, 465; Playter, *Coffee Industry*, 39.
〔31〕*Libro de Propiedad*, Jinotepe, Feb. 1, 1930, vol. 101, pp. 35–41; Feb. 13, 1930, vol. 101, pp. 35–43, 70–1.

【作者】 Julie A. Charlip

第三篇

咖啡、政治与国家上层建筑

第十一章

墨西哥恰帕斯州的咖啡和再殖民化——印第安人社区与种植园劳动力：1892—1912

第十一章 墨西哥恰帕斯州的咖啡和再殖民化

引 言

19世纪90年代中期,墨西哥恰帕斯州(Chiapas)的新兴咖啡业正处于危机之中。* 受世界咖啡市场高价、墨西哥政府以每公顷2比索的价格提供大量肥沃土地,以及提供大量廉价劳动力的承诺的影响,墨西哥和外国企业家于19世纪80年代末至1895年间在该州种植了超过400万棵咖啡树,其中大部分是1892年之后栽种的。到1895年,已经有110万棵咖啡树在生长,另外320万棵计划定于1899年开始种植。数百万的苗床和苗圃保证了恰帕斯州的生产力到19世纪末将翻一番,这种增长势头一直持续到20世纪。

问题在于,产量的突然增加需要的劳动力快速增长。但是,大多数新农场在恰帕斯州南部太平洋沿岸索科努斯科(Soconusco)的人口稀少的山区,那里远远没有足够的劳动力来源。尽管如此,种植者和他们的支持者知道他们的树还需要5~7年才能成熟,他们相信自己能够在第一次收获之前调动大量的季节性劳动力。他们从一开始就假定可以从恰帕斯州未开发的中部高地人口稠密的玛雅人社区吸引必要的工人。似乎没有人能预料到的是,直到19世纪90

---

* 如果没有弗雷德里克·鲍曼(Friederike Baumann)的慷慨分享,这篇文章是不可能完成的。弗雷德里克·鲍曼多年来分享了她对恰帕斯20世纪初经济的深刻理解。托马斯·本杰明(Thomas Benjamin)将他的手工抄写文件的完整版本从墨西哥城的Porfirio Diaz档案库中寄给我参考。我还从Steven Topik、George Collier、Jane Collier、Andre's Aubry、Angelica Inda、Alan Wells、Aaron Bobrow-Strain、Charles Hale、Sr.、Justus Fenner和Diane Rus的评论和建议中受益。我感谢所有人。

年代中期,劳动力转移的安排仍未完成,索科努斯科的任何种植园里仍然没有高地印第安人。结果到了1895年,几乎没有足够的人手来进行收割。除非能找到解决办法,否则在1896年和之后的几年里,预计会出现大量农作物荒废的情况,恰帕斯州的咖啡热潮将被扼杀于摇篮之中。

直接跳到故事的结尾,当然恰帕斯州的咖啡种植园最终确保有足够的高地印第安劳动力来采摘迅速成长的咖啡。1895年,整个州不到5 000名咖啡工人——几乎都是种植园的居民或附近村庄的常年工作人员,到1910年,这一数字一直增长,包括所有地区在内,总数超过21 000人,其中约10 000人是来自中部高地的印第安移民。

接下来几页内容的首要目的是解释如何最终动员劳动力参加工作。在19世纪90年代中期,为什么没有来自中部高地的工人出现在索科努斯科,最后劳动力的流动是如何开始的?讨论这些看似简单的问题反过来又引发了更大的问题,即恰帕斯州的社会和经济在咖啡出现前是如何运转的,以及它们在19世纪末为何必须重组以适应国际市场?恰帕斯州的种植园经济和劳动制度的重构才刚刚开始,到目前为止,大多数研究集中在种植园正常运作的时期,以及已经建立的企业。[1]所以,看起来似乎它们已经很成熟并且保持稳定。通过考察19世纪末种植园在其之前的经济和社会制度的背景下的兴起,不仅要关注政权的更替,而且要关注转型的过程,我们或许更容易看到咖啡的出现带来了什么变化,也更容易衡量这种变化对参与其中的人的生活产生了什么影响。

咖啡兴起前的恰帕斯州劳动力状况

当咖啡热潮开始时,恰帕斯州的大部分农村劳动力本质上是土著居民,并且他们居住在该州12个地区中的4个,分别是中部和北部高地[拉斯卡萨斯(Las Casas)、西莫约维尔(Simojovel)和奇隆(Chilón)地区]以及邻近的东部高原(Comitán)的"传统庄园"地区(见表11.1)。同时,大多数由投资者驱动的农业发展发生在低地地区，工人人数较少。除了索科努斯科之外，还发现它们位于图斯特拉(Tuxtla)、梅斯卡拉帕(Mezcalapa)和比丘卡尔科(Pichucalco)的高地西部边缘，以及帕伦克(Palenque)的东北丛林中(见表 11.2)。在繁荣的最初几年，遍布墨西哥、美国和欧洲的宣传介绍都声称，恰帕斯州的咖啡提供了"巨大的可能性"，该州低地的肥沃热带土壤与该州丰富的土著劳动力的结合再自然不过了，种植者及其支持者必将纷至沓来。[2] 基于这样的承诺，在 19 世纪 80 年代后期投资开始涌入该州，并持续了 20 年。[3]

表 11.1　　　　　　　　按地区划分的土著人口(1890 年)

高原地区		低地地区	
Las Casas	39 260	Soconusco	7 872
Simojovel	14 645	Tonalá	0
Chilón	19 514	Tuxtla	8 773
Comitán	32 657	Chiapa	7 416
合计	106 176	La Libertad	6 920
		Mezcalapa	8 162
		Pichucalco	3 302
		Palenque	10 449
		合计	52 894

注：1. Simojovel 和 Chilón 是高原—低地混合的两个省，但大多数土著村庄位于高原地区。

2. 表中地区名称保留原文，便于查阅。——译者注

资料来源：*Censo General de Población*(Mexico DF：Gobierno Federal, 1890)。

表 11.2　　　　　　　　按地区划分的咖啡和可可的生产，
以及种植但尚未生产的情况(1895 年)

	咖啡树		可可树
地区	产量	种植	产量
Soconusco	1 000 000	1 000 000	125 000

续表

地区	咖啡树 产量	咖啡树 种植	可可树 产量
Tuxtla	（很少）	1 000 000	
Mezcalapa	（很少）	500 000	
Pichucalco		100 000(?)	2 500 000
Palenque	（很少）	550 000	
Chilón	50 000	75 000	
Simojovel	10 000	90 000	.
合计	1 160 000	3 215 000	2 625 000

注：表中地区名称保留原文，便于查阅。——译者注

资料来源：Gobierno del Estado de Chiapas, *Chiapas, su riqueza, sus ventajas para los negocios* (Mexico City: Oficina de Informaciones de Chiapas, 1895); Ramón Rabasa, *Estado de Chiapas, geografía y estadística: Recursos del estado, sus elementos, condiciones de riqueza, etc.* (Mexico City: Tipografia del Cuerpo Especial del Estado Mayor, 1895); *Boletín Estadístico del Estado*, 1897。

但是，宣传介绍提出的发展路径问题表明，他们对高地土著人口的状况有所误解。看看印第安人，他们生活在组织严密的集约型社区中，讲自己的语言并穿着独特的服装，外来者（包括墨西哥城的"科学"计划者）已经得出结论，他们是没有被雇用的"原始"人，他们的村庄是自治的、自给自足的社会，与墨西哥其他地方隔绝了。[4] 要想利用他们的劳动，就必须迫使他们离开所谓的隔离空间，进入货币经济。

但是实际上，恰帕斯州的土著社区是由当地的非印第安精英阶层作为劳动力储备来管理的，就像殖民时期一样。事实上，通过有效地延续殖民地分配的机制，仍然继续直接征用许多印第安劳工——如果是非法的话。在这种机制下，社区集体负责向私人雇主提供工人，以便能够缴纳他们的教会税并向王室进贡。整个州，特别是高原地区，证明了在19世纪80年代，拉丁美洲（非印第安裔）的地主和商人仍在向印第安镇议会通报他们的劳动力要求，并提前支付了少量报酬，这被称为"适应训练"。[5] 这种殖民地、种姓式的义务制度是在土著社区内部勉强

维持的,这是某种内部政治和社会自治的惯用代价。但它也被周围的非印第安社会强制执行,他们准备用一种残暴的手段来恐吓反抗的社区。[6]

除了直接征用印第安劳动力外,恰帕斯州的土地所有者还充分利用墨西哥共和国不断演进的法律,以加强对当地工人的控制。例如,1826年颁布的新法律允许非印第安土地所有者拥有无产权的公有土地,他们将整个村庄的居民变成佃户。原始居民沦为农奴的状态,称为贫农,通常被要求为新的土地所有者每月工作3~4天,以便继续保有自己的房屋和土地。[7]

印第安人也受到债务束缚。的确,随着1857年《自由宪法》正式宣布非自愿劳动为非法,到19世纪70年代初,直接征用工人的制度逐渐被重新视为一种债务劳役制度,即向应征工人提供福利或预付工资。被所在社区的政府重新定义为"贷款"。这样的贷款似乎微不足道,并且从来不超过5~10比索。这样做的目的是确立一项义务,但原本打算在某一项单一工作中予以偿还。[8]

恰帕斯州的所有印第安人都远非"孤立的原始人",事实上,已经有人在谈论这个话题。这些潜在的劳动力大部分被某一个扩展地区的精英控制——高原地区,包括拉斯卡萨斯和邻近的山区西莫约维尔与奇隆。反过来,随着时间的推移,这已经成为高原和低地精英之间摩擦的主要导火索。独立后,高原地区的土地所有者、商人和官僚们希望"继承"该地区众多印第安人的租金、税金和宗教费用,因此他们主张改变印第安的政治体制。他们在全国范围内与保守派同心协力,设想建立一个中央集权的国家,在这个国家中,权力将集中在君主制克里奥尔洛斯(Criollos)手中,而不是王室和西班牙人手中。

另一方面,来自低地、中央谷地图斯特拉和恰帕的雄心勃勃的农场主和商人,则在全国范围内认同自由党。他们认为,潜在的富裕农业地区的经济发展取决于教会财产的世俗化(低地地区一半以上最好的土地)、最低税率和劳动力的自由流动,因此,低地人民倾向于打破中央集权的殖民秩序。独立后,他们在努力提高产量时很快意识到,这些问题中最关键的是获得劳动力。因此,在19世纪20年代到40年代早期(在此期间,他们没收了自己地区剩余的印第安人的土地)支持了允许土著社区土地私有化的法律之后,他们倡导取缔贫农甚至将土地归还给土著社区,以"团结"高原地区的印第安工人。在全国范围内,自由派和保守派之间的这种分化导致了19世纪40—50年代间的多次政变和叛乱,然后50年代下半叶到60年代中期爆发了内战。恰帕斯州也不能置身事外,各派武装团体之间在将近20年的时间里战况不断。[9]

至于在独立的前50年中高原地区印第安人的就业情况,尽管恰帕斯州的高原—低地,保守派—自由主义派别的双方都垂涎于他们,但直到19世纪60年代对他们的劳动力的实际需求似乎还不足以扰乱他们的生活。[10]高原地区的传统庄园生产了少量的小麦、玉米、糖和牛,主要用于恰帕斯州当地使用和贸易。生产这些商品的土著劳工基本上没有报酬。在官方文件中,据报道,被征用工人的工资为每天0.08~0.16比索,但根据向教会和新闻界的许多投诉,实际工资低于这一水平。当然,贫农们是免费工作的。然而,农业劳动的实际天数虽然繁多,但似乎从来没有多到家庭不能照顾自己的土地和活动。

除了农业工作外,印第安人还被迫充当搬运工,将商品从恰帕斯州的首府和商业中心圣克里斯托瓦尔(San Cristóbal)来回运送至位于该州北部和墨西哥湾的塔巴斯科州维拉赫莫萨(Villahermosa)港口。但是,由于持续的政治动荡、市场有限以及恰帕斯州本身的生产条件如此糟糕(特别是缺乏信贷和基础设施),交通需求看上去无关痛痒,以至于那些使用应征的印第安劳工从事承运货物的人似乎并未在19世纪70年代之前得到充分利用。[11]

为热带农业动员工人:1871—1892年

19世纪70年代初期,随着墨西哥的宪法危机和内战终于消退,恰帕斯州的土地所有者和各个地区的商人都见证了危地马拉乃至尤卡坦州(Yucatán)和韦拉克鲁斯州(Veracruz)等墨西哥附近边境的出口农业日益繁荣,开始寻找可能使自己的国家摆脱长期懒散和贫困状态的道路。直到1879年,圣克里斯托瓦尔州政府还在提供财产免税政策,以鼓励对一系列可能的出口作物进行试验:

靛蓝,这在殖民时期就已经尝试过了;咖啡刚刚开始种植,还有酿酒葡萄,亚麻,以及温带水果如苹果,这些都没有被大量种植。[12]

同时,甚至在他们还没有弄清楚要生产什么之前,该州的地方精英们就在积极行动,将剩余的公共土地私有化,并至少使之对自己所在地区劳动力的控制合法化。恰帕斯州的农场数量从1837年的853个发展到1889年的3 159个,1880年以后增长了80%。[13]所有这些新土地所有者都自发地通过贫农方式俘获土著居民到其新庄园工作。与此同时,全州的精英们,尤其是高原地区的精英们,竭尽全力将他们对土著社区劳动力的习惯性的、法律以外的控制,转变为与工人个体合法的、契约的关系。1871年,州政府颁布了一项人头税,即资本主义税,要求16~60岁的成年男子每季度支付0.25比索——以当时的高原地区汇率计算,这相当于2~4天的工资。在土著村庄,小镇议会被要求负责税收的征收,如果税收不足,委员会成员将被监禁并被处以每人10比索的罚款。为了确保合规,在每个村庄都派出了由当地政府(政治总部)任命的拉丁美洲代理人,以监督当地的小镇议会。[14]最后,为了将税收、罚款和行政控制转变为个人劳动义务的过程,1880年的另一部法律规定,任何未能按需提供人头税的人都是"流浪汉",可以当场逮捕,并以其未缴税款为价格拍卖给潜在的雇主。1880年的同一部法律还规定,工人及其债务要在地区政府登记。一旦登记,那些企图逃走而未结清账目的人可能会被警察追捕,理由是他们偷走了欠其"主人"的钱。为了强化这些债务的执行,土地所有者有责任在任何新工人在其庄园中居住后的两周内通知政治领导人,如果这些工人被证明是带着未偿还债务逃跑的,那么业主们被要求"对由此造成的损失负责",也就是还清工人在之前的主人那里的账款。[15]

第一个将后殖民地奴隶制与新劳动法相结合的取得交税佃的地区是西北部的皮丘卡尔科。到19世纪70年代后期,可可再次开始种植,在19世纪之前,可可一直是皮丘卡尔科的一种常规出口商品。到80年代中期,遍布恰帕斯州边界直到塔巴斯科州的种植园为墨西哥提供了大部分的巧克力。按照恰帕斯州的传统,这些种植园的大部分工作是由印第安工人完成的,大多数是佐克人,他们在70年代因土地私有化而沦为贫农。在可可业繁荣的压力下,工人的无偿工作量从一个月的几天增加到了每周5天半。作为交换,家庭获得了最低限度的报酬,并享有保留房屋和谷物充分自给自足的特权。

皮丘卡尔科的种植园还由被称作"莫佐斯"(mozos)的负债累累的工人提供服务,他们与贫农的工作相同,但没有任何土地。这些人大多来自附近的佐克村庄,但也有的来自高原的佐齐尔人(Tzotzil)和泽塔尔—玛雅人(Tzeltal-Mayas)。尽管从理论上讲,这些人比贫农拥有更多谈判就业方式的条件,但实际上,在他们偿还债务后,他们就要依靠他们的雇主来获得一个居所和食物,而贫农却不需要。

与此同时,皮丘卡尔科的劳动力需求增加、工作条件恶化。从19世纪70年代末开始,不断有报道称,为了防止工人在劳动力需求高峰时逃跑,工人们在晚上被链子锁住,还会使用木栓和鞭笞柱,还有为了增加产量,在可可树林里对工人进行殴打。然而,最重要的是,劳工的债务有所增加。皮丘卡尔科的工人稀少,根据法律,农场主可以通过还清账目的简便方法从邻近的种植园雇佣逃亡者。为了防止这种"偷猎",地主为贫农和"莫佐斯"记录的债务不再是传统上保证在高原地区法律意义上的相对较小的数额。相反,他们已被提高到每人500比索。工人及其家人所消费的所有东西,甚至包括工具,都被记录为贷款,并且在每年工作结束时,所欠的款项通常都比开始时的工资增加更多。这些负担也不会随着死亡而终结;如果一名工人死亡,其妻子和子女将被迫承担他的义务。[16]

1885年,当墨西哥城的媒体报道皮丘卡尔科的劳动条件时,这成为全国性的丑闻。他们背负着无法偿还的"贷款",被迫无限期地无薪工作,理由是他们正在偿还自己的贷款,并有可能以这些欠款为价格进行买卖。实际上,皮丘卡尔科的工人是他们"主人"的财产。

然而,尽管恰帕斯州最受虐待的劳役制度享有的臭名声与皮丘卡尔科息息相关,但现代的证词表明,恰帕斯州中部和北部纯土著社区的劳工做法相似。[17]在土壤和气候允许的地方,19世纪80年代,当地土地所有者已开始种植出口商品。自从他们首先寻求自己的"捆绑式"贫农劳工以来,就意味着对当地土著工人的需求急剧增加。当然,在西莫约维尔和奇隆确实如此,除了人口稠密的高原地区(与拉斯卡萨斯相连)外,北部和东部也有深谷可以种植热带出口作物。到19世纪80年代中期,两个地区的土地所有者都扩大了对"旧"作物(如糖和烟草、可可)的播种,并开始尝试使用新产品(如剑麻、橡胶和咖啡)。[18] 到1892年,在西莫约维尔和奇隆地区的略多于34 000的总土著人口中(约占该州印第安人的20%),有20 000多人作为贫农生活在农场,这与20年前的情况截然不同,当时几乎所有人还是玛雅村庄的"自由"居民。[19] 5年后,对负债累累的工人——"莫佐斯"而非贫农——进行统计,结果发现他们中也有大约1 760人,算上他们的家人还有8 800人。[20] 假设成年男性约占人口的1/5,这意味着在6 800名男性中(占34 000人的1/5),有6 760人(实际上是100%)是"捆绑式"劳动者。

但是,按照任何正常的经济标准,西莫约维尔和奇隆的劳动力都不应该种植所生产的大多数出口作物。这两个地区基本上是隔绝的,它们的农业区被陡峭的、丛林覆盖的山脉隔绝,连骡子都很难到达那里。将其产品推向市场的唯一方法是,由印第安人背着通过狭窄、湿滑的小路,并穿过数十条索桥到达内河港口,以运送到墨西哥湾。由于即便是最容易到达的山谷也距离河流至少有3~4天的路程,因此,货物运输所消耗的劳动力几乎与生产所消耗的劳动力一样多。[21] 只有大量的无偿劳动才使这种种植园成为可能。一方面,他们降低了生产成本本身(据说1896年西莫约维尔的所有咖啡——当时约1 000公顷——都已种植,没有任何人工支出,因为贫农们已经做了为履行其租金义务的工作)。另一方面,当贫农和"莫佐斯"自己不搬运产品时,巴尔迪奥和"莫佐斯"的低薪或免费劳动力提供了保证金,使种植园主有可能雇佣其他地区的印第安人来做这项工作。[22]

印第安人和19世纪80—90年代间的运货繁荣期

由于背运货物在整个高原占用了很大一部分劳动力,同时也涉及拉斯卡萨斯、西莫约维尔和奇隆等重要地区的精英阶层,所以值得仔细研究。

到1895年,西莫约维尔和奇隆需要超过1 200名全职搬运工才能运送市场所需的产品,因为这些产品生产被用于出口,所以税款一直被计算在内。出口的产品是咖啡、烟草、剑麻、可可和橡胶,所有这些产品都被运往北部的河边城镇。被征税的产品是粗制甘蔗酒精,被销往恰帕斯州内部市场。[23]此外,两个地区还生产了大量其他商品,如玉米、豆、原糖、肉制品、鸡蛋和水果,其数量远远超出当地消费所需,根据现代的描述,大部分剩余源于印第安人的辛勤搬运。同时,从圣克里斯托瓦尔到恰帕斯州北部地区,再到墨西哥湾,都以生产小麦粉、面包、精制糖和腌制肉类等原料为主,贸易活跃。据报道,在19世纪90年代,几个圣克里斯托堡的商人各自雇用了500名搬运工。显然,在中部和北部的高原地区,要运送原产地为西莫约维尔和奇隆的货物,就需要超过1 200名全职搬运工。[24]但是还要多少呢?2 000名?5 000名?而且,几乎可以肯定的是,搬运货物不是一份全职工作,而是半份或更少的工作,那又会有多少呢?两倍?还是更多?

不幸的是,没有足够的信息来回答这些问题。大部分地区间贸易都没有记录,也没有发现高原商人的账簿。当然,也没有人跟踪研究土著居民就业情况,搬运工们也总是默默无闻,尽管中美洲的旅行者经常提及,他们震惊地看到被当作牛马一样的搬运工,却从未认为值得任何当地作家仔细描述。

尽管可能无法确切知道有多少搬运工,但是可以对19世纪80—90年代间他们的需求变化并从那里3个高原地区之间的分工以及每个地区的劳动制度做一些推断。首先,从生产数据来看,似乎西莫约维尔和奇隆的劳动力中有一半以上只是用于生产出口产品和酒精所要用的糖。当考虑所有其他商品时,这两个北部高原地区的大多数劳动力似乎都将在当地直接从事农业工作。为这一结论提供支持的事实是,到19世纪80年代后期,来自拉斯卡萨斯地区的债务劳动力被派往西莫约维尔和奇隆地区补充当地的农业劳动力。实际上,在西莫约维尔地区肥沃地带的边缘新建了几个村庄,以容纳在此期间从拉斯卡萨斯地区移民过来的印第安人。[25]

但是,如果西莫约维尔和奇隆地区必须从拉斯卡萨斯地区进口工人来满足他们对农业劳动力的需求,那么成千上万的搬运工从何而来?他们大多是来自中部高原圣克里斯托瓦尔附近人口稠密社区的印第安人。随着19世纪80—90年代北部地区产量的增长,越来越多的人从拉斯卡萨斯地区来从事搬运工作,直到最终在该地区几个最大的社区中占多数。[26]

这反过来提供了有关拉斯卡萨斯地区劳动力系统的线索。由于根据19世纪90年代的各种人口普查和税款统计,该地区很少有贫农和"莫佐斯",因此必须通过适应性培训/预支工资合同从他们的村庄招募搬运工。[27]在19世纪80年代中期,这种习惯性契约已越来越多地被税法和流浪法所掩盖,它与直接契约劳动的区别是源自分配公共义务的持久效力,而不是像过去那样用来稳定皮丘卡尔科种植园劳动力的过多债务,或者像西莫约维尔和奇隆地区那样把土著降低到贫农和"莫佐斯"的地位,对拉斯卡萨斯地区劳动力的控制仍在继续进行,通过小镇议会统治土著社区来世代相传。拉丁裔官员在由国家支持的总部设在圣克里斯托瓦尔的国民卫队的支持下,对那些敢于反抗的社区所发动的有组织的暴力进行监督和威慑,拉斯卡萨斯的当地政府仍然可以安排和强制实施"合同",社区成员最终被迫接受。[28]

根据19世纪90年代初期的报道,这种适应性合同承包者作为搬运工的承包商可以赚取利益,圣克里斯托瓦尔的运输业者每天收取1.5比索的搬运费用,其中承包商收取1比索,而搬货工收取0.5比索。然而,搬运工只有在真正搬运货物的那几天才会收到报酬,因此,如果他们在回程中没有搬运工作,或者不得不走到他们接载的地方,那几天就没有薪水。此外,搬运工在路上要购买食物。[29]因此,实际上搬运工的日收入通常不到25美分,而承运人每天的收入是一目了然的。

让我们考察中部高原搬运工的载货量。如果在 19 世纪 90 年代中期,仅搬运西莫约维尔和奇隆两个地区的出口产品和纳税产品所需要的劳动力,就相当于 1 200 名搬运工每人每年搬运 100 天的工作量,那么每年产生的利润将达到 12 万比索。在恰帕斯州,尤其是在恰帕斯州高原以前严峻、略显边缘化的经济背景下,到 19 世纪 80 年代末,高原农场的耕作价值被征收每公顷 1 比索的税收,这是一笔巨大的利润。相比之下,恰帕斯州在 90 年代中期的州预算每年不到 400 万比索。[30]毫不奇怪,圣克里斯托瓦尔的商人—承运人清单上包括了该地区许多杰出的人:政客、土地所有者和律师。当 90 年代对全州的农业劳动力的需求开始增加时,他们有充分的经济理由不让"他们的"印第安人被其他地区的精英"绑架"。

"解放印第安工人"第一部分:19 世纪 90 年代初期的失策

鉴于高原地区的劳动有各种各样的制度捆绑,如贫农制、长期债务莫佐斯制和习惯性的适应性义务,到 19 世纪 80 年代中期最终开始发展大规模的出口农业,然后在这十年的后半部分开始吸引投资时,这些新企业很快发现,该州的劳动力缺乏流动性,每个地区的劳动力都已被当地的地主和商人所征用。因此,索科努斯科咖啡种植园的所有者在晚些时候掀起了第一波咖啡种植园热潮,例如,在 19 世纪 80 年代,他们被迫依赖危地马拉边境的印第安人和墨西哥的"危地马拉人",其中大多数是母系印第安人,他们重新定居在索科努斯科以北的莫托辛特拉(Motozintla)山区,以清除森林并种植庄稼。[31]

但是,随着索科努斯科咖啡产业在 90 年代初开始成熟,很明显当地劳动力供应不足,又缺乏中部和北部高原的大量土著居民,联邦政府曾积极邀请墨西哥人和外国人投资恰帕斯州的咖啡,最终自己介入。[32]被选中打破对高原印第安人运动封锁的是埃米利奥·拉巴萨(Emilio Rabasa),他于 1891 年 12 月 1 日成为恰帕斯州州长。拉巴萨是来自中央山谷牧场的一个家庭的儿子,与总统波菲里奥·迪亚兹(Porfirio Díaz)一起从瓦哈卡州(Oaxaca)的同一所学校毕业,并在墨西哥城开始了其辉煌的法律职业。在迪亚兹的支持下,他来到恰帕斯州,担任联邦政府的实控总领事。

除了确保低地农业的劳动力来源外,拉巴萨还负责一系列旨在使恰帕斯州对投资者更友善的现代化措施:财政和关税改革、道路和桥梁建设,以及国家和公共土地所有权的私有化。然而,在抵达州首府圣克里斯托瓦尔之后的短短几周内,他向迪亚兹总统抱怨说,恰帕斯州政府的官员,特别是中部和北部各地区的政客大佬,还有国家官僚的首脑们,拒绝与任何改革措施合作。实际上,他们反而在积极反对他。关系变得如此紧张,以至于在1892年3月,拉巴萨在确认高原精英们绝不会允许他进行削弱其自身实力的现代化改造后,拉巴萨恳求迪亚兹来解救他。最重要的是,他确定印第安人永远不会被"他们永远的折磨者——圣克里斯托瓦尔的居民"自愿释放。[33] 然而,迪亚兹拒绝了他的要求,并坚持采取更加积极的措施。他的确这么做了。1892年6月15日,拉巴萨单方面将州首府从圣克里斯托瓦尔搬到恰帕斯州中央山谷的图斯特拉。他几乎同时颁布法令,规定未来将由州长任命而不是选举政治领导人。然后,他任用恰帕斯州以外可信赖的同僚(大部分来自瓦哈卡州)代替高原地区的所有同事。现在拉巴萨向迪亚兹宣布,他可以"开始全力以赴地保护和促进咖啡利益"[34]。

从他们自己的信中可以得知,1892年反抗拉巴萨的高原人最关心的是拉巴萨把"他们的"印第安人转移到低地的尝试。然而,在后来的几年里,他们将冲突重新定义为高原人和低地人之间传统地区斗争的延续,并声称拉巴萨的行为是不诚实的。他们还记得,拉巴萨是图斯特拉人(尽管他成年后从未在恰帕斯州居住),他的家人一直是该地区的自由派主义者;毫无疑问,他来当州长的目的就是要打击高地老的保守派敌人。[35]

实际上,拉巴萨非常了解高原—低地的划分,但并非出于其复仇者因素。图斯特拉地区的咖啡种植量到90年代初已位居第二位,仅次于索科努斯科,本身不久以后就将急需外来劳工。此外,图斯特拉的自由派商人此时的主要渠道是经营从恰帕斯州富饶的中央山谷和海岸,通过在瓦哈卡州到墨西哥中部的贸易——该贸易将其与瓦哈卡州的主要商行联合起来,由于恰帕斯州缺乏当地银行信贷,因此该联盟成为恰帕斯州的主要信贷来源。最后,在19世纪50—60年代之间的内战中,图斯特拉曾支持自由主义者——波菲里奥·迪亚兹一方,而圣克里斯托瓦尔则支持保守派。如果要在图斯特拉的新兴商人与圣克里斯托瓦尔的保守派文官精英之间争夺迪亚兹的感情,那么圣克里斯托瓦尔的失败是可以预见的。[36]

为了诱使高原地区印第安人成为移民工人,拉巴萨在搬迁首府后的5个月内,下令出售其村庄的公共财产或合作农场,更新了税单以改善按人头收税的做法,并重新修订了1880年的流浪法,以整治那些欠款不还的人。他还加强农村地区的公共管理和警察力量,以强化执行这些新规定。此外,他认为,若要使印第安人成为有用的、有生产力的公民,即能够融入"工资工人的自由经济"的那种公民,就必须接受教育。因此,他颁布法令,应在印第安村庄建立学校,其费用由对印第安人本身的新税负来承担。最后,为了便利运输,他开始改善该州的公路和桥梁,为了所有一切,印第安人也被征税。[37]

高原精英从一开始就明白,拉巴萨的改革意在破坏建立其权力的传统秩序的基础。尽管他们抱怨他的所有措施,但在社论和写给总统迪亚兹的信中,他们只是不断地强调双重主题:第一是把州首府归还给圣克里斯托瓦尔;第二是把对印第安人的控制权交还给那些懂得如何微妙地管理他们的人。他们警告说,如果允许拉巴萨的措施颁布实施,"种姓战争"是不可避免的。他们声称,只有当印第安人知道国家的权力在附近并且能够对微小的反抗立即做出反应时,才有"机会"指导、教育和教化他们。[38]

虽然关于控制高原土著人口公开辩论的说法是"像对待人类一样对待印第安人",而不是"让土著居民感受到稳定的力量"的需要,但经济和社会的潜在斗争使他们继续受到政治控制。不幸的是,拉巴萨低估了高原精英们的坚韧,他的旨在使该地区印第安人"摆脱"原本停滞不前的社区经济并迫使他们在低地区域"寻找工作"的措施事与愿违。新税法并没有增加流向低地的劳动力,反而强化了流浪法的执行,实际上促进了高原精英们将其保留的劳动力从法律以外的习惯征募转变为基于工资增长的合法合同。同时,出售合作农场(该州周围通常由当地精英购买)将更多的印第安村民转变为佃农。至于新的中低层行政和警察职位,则通常由当地精英的客户来填补,这意味着国家正在向这些精英交出执行权。即便是学校,也通过对建筑物、教师和材料进行无节制的"征税"而迅速成为进一步使农村人负债的手段。[39]

拉巴萨州长意识到老的高原精英们正在扰乱他的计划,因此做出反应,继续用自己的人员代替他们的官员。当他在1894年初离开恰帕斯州[成为北部锡那罗亚州(Sinaloa)的联邦参议员]时,他已经能够宣称所有政治官僚和高层官员都是由他任命的,而所有人都不是恰帕斯人。他的理由是,从长远来看,这将使国家走上专业、公正管理的道路。尽管它加深了高原精英们的敌对情绪,但对印第安工人的流动却没有影响。

最终,在1893—1894年的咖啡采摘季节之初,拉巴萨本人无法通过法律和经济改革来使工人从高原转移到新的种植园,只能诉诸其政治官僚用行政手段"满足外国种植者的需求"。反过来,他们开始直接从土著居民那里征用劳动力,并将其分配给新的种植园。[40] 至少暂时来说,拉巴萨活成了他原本反对和厌恶的人,他当初来恰帕斯州是为了废除强迫劳动制度,如今却南辕北辙。不幸的是,行政官员只能在他们自己的管辖范围内为村庄和种植园强征劳动力,所以劳动力从一个地区转移到另一个地区的问题仍然没有得到解决。

"解放印第安工人"第二部分:对高原精英的攻击,1894—1897年

在1894年初拉巴萨从恰帕斯州离职到1896年间,联邦政府尝试用一种不同的方法来解放高原的劳动力。他们终于开始认识到,西莫约维尔和奇隆地区呼应了索科努斯科和中部高地西部和西北部可及的低地的农业繁荣,而这种地区繁荣实际上是对无偿劳动无限依赖,这阻止了工人迁离这两个地区以及邻近的拉斯卡萨斯。因此,拉巴萨在1894年临时担任州长时,为了从理论上使搬运工腾出时间从事其他工作,并同时允许西莫约维尔和奇隆的内部区域继续出口

和发展,因此加快了从拉斯卡萨斯到北部的道路建设。

不幸的是,这些措施是基于这样的观点,即贸易依赖于人类,这是不合时宜的,一旦有其他选择,它们就必定会消失,因为这些措施未能认识到搬运工为高原商人创造的财富。从墨西哥城任命的州长"解放"高原劳动力的尝试也没有考虑到高原精英为控制印第安工人而在土地和贷款方面的投资——如果他们失去了对工人的使用权,这些投资将毫无价值。典型无知的一个例子是,1896年,恰帕斯州的下一任常任理事弗朗西斯科·莱昂(Francisco León)被贿赂30 000比索,目的是阻止修建一条从圣克里斯托瓦尔到奇隆的公路(几乎耗费了1891年在拉斯卡萨斯地区购买面积7 400公顷的最大庄园之一所花费的16 400比索的2倍)——这条道路将结束白兰地贸易对搬运工的依赖,他把它作为高原精英愤世嫉俗拒绝进步的一个例子,并愤怒地写信给总统迪亚兹,而不是将其解释为捍卫一个有利可图的经济体系。[41]

联邦政府代表不理解高原精英对放松对其地区劳动力的控制抵抗的部分原因是,公开辩论不是根据高原经济的实际功能运作,而是基于道德层面。这一点很明显是莱昂州长(1895年12月1日就职)在1896年3月25日召开的农业代表大会上号召的。表面上看,代表大会的目的是就一系列措施达成共识,新政府希望承担起促进恰帕斯州农业发展的任务。然而,争论几乎立即集中在真正的问题上,那就是劳工问题。对于代表恰帕斯州低地和外国种植者的代表来说,这个问题是经济合理性之一,因为与债务劳工捆绑在一起的资本基本上是固定的。如果不给工人贷款,而只是给他们以体面的工资,这将减少雇主的花费,而释放出来的资本可以用于更加具有生产力的活动,并且工资驱动可以使工人根据不同的时期被释放到最需要他们并且薪水最高的地方。另一方面,对于代表高原地区的保守的土地所有者和律师来说,这个问题根本不是经济方面的(至少他们公开这么说),而是"文明种族"的"对印第安人福利的责任"以及为了包括印第安人和非印第安人在内的地区社会的和平与安全。他们认为,印第安人如果没有他们的社区,就会迷路。他们没有准备好生存在一个工资、个人权利和责任的世界中,而迫使他们进入这样一个世界将使他们无所适从。通过向他们的地方政府发放工资预付"贷款",使用印第安劳动力的高原居民声称他们加强了当地土著社区的社会文化基础,建立了最终将每个地方村庄与政治官员联系起来的政府等级制度,并以与雇主建立长期互惠关系的方式向工人付款。[42]

莱昂州长在持续数周的农业代表大会上逐渐明白,靠劝说不足以释放土著劳动力。会后,他与迪亚兹总统讨论了如何采取其他更直接的方法将高原工人迁移到低地。迪亚兹总统指示他不要直接宣布债务劳工为非法,但如果代表大会未取得预期的结果而结束,他将允许莱昂州长重新划定高原地区的边界。因此,当代表大会于1896年4月22日休会而未就"自由劳力"达成协议时,莱昂州长于4月25日单方面将圣克里斯托瓦尔腹地的较好部分地区剥离[43],创建了一个新的区划查姆拉(Chamula),并将拉斯卡萨斯下辖的佐齐尔90%的人口置于联邦和州政府以及低地种植园主的直接控制之下。

但是就其本身而言,即便如此也不足以使工人从高原流向低地。一方面,在传统上谨慎行事的地方政府与新政党的政治官员合作缓慢。圣克里斯托瓦尔附近社区的成员已经习惯了适应能力,并且仍然需要工作来养活自己,他们似乎到1896年继续以旧的方式接受他们的老主人的工作。莱昂州长和新任政府官员在1896年秋天之前,由于无法申报新的税收和行政机构,不得不眼看着高原印第安人几乎没有出现在种植园里参与收获。

同时,查姆拉地区的成立确实使得州和联邦政府对高原商人和土地所有者有所疏远。在接下来的几年中,有刺杀州长的企图,有保守派叛军储存武器和在圣克里斯托瓦尔山上进行军事训练的谣言,还有其他煽动印第安人起义的努力,最后,为了阻止他们所谓的阴谋,"预防性逮捕"了几个高原的政治领袖和富商。[44] 直到1900年之后,该地区才再次完全和平。

"劳动力问题"终于解决了:1897—1998年的安排

目前还不清楚究竟是什么原因最终导致高原工人流向低地,尤其是在索科努斯科。在某种程度上,它可能仍是一段神秘的历史。但是,从结果中我们可以得出一些推论。1897—1898 年,低地上的负债工人数量大大增加,包括像在索科努斯科一样,债务人的数量远远超出了以前的印第安当地人口。[45]合理的结论是,这些工人中至少有一部分来自中央高原。为了支持这一结论,德国顾问卡尔·卡尔格(Karl Kaerger)于 1899 年访问了索科努斯科,他写道,在那一年该地区有"来自恰帕斯州高原地区"的印第安人。[46]

不幸的是,1897—1904 年对于恰帕斯州的咖啡而言并不算好时期。价格在 1897 年下降并保持低位,并且在 1902 年收割前夕发生了一次火山喷发,摧毁了当年和次年的作物。结果,即使在 1897 年高原劳动力市场向索科努斯科咖啡种植园主开放,工人的需求在接下来的 7 年中仍在下降,这种变化的影响不那么明显。[47]但是,在 1904 年,劳动力需求的确再次增加了,当这一次提出合同工作制度时,这个制度最终激励高原精英同意"出售"其以前的私人劳动力储备:现在主要外国种植园的劳务承包人的薪水为每月向他们签约的人收取 100 比索,以及一笔佣金(在某些情况下为每人 1 比索)。在那个时代,劳动者每天的收入不到 0.5 比索,这已经是一笔不错的工资,但它们仍然是有限的,有一个上限。那么,也许更重要的是,联邦政府和大多数外国种植园主——他们在 19 世纪 90 年代主张建立一种自由劳工和合理工资的制度以吸引工人——已经适应了一种改良的债务劳工制度,该制度由一直控制印第安人的高原精英们控制运营。通过在圣克里斯托瓦尔的劳务承包人——许多人曾组织搬运工工作,种植园向工人支付了"工资预支款",然后他们开启了 8 天的路程前往索科努斯科。[48]但是,对于如何将预付款分配给工人或如何创建预付款似乎无法掌控。这样,承包者就可以从种植园主那里得到现金补偿,例如在他们的商店里高价卖给印第安人的商品,或者政府官员虚构的罚款,或者印第安人在高原私有化过程中所欠的土地"租金"。[49]从本质上说,在短短几十年的时间里,高原精英们成功地将他们对印第安劳工的"权利",通过殖民补偿所产生的传统公社义务,转变为货币形式的债务——他们常常凭空变出的债务。现在他们被允许把这些债务卖给其他地区的种植园主。

对于种植园主来说,他们似乎终于屈服于债务劳动所代表的额外负担,这种债务以真实的贷款形式存在于他们的账面上,仿佛他们最终会得到偿还——只是为了得到他们必须拥有的工人。然而,在短短的几年内,债务收缩与他们自己的财务状况之间的矛盾变得显而易见。由于索科努斯科的种植园主每年仅需要3~6个月的移民劳动力,并且由于他们希望他们将来自愿返回,因此他们像在西莫约维尔和奇隆等地的土地所有者一样,唯恐劳工工资增加得以偿还债务,他们控制着工人的村庄。索科努斯科种植园主对此几乎没有选择:他们的种植园距离超过150英里,并且与高原相隔两座山脉的距离。基于这种距离,如果种植者侵吞了工人的工资或虐待他们,他们将无法依靠警察或行政机构强迫工人完成合同,他们不仅会逃亡,而且随后的几年中不会回来。因此,尽管种植园主宁愿不使用债务劳动力,可一旦开始种植,他们就不得不宽容地收回贷款。实际上,与此同时,他们还试图通过向恰帕斯州印第安人支付最高工资(每天最高0.5比索),并经常提供免费餐食,来让债务工人忠诚地为他们卖命。[50]

同时,以累积的未偿还的"工资预付款"为代表的债务最终成为沉重的负担。1904—1909年,咖啡的价格一直很低,这使得许多种植园主陷入破产的边缘,部分原因是他们无法偿还自己所承包的债务以偿还其雇用代理人提供的预支工资的债务。从这个时期的混合债务—劳动力/工资—劳动制度开始,种植园主为争取雇用、工资增长和工人债务而进行的集体斗争持续了三十多年。[51]

如果土著社区的政府(议会)在1896年与新的查姆拉地区政治领袖合作时颇为挑剔,那么在1902—1903年,他们已经完成重组,以反映低地种植园主、州政府和古老的高地精英之间的新契约。到这个时候,负责监督当地政府的拉丁裔工作人员全部由查姆拉地区的政治领袖任命,并对其负责。在农村国家警察的支持下,他们监督税收和劳务承包。在此过程中,他们得到了新的"宪法"当局[市政官、法官(受托人)、议员和文员]的协助,这些人都讲西班牙语,其选举结果还取决于获得政治领袖的首肯。[52]这些"法定"政府与殖民地官员的"传统"政府平行运行。整个集中的行政结构集中在政治领袖的手中,目的是保证工人流向低地。根据现代检举制度,除了积极地向土著居民收取所有经批准的税款外,查姆拉的政治领袖还征收了许多不定期捐款。其中包括,为建设自己的总部而支付拉丁裔官员的差旅费、为乐队购买铜管乐器而征收的高额税款,以及建造监狱和为因不纳税而入狱的人提供食物的费用。所有这些款项立即转为债务,目的是预支工资/收缩债务。他们还毫不留情地追捕逃跑的工人和拖欠税款的人,让新的宪制市政官员对他们穷追不舍。[53]

该体系正常运行。1904—1905年的收获季开始,中部高原的玛雅人成为恰帕斯州季节性长途移民劳动力的主要来源。到1909年革命前夕,据估计,该地区提供了索科努斯科2/3的季节性劳动力——10 000人,或者当时超过80%的印第安人在拉斯卡萨斯的老县城。

高原的再殖民化

如果说恰帕斯是一个自给自足的州,那么直到19世纪80年代,每个独立的州都拥有主权,到20世纪初,所有的州都隶属于国家和联邦政府,并根据出口农业的利益进行了重组。在此过程中,曾是较保守的"传统"经济和政治的主要地区的圣克里斯托瓦尔和中部高原在政治上变得依赖图斯特拉商人,而经济上则依赖于索科努斯科和低地的种植者。尽管高原精英被迫放弃其主要资源的使用,但是,成千上万的印第安人最终还是设法从该州获取了一种妥协的劳动合同制,在该制度下,它作为合法的守门人而发挥了作用。高原劳动力得到认可,如果高原印第安人参与咖啡热潮,高原精英将分享利润。

这些变化对土著居民有什么影响?所有关于"保护传统社区"与"自由劳动"的高调言论,高原人和低地人、墨西哥人和外国人最终都将它们视为一种资源,需要"挖掘"劳动力。如果要保证咖啡所需要的劳工,必须与原地精英妥协,那么波菲里奥政府最终会愿意这么做。结果,咖啡并没有释放本地劳动力,而是导致他们的重新殖民化,将他们限制在受控社区中,并依赖季节性移民工人的一种或多种形式持续了70年之久,直到咖啡种植园本身在20世纪70年代逐渐倒闭。

至于土著人民自己对1897—1904年过渡期的反应,现有证据尚不明确。在19世纪90年代末之前,大多数高原印第安人曾在自己的地区从事农业劳动或搬运工作,但薪水低廉的工作却造成了巨大的身体痛苦,1904年之后,如果将其债务卖给索科努斯科种植园,特别是外商独资的,他们每天可以赚0.5比索,加上口粮,是之前工资的2倍多。根据记录,他们的待遇也比其他地区好。结果,许多人似乎年复一年地自愿返回"好"的种植园。这并不是说这些企业不是剥削性的,甚至仍然是苛刻的,但这就是模糊之处。尽管在1900年至墨西哥大革命期间,我们没有发现土著人对索科努斯科本身的状况有任何抱怨,但在同一年中,种植园主自己不断地向政府、农业研究人员和其外国债权人抱怨说,他们的工人中有很大一部分在完成合同之前就逃走了。事实上,有人声称,在1908年之前的几年里,"提前离职"的比例达到劳动力的2/3,当时德国的种植园主联合起来共享有关工资增长和债务的数据,并拒绝雇佣那些潜逃的人。[55]工人们仅仅是利用了种植园主没有能力执行合同,还是他们在反抗劳动本身?这个问题仍然没有答案。

同时,印第安人坚决抵制高原的劳动合同制以及嵌入其中的新的政治和行政结构。他们向任何愿意倾听的人——神职人员、记者、有同情心的政府和司法官员——抱怨,留下了大量关于高原咖啡种植园劳动承包方面的文件,这与他们在种植园的经验形成了鲜明对比。[56]他们的不满也没有因抱怨而停止。从1900至1910年的10年结束时,中部高原许多社区的土著居民与他们任命的宪政官员和传统的市议会都已彻底脱节。在1910—1911年的冬季和春季,墨西哥十年革命的场景之一中,圣克里斯托瓦尔巴尔以北的佐齐尔社区的签约劳工、贫农和"莫佐斯"推翻了这两套班子的官员。他们中的拉丁裔人逃跑了,但是与政治领袖和劳工承包商合作的数十名印第安人连同他们的家人遭受了酷刑和斩首。[57]不管高原人对种植园的感受如何,当他们有机会表达自己对债务劳役、强迫契约和对他们的社区渗透的看法时,爆发的情绪是可怕的。

这就引出了最后一个关于中央高原社区再殖民化后的组织问题。在19世纪 70 年代之前,劳动合同承包通过对殖民地分布的习惯调整,土著市政当局是其社区劳动力的"守门员",保护其社区成员不受滥杀滥伤的影响,并迫使非印第安人世界承认社区的存在。即使市政当局所代表的保护有时更具象征性,而不是真实的,最终使用印第安劳工的人也可能会被要求对滥用规则负责。但是,从 80 年代中期开始,随着劳动力需求的增加,创建市政当局的元老们很快被证明无法履行其原有的守门员角色,相反,由于他们本人被迫遵守新的税法和流浪法,并要满足越来越多拉美人执行债务和合同的要求,因此他们被动成了剥削自身社区的代理人。革命开始时发生的两败俱伤的暴力,杀害了那些"出卖兄弟"的人,这是社区试图重新控制自己的领土和劳动力的一种尝试。但是,地方政府以前的劳动力经纪职能从未完全恢复。相反,在革命之后,国家本身进行干预,建立了一系列"印第安事务"机构、官方工会以及最终的土著领导层,充当土著工人与种植园主及其承包商之间的经纪人。在 20 世纪初,高原土著社区被纳入低地生产系统后,就再也没有摆脱其作为被国家密切管理的资源地位。

注释:

〔1〕对恰帕斯劳动制度的现代研究始于 Rodolfo *Stavenhagen's Las clases sociales en las sociedades agrarias* (Mexico City: Siglo XXI, 1969) and Henri Favre's *Changement et continuité chez les Mayas du Mexique* (Paris: Editions Anthropos, 1971)。也可参阅 Robert Wasserstrom's *Class and Society in Central Chiapas* (Berkeley: University of California Press, 1983) and Friederike Baumann's account of the formative years of the German coffee plantations ("Terratenientes, campesinos, y la expansión de la agricultura capitalista en Chiapas, 1896–1916," *Mesoamérica* 4 (1983): 8–63)。On labor, see Juan Pohlenz, *Dependencia y desarrollo capitalista en la sierra de Chiapas* (Mexico City: UNAM, 1995); Daniela Spenser, *El Partido Socialista Chiapaneco* (Mexico City: Casa Chata, 1988); Mercedes Olivera, "Sobre la explotación y opresión de las mujeres acasilladas en Chiapas," *Cuadernos Agrarios*, no. 9 (Mexico City, 1979); Ana Bella Pérez Castro, *Entre montañas y cafetales: Luchas agrarias en el norte de Chiapas* (Mexico City: UNAM, 1989); and Sonia Toledo, *Historia del movimiento indígena en Simojovel, 1970–1989* (Tuxtla Gutiérrez, Chiapas: Universidad Autónoma de Chiapas, 1996), and *Fincas, poder y cultura en Simojovel* (Mexico City: UNAM, 2002); (José Alejos, *Mosojäntel, Etnografía del discurso agrarista en los ch'oles de Chiapas* (Mexico City: UNAM, 1994); "Dominio extranjero en Chiapas: El desarrollo cafetalera en la Sierra Norte," *Mesoamérica* 32 (1996): 283–98. 最后,近年来,由土著社区联合制作的双语和土著语言版本的见证历史已经开始从"内部"描述种植园劳动,例如在 Tzotzil, Jacinto Arias, ed., *Historia de la colonia de "Los Chorros"* (San Cristóbal: SUBSAI, Gobierno del Estado de Chiapas, 1984); Jan Rus et al., *Abtel ta Pinka/Trabajo en las fincas* (San Cristóbal: INAREMAC, 1986), translated as "Migrant Labor on the Coffee Plantations," in John Womack, *Rebellion in Chiapas* (New York:

第十一章 墨西哥恰帕斯州的咖啡和再殖民化 | 289

New Press, 1999), 111–18; and in Tojolabal, Antonio Cómez Hernández and Mario Ruz, *Memoria Baldía: Los Tojolabales y las fincas. Testimonios* (Mexico City: UNAM/UNACH, 1992).

〔2〕例如 Matías Romero, *Cultivo del café en la costa meridional de Chiapas* (Mexico City: Secretaría de Fomento, 1871, revised 1893) (in English in Romero, *Coffee and India Rubber Culture in Mexico* (New York: Putnam, 1898); Ramón Rabasa, *Estado de Chiapas, geografía y estadística: Recursos, condiciones de riqueza, etc.* (Mexico City: Tipografía del Cuerpo Especial del Estado Mayor, 1895); Gobierno del Estado de Chiapas, *Chiapas, su riqueza, sus ventajas para los negocios* (Mexico City: Oficina de Informaciones del Gobierno de Chiapas, 1895); Agustín Farrera, *Excitativa a los hacendados del Estado de Chiapas* (Mexico City: Tipografía de "El Lápiz del Aguila," 1895); W. W. Byam's *A Sketch of the State of Chiapas, Mexico* (Los Angeles: Byam and Cannon, Mexican Land and Mining Brokers, 1897).

〔3〕在恰帕斯的700万公顷土地中，仅有3公顷多在1884—1897年之间转让给了私人所有，其中绝大部分位于索科努斯科、中央山谷、梅斯卡拉帕以及北部和东北部的丛林。Moisés De la Peña, *Chiapas económico*, 4 vols. (Tuxtla Gutiérrez, Chiapas: Departamento de Prensa y Turismo, 1951), 335ff; Robert Holden, *Mexico and the Survey of Public Lands...1876–1911* (DeKalb: Northern Illinois University Press, 1994), 16ff.). 咖啡是这片土地上第一种重要的商业作物，到1900年，德国人在最重要的咖啡产区索科努斯科，拥有或管理着3/4的咖啡园(Baumann, "Terratenientes," 15ff).

〔4〕例如 Romero, *Coffee and India Rubber*, 74ff。

〔5〕充足的费用通常包括到达工作地点的费用加上最初几天的工资。在中央高地，可以在齐纳坎坦的案例中找到通过当地当局征用劳工的描述(*El Espíritu del Siglo*, San Cristóbal, Oct. 16, 1873; microfilm in the Latin American Library, Tulane University, hereafter cited as TU), San Andrés (*Borradores del Secretario*, Jan. 9, 1886, Archivo Histórico Diocesano, San Cristóbal, hereafter cited as AHDSC), and Huistán ("Cartas de parroquias," April 20, 1886, AHDSC).具有讽刺意味的是，尽管恰帕斯的种植园主在20世纪早期抱怨说，国家需要的是一个像危地马拉的一样命令的强迫劳动体(*Coffee and Peasants in Guatemala* (South Woodstock, Vt.: CIRMA/Plumsock Mesoamerican Studies, 1985), 140-1),但是指出，当命令在19世纪70年代初颁布时，恰帕斯义务劳动的"惯例"系统提供了相应的模式。

〔6〕土著人对义务劳动的抵抗以及其他一些事情，导致了1848年恰帕斯高地的严重镇压，1869—1870年再次发生，在后一种情况下，有1 000多名土著人在这一年的时间里遭到了屠杀(R. W. Wasserstrom, "The Caste War That Never Was: The Tzeltal Conspiracy of 1848," *Peasant Studies* 7, no. 2 (1978): 73-85; Jan Rus, "Whose Caste War? Indians, Ladinos and the 'Caste War' of 1869," in Murdo MacLeod and R. W. Wasserstrom, eds., *Spaniards and Indians in Southeastern Mesoamerica* (Lincoln: University of Nebraska Press, 1968), 127-68).

〔7〕Rus, "Whose Caste War?," 129-35; Wasserstrom, *Class and Society*, 69ff. Land titles in this period typically listed "*baldíos*" and "*deudas de mozos*" as part of the property, 例如 "Carta de Porfirio Trejo a la Catedral," May 19, 1857, AHDSC. 对于这种农奴制的合法性是不是道德的，进行了一场非同寻常的辩论，双方都对各自的案例进行了详细描述，参阅 *La Voz del Pueblo*, San Cristóbal, July 8, Nov. 30, 1855, Jan. 1, and Feb. 2, 1856, TU。

〔8〕在1871年，Romero可以找到这个新的"能人"(*habilitación*)一词(*Cultivo del café*, 24ff.), 更明确地说，在这一篇社论中可以找到 *El Espíritu del Siglo, Periódico Oficial*, Oct. 16, 1873, TU。

〔9〕Rus, "Whose Caste War?," 129ff. Comitan's elite was independent of San Cristóbal's, sometimes an ally, sometimes a rival.

〔10〕Rus, "Whose Caste War?," 129ff.; Wasserstrom, *Class and Society*, 107ff.; Benjamin, *A Rich Land*, 15ff.

〔11〕19世纪的生产数据是不可靠的，然而 De la Peña, *Chiapas económico*, vols. 3 and 4, 提供了副产品的总结数据，可参阅Wasserstrom, *Class and Society*, 107ff. 至于商业和搬运工的工作，尽管18世纪晚期的旅行者报告说，当300或400个满载的印第安人的商队经过时，他们不得不离开步道 (Manuel Trens, *Historia de Chiapas* (Mexico City, 1943), 201)，但这里似乎没有办法量化国内贸易或所涉及的劳动力数量。

〔12〕Decree of Nov. 30, 1879, in Angélica Inda and Andrés Aubry, eds., *La Paz de Utrilla, Boletín del Archivo Histórico Diocesano de San Cristóbal*, vol. 4, no. 3 (San Cristóbal: INAREMAC, 1991).

〔13〕Favre, *Changement et continuité*, 61ff. 请注意，这是在1893年开始的对土著居民的攻击之前，到1909年，拉斯卡萨斯省超过50%的原印第安人土地被"私有化"(Benjamin, *Rich Land*, 90)，或者是联邦特许土地公司向外国投资者出售土地的大部分 (*compañías deslindadoras*) (Holden, *Mexico and the Survey*, 16ff)。

〔14〕事实上，人头税自独立以来就存在，但在19世纪50年代和60年代的内战期间暂停了近15年 (Rus, "Whose Caste War?" 137ff)。

〔15〕"Reglamento de policia y buen gobierno," Articles 82–89, "De la vagancia," June 1, 1880, Colección Moscoso, San Cristóbal (hereafter cited as CM); 另请参阅 Chester Lloyd Jones, *Mexico and Its Reconstruction* (New York: Appleton, 1922), 119ff. 1885年，恰帕斯人Angel Pola详细描述了诱骗债务工人的法律陷阱 ("Artículos de Angel Pola," in Gastón García Cantú, ed., *El Socialismo en México, Siglo XIX* (Mexico City: ERA, 1969), 378–402)。

〔16〕"Artículos de Angel Pola," 387ff. 类似地，如果不是特别的信息，可以在德国的资料中找到 (Karl Kaerger, *Agricultura y colonización en México en 1900* (1901; reprinted in Spanish, Mexico City: Universidad Autónoma de Chapingo/CIESAS, 1986), 60) and North American ones (Jones, *Mexico and Its Reconstruction*, 119ff.)。

〔17〕Artículos de Angel Pola." 关于1885年开始的中央高地，参阅 Trejo, *Apuntes y memoria*; 关于西莫约维尔，参阅 Toledo, *Historia del movimiento*。

〔18〕R. Rabasa, *Estado de Chiapas*, 19ff.; Gobierno del Estado de Chiapas, *Chiapas, su riqueza*, 15ff.; De la Peña, *Chiapas económico*, vols. 3 and 4.

〔19〕*Censo general de población, 1890* (Mexico City: Imprenta del Gobierno, 1892); "Empadronamiento... de Julio de 1892," in Rabasa, *Estado de Chiapas*, 112ff.

〔20〕*Boletín estadístico del estado* (Tuxtla Gutiérrez: Imprenta del Gobierno del Estado, 1897). (注：整个19世纪，在恰帕斯，提到土著工人通常是指成年男子。特别是在圣克里斯托瓦尔周围的中央高地社区，即使在20世纪70年代，妇女也几乎从未离开家乡社区去工作。这两种模式可能都反映了殖民时期征用成年男性工人的习俗。)

〔21〕Rabasa (*Estado de Chiapas*, 19ff.); Karl Helbig, *Chiapas: Geografía de un estado mexicano*, vol. 2 (Tuxtla Gutiérrez: Gobierno del Estado de Chiapas, 1976), 183; and Prudencio Moscoso, *La arriería en Chiapas* (San Cristóbal: Instituto Chiapaneco de Cultura, 1988), 75ff., 183, 所有人都同意携带的重量在46公斤(咖啡的标准重量)到50公斤之间。

〔22〕De la Peña, *Chiapas económico*, 363. 1989年，恰帕斯的州长León说，恰帕斯高地的商人曾向他解释说，人力搬运工比骡子或轮式运输更便宜，这是因为：(1) 承运者获得了工资预支和合同，这使他们对自己的货物承担个人财务责任; (2) 他们更小心地搬运货物; (3) 不要求车夫、骡夫支付工资; (4) 人们不需要像喂骡子那样担心喂养它们; (5) 如果一头骡子死了，商人就失去了它的价值，但如果驮骡的人死了或被杀了，商人就不承担责任 (León to Porfirio Díaz, Dec. 20, 1898, CGPD)。

〔23〕1895年，西莫约维尔出口的货物重达814.5吨:16 770件货物必须在3.5天内运到塔皮胡拉帕。奇隆的重量为304.9吨:6 611件货物将在4天内运送到萨尔托—德阿瓜。如果一名全职搬运工每年工作200天(出港100天，返港100天)，两个部门的出港工作日数为85 139天，则需要850名全职搬运工。至于护卫员，有320多名全职护卫员，每人携带两个20升的玻璃瓶、42公斤装货

〔24〕尤其是奇隆，可以是为了供应东北部从林中的红木营地，他们生产的食物远远超出了当地的需求。搬运工将负责大部分的贸易。(The report of merchants with more than 500 *cargadores* is from León to Porfirio Díaz, Dec. 20, 1898, CGPD.)

〔25〕Pérez Castro (*Entre montañas*, 66ff.) gives examples of sixteen fincas in Simojovel with resident Tzotzil workers from Las Casas.

〔26〕据目击者说(Byam, *A Sketch*, 21; Rabasa, *Estado de Chiapas*, 29; Gonzalo Aguirre Beltrán and Ricardo Pozas, *La Política indigenista en México* (Mexico City: INI, 1954), 14), 到19世纪90年代，靠近圣克里斯托瓦尔的两个大型社区查姆拉和特内贾帕的大多数成年男子，以及来自坎库克和奇隆村庄的大部分男子，都是全职的搬运工。

〔27〕如果大约1/5的人口由成年男子组成，那么在1890年，拉斯卡萨斯省就有7 800名潜在的土著工人(*Censo general . . . 1890*; see Table 11.1 above)。然而在19世纪90年代，最多只有几十个(Gloria Pedrero, "Las Haciendas y ranchos sancristo- balenses del siglo XIX," in *San Cristóbal y sus alrededores* (Tuxtla Gutiérrez: Gobierno del Estado, 1984), 99–139), and in 1896 only 973 *mozos* ("peones") (*Boletín estadístico*, 1897)。

〔28〕Rus, "Whose Caste War?" 151ff.

〔29〕Governor León to Porfirio Díaz, Dec. 20, 1898, CGPD; Pola in García Cantú, *El Socialismo*, 384–5.

〔30〕"Catastro de fincas rústicas del Dpto del Centro," appendix to Manuel Carrascosa, *Informe de gobierno*, 1889 (Biblioteca de Na Bolom, San Cristóbal); Benjamin, *A Rich Land*, 47; *El Hijo del pueblo*, San Cristóbal, Nov. 19, 1911, Archivo General del Estado de Chiapas, hereafter cited as AGCH.

〔31〕Baumann, "Terratenientes," 15ff. 也可参阅 Helen Seargeant 从19世纪80年代末到20世纪初在 Soconusco coffee finca 的生活回忆录 (*San Antonio Nexapa* (Tuxtla Gutiérrez, Chiapas: Gobierno del Estado, 1971), 183–97)。

〔32〕除了对经济增长感兴趣，联邦政府还希望开发恰帕斯的边境，以抵御危地马拉的侵略(Benjamin, *A Rich Land*, 44, 56)。

〔33〕Rabasa to Díaz, Feb. 12 and April 4, 1892. The phrase "los habitantes de San Cristóbal han sido sus eternos verdugos" 这个短语始于1892年8月23日。在拉巴萨请求赦免的同月，1892年3月2日，他请求迪亚兹允许他以2比索/公顷的优惠价格从政府购买2 500公顷的索科努斯科咖啡土地(当时的市场价格是每公顷6到20比索)。迪亚兹在3月16日回答说，他将"尽我所能帮助……"(CGPD)。

〔34〕Rabasa to Díaz, June 9, 15, and Aug. 23, 1892 (CGPD). Decree of Aug. 11, 1892, "Traslación de Poderes," *Periódico Oficial*, Tuxtla Gutiérrez (CM).

〔35〕M. M. Mijangos to Porfirio Díaz, June 24, 1892, Anonymous to Porfirio Díaz, July 8, 1892, CGPD; Rosauro de J. Trejo, "Causas del odio que el Lic. don Emilio Rabasa tuvo a la Ciudad de San Cristóbal . . . hasta lograr trasladar los poderes . . . a Tuxtla," flyer, Aug. 8, 1937, AHDSC.

〔36〕Benjamin, *A Rich Land*, 37–54.

〔37〕Decree of Aug. 11, 1892, "División de Egidos," refined by decrees on April 9 and Oct. 26, 1893; decree of Oct. 14, 1892, "La Contribución personal," all *Periódico Oficial*, CM. 关于拉巴萨的解释，参阅 *Discurso del Lic. Emilio Rabasa . . . ante la XVIII Legislatura al abrir su primer período . . .*, 1893, AHDSC. Also Benjamin, *A Rich Land*, 39–54。

〔38〕Vicente Pineda, *Traslación de los poderes públicos del Estado*, 1892 (pamphlet, AGCH).

〔39〕从1894年到1903年，在高地的土著自治市 "Denuncias de terrenos baldíos" (ex-ejidal lands)经常出现在 *Periódico Oficial* 中；1907年，在 Departamento de Las Casas and the Partido de Chamula有329个农场 (*Periódico Oficial*, Jan. 5, 1907, AGCH), 而1889年只有206个

(Carrascosa, *Informe de gobierno*). Trejo, *Apuntes y memoria*, 14-15, and Pineda, *Traslación de poderes*, 描述了使用税收权力来征服劳动的行为。

〔40〕Rabasa to Díaz, Dec. 20, 1892, and Jan. 13, 1894, CGPD.

〔41〕León to Porfirio Díaz, Dec. 20, 1898; in an earlier letter (June 15, 1896).

〔42〕*Documentos relativos al Congreso Agrícola de Chiapas*, Imprenta del Gobierno del Estado, Tuxtla Gutiérrez, 1896, AGCH.

〔43〕莱昂和迪亚兹之间的信使是特雷霍，他是州财政部长，圣克里斯托瓦尔北部佐齐尔最大的地主，也是图斯特拉低地的重要商人的伙伴。顺序如下：介绍特雷霍的信(León to Díaz, March 31, 1896)；迪亚兹的批准稳步 (April 6, 1896)；莱昂感谢迪亚兹关于国会之后行动的指示电报(April 8)；迪亚兹对查姆拉的批准(April 21)，所有 CGPD。虽然迪亚兹批准了绕过那些阻止印度劳工进入的人，但他也一直拒绝莱昂将债务劳工定为非法的提议。

〔44〕Benjamin, *A Rich Land*, 66-70.

〔45〕例如，索科努斯科的土著人口在1890年是7 872人，这意味着大约有1 570个男性。我们可以假设这是同一次人口普查中的1 550个人。据报道，在1896年，有2 365个"peones agrícolas"——各种各样的农村工人居住在这个省。然而，当1897年在索科努斯科登记负债工人时，发现有6 078人，平均每人负债124比索。

〔46〕Kaerger, *Agricultura y colonización*, 105ff.

〔47〕Benjamin (*A Rich Land*, 77) 认为，在1897—1898年收获之前，世界咖啡价格的崩溃导致索科努斯科的主要种植者在1898年3月开始游说州和联邦政府，要求财政救济。尽管他们没有得到他们想要的税收减免，但本杰明认为州政府确实允许他们开始使用高地债务劳工。这很可能是真的，尽管使用高地工人的障碍不是政府而是高地精英。另一方面，这似乎确实是咖啡种植者和州政府改变主意的时刻，同意了 sancristobalenses 的条件，使用"他们的"印第安人。(还应该指出的是，1897年以后咖啡的低价可能最终使得付钱给运货商将咖啡运出西莫尔维尔和奇隆变得无利可图。)

〔48〕根据 Ricardo Pozas ("El trabajo en las plantaciones de café y el cambio socio-cultural del indio," *Revista Mexicana de Estudios Antropológicos* 12, no. 1 (1952): 31-48)，在1904年，第一个开始在圣克里斯特瓦尔地区大量招募新兵的索科努斯科种植园主是德国人沃尔特·卡勒(Walter Kahle)。关于承包商的工资，请参阅 Kaerger, *Agricultura y colonización*, 105, and Hipólito Rébora, *Memorias de un chiapaneco* (Tuxtla, Chiapas: Serie Histórica Regional, 1982), 50。

〔49〕Trejo, *Apuntes y memoria*, 31; Rébora, *Memorias*, 49ff.; Arias, *Historia de la colonia de* "*Los Chorros*."

〔50〕Kaerger, *Agricultura y colonización*, 104. 1900年，有债务的人每天收到0.50英镑，无债务的人每天收到0.625英镑；而里博拉(*Memorias*, 49) 说，工人在1905年左右的工资是0.40英镑/天，但这是名义上的工资，因为它是植物园商店的代币 (fichas)。其他部门的工资，参阅 *Documentos relativos*, 109。

〔51〕Seargeant, *San Antonio Nexapa*, 372. 1907年11月23日，该州试图通过"Ley sobre Contrato de Peones"控制1908年契约化的过程，它要求所有与 jefe político 签订的合同都要登记，并在签订合同的印第安人的账户上加税来支付(*Legislación del trabajo del estado de Chiapas, 1900-1927* (Tuxtla Gutiérrez, Chiapas: Gobierno del Estado, 1975), 19ff.)。第二年，大多数德国种植园主成立了 Unión Cafetera del Soconusco，试图控制自己的契约，将债务限制在60比索，同意彼此不争夺工人，并保留共同的债务记录(Benjamin, *A Rich Land*, 84)。

〔52〕到20世纪初，大多数"土著"城市的立宪政府（例如查姆拉8个城市中的6个）实际上掌握在拉丁美洲人手中，他们中的一小部分人在19世纪80年代开始在土著普韦布洛地区定居，耕种以前的 ex-baldio 和 ejido 的土地，经营小商店，控制劳动合同。

〔53〕Trejo, *Apuntes y memoria*; Jan Rus, "Contained Revolutions: Indians, Ladinos and the Struggle for Highland Chiapas, 1910-1925," ms.

〔54〕Benjamin, *A Rich Land*, 89-90.

〔55〕"Exposición de la Colonia Alemana Cafetera de Soconuzco, sobre la cuestión de la servidumbre para el cultivo de las fincas," typescript, 1900 (?), courtesy of Friederike Baumann.
〔56〕例如 Trejo, *Apuntes y memoria*, 15ff.; *La Voz de Chiapas*, Feb. 7, 1907, and *La Libertad del Sufragio*, May 18, 1911, San Cristóbal newspapers, AGCH; Rus, "Contained Revolutions"。
〔57〕Benjamin, *A Rich Land*, 106ff.; Prudencio Moscoso, *Jacinto Pérez "Pajarito," último líder chamula* (Gob. del Estado de Chiapas, 1972); Gossen, *The Four Creations*, Text 68.

【作者】 Jan Rus

第十二章

喀麦隆和坦噶尼喀的咖啡生产比较——土地、劳工与政治：1900—20世纪60年代

第十二章 喀麦隆和坦噶尼喀的咖啡生产比较

喀麦隆（Cameroon）和坦噶尼喀（Tanganyika）都不是非洲最重要的咖啡生产国，更不用说是世界上最重要的咖啡生产国了。[1]然而，在20世纪上半叶，咖啡对于某些非洲社会的经济、社会和文化转型至关重要。在本章中，我比较了坦噶尼喀北部的乞力马扎罗山地区和喀麦隆西部的高原，并特别考虑了两个基本的生产要素：土地和劳动力。这两个地区是殖民时期咖啡生产的中心，独立后一直保持这一地位。本章旨在说明内部因素以及外部政治和经济利益如何导致特定的土地和劳动力模式。

为国际市场生产诸如咖啡之类的农作物给农业经济带来了某些共同条件，特别是土地、劳动力和资本的结合。在非洲大部分殖民地，从公用土地所有权（尽管经常具有个人使用权）向个人所有权的转变非常复杂。殖民时期的农业商业化刺激了许多非洲社区对土地和土地出售的个人要求。经济作物的扩张也对土地利用方式的变化产生了重大影响。由于咖啡是永久性作物，因此在许多地区，土地在被废弃前两三年不再使用，而是被永久性占用。作物生产常常导致大规模引进非国内劳动力，并为积累提供了新的机会。换句话说，咖啡种植的扩大伴随着土地和劳动力的商业化。

与主要由非洲人种植的可可不同，欧洲人还在该大陆的某些地区种植咖啡，特别是在种植更有价值的阿拉比卡咖啡品种的地方。除了通常的冲突（以获取劳动力和适合特定农作物的土地为中心）外，欧洲人和非洲人之间因咖啡而发生的冲突还反映了殖民主义的优越感和家长式作风。

这里考虑的两个主要种族群体，坦噶尼喀的查加族（Chagga）和喀麦隆的巴米尔克族（Bamiléké）在社会结构上有很大差异。但是，他们在咖啡种植方面的参与非常相似,部分原因是地理和经济背景上的相似之处。在 20 世纪,这两个种族的人口密度很高,并且由于欧洲种植园主的存在而使土地承受了巨大的压力。从农作物成熟到足以产生大量收入的那一刻起,咖啡和政治就交织在一起。非洲首领和殖民地政府都想控制咖啡事务,而非洲和欧洲的农民则在获取土地和劳动力方面苦苦挣扎。在这两种情况下,咖啡改变了家庭层面的关系平衡,改变了"传统"土地权,并使土地问题政治化。因此,这两个例子可能代表了欧洲大量参与地区非洲作物生产总体格局的重要组成部分。

坦噶尼喀乞力马扎罗山上的咖啡

乞力马扎罗山位于一条主要的贸易路线上,白雪皑皑、气候宜人、富有盛名,自 19 世纪下半叶以来,外界一直在探索走进乞力马扎罗山。由该地区以外的探险家、博物学家、殖民地官员、历史学家、政治学家和人类学家,以及一些著名的查加人自己撰写的关于它的风景、人物、政治和经济的报道有很多。[2] 由于查加在 19 世纪被划分为小型自治领地,因此早期的记录经常把每个部落称为独立的民族。部落首领的名字后来成了这座山各个部分的地理名称。在东部、中部和西部地区使用的语言之间也存在着重要的方言差异。[3]

在 19 世纪中期,查加人是出色的牲畜饲养者和园艺家。[4] 他们种植豆子、玉米、小米和各种蔬菜,但主食基本是各种各样的香蕉。他们还把一些牛、山羊和绵羊养在他们的家庭围栏中。查加部落由二三十个自治部落组成,在政治上分为三个等级,每个等级都逐渐具有包容性,即父系、地区和领地。所有这些都是按年龄等级划分的。酋长的权力很大程度上建立在男性年龄组的支持之上。理想情况下,首领由现任者的长子继承,但如果新任首领在战士年龄组中被证明不受欢迎,则可能使他失去资格,由下一个兄弟顺位继承。查加地区没有最高酋长,因此没有中央政府。但是,有些酋长国比其他酋长国更为强大,并且支配着一些盟友。

关于土地和劳动力,不存在现代商业惯例。土地不是商品。没有土地市场,也没有公允的价格变化,但是有很多关于土地转让的协议。查加人区分了汉巴地(hamba)[永久性种植的可耕地(通常种植香蕉)]和尚巴地(shamba)(种植一年生作物)。种植尚巴地是暂时的,尽管除了必要的休耕期每年可续期,酋长可以按自己的意愿召集他的人民从事徭役,职责包括为酋长建造房屋、保卫工作以及在香蕉林和粟田中的耕作。[5]

乞力马扎罗山地区的历史似乎由一系列的小型战争组成。酋长国通过战争解决分歧,并周而复始。从生产意义上讲,这些战争并不是土地争端。在19世纪,土地并不稀缺,每个酋长国拥有的土地都超过了其生产性使用的土地,因为劳动力是稀缺的资源。在这些战争中,占领或占领耕地的可能性似乎很小。袭击是出于其他目的,可能是为了实现或避免政治上的统治,并通过控制贸易路线而获取收益。[6]

19世纪的乞力马扎罗山地区不是一个孤立、分裂、封闭的社会,但必须从更广阔的政治地理和东非历史的角度来理解。该地区在殖民统治之前很久就具有商业意义。在山坡上的查加酋长国之间存在经济关系,山与山及其周围地区之间存在联系,乞力马扎罗山与海岸之间也存在关系。查加出售奴隶和象牙,也许更重要的是提供了有篷卡车。在19世纪下半叶,全年都有成百上千人来到这座山的南坡。查加为商队前往内陆的维多利亚湖提供载有食物和兽肉的大篷车,或为向南返回沿海地区提供补给。这必须要求粮食产量显著增加,并且可能是通过酋长对集体劳动和各个家庭的权力来管理的。

总而言之,查加的政治和经济状况,必须通过参与对外贸易来改变。这既没有脱离国内经济,也没有脱离地方政治。每个家庭的人身安全都一定受到过敌人突袭的不断威胁,国防和粮食生产需要士兵和徭役,需要相当程度的组织。酋长的权威及其周围的附属是通过垄断主要贸易、聚集和重新分配财富、征召徭役并指挥不同年龄段的战士来改变。正如摩尔所说:"一旦象牙、人类和牲畜成为公共交易中的重要交换物品,就会有袭击或被袭击、征服或被征服,每个查加人家庭都一定会直接或间接地参与其中。"[7]当德国人结束奴隶贸易和战争,以及象牙贸易大篷车商队停止通过该地区时,查加人已经准备好以其他方式进入外部市场,咖啡为他们提供了这样做的机会,他们也很好地抓住了这一机会。

到德国时代结束时,"每个查加机构都被德国人给山里带来的变化所震撼。从婚床到公共场所,一切都被扰乱和动摇"[8]。在早期,德国当局的一些力量扩展到了马里奥(Marealle)为酋长的马兰古酋长国,在他的鼎盛时期,直到1904年,德国人都任命他为乞力马扎罗东部所有地区的大酋长,他本人也任命了许多下属酋长,对查加内部政治产生了巨大影响。马里奥利用他的职权从下属酋长那里榨取了大量牛角等资源,作为给他和马兰古酋长国的贡品。马里奥的活动是殖民地时期乞力马扎罗酋长国之间争夺领土优势的竞争持续存在的最极端例子,尽管现在竞争发生在行政力量的重组领域。新的权力来源既不是战争也不是联盟,而是殖民政府直接或间接的支持。[9]

在殖民地的支持下,愿意与德国人合作的酋长担当新的角色,从而刺激了咖啡的生长。特别是由酋长担任劳动力招聘者和税收征管者,人们被动员起来为政府修建建筑物和道路,并在定居者土地上工作。由于受到1898年以后征收的房产税的压迫,劳动义务可以用现金购买以及购买牛的诱惑,查加人迅速被货币经济所吸引。首先,他们出卖自己的劳动力。然后,他们逐渐按照传教士那样,开始在自己的香蕉园中种植咖啡树。[10]

咖啡的种植开始得很慢,对德国人统治下的查加社会影响也不大,但在第一次世界大战后发生了翻天覆地的变化。本地品种罗布斯塔咖啡长期以来在维多利亚湖地区的本地区域贸易中占有重要地位,不过,比如在布科巴(Bukoba),罗布斯塔咖啡的种植并不普遍,没有任何饮料由此制成,因为人们在旅途中和某些仪式中只是咀嚼咖啡豆以放松身心。[11]关于阿拉比卡咖啡的引进,有相互矛盾的说法,但它似乎是由天主教传教团圣灵之父(Holy Ghost Father)于1877年开始在巴戈马亚(Bagamoyo)的沿海地区种植的。从那里,它被带到内陆的传教站,包括乞力马扎罗山。1891年,在乞力马扎罗山建立了第一个传教站。[12]基洛玛(Kiloma)传教团无心插柳,咖啡树得以成行,山上的所有传教站都种植了这些咖啡树。例如,在基博绍(Kibosho)传教团的传教任务中,咖啡树的数量从 1900 年的 700 棵增加到了 1910 年的 5 000 棵左右。[13]

尚不完全清楚乞力马扎罗山非洲人之间咖啡种植的传播方式以及传教士扮演的角色。似乎圣灵之父"不愿帮助查加人种植咖啡",但确实分发了种苗。[14]有记录显示,基勒马(Kilema)酋长国的酋长法姆巴(Fumba)在 1901 年来过这里。一些持不同政见的欧洲殖民者也提供了树苗。在马兰古,据说一名意大利移民曾在 1902 年协助马里奥酋长的顾问马瓦拉(Mawalla)种植咖啡。[15]查加咖啡的种植还得到了来自移民贸易商 E. Th. 福斯特(E. Th. Förster)的支持:"它是社会理想主义者和精明商人的奇特结合体。"[16]福斯特最初认为非洲人的大规模生产"完全符合我们的伟大爱国利益",尽管后来他转向了一条更加正统的"和解"路线,但无论如何,是他分发了种苗并购买了查加咖啡。[17]他最亲密的合作者中有约瑟夫·梅里尼约(Joseph Merinyo),他后来回忆起是在 1907 年后开始种植咖啡,他成为 19 世纪 20 年代查加地区咖啡种植的主要组织者。[18]

第一批值得注意的商业化阿拉比卡咖啡农民是少数酋长和企业家,主要是阿基达(akida),即殖民国家的当地代理人。[19]相比之下,普通农民普遍的感觉是,咖啡种植周期太长,不值得付出努力。到 1907 年,他们最多只拥有少量咖啡资产。1909 年,一位移民者出版社的作家抱怨说:"迄今为止取得的成就不能被称为人民的耕种,而只能是酋长的耕种。"这位观察家认为,咖啡种植者来自"更聪明、财产更丰富的阶级,比如酋长和阿基达",他们拥有足够的牛和土地。[20]获得非家庭劳动力则是另一个重要因素。

然而,新的个体咖啡种植者继续出现。在马兰古,咖啡的种植变得最为普遍。1909 年,据报道,其酋长马里奥已经为种植 15 000 棵咖啡树做了准备。[21]马维尔(Mawale)是前阿基达,实际上在 1913 年就种了 9 400 棵咖啡树。1912 年,"一个名叫戴维迪(Davidi)的基督徒除了从妻子那里几乎没有得到任何其他帮助,拥有 2 000 棵咖啡树"。[22]1913 年,一位殖民地调查员在马兰古和曼巴发现 6 名非洲农民各有 1 000 多棵咖啡树,此外还有更多农民各自拥有几百棵咖啡树。[23]咖啡种植也传播到马查姆(Machame)、莫西(Moshi)和希拉(Shira)高原，英国官员在1920年估计，在德国统治结束时，查加种植的咖啡树总数为14 000～88 000棵。[24]

查加咖啡种植者的出现使乞力马扎罗山的劳动力形势变得复杂化。在其他劳动力严重短缺的地区，政府于1907年在乌桑巴拉（Usambara）山脉开始实行劳工卡制度。除政府雇员外，每个乌桑巴拉耕种者都必须获得正式的劳工卡，根据持有人为欧洲雇主（包括传教士）工作的天数，其"30个正方形"将被打勾，工资为当地的平均水平。如果在4个月之内未填满卡，则可以将持卡人归属于"公共服务"范畴，而其工资较低或根本没有。[25]

由于害怕查加人的强烈反应，政府将这套制度推迟到1912年才在乞力马扎罗地区引入。然而，军队在1908年就驻扎在那里，把那些拒绝种植咖啡的人集中圈禁起来，让他们从事公共服务。[26]相反，查加咖啡农户显然被免除了种植园劳动，但被禁止与欧洲雇主相同的条件雇用其他查加人。1913年，一位传教士写道："这一地区确实有勤劳的耕种者，他们为自己开辟了小块咖啡地，如果他们有更多的土地和工人，他们就会扩大咖啡种植。"现在他们几乎完全依靠妻子的帮助，实际上有妻子的帮助也足够了。"他建议允许此类农民"与其他雇主在相同条件下"雇用工人，这意味着工人要填写自己的劳工卡。[27]毫不奇怪，该地区官员拒绝了这一建议，以现金为基础的蓬勃发展的移民经济作物生产如咖啡种植需要所有可用的劳动力。[28]

在德国时代末期，土地短缺和冲突尚未成为主要问题。1914年，乞力马扎罗地区只有105～115个欧洲男性移民，他们拥有24 644公顷土地，其中包括属于该传教团的2 267公顷。[29]雷肯贝格（Rechenberg）州长在1911年禁止在乞力马扎罗山上建立更多的欧洲移民点，直到建立了原生保护区为止，这是"为了保护查加部落……反对种族灭绝和无产阶级化"。[30]因此，最重要的可耕种土地仍在查加人手中。它由一条约70英里长、5～8英里宽的高原带组成，位于海拔3 500～5 000英尺的地方。[31]这种地带非常适合种植咖啡。尽管咖啡种植的普及最终改变了土地持有和查加土地法的重要性，但这种转变直到英国殖民时期才变得明显。"德国30年的殖民统治只是一个开始。"[32]

很少有英国早期殖民地官员预见到咖啡的种植会这样错综复杂,在这种条件下,本地和地区的政治和经济问题将不可避免地交织在一起。20世纪20年代末,有着不同利益和地位的查加部落首领、正在崛起的查加反精英人士与言辞激烈的部分白人移民群体之间的冲突日益加剧。第一次世界大战后,查加咖啡种植的复兴和迅速扩张,比任何其他因素都更决定了这些冲突的形态和性质。在英国掌管后,咖啡种植稳步增长,加之人口的大量增长,导致土地短缺问题逐渐加剧。人口从1900年的110 000人增加到1948年的289 000人,再到1957年的351 000人。[34]乞力马扎罗变成了人口密集的农村地区。

到20世纪20年代末,土地压力已经发展到使英国官员以及许多查加人感到担忧的程度。1929年,来自布科巴(Bukoba)的一名地区官员格里菲斯先生(M. Griffith)被委托对当地土地状况进行调查,他既关注土著习惯规则,也关注土地短缺问题,以便确定是否可以进行土地登记。格里菲斯的报告指出,买卖土地尚未被允许,酋长们反对这样做。1927年,酋长们甚至呼吁州长要求禁止商业土地交易,这意味着以现金出售土地实际上已经开始了。酋长们对此有充分的理由,根据格里菲斯的说法,"对所有没有产权的土地的控制渐渐成为酋长的特权"[35]。所谓酋长特权,在殖民前期基本上是对荒地和未占用土地的行政控制,现在已转变为更类似于个人利益的东西。咖啡使闲置的土地变得宝贵,人口的增长使土地变得稀缺。即便如此,酋长们也不敢在种植咖啡后再抢占土地。

查加法律的一个基本原则是,开发灌木丛土地并在灌木丛中植树的人,将获得其永久权益。香蕉是最初形成这一法则的植物,然后,这一法则很容易就被转移到咖啡和其他树木作物上。[36]酋长们现在正利用他们的特权分配荒地,以向其儿子们和其他亲戚提供土地。从本质上讲,在英国殖民时期,我们可以看到四个大规模的土地使用过程:第一,早先用于在人口众多的汉巴地带放牧的空地逐渐被种植;第二,随着越来越多的香蕉种植土地上改种咖啡,并且人口不断增加,涉及尚巴地生产的食物所占的比例必定越来越大;第三,随着越来越多的家庭向山下移居,尚巴地逐渐转变为汉巴地——可永久性拥有和继承的耕地;第四,越来越多的富裕地主归集拥有分散的土地。[37]

从20世纪20年代中期开始,乞力马扎罗山上的咖啡与政治就休戚相关,因为查加的咖啡作物大到足以产生可观的总收入。查加酋长和殖民政府都想控制咖啡事务。随着时间的流逝,咖啡种植者的税收收入最终通过对咖啡征收直接税而飞涨,从而使得乞力马扎罗地区的财政资金充沛。在英国殖民时期,这些资金在很大程度上用于当地的公共机构和公共工程,最终使乞力马扎罗地区的设施远远领先于坦噶尼喀的许多其他地方。此外,立法、行政和执法行动不断强化咖啡的重新组织销售和生产。

咖啡作物的快速发展既源于早先的自发增长,也是政府鼓励非洲人种植经济作物政策的结果。1920年左右,查加的许多农民开始清理和修剪被他们忽视的咖啡树,并最终扩大了土地。地区专员查尔斯·邓达斯(Charles Dundas)回顾性地指出:"……盘算一下,我发现当地人种植了不少于125 000棵咖啡树,更不用说欧洲人很容易就购买的成千上万棵咖啡树苗了。进一步的调查显示,这种种植的利润不受工资单的限制,因此越来越受欢迎。根据各种各样的证据,我可以毫不怀疑地说,当地人不仅可以种植咖啡,而且可以牟利,咖啡种植势必会变得更加普遍。1922年的回报证明了这一假设是合理的,当时又种植了50 000棵咖啡树。在接下来的几年中,种植了不少于300 000棵咖啡树,这些都是从当地树苗上获得的。"[38]

1922年,约瑟夫·梅里尼奥(Joseph Merinyo)经常陪同邓达斯进行山间考察旅行,他请求允许建立一个苗圃,向有兴趣的农民提供咖啡树苗。邓达斯同意了该计划,种子是从阿鲁沙(Arusha)的一位欧洲农民那里购买的,那里的价格大大低于莫西。这进一步提高了梅里尼奥在查加的声望和声誉,并使他成为咖啡种植的佼佼者。[39]苗圃就建在梅里尼奥家的上面,在1925年建成的乞力马扎罗山第一所中心学校附近。这很快引起了其他查加部落首领的注意,他们也请求获得这些种子。[40]

邓达斯在1922—1925年间查加咖啡产业的诞生、早期发展和组织中起着重要的作用,尽管不是决定性的。当邓达斯意识到查加人通过自己的主动和努力已经取得了很大的进步时,他和他所交往的农业主管官员一样,都认为咖啡非常适合那些土地紧缺的人们的需求。因为它可以作为主食香蕉作物的补充,所以它是乞力马扎罗地区的理想农作物。他在其《1922年年度报告》(Annual Report for 1922)中称赞查加咖啡种植者的"非凡敏锐",并指出查加人种植的咖啡质量通常可以媲美邻近欧洲移民种植的咖啡。他认为:"没有理由让查加人不种植总共3 600万棵树。"这一数字"相当于肯尼亚殖民地的全部咖啡种植"[41]。邓达斯迅速采取行动在乞力马扎罗山上的咖啡种植园实行强迫劳动制,却在满足酋长和政府对强制劳动力的需求方面要慢得多。毫不奇怪,他在欧洲移民中变得非常不受欢迎。[42]

咖啡种植使查加分裂。东坡的隆博(Rombo)太干燥,无法实现最佳生产,因此当其他查加人停止为欧洲人工作时,隆博人便提供了劳动力。某些酋长国比其他酋长国对于引进咖啡更热心。个体之间也产生差异。1930年,只有1/3的人种植咖啡,其中有96%的人拥有不到1 000棵咖啡树,这些树通常种植在其汉巴香蕉种植园中。剩下的不到500人,拥有大约1公顷或更多的咖啡地,通常在不同的种植园里雇佣工人种植。[43]用伊利夫(Iliffe)的话说,这些"新兴资本家"属于两个群体,一类是酋长,他们继承了大片土地,并可在20世纪20年初期强迫无偿劳动。麦克哈姆(Machame)部落退休的酋长尚加利·恩德索鲁(Shangali Ndesuru)是1932年最大的种植者之一,拥有12 682棵咖啡树。[44]另一类是受过良好教育的基督徒,比如约瑟夫·梅里尼奥。基督徒可以获得欧洲的援助,并且常常乐于接受改变,而有些人则在空闲的汉巴地上种植咖啡。

查加各地很快就发生了土地冲突。咖啡农民很少获得酋长分配的土地。取而代之的是,他们侵占了邻居未开垦的土地,将理论上是公共牧场的土地占为己有来耕种,开辟了新的土地变成汉巴地来种植咖啡。1927年左右,他们开始买卖土地,索要书面所有权,并声称永久保有土地使用权是查加人的"传统"。[45]随着土地价值的上升,法律日渐式微,野心勃勃的人们意识到,除非他们立即要求得到一块土地,否则就没有土地了,当地法院的争端倍增。[46]地区专员指出:"莫西区法院工作的一个有趣现象是与土地产权有关的大量诉讼。在引入咖啡之前，与此类争端有关的解决相对简单，但是随着这种宝贵的经济作物的种植，情况变得更加复杂。"[47]

与此同时，查加人与欧洲农民之间的对抗也加剧了，因为很明显，查加人在种植咖啡方面所做的不仅仅是一次偶然的尝试，他们是全力以赴。在邓达斯的鼓励下，在梅里尼奥充满活力并有些专制的监督下，查加农民辛勤种植、修剪，并准备将咖啡投放市场。欧洲移民的咖啡种植园被当地的汉巴地包围，他们警惕地观察着查加咖啡的蔓延，并开始表达越来越多的愤怒。1923年，乞力马扎罗种植园主协会的成立为当地移民提供了一个发表意见并听取诉求的渠道。在地方发起的反对查加人咖啡种植的骚乱在殖民地得到欧洲新闻界的响应，并因同情在肯尼亚和伦敦移民的利益而得到加强。[48]

更普遍地说，人们对新兴的非洲农村资本主义存在极大的不安，这被视为"不仅在社会和政治上是危险的，而且对非洲人来说是不适当的，就像吉他或西装三件套那样"[49]。甚至邓达斯也对此表示怀疑，他写道："这样做的目的原本是促进咖啡种植作为一种农民的耕作，每个人都在自己妻儿的帮助下自给自足，这样一来，一个本土雇主阶层没有进化，或者至少被限制在少数杰出人士的范围内，500棵树可能会得到精耕细作，每年的收入可达250～500先令，这是普通本地人适当的利润。"[50]更具体地说，移民们认为查加人无法种植阿拉比卡咖啡，尽管有明显的相反证据。他们声称，查加人的土地上会充满害虫和疾病，从而蔓延到他们自己的种植园。他们还声称，欧洲人的咖啡将持续被盗，查加人咖啡的质量是低劣的。[51]

真正的问题是劳动力，如果没有以可接受的条件轻易获得的非洲工人，欧洲企业注定要失败，种植咖啡的能力只会使查加人更加不愿为移民工作，他们甚至拒绝为殖民地政府工作，尽管他们对自己的酋长很卖力。查加人自己在咖啡收获期间也可能经历了劳动力短缺。当几个酋长对移民种植园主使用童工提出异议时，地区专员评论说，他们可能自己想在家中使用童工。[52]1928年的一份报告中提到，马兰古和莫西的酋长禁止儿童帮助采摘移民的咖啡，因为他们希望儿童能采摘他们自己的咖啡。[53]

尽管利益各不相同，但查加的店主、商人和咖啡生产商还是成功地结成了联盟，以对抗南亚的竞争对手。这一联盟的重要性在东非其他地方的商业中介机构中尤为重要。这里的一个关键因素是许多查加人的重叠角色，例如他们既扮演商人，也充当种植园主。

合作社也发挥了重要作用。1925年1月，有15位查加咖啡种植园主成立了乞力马扎罗本地种植园主协会（Kilimanjaro Native Planter's Association，KNPA），"以保护和促进山坡上本地咖啡种植园主的利益"。尽管富有同情心的英国行政官员帮助创建了该组织，但它主要还是基于非洲当地的倡议。[54] 约瑟夫·梅里尼奥很快就任会长。1926年，KNPA拥有7 000名成员。它是一个平行的、无酋长参与的非政府组织，以整个山区为选区。该协会的历史有许多人研究，因此一个简介就足够了。[55] 在KNPA变得越来越富有并拥有更多成员之后，酋长们开始将其视为政治竞争对手和他们想控制的财富库，殖民地官员则试图将KNPA置于行政控制之下。经过激烈的斗争和辩论，KNPA作为一个独立的机构幸存下来，没有按计划被新的中央酋长委员会接管。但是，1929年咖啡价格暴跌导致KNPA崩溃。[6]

KNPA被解散、重组并由乞力马扎罗本地合作社（Kilimanjaro Native Co-operative Union，KNCU）所取代。[57] 尽管咖啡带来了一段时间的繁荣，但在1934—1935年又出现了一次价格突然下跌，并且KNCU甚至无法偿付已经预付给种植者的款项。暴乱在几个酋长国爆发，KNCU几个地方分支的建筑物被摧毁。反KNCU运动的一些领导人被捕，被法院判刑，甚至被驱逐出境。1937年的《本地咖啡条例》（The Native Coffee Ordinance）设立了本地咖啡委员会，作为政府组成的一部分。他们有权下令将所有"本地"咖啡出售给他们或他们指定的任何代理商。1937年11月，莫西本地咖啡委员会成立了，并指定KN-CU为代理商，避免了进一步的分歧，因为咖啡价格从1938年中期开始上涨了30%。实际上，KNCU比以往任何时候都更强大。

20世纪50年代初期，经济作物的繁荣主导了战后时期。1948—1954年，乞力马扎罗咖啡的价格从每吨328英镑上涨至582英镑。[58] 1951年，一位英国官员指出:"咖啡为查加地区带来了巨大的财富,同时不可避免地造成了山上的通货膨胀,准备外出工作的查加人比以往任何时候都少。因为尽管查加土地短缺,但它在经济上不是独立的,而且内部贸易和运输都掌握在查加人手里,所以现金往往不会像在殖民地的其他地方一样击鼓传花似的流通,而是很快就流入非本地商人的手中。"[59]

在乞力马扎罗山上,土地分配不均的证据比比皆是。查加的一名政客 P. M. Njau 于 1949 年区分了居住在汉巴地上的三个阶级:那些只住在那里的人、那些每月寻求有偿工作的人,以及那些希望拥有大型谷物农场作为自己财产的人。[60]一名研究人员发现,"只有极少数的查加人,可能主要是统治家族的成员……拥有相当大的单一土地——20~40 英亩的咖啡地、50~100 英亩的低地玉米田、200~2 000 英亩的牧场"[61]。1961 年对马查姆酋长国进行的一项调查显示,汉巴地的面积从不到 4 000 平方米到 4 公顷不等,平均略超过 1 公顷。[62]在另一个极端,伊利夫认为,有 6 615 名查加人在 1949 年是没有土地的,尽管其中大多数是等待继承的年轻人。[63]殖民时期末期,乞力马扎罗山的土地被抵押,被取消抵押品赎回权的债权人以高于所有者的价格出售,并作为政府贷款的担保。[64]查加政府已经在 1946 年正式宣布,汉巴地是"永久产权的财产,业主可以用它做任何他想做的事"[65]。

咖啡的部分收入用于儿童教育。1956 年,90% 的查加咖啡农民将孩子送入学校。[66]他们去了路德教、天主教或地方政府的小学,这些小学遍布山腰。查加的许多孩子就读于公立中学和马凯雷雷学院(Makerere College)[67],在著名酋长马里奥的受过高等教育的孙子托马斯·马里奥(Thomas Marealle)于 1952 年当选为查加的最高酋长之后,这一点变得更加明显。[68]咖啡和土地在托马斯的竞选活动中扮演了重要角色。他承诺将免除咖啡税,使查加的汉巴地更安全,并为所有人提供更多土地。[69]咖啡收入的一部分用于新学校的建设和为更年轻的查加人提供奖学金。咖啡甚至在马里奥最终的失败中也发挥了重要作用。20 世纪 50 年代末,咖啡价格的下降以及其他因素助长了反对他的运动,最终他在坦噶尼喀独立前夕黯然下台。

喀麦隆巴米勒克种植的咖啡

草原如今划分为讲法语的喀麦隆巴米勒克(Bamiléké)地区和邻近讲英语的喀麦隆巴门达(Bamenda)地区,几个世纪以来一直是大西洋贸易中非洲奴隶的来源以及比夫拉湾(Bight of Biafra)部分地区的劳动力储备。奴隶贸易似乎并未耗尽人口,因为奴隶大多是内部人,不是通过破坏性袭击和战争而被俘虏的人。[70] 然而,在一些巴米勒克地区,土地成为稀缺资源,因为只有封闭的区域才能构成安全的环境,可以让妇女在里面种植粮食作物而不被绑架。因此,大片可耕地没有得到利用。[71]

"巴米勒克"一词是20世纪的说法。[72] 长期以来,大多数巴米勒克人只是以其特定的领地身份认同,并且往往几乎无法理解对方的语言。在殖民和后殖民时代的早期,人们出现了巴米勒克的族裔意识,尽管尚未充分研究过这种身份的起源。如今,估计有将近100万的巴米勒克人居住在超过2 000平方英里的地方,大约有100个酋长国,规模相差巨大。他们将无血缘关系的氏族组成联邦,由氏族和世系长老(或区族长)组成委员会领袖,首长由平等长老中的第一位担任,这些人被冠以"酋长"或"国王"的头衔。在过去,酋长们对其臣民的生活行使了相当大的控制权,无论是在国内还是远在国外。

长期以来,巴米勒克的特有社会结构令社会学家着迷。[73] 巴米勒克社会是高度分层和不平等的,尽管具有社会等级制度和酋长的权力,但人们展现出惊人的个人活力。也就是说,只有通过剥夺年轻男子的继承权,并雇用妇女作为没有正式报酬的农业劳动力,才能使少数男人的成功成为可能。少数取得成功的人却牺牲了大多数低级移民。巴米勒克经济活力的驱动力是男性户主的权力,尤其是酋长,他们强迫年轻的男性推迟结婚和获得性满足,直到晚年,在很多情况下,甚至是终生。为了结婚并获得权威,低级宗族成员必须努力工作以积累财富。在此过程中,他们在社会等级阶梯上利用处于较低地位的人,直到

20世纪初,包括把他们当作奴隶卖掉。

高人口密度、严重的土地稀缺、缺乏晋升的前景以及主要是在招募劳动力方面的滥用,都是导致移民速度日益加快的因素。特别是自20世纪30年代以来,年轻的移民前往南部的种植园和城镇。1930—1950年的这段时间里,估计有超过10万人离开了家园。[74]在独立的喀麦隆,巴米勒克在整个国家都表现出商业活力[75],他们从属地位的崛起也引发了怨恨,这是种族间紧张关系的关键根源。[76]

火山土壤使巴米勒克地区非常肥沃,有利于种植各种农作物,特别是咖啡、茶叶、玉米、可可树、土豆、花生、车前草、香蕉和各种蔬菜。高原也适合饲养猪、山羊、家禽和矮牛。[77]在德国殖民时期,咖啡产量很小,因为在潮湿的沿海地区,德国的一些种植者种植咖啡的成功率很低。[78]在西部高地,德国的经济利益很弱。像喀麦隆诺德威斯特学会(Gesellschaft Nordwest Kamerun)这样的特许经营公司只起到很小的作用,而且没有迹象表明这里有咖啡种植。[79]

第一次世界大战结束了德国对喀麦隆的统治,在战后的第一个10年里,法国推动了非洲农村资本主义。这是为了对他们的授权达成有效的约定,因为以前的德国种植园是在英国的授权之下。[80]法国对经济作物种植的热情还源于这样一种假设,即这将导致相当一部分喀麦隆人走向中产阶级,他们将成为法国统治的社会支柱。[81]特别是在巴米勒克地区,法国的经济政策还很模糊,中心问题是土地稀缺引起的冲突。一方面,改善的医疗保健导致人口迅速增长,从而导致更高的人口密度;另一方面,农业的商业化使个人获得土地的机会发生了变化。

德斯昌(Dschang)选区的首脑查波莱(Chapoulie)在向国际联盟发表的年度报告中,概述了1925年的严峻形势。在德斯昌和诺恩山谷(Noun Valley)之间的各个酋长国中,由于土地稀缺,部分人口将挨饿。居民的外表表明一个地区是否为个人提供了足够的土地:"我们注意到,那些拥有大量土地的土著人民通常是强壮的、肌肉发达的;而土地匮乏的酋长国人民通常身体不好,经常生病。"[82]

尽管越来越多的人愿意捍卫自己的土地权利,但如果有必要,在殖民地法庭上,许多巴米勒克人"选择退出"。人口统计数据显示,到 1937 年,将近 30 000 个巴米勒克人(约占总人口的 1/12)在邻近的芒戈(Mungo)地区或在朵阿拉(Douala)和冉迪(Yaoundé)市谋生。法国政府在 1925—1945 年之间的对策是,将巴米勒克人重新安置在人口稀少的邻近地区,尽管收效甚微。[83]

咖啡自 20 世纪 20 年代中期被引入以来,一直是最重要的高原出口作物,但这也加剧了土地问题。[84] 1927—1933 年间,法国政府选择通过将咖啡纳入巴米勒克地区现有的小农生产来种植。正如德斯昌选区的首脑在 1929 年所说的那样,它们应该是"小型个体农场,完全由家庭劳动力经营"[85]。查波莱还试图通过注册和发行土地产权证,将所谓的习惯土地权利转变为个人权利。[86] 小农户的咖啡生产非常成功,仅在 1931 年,巴米勒克的种植者就从德斯昌政府的咖啡苗圃获得了 30 多万棵阿拉比卡咖啡树。[87] 此外,数量不详的植物被盗或私自种植。有一段时间,许多巴米勒克人沉浸在"咖啡的狂欢"中,法国政府的报告中也经常提到"土著种植园主的无限热情"。[88]

从 1933 年开始,尽管咖啡产量持续上升,但殖民当局还是出台了一些限制性法令来控制甚至阻止大规模种植咖啡。[89] 官方对这一突然的咖啡政策变化的解释包括担心非洲人有可能不能正确地管理他们的农场,而这可能会传播植物疾病,从而造成灾难性的后果。早在 1930 年,法国农学家就开始担心不受限制的咖啡种植会对作物的品质造成负面影响,因为这种咖啡更容易受到侵扰,并要求进行控制和管理。此外,法国人认为,不受控制的咖啡种植可能导致粮食作物减产,并伴有粮食短缺、饥饿甚至饥荒的风险。殖民地政府在 1935 年向国际联盟提交的年度报告中强调了这种所谓的危险,并指出"……食物问题……对强制性权力来说仍然至关重要"。[90]

咖啡生产的限制在政府报告中也得到了强调,经常伴随着家长式的话语,声称当局在保护巴米勒克农民不受其伤害。一份农业报告称:"如果让巴米勒克农民自己种植,他们会在土地上种植咖啡树。由于他们的农业知识还不够,这些农场维护不善,将成为疾病滋生的场所。其结果将是彻底毁坏咖啡树和使饥荒蔓延。"[91] 当时的目标是将咖啡种植主要掌握在少数欧洲移民的精英、非洲酋长和贵族手中。格拉斯菲尔德(Grassfields)的其他居民种植粮食作物,为主要城镇和其他粮食短缺的地区提供粮食。最后,鉴于格拉斯菲尔德的人力资源,该地区将成为私营和公共企业的劳动力储备地。

20世纪30年代初,格拉斯菲尔德和邻近的芒戈地区的欧洲种植园主开始意识到,他们无法与非洲农民以同等条件竞争。经济作物的增加意味着劳动力短缺,特别是在人口稀少的芒戈地区。因此,欧洲农民开始向殖民当局施加压力,限制非洲人种植咖啡的数量。他们取得了一些成功。可以肯定的是,非洲的阿拉比卡咖啡1934—1941年间在德斯昌和诺恩的总产量从4.5%上升到30%,即从4.7吨增加到534吨。但是,这仍远低于少数欧洲人1941年在诺恩地区生产的1 300吨咖啡。也就是说,不那么有利可图的罗布斯塔咖啡产品仍然掌握在巴米勒克农民手中,1941年,他们生产了在巴方(Bafang)和邦甘特(Bangangté)地区的306吨罗布斯塔产品中的97%。[92]

欧洲的咖啡种植园主在招募劳动力方面取得的成功有限,尽管他们求助于土著制度。这项关于人的"土著地位"的法律,从技术上讲,是主体法而不是公民权法,即允许法国行政官审理案件和实行简单的纪律处罚。在喀麦隆,就像在法属非洲的其他地方一样,这种土著制度变成一种广泛的工具,被官员们用来雇佣他们认为合适的"本地人",有时还适合欧洲的种植园。[93] 在欧洲种植园,工人们通常因为微薄的工资和令人苦恼的工作条件而不愿工作,他们只是被殖民官和当地酋长征召加入了工作团队。[94]

1933年和1935年,法国政府颁布了两项法令:关于咖啡农场的注册和关于咖啡种植的法规,要求所有咖啡农场的所有者到最近的农业管理站报告,并提供有关其农场的详细信息。所需的信息包括农场的位置和状况、种植咖啡树的数量以及农场和苗圃中树木的种类和年龄。此后,任何想要种植咖啡的人都必须提交有关计划中的农场的某些规格和详细信息,并且只有得到相关官员的明确许可才能开始工作。任何违反上述规定的行为均应按照土著法典予以处罚。[95] 法国政府在执行这些措施时非常严格,因此,一些咖啡农场被摧毁,因为它们是未经许可而建立的。[96]

通过这项咖啡政策,法国希望建立一个拥有大量土地的巴米勒克资产阶级,主要由已经融入行政系统的酋长组成。因此,法国人给予这些酋长经济特权,为他们提供了咖啡种植园的优惠。酋长被认为更具有资格,并且能够使用特定的咖啡种植技术。正如一份报告指出的那样:"根据该地区直到今天的各种经验,巴米勒克尚未准备好掌握阿拉比卡咖啡的高难种植技术……只有酋长才能被授权种植,只有他们才有足够的智慧和监督的动力。"[97]然而,更重要的是,政府将咖啡执照的分配与两个前提条件联系在一起:劳动力的可获得性和土地的使用权。[98]除了少数例外,只有酋长和贵族符合这些标准。由于一夫多妻制的婚姻,他们有足够多的妻子作为工人,并且有可能招募其下属来进行种植和修剪。

此外,酋长们能够将他们传统的分配土地的权利转变为土地所有权,这得到了法国法律的批准。1927年8月20日的法令规定,承认土地的所有权,这是非洲土地所有权方式"欧洲化"的"初步阶段"。1932年7月21日的法令对此进行了补充,规定了法国对土地财产的完整合法注册。最大的咖啡农场通常有5 000~15 000棵树木,占地超过5公顷,几乎完全属于酋长或贵族。[99]

因此,酋长们滥用他们的传统权力以及法国人授予他们的新权力,垄断土地以获得个人经济利益。他们倾向于用对自己有利的方式来解释当地的习惯法,通常认为酋长国的空闲土地就是他们的私有财产。[100]此外,酋长们经常强迫工人提供无偿劳动来满足他们的劳动需求。要经营一个大规模的咖啡农场,种植园主必须在政治上有良好的关系,这样才能为自己的农场吸引劳动力,并保护他们不被征招去从事其他义务工作。由于给予酋长的巨大权力以及对农业进步表现形式的重视,有政治关系的人能够在他们的种植园雇佣农村人口而不需要支付现金报酬。德斯昌选区的弗瑞克(Foréké)的酋长梅西则是这一规则的例外,1937年,他成为第一个付给咖啡农场工人工资的酋长。由于他提供的工资相对较高,他成功地以牺牲政府为代价吸引了劳动力。[101]然而,大多数酋长在10天工作之前和之后都保留了临时工,当他们没有其他工作可做时,就在种植园里作为他们的辅助人员。此外,他们还能永久保留男性劳动力,这些人是为了逃避自己的酋长以及欧洲种植园主的征召和勒索,而以另一个酋长雇工的身份来避难。

在第二次世界大战后不久,没有哪个问题比为消除对咖啡种植和销售的殖民地限制而进行的斗争,更能考验殖民地行政当局、酋长和其他人民之间的关系了。[102]一位巴米勒克的小农宣称:"我想被授权种植咖啡,以便让我自己购买头盔和娶妻。"这句话总结了1945年左右格拉斯菲尔德许多农民的愿望。[103] 1948年,进步的巴米勒克政客成立了一家咖啡营销合作社,迈出了这场斗争中的重要一步。在法律上,法国咖啡法规一直持续到1955年。但是在当地,官员们开始更早地放开咖啡生产。例如,在1951年,他们发放了6 717张许可证,用于在姆博达(Mbouda)分区创建拥有500棵阿拉比卡树的小型咖啡农场。[104] 1947—1959年间,咖啡种植面积从4 593公顷增加到28 015公顷。[105]

"第二次咖啡热潮"加速了许多重要的变化,特别是加强了土地的个人所有权。酋长和宗族首脑极度不愿将土地分配给其他人,以便为自己的咖啡农场保留足够的空间。酋长早期的利益是通过提供一小块土地来将个人与自己联系起来,现在则是通过种植咖啡来赚钱。[106]

这些转变的主要受害者是青年男女。对于年轻的男性来说,要成为咖啡农民非常困难,因为他们没有土地。在许多酋长国,混合种植已被人们接受,咖啡和粮食作物都在同一块土地上种植。妇女做了所有工作,包括采摘咖啡,但仅保留了出售粮食作物的收入。[107]由于咖啡种植面积以牺牲粮食作物为代价而逐渐扩大,妇女为家庭提供食物变得更加困难。地方报纸上的一般性抱怨被压制。[108]无论是年轻的男性还是女性,都不会简单接受自己的边缘化,这两类人都是激进民族主义者喀麦隆人民联盟的主要支持者。在1958—1962年间的巴米勒克地区内战期间,他们参与了许多烧毁咖啡农场的行动。[109]

结 论

　　这里举出的两个案例是关于非洲咖啡种植在高人口密度和与欧洲竞争激烈地区这一更大主题的变化。咖啡最初是一种"酋长的农作物"并长期存在,但小农生产逐渐扩大。特别是在巴米勒克地区,在白人农民的推动下,殖民政府实行了有利于酋长和贵族的政策。此外,许多酋长能够通过运用他们的特权获得土地和劳动力以生产经济作物。由于人口稠密、土地稀缺以及对咖啡的热情,欧洲人经常声称粮食安全受到威胁,尽管对此的证据微不足道或根本不存在。案例的另一个方面是,在殖民地后期,许多重要的政治协会和领导人物起源于咖啡合作社,而咖啡合作社是为捍卫非洲当地利益而建立的。最后,乞力马扎罗山和格拉斯菲尔德地区的咖啡历史为非洲殖民主义提供了一些重要而普遍的见解。它着重指出了殖民地国家中,白人移民和当地精英之间存在问题的相互关系。咖啡还提供了一个很好的例子,说明经济作物生产导致土地权利私有化以及土地和劳动力市场发展的方式。

注释:

〔1〕从1885年到1918年,这两个地区都处于德国的殖民统治之下。1918年以后,除卢旺达和布隆迪外,德国管辖的东非地区被称为坦噶尼喀,由英国作为国际联盟和后来的联合国授权管理。坦噶尼喀于1961年获得独立,并于1964年与桑给巴尔结成联盟,成为坦桑尼亚联合共和国。1918年,喀麦隆较大的东部地区由法国管辖,并于1960年获得独立。英国管理喀麦隆西部较小的托管地,北部地区于1961年选举加入尼日利亚,而南部地区则与前法属喀麦隆重新统一。

〔2〕C. Dundas, *Kilimanjaro and Its people* (London: Witherby, 1924); K. M. Stahl, *History of the Chagga People of Kilimanjaro* (The Hague: Mouton, 1964); S. Geiger Rogers, "The Search for Political Focus on Kilimanjaro: A History of Chagga Politics, 1916–1952, with Special Reference to the Cooperative Movement and Indirect Rule," Ph.D. thesis, University of Dar es Salaam, 1972; J. Samoff, *Tanzania: Local Politics and the Structure of Power* (Madison: University of Wisconsin Press, 1974); S. F. Moore, *Social Facts and Fabrications: "Customary" Law on Kilimanjaro 1880–1980* (Cambridge: Cambridge University Press, 1986); S. F. Moore and P. Purritt, *The Chagga and Meru of Tanzania* (London: International African Institute, 1977); *Tanganyika Notes and Records*, no. 64 (1965) (special issue on Kilimanjaro).

〔3〕Moore, *Social Facts*; Moore and Purritt, *Chagga and Meru*; D. Nurse, *Classification of the Chaga Dialects* (Hamburg: Buske, 1979). 查加有很多不同的拼写方式。查加人自己使用的形式是 Wachagga（复数）和 Mchagga（单数），但在英语中前缀通常被省略。

〔4〕The best synthesis on Chagga precolonial society and economy is Moore, *Social Facts*, pp. 20–91.

〔5〕关于前殖民时期查加最重要的资料来源可能是德国路德教会传教士 Bruno Gutmann, 例如 *Dichten und Denken der Dschagganeger* (Leipzig: Evangelisch-Lutherische Mission, 1909), and *Das Recht der Dschagga* (Munich: Beck, 1926)。有关古特曼，参阅 J. C. Winter, *Bruno Gutmann 1876–1966* (Oxford: Clarendon Press, 1979). See also Dundas, *Kilimanjaro*, and Stahl, *History*。

〔6〕Moore, *Social Facts*, p. 21.

〔7〕Ibid., p. 37.

〔8〕Ibid., p. 95. For German rule in Tanganyika, see J. Iliffe, *A Modern History of Tanganyika* (Cambridge: Cambridge University Press, 1979), chs. 4–7, and *Tanganyika under German Rule 1905–1912* (Cambridge: Cambridge University Press, 1969); J. Koponen, *Development for Exploitation; German Colonial Policies in Mainland Tanzania, 1884–1914* (Hamburg and Helsinki: LIT and Finnish Historical Society, 1995).

〔9〕Moore, *Social Facts*, pp. 96 ff.

〔10〕Ibid., pp. 95 ff.

〔11〕T. S. Jervis, "A History of the Robusta Coffee in Bukoba," *Tanganyika Notes and Records* 8 (1939): 47–58.

〔12〕J. A. P. Kieran, "The Origins of Commercial Arabica Coffee Production in East Africa," *African Historical Studies* 2 (1969): 51–67; Koponen, *Development*, pp. 202f.

〔13〕Kieran, *Origins*, pp. 59–61.

〔14〕Ibid., p. 61.

〔15〕Geiger Rogers, "Political Focus," p. 165; Koponen, *Development*, p. 434f.

〔16〕Winter, *Gutman*, p. 53.

〔17〕E. Th Förster, "Die Siedlungen am Kilimandjaro und Meru," *Zeitschrift für Kolonialpolitik, Kolonialrecht und Kolonialwirtschaft* 9 (1907): 516–53, 728–43; and "Negerkulturen und Plantagenanbau am Kilimandjaro," *Deutsch-Ostafrikanische Zeitung*, Aug. 21, 1909. See also Koponen, *Development*, p. 435.

〔18〕J. Iliffe, "The Age of Improvement and Differentiation (1907–1945)," in I. N. Kimambo and A. Temu, eds., *A History of Tanzania* (Nairobi: East African Literature Bureau, 1969), p. 136. For Merinyo, see below.

〔19〕Iliffe, *Modern History*, pp. 209f. for *akida*.

〔20〕Förster, "Negerkulturen"; Koponen, *Development*, p. 435.

〔21〕Geiger Rogers, "Political Focus," p. 165.

〔22〕Koponen, *Development*, p. 435, quoting a German administrator in Moshi.

〔23〕J. Franke, "Zur Veränderung der wirtschaftlichen Verhältnisse bei den Dschagga am Kilimandscharo unter den Bedingungen der deutschen Kolonialherrschaft 1885–1916," *Jahrbuch des Museums für Völkerkunde zu Leipzig* 32 (1980): 189f.

〔24〕*Report on Tanganyika Territory to the League of Nations 1925*, p. 53, for the higher estimate, which seems to be correct. 关于其他的评估，参阅 Koponen, *Development*, p. 436。

〔25〕Koponen, *Development*, pp. 400 ff.

〔26〕Iliffe, *Modern History*, p. 153.

〔27〕Quoted by ibid., p. 155.

〔28〕R. Tetzlaff, *Koloniale Entwicklung und Ausbeutung. Wirtschafts- und Sozialgeschichte Deutsch-Ostafrikas 1885–1914* (Berlin: Duncker and Humblot, 1970), pp. 117–55, for general information on European plantations.

〔29〕Geiger Rogers, "Political Focus," p. 171.
〔30〕Iliffe, *Modern History*, p. 144.
〔31〕David R. Brewin, "Kilimanjaro Agriculture," *Tanganyika Notes and Records* 64 (1965): 115.
〔32〕Moore, *Social Facts*, p. 103.
〔33〕The following paragraphs draw heavily on Geiger Rogers, "Political Focus," pp. 234ff., and Moore, *Social Facts*, pp. 110ff.
〔34〕S. P. Maro, "Population and Land Resources in Northern Tanzania; The Dynamics of Change, 1920–1970," Ph.D. thesis, University of Minnesota, 1974.
〔35〕Rhodes House Library, Oxford (henceforth RHL), MSS.Afr. S.1001: A. W. M. Griffith, Chagga land tenure report, 1930, pp. 63, 88; Moore, *Social Facts*, p. 111.
〔36〕关于查加人当地的法律，参阅 Moore, *Social Facts*, and Moore and Purritt, *Chagga and Meru*。
〔37〕Moore, *Social Facts*; Michael von Clemm, "People of the White Mountain: the Interdependence of Political and Economic Activity amongst the Chagga in Tanganyika, with Special Reference to Recent Changes," D.Phil. thesis, Oxford University, 1962; Michael von Clemm, "Agricultural Productivity and Sentiment on Kilimanjaro," *Economic Botany* 18 (1964): 99–121.
〔38〕Tanzania National Archives, Dar es Salaam (hereafter TNA), 13060/203–204, p. 5, A. L. Pennington 在 KNPA 的报告，引用于 Dundas 的原始报告。另可参阅 Geiger Rogers, "Political Focus," p. 239。
〔39〕邻近的梅鲁和阿鲁沙地区咖啡产量较小，参阅 T. Spear, *Mountain Farmers; Moral Economies of Land and Agricultural Development in Arusha and Meru* (Oxford: James Currey, 1997), pp. 139ff。
〔40〕Geiger Rogers, "Political Focus," p. 237.
〔41〕TNA 1733, Annual Report Moshi District 1922, pp. 17–18.
〔42〕TNA 3864/2, Dundas to Chief Secretary, re Letter from the Kilimanjaro Planters Association (KPA) to the Secretary of State for the Colonies, dated June 12, 1924; Geiger Rogers, "Political Focus," p. 241.
〔43〕RHL, MSS.Afr. S.1001, A. W. M. Griffith, Chagga land tenure report, 1930; Iliffe, *Modern History*, p. 275.
〔44〕Iliffe, *Modern History*, p. 275.
〔45〕RHL, MSS.Afr. S.1001, A. W. M. Griffith, Chagga land tenure report, 1930; Clemm, "White Mountain"; Iliffe, *Modern History*; Moore, *Social Facts*.
〔46〕Iliffe, *Modern History*, p. 275; Maro, "Population," p. 174.
〔47〕TNA, 19415, Annual Report Northern Province, 1939, p. 6. See also Moore, *Social Facts*, p. 154.
〔48〕See Geiger Rogers, "Political Focus," pp. 252ff.
〔49〕J. Iliffe, *The Emergence of African Capitalism* (London and Basingstoke: Macmillan, 1983), p. 37.
〔50〕Public Record Office, London, CO 691/70/379, Native Coffee Cultivation on Kilimanjaro, May 12, 1924.
〔51〕TNA, 13060/203–234, Pennington Report, 4; Geiger Rogers, "Political Focus," p. 256.
〔52〕Moore, *Social Facts*, p. 122.
〔53〕Ibid. See also TNA, 10902, Northern Province Half-Yearly Report for Period Ending June 30, 1928, p. 9.
〔54〕TNA, 20378, Memorandum of Association, n.d.; R. J. M. Swynnerton and A. L. B. Bennett, *All about KNCU Coffee* (Moshi: Moshi Native Coffee Board, 1948), p. 11. See also S. Geiger Rogers, "The Kilimanjaro Native Planters Association: Administrative Responses to Chagga Initiatives in the 1920s," *Transafrican Journal of History* 4 (1974):

94-114.

〔55〕Geiger Rogers, "The Kilimanjaro Native Planters Association" and "Political Focus"; Moore, *Social Facts*; Iliffe, *Modern History*; G. Erdmann, *Jenseits des Mythos: Genossenschaften zwischen Mittelklasse und Staatsverwaltung in Tanzania und Kenia* (Freiburg: ABI, 1996), pp. 72ff.

〔56〕TNA, 26034, Report P. C. Northern Province to Chief Secretary, Aug. 25, 1931; Geiger Rogers, "Kilimanjaro Native Planters Association," pp. 103ff.

〔57〕RHL MSS.Afr. s.1047, Lionel A. W. Vickers-Haviland, Note on the KNUC and its organization, March 31, 1937; on the KNUC, see, esp., Geiger Rogers, "Political Focus," pp. 509ff.; Erdmann, *Jenseits des Mythos*, pp. 79ff.; Iliffe, *Modern History*, pp. 279–81; Swynnerton and Bennett, *KNCU Coffee*. See also D. M. P. McCarthy, *Colonial Bureaucracy and Creating Underdevelopment: Tanganyika 1919–1940* (Ames: University of Iowa Press, 1982), ch. 8.

〔58〕Iliffe, *Modern History*, p. 453. 这是一公吨1 000公斤，或2 204.6磅。

〔59〕RHL MSS.Afr. s.1461, P. H. Johnston, Notes on the Moshi District, n.d. [1951].

〔60〕TNA, 5/584, Njau, Kilimanjaro Union, n.d. [July 1949]. See also Iliffe, *Modern History*, p. 458.

〔61〕Quoted by Iliffe, *Modern History*, p. 458; see also TNA 5/20/16, Memorandum, District Commissioner Moshi, Sept. 11, 1953.

〔62〕Clemm, "Agricultural Productivity," p. 104. See also Roy Beck, *An Economic Study of Coffee-Banana Farms in the Machama Central Area, Kilimanjaro District, Tanganyika 1961* (Dar es Salaam: USAID Mission to Tanganyika, 1963).

〔63〕Maro, "Population," p. 130.

〔64〕RHL, MSS.Afr. s.1001 (2), T. F. Figgis, A Report on the Present State of Chagga Land Tenure Practice, 1958.

〔65〕Quoted by Iliffe, *Modern History*, p. 459. See also Clemm, "White Mountain," ch. 15. 1945年之后乞力马扎罗山的土地问题，另可参阅 RHL MSS.Afr. s.592, Sir Mark Wilson, Report of the Arusha-Moshi Lands Commission, Jan. 15, 1947。

〔66〕Iliffe, *Modern History*, p. 445.

〔67〕See TNA, 5/9/19, Education Tabora School; TNA 5/9/I, List "Tanganyika Students at Makerere College from Moshi District," 1954.

〔68〕关于 Marealle, 参阅 A. Eckert, "'I do not wish to be a tale teller': Afrikanische Eliten in British-Tanganyika. Das Beispiel Thomas Marealle," in A. Eckert and G. Krüger, eds., *Lesarten eines globalen Prozesses; Quellen und Interpretationen zur Geschichte der europäischen Expansion* (Hamburg and Münster: LIT, 1998), pp. 172–86; Geiger Rogers, "Political Focus"; Clemm, "White Mountain"。

〔69〕Geiger Rogers, "Political Focus," p. 891.

〔70〕J.-P. Warnier, "Histoire du peuplement et genèse des paysages dans l'ouest camerounais," *Journal of African History* 25 (1984): 395–410; J.-P. Warnier, "Traite sans raids au Cameroun," *Cahiers d'Etudes Africaines* 29 (1989): 5–32.

〔71〕J. H. B. den Ouden, "Incorporation and Changes in the Composite Household: The Effects of Coffee Introduction and Food Crop Commercialization in Two Bamiléké Chiefdoms," in C. Presvelou and S. Spijkers-Zwart, eds., *The Household, Women and Agricultural Development* (Wageningen: H. Veenmann and Zonen BV, 1980), p. 45.

〔72〕这个词可能是在 *Deutsches Kolonialblatt* 16 (1905): 501 中第一次被提及，另可参阅 Institut des Sciences Humaines, Yaoundé (hereafter ISH), P1 GEA III 642, Département de la Ménoua. Hypothèse sur l'origine et signification du mot Bamiléké, March 29, 1944。

〔73〕参阅，尤其是 J.-P. Warnier, *L'Esprit d'entreprise au Cameroun* (Paris: Karthala, 1993)。To mention only a few others among an armada: R. Delarozière, "Les Institutions politiques et sociales des populations dites Bamiléké," *Etudes Camerounaises* 25–28 (1949); C. Tardits, *Contribution à l'étude des populations bamiléké de l'ouest Cameroun* (Paris: Berger-Levrault, 1960); J. Hurault, *La Structure sociale des Bamiléké* (Paris: Mouton, 1962); J. H. B. den Ouden, "In Search of Personal Mobility: Changing Interpersonal Relations in Two Bamiléké Chiefdoms," *Africa* 57 (1987): 3–27; E. Rohde, *Chefferie Bamiléké – Traditionelle Herrschaft und Kolonialsystem* (Hamburg and Münster: LIT, 1990); Ch.-H. Pradelles de Latour, *Ethnopsychoanalyse en pays bamiléké* (Paris: E.P.E.L, 1991); D. Malaquais, *Structures du pouvoir: Architectures du pays bamiléké* (Paris: Karthala, 2002).

〔74〕关于大纲，参阅 J.-L. Dongmo, *Le Dynamisme Bamiléké*, 2 vols. (Yaoundé: Ceper, 1981); R. Joseph, *Radical Nationalism in Cameroon* (Oxford: Clarendon Press, 1977); Jean-Claude Barbier et al., *Migrations et développement: La Région du Moungo au Cameroun* (Paris: ORSTOM, 1983); Warnier, *L'Esprit d'entreprise*。On Bamiléké rural entrepreneurship in the Mungo region, see A. Eckert, "African Rural Entrepreneurs and Labour in the Cameroon Littoral," *Journal of African History* 40 (1999): 109–26.

〔75〕D. Miaffo and J.-P. Warnier, "Accumulation et ethos de la notabilité chez les Bamiléké," in P. Geschiere and P. Konings, eds., *Itinéraires d'accumulation au Cameroun* (Paris: Karthala, 1993), pp. 33–69.

〔76〕参阅，尤其是 J.-F. Bayart, *L'Etat au Cameroun* (Paris: Presse de la Fondation Nationale de Sciences Politiques, 1979); A. Mehler, *Kamerun in der Ära Biya* (Hamburg: Institut für Afrikakunde, 1993); M. Krieger and J. Takougang, *African State and Society in the 1990s: Cameroon's Political Crossroads* (Boulder and London: Westview, 1998)。

〔77〕P. Capot-Rey et al., *Les Structures agricoles de l'ouest du Cameroun oriental* (Yaoundé: Ministère de l'Agriculture, 1968).

〔78〕H. R. Rudin, *Germans in the Cameroons 1884–1914* (New York: Greenwood, 1968), pp. 273f.

〔79〕K. Hausen, *Deutsche Kolonialherrschaft in Afrika: Wirtschaftsinteressen und Kolonialverwaltung in Kamerun vor 1914* (Zürich and Freiburg: Atlantis, 1970); J. Ballhaus, "Die Landkonzessionsgesellschaften," in H. Stoecker, ed., *Kamerun unter deutscher Kolonialherrschaft* (Berlin: VEB, 1968), vol. 2, pp. 99–179.

〔80〕Walter Herth, "Mise en valeur' und Weltwirtschaftskrise: Koloniale Entwicklungspolitik in Kamerun unter französischer Herrschaft, 1916–1938," unpublished thesis, Zürich University, 1988.

〔81〕Archives Nationales, Section Outre-Mer, Aix-en-Provence (henceforth ANSOM), Série géo., C.31, Dos.293, Letters Governor Marchand to Colonial Minister, June 18 and Oct. 29, 1923; Joseph, *Radical Nationalism*, pp. 126f.; J. Guyer, "The Food Economy and French Colonial Rule in Central Cameroon," *Journal of African History* 19 (1978): 577.

〔82〕ANSOM, AFOM, C.928, Dos.2903, rapport annuel à la SDN, Dschang 1925, ch. 6. See also Archives Nationales, Yaoundé (henceforth ANY), APA 11804/F, Rapports de Tournées, July 19–26 and Aug. 12–22, 1936; ANY APA 11809/E, Rapport de tournée, March 21 to April 28, 1938.

〔83〕E. Rohde, "'Projet Rive Gauche du Noun': The Miscarriage of Bamiléké Settlement Projects under French Administration in Bamoun (Cameroon)," in R. Debusmann and S. Arnold, eds., *Land Law and Land Ownership in Africa: Case Studies from Colonial and Contemporary Cameroon and Tanzania* (Bayreuth: Bayreuth African Studies, 1996), pp. 203–21.

〔84〕E. Rohde, *Grundbesitz und Landkonflikte in Kamerun: Der Bedeutungswandel von Land in der Bamiléké-Region während der europäischen Kolonisation* (Hamburg and Münster: LIT, 1997), pp. 111–80 and passim. 另可参见 N. M. Mbapndah, "Grassfield Chiefs and Political Change in Cameroon, c. 1884–1966," Ph.D dissertation, Boston University,

1985, pp. 144–222。以下各段在很大程度上借鉴了这些专题著作。感谢 E. Rohde 和 D. Malaquais 提请我注意相关的档案资料和未发表的手稿。

〔85〕ANY, APA 11978, Procès verbal de la 2ème session du Conseil de Notables pour l'année 1929, Nov. 11, 1929. See also Rohde, *Grundbesitz*, p. 128.

〔86〕ANY, APA 11978, Procès verbal de la 2ème session du Conseil de Notables pour l'année 1929, Nov. 11, 1929.

〔87〕ANY, APA 11825/H, Subdivision Dschang, Rapport trimestriel: 1er trimestre 1930; Rapport annuel à la SDN 1931, p. 46.

〔88〕ANY, APA 11825/H, Subdivision Dschang: Rapport trimestriel: 1er trimestre 1930. Bulletin agricole. See also Rohde, *Grundbesitz*, p. 130.

〔89〕N. M. Mbapndah, "French Colonial Agricultural Policy, African Chiefs, and Coffee Growing in the Cameroun Grassfields, 1920–1960," *International Journal of African Historical Studies* 27, no. 1 (1994): 41–58.

〔90〕*Rapport Annuel à la SDN 1935*, p. 61.

〔91〕ANY, APA 12039, Région Bamiléké, Rapport Annuel 1945, p. 14. See also Rohde, *Grundbesitz*, p. 133.

〔92〕ISH, P1 CHA, Rapport semestriel 1934, p. 19; ANY, APA 11742, Rapport annuel 1942; Rohde, *Grundbesitz*, p. 135.

〔93〕R. L. Buell, *The Native Problem in Africa*, vol. 2 (New York: Macmillan, 1928).

〔94〕Joseph, *Radical Nationalism*, pp. 122f.; Barbier et al., *Migrations*, pp. 85ff. 更普遍地，参阅 Léon Kaptué, *Travail et main d'oeuvre sous régime français, 1916–1952* (Paris: Harmattan, 1986)。

〔95〕*Rapport annuel à la SDN 1933*, 194ff.; *Rapport annuel à la SDN 1935*, 176ff. 关于后面的法令，例如 *Journal Officiel du Cameroun*, 411, June 1, 1937, pp. 441ff. 另可参阅 ISH, P1 CHA, Note sur la Circonscription de Dschang, Rapport semestriel par Chapoulie 193 p. 16。

〔96〕See, e.g., ANY, APA 11804/A, Rapport de tournée, Sept. 10–18, 1937.

〔97〕ANY, APA 11621/B, Chef de Circonscription Dschang to Chef Subdivision Dschang, May 28, 1932.

〔98〕ANY, APA 10044, Rapport annuel, Dschang, 1933. See also Rohde, *Grundbesitz*, pp. 136ff.

〔99〕ANY, APA 10087/A: Rapport de tournée, Oct. 27 to Nov. 12, 1941, Annex, 1–6; ANY, APA 11809/B, Rapport de tournée, August 1938, p. 7.

〔100〕M. O. Laurent, "Pouvoirs et société dans le pays Bamiléké: La Chefferie Bamiléké face au changement social dans la région de Banka-Bafang," unpublished thesis, University of Paris V, 1981.

〔101〕Mbapndah, "French Colonial Agricultural Policy," p. 57.

〔102〕Philippe Darge, "Le Café au Cameroun (Production, Commercialisation, Problèmes Humains)," mémoire, Ecole Nationale de la France d'Outre-Mer, Paris 1958/59 (in ANSOM, FM 3Ecol/142/d8).

〔103〕ANY, APA 12039, Région Bamiléké, Rapport Annuel 1945, Situation Politique, 3. See also Rohde, *Grundbesitz*, p. 159.

〔104〕E. Noubissi, "La Caféiculture dans la Menoua, 1930–1960: Esquisse d'une analyse historique," M.A. thesis, University of Yaoundé, 1988, p. 107; Rohde, *Grundbesitz*, p. 163.

〔105〕Dongmo, *Le Dynamisme*, vol. 1, pp. 130–2.

〔106〕Jan B. H. den Ouden, "Changes in Land Tenure and Land Use in a Bamiléké Chiefdom in Cameroon, 1900–1980: An Historical Analysis of Changes in Control over People," in *Essays in Rural Sociology in Honour of R. A. J. van Lier* (Wageningen: Agricultural

〔107〕Ibid.
〔108〕*Le Bamiléké* 12 (April 1956): 8. See also Rohde, *Grundbesitz*, p. 176.
〔109〕关于 UPC 的反叛，参阅 Laurent, "Pouvoirs"; Malaquais, *Structures*; Joseph, *Radical Nationalism*。

【作者】 Andreas Eckert

第十三章

越小越好：坦噶尼喀殖民地农民与官僚的共识

第十三章 越小越好:坦噶尼喀殖民地农民与官僚的共识

布科巴(Bukoba)镇的日子越来越好。布科巴位于坦桑尼亚西北角的维多利亚湖岸上,遭受了邻国乌干达和卢旺达多年内战的影响以及远方的达累斯萨拉姆政府数十年的忽视。继1889—1916年由德国统治和1961年由英国统治之后,这个小镇在独立时异常繁荣,周边农村的哈亚(Haya)农民也是如此。[1]布科巴是该国最大的咖啡产区,在贸易和教育方面的投资似乎昭示着未来的发展。自1961年以来,布科巴一直命运多舛。它的咖啡经济如一潭死水般看不到希望。农业是由许多农民家庭小规模地进行的,很少有资源来提供能够影响咖啡产量的适度投入,如泵、化肥和杀虫剂。这种小规模、资本不足、以市场为导向的农业是殖民主义在非洲农村留下的主要产物之一。

本章强调了哈亚人的能力,使他们的观点能被更多人所熟知,并影响咖啡融入其社会的方式。尽管殖民地国家和农民之间关系紧张,但有一个基本的共识,即咖啡生产的基本单位仍然很小;不论是欧洲人还是南亚人,都不得投资扩大生产;土地和劳动力本身不会转化为易于销售的商品。

咖啡与生产规模

在考察布科巴小农咖啡生产体制的当地发展状况之前,了解一些更广泛的背景是很有必要的。咖啡生产最显著的特点之一是,为满足日益增长的需求,世界各地演化发展了各种各样的土地和劳动制度,在某些地区(如拉丁美洲的部分地区),咖啡是在大型种植园生产的。这些种植园的劳工制度千差万别,从相对宽松的君主制度到由国家支持的严厉的资本主义剥削制度。在其他地区，特别是在非洲，咖啡的生产规模很小，并且它已被纳入农民的农业系统，这些农民拥有相对安全的土地使用权，并且主要依靠家庭劳动。

尽管咖啡的生产规模差异很大，但在其他条件相同的情况下，趋势是朝着小规模生产方向发展的。在给定情况下，不一样的可能是政治和社会环境，在该环境中，愿意并能够使用武力维持这种状况的精英阶层更喜欢咖啡种植。对于小型和分散生产单位偏好的一种宏观经济解释是市场波动。由于垂直整合所获得的收益相对较少，因此咖啡行业将风险广泛分散并将其降至最低水平是有意义的。当市场价格暴跌时，种植咖啡的农民当然会遭受损失，但在相同情况下，他们却不必面对种植园的破产。咖啡生产不仅仅需要简单劳动。集约化和知识丰富的耕作可以提高产量，使小农户比起种植园拥有潜在的优势。不论原因是什么，似乎咖啡通常仅在有强迫劳动的地方生产。[2]

在非洲殖民地，这种胁迫不太可能出现。欧洲资本对农业的兴趣不大，他们最喜欢建立劳动强迫制度来为矿山或运输基础设施建设提供劳动力。只有在特殊情况下，农业发展才需要大量的资本投资。只有那些需要大量现场加工的农作物，比如剑麻和糖，才需要资本投资和相当大的生产规模。但是，对于大多数其他商业作物，尤其是可可、棉花和咖啡，将其纳入农民耕作才具有经济意义。

经济学不是唯一起作用的因素。特别是在东部非洲和南部非洲，严厉的劳工强迫制度支持了种植业农业，当时欧洲移民利用其政治影响力建立了法律体系，以保证他们获得廉价劳动力。除了使用武力（南非最为发达）外，移民还有其他利用劳动力市场的手段。南罗得西亚（Southern Rhodesia）的营销委员会向种植园生产的玉米支付的价格高于其非洲地区种植的玉米。与拉丁美洲一样，农村寡头阶层也享有进入该州的特权，即使其他经济力量对此提出反对意见，政府干预也可以支持种植园的生产。

无论政治局势如何，非洲人永远不能无视商业化的强制执行。税收必须以现金支付，但几乎没有办法获得现金。无论他们采用何种策略，通常都存在一个中心问题,即农民家庭的再生产。一般而言,最有效的方法是种植经济作物。除主粮作物外,种植经济作物并不排除追求非农业收入。儿子可能被派去种植园从事季节性工作,或者接受教育进入殖民地低层官僚机构,丈夫或妻子可能从事小规模贸易。但是,小农户的定义和保留是关键。随着经济作物的引入,产权也变得更加重要,即使被"习俗"裁定挑战。殖民国家通常对这种农民进步感到满意,因为农村社会的稳定是其主要目标。英国的"间接统治"以"本国权威"和"习惯法"的社会和经济保守手段将这一强调编入法典。通过农民生产出口粮食而实现的地方粮食和金融自给,完全符合这种模式。

即使农民和官僚可以就农村政治经济的基本形态达成共识,但他们之间的冲突仍然很流行。关于种什么以及如何种的问题不断使局势变得紧张,并偶尔引发公开的反抗。造成最大困扰和冲突的农作物是棉花。它的价值低、劳动强度大并且在坚硬的土壤上种植。相反的是可可和咖啡,它们给农民生产者带来的优势是众多的。一旦种好,多年生作物的劳动力需求便相对较小。非洲生产者在 20 世纪 20 年代获得的价格是不错的,而在这一时期,大多数人要决定种植哪种商业作物。可可生产的要求更高,涉及砍伐原始森林、组建财团以聚集资源和雇用劳动力。[3] 咖啡所需的远虑较少,它的主要吸引力之一是它可以在现有作物之间进行种植。在东非那些以车前草为主食的地区,咖啡可以很容易地纳入现有的农业体系。问题在之后出现,比如过山车式的国际价格波动,以及无法将生产扩大到超过早期的稳定水平。土壤肥力的下降危及与咖啡共享土地的自给性农作物的收成,越来越多的疾病只能通过使用昂贵的进口化学品来防治。但是,在初创阶段,可可和咖啡通常是农民的最佳选择,前者在西非最常见,后者在东非最常见。

要行使咖啡选择权,非洲人最好拥有当地的欧洲盟友。在这里,传教因素很重要。东非传教站通常建立在欧洲人拥有最佳健康的地区,尤其是凉爽的高原地区。因此,最强大的传教团就常驻在种植咖啡的最佳区域。传教团需要自己支付费用,咖啡就是一种便捷的方式。传教士还会鼓励他们的皈依者独立从事咖啡种植,因为维多利亚时代的"基督教与商业"模式一直在流行。通过以市场为导向的耕作可以促进工业、节俭和"文明行为"的发展。

另一方面是欧洲移民,他们同样可能反对非洲人种植咖啡,其给出的借口通常是疾病。非洲农场就像非洲人自己一样,是"肮脏的",疾病可能蔓延到"干净的"欧洲农场。但是,也存在重大问题,人们普遍承认,非洲农民比欧洲移民的生产更有效率,后者只有通过国家补贴和对非洲产出的限制才能在经济上生存。此外,非洲农民的繁荣意味着更高的工资水平。在欧洲移民希望主导咖啡生产的地区,例如罗得西亚(Rhodesia)、科特迪瓦(Ivory Coast)和肯尼亚(Kenya)中部高原,非洲咖啡的种植受到限制。在坦噶尼喀,移民在限制非洲生产方面不太成功。如安德烈亚斯·埃克特(Andreas Eckert)的章节所示,乞力马扎罗山是冲突的主要地区,当地的英国殖民当局,虽然基本上同情移民,但不愿意危及已经建立和盈利的非洲咖啡产业。[4]

在布科巴区,咖啡找到了一个理想的市场,因为罗布斯塔咖啡是该地区的特产。传教士将阿拉比卡咖啡介绍给哈亚地区的农民,并被一些种植者所接受,但人们熟悉的罗布斯塔咖啡继续在殖民时期统治着咖啡种植。尽管哈亚传统认为树木本身是皇家的垄断,但仍在社会各阶层向客人提供烤咖啡豆,作为热情好客的象征。在德国的殖民统治下,咖啡开始向世界市场出口是一个温和的开始。随着英国统治的到来,南亚商人越来越多,并将世界市场进一步推向农村,布科巴镇、蒙巴萨(肯尼亚)的进出口公司以及国际咖啡市场之间建立了联系。大量传教士的存在鼓励了咖啡的发展,也没有移民反对它。罗布斯塔咖啡很容易与车前草种植在一起,形成了哈亚农业的核心。战后短暂的低迷之后,在英国殖民统治的头十年,世界咖啡价格飞涨。煤油灯、锌制屋顶和自行车都亮相了,但学费和高额的嫁妆费用是税后现金最常见的两种用途。考虑到强迫劳动、强迫耕种以及将土地转让给移民,哈亚人确实是幸运的,而其他许多非洲人则非常不幸。

然而,这还不是故事的结局。早期殖民生活中,在政治和经济领域之间可以得出类似的结论。在政治上,英国人采取行动维护"传统",保留地方国王[巴卡马(bakama)]为酋长,并将其作为"本国当局"纳入殖民行政体系。

英国还对"习惯法"进行了法律编纂和合法化，并以"部落"为基本行政单位。实际上，对过去的延续远不如迅速的政治变革来得明显。在传统的掩护下，非洲生活中最基本的权力关系正在发生变化。同样，在经济方面，向咖啡—车前草复合作物的平稳过渡使过去看起来具有连续性。农场的总体布局并没有改变，基本的劳动力模式也没有改变。然而，经济的商业化正在从根本上改变哈亚社会。英国和非洲殖民体系的参与者都通过参照过去的连续性使他们的战略合法化，而提到"习俗"和"传统"实际上是他们表达对迅速和系统改变的关注的语言。哈亚社会充满了紧张气氛。在不断变化的社会中，代际关系和性别关系是典型的讨论话题，特别是妇女和青年倾向于在殖民主义下利用新的思想和机会来拒绝"习惯的"等级关系。

在布科巴，小农生产的主导地位不容置疑，但这使得农村殖民经济的主要参与者——农民、殖民官员、地方当局、地主、租户和咖啡商人——之间需要谈判许多细节。他们之间的紧张关系可能超出了常规，因为英国对哈亚农业的两次干预导致了重大起义。此外，地主与佃户之间的冲突所产生的愤怒，即使不是破坏性的暴力，也与邻国卢旺达类似。然而，尽管存在种种压力，但似乎没有人有兴趣将土地资本主义按其逻辑得出结论：将土地和劳动力彻底转变为商品。这一基本共识也必须加以解释。[5]

共识：自耕农的产生

说咖啡非常适合布科巴作为殖民地经济作物，并不是说在英国殖民政府成立的头 10 年（1918—1928 年）进行的大规模咖啡种植是一种"自然"现象。就像在非洲其他大部分农村地区一样，官方强制最初比市场力量更重要。然而，经过一段时间的强制种植，哈亚的农学家对咖啡产生了极大的热情。

当英国人到达布科巴时，他们发现当地经济相当多元化，其中出口部门发挥了重要作用，咖啡是一种成熟的商业作物，但并未使其他出口黯然失色。对于贝恩斯(D. L. Baines)领导的新英国政府而言,这种经济现状是不够的。贝恩斯准确地洞察到了布科巴的出口潜力仍在很大程度上尚未开发,他决定将所有精力都集中在咖啡上,1921年的咖啡出口量是德国人统治时期的4倍。1919年,贝恩斯命令被并入殖民地的巴卡马建立咖啡幼苗的苗圃,然后将咖啡树分发给他们的臣民,确保它们被正确地种植。

胜利在很大程度上归功于弗朗西斯·拉瓦吉拉(Francis Lwamgira)的合作。他具有皇室血统,为德国人提供了宝贵的帮助,并成为巴卡马议会的秘书长以及英国地方政府中最有权力的非洲官僚。拉瓦吉拉与贝恩斯一起考察该地区,并说服农民和英国地方当局认真对待以确保农民遵守规定。1919—1924年间种植了数百万棵咖啡树苗,正是这些树苗提供了第二次世界大战前从布科巴出口的几乎所有咖啡。它们后来被称为比斯布巴拉瓦吉拉咖啡树。[6]

然而,到了20世纪20年代末,几乎没有观察者会想到任何外部刺激是必要的,比如农民对咖啡的热情。到了1924年,咖啡已在哈亚经济中占据主导地位。土地和劳动力的价值以及对土地和劳动力的需求猛增,以至于其他形式的商业活动几乎被遗忘了。20世纪20年代被称为奥塔(otandibatira)时代,即"别踩踏我的土地或我的咖啡"[7]。布科巴咖啡成为该地区最有价值的农民出口产品,布科巴的中心地方财政局是所有地方当局中最富有的金融机构。[8]

大众的热情源于20世纪20年代初世界市场上咖啡价格的高企。在1920年的贸易低迷几乎杀死了该地区所有的商业之后,贸易条件的迅速恢复意味着在贝恩斯指导下种植的树木在1923—1927年间开始生机勃勃,正当世界需求达到顶峰时,进口商品大量涌入布科巴。树皮布是当年德国殖民时期的主要服装形式,现在完全被进口棉所取代。1923年,一位来访的官员评论说,"他在整个非洲从未看到过衣着得体的人"[9]。

30年后,约瑟夫·麦维克拉(Joseph Mwikila)带着令人惊讶的怀旧之情回顾了他的童年时代:"德国人离开布科巴时,我们在卖咖啡和辣椒……当英国人来时,他们说我们应该远离辣椒、只卖咖啡。英国人到来的10年后,我们的国家变得异常富裕。钱像雨点一样落在我们身上,钱太多了,我们开始疯狂。当时我们发生了饥荒,但是人们甚至都毫无察觉,因为他们有钱买食物。人们吃玉米粥、米饭和小麦饼,人们买了自行车,他们建造锡屋顶和石头房子,如果有人无法用自己的钱来做所有的事情,他可以将这些钱借给别人或用来帮助他的朋友们。我们都过着酋长般的生活,开始穿欧洲风格的衣服。没有人愿意否认那些日子的和平与繁荣,他们建造了马格纳(Mugana)教堂,我们没有战争,英国人像蜂蜜一样甜美,他就像一头肥牛,是上天的恩赐。医院建成了,学校开学了,那时我还很小,但是我已经穿了一件衬衫、一条短裤和一条侧面开衩的白色长袍,以便人们可以看到衬衫和短裤。"[10] 麦维克拉可能因为是长者而倾向于夸大他年轻时的黄金岁月,但毫无疑问,19世纪20年代,咖啡在布科巴成为一种疯狂的东西,对进口商品的需求激增。

引起农民对咖啡的热情的一个关键因素是,咖啡易于融入现有的种植周期。就像构成哈亚饮食的主食车前草一样,咖啡树种植在比班贾(Bibanja)中,这些高产、护根、肥沃的土地很快就环绕山顶的村庄。比班贾已经支持了两级农业体系,上面是车前草,下面是一年生作物。在车前草和豆类中,农民现在添加了第三层和中间层,即罗布斯塔咖啡。在干燥和贫瘠的草原上种植咖啡非常困难,既需要大量的劳力,又需要大量的肥料。因此,草原上种植一年生作物,由妇女照料,对土地权利的定义也不那么严格。因此,将咖啡整合到现有的车前草种植园中的另一个重要优势是,它符合分工的性别要求。作为经济作物,咖啡是男人的特权。如果将其种植在草原上,男人就不得不将控制权交给女人或在炎热天气下的空旷草原上进行工作,从而打破了传统上对比班贾的关注。

在后来的几年里,农业专家谴责套种咖啡和车前草,因为这对两者的成功都有危险。他们声称,早期对数量而非质量的重视导致咖啡树在比班贾中的间距太小,无法获得足够的产量。[11] 车前草产量的逐渐下降是更为不祥的现象,这种现象直到20世纪30年代末才首次出现。从行政角度看,套种的问题在于官员难以监督种植实践。殖民地行政人员一直抱怨说,哈亚人把咖啡树看作一种"野生果园作物",是用来收成的,但无人照顾。[12] 尽管他们想改变这种态度,但很难规范成千上万的农业实践。不久之后,由于官方试图纠正20世纪20年代初的"错误",从而引起了政治紧张局势。

但是,在短期内,强调农民对现有比班贾咖啡树的控制使公众接受了这种新作物,这是任何其他政策都无法实现的。1927年,地区官员指出,现在已经出现了一支强大的自耕农队伍:"废除强迫劳动(酋长还需一个月的时间响应政府的号召),同时也停止了朝贡和禁止强行驱逐在尚巴(农场)的农民,明显地体现了该地区农民的独立精神和自尊心的增强。"[13]大多数哈亚人是自由农民,他们可以宣称"已经得到属于我的东西",并捍卫他们的土地所有权,自由地在他们喜欢的比班贾种植咖啡。

布科巴农民经济的原型模式就此建立。咖啡广泛分布在成千上万的比班贾中,每个比班贾都由农民家庭占有,他们依靠车前草为生,咖啡是现金收入的来源。大多数劳动是由家庭、男人和他的妻子共同完成的,主要工作是维护比班贾,草原上一年生的农田的工作仅由妇女完成。农民对自己的土地有很强的安全感,甚至在种植商业咖啡之前,拥有比班贾控股的永久性质就已经使他们对特定土地的依附性比非洲其他地方更为强烈。如今,咖啡使这片宝贵的土地变得更加珍贵,农民本着可接受的精神,全心全意地维护自己的"奥塔"主张。新建立的当地法院被证明是该地区所有殖民机构中最受欢迎的,因为农民纷纷涌向这些法院以解决他们的土地纠纷。比班贾土地的价值如此之高,以至于世代相传的邻居,甚至是兄弟,都将在法庭上逐年争夺"仅一条行人道宽的最小车前草地"[14]。

这是一种稳定的"中农"商品生产模式,在这种模式中,雇佣劳动只占很小的比例,而农民几乎不可能失去土地。农民的土地安全源于土著的倾向和殖民政策,领土政策和当地的"习惯法"都在确保农民使用权的安全。出于家长式意识形态的主张,即主张"保护"非洲人不受不道德的商人(读作"南亚商人")的影响,殖民地法律使"非本地人"很难从非洲人那里收回任何种类的债务,非洲人不可能抵押土地来筹集资金。在这种情况下,就没有名副其实的富农,也没有农村的无地农民,更没有成为殖民地官员噩梦的无产阶级。用萨拉·贝里(Sara Berry)的话说,这是一个"没有剥夺的剥削"经济体系,非常适合保守的、以稳定为导向的间接统治行政结构。[15]这种基本模式在世界大萧条中得以幸存,这是第二次世界大战期间的一个饥荒时代、狂野而狂热的 20 世纪 50 年代、咖啡价格高涨和民族主义政治的时代。实际上,它甚至幸免于总统朱利叶斯·尼雷尔(Julius Nyerere)在 70 年代实行的集体农业尝试。

土地安全和社会经济稳定的这种基本模式并不表明没有冲突。与其他地方一样,"非洲的殖民时期是……一个对习俗、权力和财产争论激烈的时代"[16]。确实,坦噶尼喀省的布科巴区因当地政治动荡而臭名昭著。1937 年和 1953 年发生过两次严重的农民反抗殖民统治的叛乱,每次都使英国人和哈亚人之间以及在哈亚人自身之间的妥协所固有的内在紧张局势浮出水面,而这些妥协又维持了间接统治。这一时期出现了三个问题:地主和佃户的关系,咖啡市场上的利益竞争,以及最顽固的农民对殖民农业干预的抵制。每一次危机都在考验"习俗"和"传统"作为非洲政治进程中焦点的局限性。

"勿扰"运动、大种植园和市场控制

间接统治在一定程度上是英国通过本地化和部落化来控制与遏制非洲政治变化的策略,但非洲人可以利用这种结构达到自己的目的。英国官员常常因对其权力施加的限制而感到沮丧。在布科巴,咖啡的传播使每个农民家庭的食物和现金基本自给自足,这使得随后的干预哈亚农民生产决策的尝试变得更加困难。1937 年,我们得到了惨痛的教训。当时,政府试图颁布和执行管理咖啡种植的新规定,却遭到全面拒绝。这段插曲在布科巴被铭记为"勿扰"(Twaiyanga)("我们拒绝!")。

英国农业官员对哈亚咖啡农场的卫生状况感到不安。在官方看来,咖啡和车前草的种植是令人遗憾的结合。罗布斯塔咖啡市场对价格的反应多于对质量的反应,因为罗布斯塔主要用作散装咖啡的廉价混合物,这意味着市场趋势并未强化官方对清洁度和质量的关注。由于缺乏对农民生产者的控制权,农业官僚的内在积极性不断受挫。因此,布科巴是拉尔夫·奥斯丁(Ralph Austen)所说的非洲殖民地政权的一个很好的例子,区别于以土地异化和严格的劳动控制为特征的"竞争性剥削制度"[17]。

1937年之前发布了"咖啡规则",但巴卡马对执行这些规则不屑一顾。由于行政部门全力执行,因此农业部下令酋长对农场进行检查,并处以监禁或罚款。规则可以解释如下:(1)种植园除咖啡外不得有杂草、长草或木本植物;(2)每天必须捡拾掉落下来的咖啡果,如果有病虫害,必须焚烧或掩埋;(3)比班贾不允许种植玉米;(4)当农业部下达命令时,咖啡地里的车前草就要被摘除或减少;(5)将所有患病的咖啡树销毁;(6)树木必须至少间隔3个空间,并且如果间隔大于6个空间,则必须在它们之间种植苗木;(7)除非农业官员对种植者目前的树木得到适当维护感到满意,否则不能进行新的种植;(8)当发现树木疾病时,必须立即报告;(9)禁止拥有未熟和过熟的咖啡;(10)咖啡必须在垫子上干燥,而不能直接放在地上;(11)待咖啡完全干燥后方可出售;(12)持有含有异物的去壳咖啡是违法的。[18]一些酋长显然不愿意,农业部进行了干预,但是当官员于1937年2月开始视察该地区时,挥舞长矛的农民大喊大叫:"勿扰!"——"我们拒绝让你们进入我们的农场!"

有传言称,政府的真正目的是烧毁树木,迫使人们从事雇佣劳动,而允许农业部官员下令破坏车前草的规定更是加剧了这种怀疑。[19]农业官员报告说,他被指控犯有以下罪名:亲自将咖啡病引入哈亚地区,以致自耕农的地位被毁,被迫为计划来占领其土地的白人移民工作。[20]在官方看来,这些谣言是由持不同政见的非洲人协会游击队散布的,他们"抓住酋长们的缺点在人民中间挑拨离间和煽动叛乱"[21]。像往常一样,提到少数"煽动者"把注意力从引起自发性农民政治运动激增的真正不满中转移了注意力。非洲农民对失去赖以生存的土地并沦为其雇佣劳动者的恐惧,尽管在这种情况下是不合理的,但显示了他们如何顽强地保护自己的自耕农地位。

地方行政管理部门通过了《咖啡法案》,农业部坚持要执行《咖啡法案》,但是被挑出来攻击的却是酋长们。[22]当一位酋长试图解释法律规则时,他被公然藐视和嘲笑。[23]弗朗西斯·拉瓦吉拉报告说,当愤怒的人群"威胁要砍[他],把他切成薄片"时,他不得不撤退。[24]在整个2月份,对视察队伍的武装抵抗是常见的,每当有人企图将违反规则或抵抗侵入其比班贾的人告上法庭时,大批人就会聚集起来。

地方官员依旧发表陈词滥调:"我把政府和土著当局比作一个家庭的父亲,指出父亲有时会对他的孩子们发号施令,而这些孩子中有些人不喜欢……如果哪个孩子蔑视其父亲,他就会受到惩罚,如果他继续顽冥不化,就会被赶出去。政府和地方当局在人民心目中的地位完全相同。"[25]抗议者拒绝接受这种将他们定义为任性孩子的定义。他们的要求很简单:让我们以我们认为最好的方式在比班贾干活,而不要惩罚那些为我们代言的人。[26]

然而,逮捕和驱逐可辨认领导人的策略是有效的,到1937年4月,群众对抗的热情被害怕遭报复的恐惧所取代。在一个层面上,"勿扰"运动似乎一无所获。政府拒绝撤销《咖啡法案》,因为不能容忍这种危险的先例——公众的鼓动导致官方政策的改变。然而,农民取得了一个小小的胜利。尘埃落定后,农业检查官虽然仍被授权进入种植园,但他们已不太可能这么做。现在对惩罚的重视大大减少,对教育和宣传的重视更多了,当地的官僚机构已经意识到农业干预的政治代价。

仅仅过去15年,这个教训就被遗忘了。1953年,农业部担心车前草的大蕉象鼻虫的蔓延会危及该地区的生存,就发起了一场新的农业强迫运动,其政治效果与1937年相同。1953年的比科尼亚(bikonya,车前草的大蕉茎)立法规定,作为疾病传播媒的大蕉茎被连根拔起。最重要的是,它授权检查人员未经许可就擅闯比班贾,以确保命令执行。当农民被告知要根除其生计的来源时,他们的反应就像1937年一样,说:"我们拒绝!"

在20世纪50年代,"口口相传仍然是政治交流的最重要形式"[27]。在这种情况下,确实如此,地区政府与农民之间的沟通渠道非常差,以至于谣言满天飞。从农民的角度来看,袭击他们的车前草大蕉茎是对其生命最大的威胁。与1937年一样,他们开始怀疑新法规的最终目的是完全将他们赶出自己的土地。

在强制执行对车前草连根拔除命令的同时,欧洲测量工程师也出现在该地区。[28]当局甚至从未长远考虑过该人口稠密地区的土地异化想法,但人们相信这是新的欧洲恶意攻势的开始,以降低工资至奴隶水平。当警察在抗议会议上发射催泪瓦斯时,比科尼亚运动达到了高潮,据说人群被"轰炸"了,就像退伍老兵描述他们的战争经历一样。[29]

这次简单的镇压还不足以使"政治精灵"重新回到瓶子里。殖民地民族主义的兴起将农业部错误估计的影响本地化变得不可能。布科巴叛乱发生之际,朱利叶斯·尼雷尔(Julius Nyerere)即将组织坦噶尼喀非洲民族联盟,该党在独立后上台执政。尼雷尔利用布科巴的催泪瓦斯事件在联合国要求结束英国对坦噶尼喀的统治。

对强制性农业立法的抵制实际上把所有哈亚农民团结在了一项共同的事业中,但简单地说,农民平等团结在一起不太准确。虽然混合咖啡和车前草种植的小农场模式占主导地位,但仍有少数农民受制于一种被称为"大种植园"(nyarubanja)的租赁制度。这是一项"传统"制度,但它与商品化有着截然不同的特征。虽然大多数哈亚农民获得了前所未有的独立,但也有一部分人的劳动被视为永久的"封建所有制",他们将剩余的一部分产品交给地主。[30]

殖民时期前的制度似乎涉及木卡玛(mukama)有权放弃他自己从一群相邻的比班贾人那里获得劳动奉献之类的权利,并将这些权利让渡给皇室的某个特定成员,接受者不仅获得了土地本身的权利,还获得了在土地上定居的农民的权利。[31]从村民的立场来看,在直接向木卡玛进贡与向其当地代表提供商品和服务之间没有太多选择。事实上,放弃当地劳动力的朝贡有一个潜在的优势,因为在内战时期,大种植园主可以充当守护神和保护者。

自由农民和大种植园租户之间的平等在世纪之交结束。巴卡马人,尤其是那些对德国支持深信不疑的人,开始为自己创造大种植园。以前,巴卡马本身并不是大种植园主,因为支付租客费和皇室贡品是相互排斥的。[32]现在,他们从一部分人那里得到了双倍的贡品。1926年之后,英国殖民政府将酋长们的进贡权转化为现金工资,租户和非租户之间的差距大幅度扩大。每个农民家庭都要缴税，地方当局要从中支付工资，但是只有大种植园的租户被迫继续"朝贡"，而现在，"朝贡"越来越多地以咖啡收入中的现金形式支付。曾经的保护和尊重的关系，现在变为纯粹的商业关系。随着咖啡经济的发展，大种植园的租户感到自己的劣势越来越严重，该系统的合法性备受争议。

英国人充分意识到其中的政治含义，因此决定将大种植园制度编入殖民地的"习惯法"。他们知道，自德意志时期以来发展的租赁制度与前殖民时期的租赁制度有着本质的区别，并且"本土风俗"被滥用以"满足苏丹和地主的贪婪"[33]。他们也意识到，税收和进贡的双重危害很难通过"传统"来合法化。1928年，地区官员准备取缔整个制度。他认为，前进的最好方法是监督"一个由农民所有制或直接来自国家的农民组成的自由国家"的发展。[34]他的建议被更多的官员否决了，他们更多地关心确保巴卡马在间接统治下的合作。尽管只有大约10%的哈亚农民受到大种植园的统治，但在整个殖民时期，它仍然是农村冲突的根源。

随着围绕1937年"勿扰"运动发生的普遍政治动荡，人们再次呼吁废除大种植园。尽管英国人已经意识到有些酋长在欺骗他们的租客并非法建立新的大种植园，但由于他们的行政体系的声望和合法性受到威胁，他们无法站在农民一边。在下一次公开政治紧张局势中，即20世纪50年代初对车前草法规的抵制中，民族主义者对整个"国家权威"体系提出了质疑，并指出大种植园的存在是渎职行为的主要例证。大种植园成为有关旧氏族制度所定义的贵族和平民相对地位的广大公众辩论的一部分。有人呼吁废除这种区分，一些危险的迹象表明，卢旺达人的苦难已经进入一部分人的思维。政府社会学家汉斯·科里（Hans Cory）制定了哈亚的"习惯法"，因此对保留大种植园有着浓厚的既得利益，他也承认多数意见赞成完全废除该法律。[35]最后，殖民政府把这个问题交给它在1956年建立的半民主的地方政府，并完成了对大种植园的补偿。

考虑到涉及的人很少，租户承担的负担也不多，这个问题的反复无常或许令人吃惊。地主主义本身也不是问题所在。那些拥有剩余土地的国家经常将土地提供给租户，他们的安排从支付现金租金到建立庇护关系不一而足。诚然，20世纪的大种植园制度是一种殖民创造，就"传统"而言，它很难合法化，但主张家园生产生活不受国家干预的自由也是一种殖民创造。对于种植咖啡的纳税人来说，领薪水的酋长既可以被视为君主，也可以被视为雇员。对于农民来说，大种植园制度提醒他们，如果他们在自己的农场上受到专制政治权威的支配，将会发生什么。因此，对大种植园制度的战斗是一种比"勿扰"运动更微妙但并没有什么不同的抵抗形式。在这两种情况下，农民家园不受外来任意干涉的神圣性是根本问题。

布科巴咖啡经济的另一个有争议的方面是其市场营销体系。[36] 在20世纪10年代末至20年代初的强制种植活动中生产的咖啡豆，在20年代中期席卷了市场，营销体系也随之发展。南亚商人在布科巴的进出口贸易中占主导地位，与从遍及布科巴的最小的乡村商店到蒙巴萨之间的家庭和社区关系相联系。南亚商人在贸易和职业中的集中度既是偏好和技能的问题，也是殖民地法律的问题，这使他们难以获得农业土地。除了极少数例外，例如在布科巴地区一个偏远且人烟稀少的角落有制糖厂，而南亚首都却没有农业。

南亚贸易模式在东非很普遍，布科巴则因其成千上万的非洲小商贩而出类拔萃。他们依靠南亚商人的预付款来购买咖啡作物并将其带到营销中心。少数人设法扩大规模，经营自己的商店，通过自己的下属贸易网络工作，并在预期收成的情况下向农民提供信贷。

英国政府并没有对哈亚商人的创业热情和商业敏锐度表示赞许，反而对这一制度感到震惊。问题的一部分是对信用的不信任，这是殖民主义家长制的特征："尽管我们的进出口价值足以保证一个繁荣的贸易共同体，但贸易所依据的体系却极度腐朽。它从头到尾仅取决于信贷，通常以高利贷利率计算。从彼得那里借钱给保罗似乎是主旨，而且经常向保罗借更多的钱给彼得自己。"[37]

自由市场拒绝支持殖民时期对公共卫生的迷恋，这也让官僚们感到不安。交易商急于购买咖啡，以至于他们很少或根本不关注咖啡的质量，因此鼓励采用官方规定的程序，例如放在地面上而不是在凸起的垫子上晾干咖啡豆。由于罗布斯塔咖啡用于混合咖啡,并且越来越多地用于廉价速溶咖啡,因此商人和农民实际上都对世界市场的需求做出了合乎逻辑的反应。

关于非洲商人在布科巴获得的相对成功,最令官员感到困扰的是,它在商人和酋长之间造成的尴尬政治关系:"商人们所表现出的不令人满意的特征在于,他们倾向于组织自己的协会。他们认可每个村庄的领导人,后者有时努力独立于地方当局行事,并要求在行政事务上给予特殊认可。"[38]非洲商人,其中许多是穆斯林,居住在以基督教为主的地区,并非简单地"忠于"他们的"传统",即间接统治的部落成员。他们代表另一种资助来源,这有可能削弱主要的权威。用马哈穆德·曼达尼(Mahmood Mamdani)的术语来说,贸易商,就像他们经常与之合作的受西方教育的哈亚人那样,由于具有非洲人的地位而成为间接统治的"主体"。但是,他们的专业作用和自我形象超越了间接统治的"分散专制主义",并使其渴求另一种"公民"的民间团体。[39]商人们在政治上、在20世纪20年代的布科巴哈亚联盟中、在30年代的非洲联盟中、在50年代的坦噶尼喀非洲国家联盟中扮演主要角色,这些都证实了官方的担忧。

对于支持1937年《咖啡法案》的官员来说,显然市场营销改革也必不可少。在坦噶尼喀的其他大部分地区,政府组织的营销计划与官方鼓励的商业作物齐头并进。"有组织的市场"是常态,而布科巴的自由式资本主义除外。在乞力马扎罗山附近的另一个主要咖啡种植地区,于20世纪20年代成立了一个非洲市场营销协会,但在1932年被接管,并成为政府授权的垄断企业。然而,在30年代末,当市场改革被认真考虑时,"勿扰"运动已经严重破坏了政治氛围,因此人们认为最好还是保持现状。

改革布科巴咖啡市场的政治勇气出现在第二次世界大战期间。在紧急情况下,政府成立了一个具有价格管制权力的市场营销委员会。非洲人在战争期间接受了人为压低的价格,但战争结束后就不那么宽容了。1950年,农民们发现,市场营销委员会通过压低当地价格,同时以迅速上升的国际市场价格出售商品,从而赚取了巨额利润。由此产生的政治危机催生了布科巴土著合作联盟(Bukoba Native Cooperative Union,BNCU)。

BNCU 成立于 1953 年,由非洲商人管理,在农民中具有重要的合法地位。然而,到了 1960 年,很明显,政府保证了 BNCU 在当地的垄断地位,这仅仅代表国家试图"夺取"咖啡的另一个方面。同殖民地后期的其他这类组织一样,它只是一个名义上的"合作社"。由于没有其他销售咖啡的合法方式,它不是一个生产者的自由联盟。事实上,殖民地的合作社与 20 世纪 70 年代的社会主义半国有企业有很多共同之处,实际上是它们的"始祖"。[41] 殖民国家和后殖民国家在试图控制咖啡生产的努力中受挫,它们就更渴望垄断市场。

非洲商人显然有不同的计划。即使他们在合法市场的斗争中失败了,他们仍然通过黑市活动,通过他们作为村级债权人和其他资助来源的重要性,继续挫败政府和合作官员。但是,无论私人贸易商与合作社官僚之间的关系多么矛盾,从私人贸易向国家认可的合作营销的转变都不会改变这种情况,即商业利润不太可能投资于农业。在这方面,非洲商人和合作社官僚与南亚同行没有什么不同。

没有殖民地官员被派往布科巴时会认为这是一个安稳的职位。在上述各种情况下,冲突都是地方性的。回顾过去,仅花了一代人的时间,咖啡就对哈亚社会产生了破坏性的影响,使间接规则过时了。但是,在 20 世纪 20 年代咖啡热潮中建立的基本共识得以持续下来,并为所有这些辩论提供了依据。尽管他们可能在细节上存在分歧,但哈亚农民和英国行政官员共同抵制土地和劳动力市场的发展。

结论:后期殖民连续性

即使当坦噶尼喀的官员在殖民统治的最后一刻决定,应该为非洲农业投资提供资金时,他们的心思也不在这上面。这个动力实际上来自殖民地办事处,它本身就是对肯尼亚事件的回应,在那里,1955 年决定鼓励土地资本主义,作为对茅茅起义(Mau Mau rebellion)的回应。斯温纳顿(Swynnerton)计划要求对农场进行合并以及对所有权进行登记,结束对非洲生产咖啡和茶等作物的限制,并对非洲农业进行国家资助性投资。

坦噶尼喀没有预想到任何彻底的行动,但是1956年成立的非洲发展贷款基金组织(The African Development Loan Fund)是朝新方向迈出的一步。前来监督这个项目的非洲贷款基金官员负责整个湖区,但他大部分时间在布科巴,因为"那里的贷款工作比其他所有地区的总和还要多"[42]。因为目标是长期农业投资,所以贷款过程首先要向农业部申请,农业部对潜在借款人的优劣做出了初步判断。但是,在成千上万份贷款申请中,大多数与农业无关。一个人要求预付1 000先令,因为他想"经商";另一个人申请了30 000先令,以便他可以购买公共汽车。[43]显然,许多哈亚人认为这种新的现金来源是对现有信贷来源的补充,信贷来源是为了贸易和简单地维持生计,而不是提高农业生产率。一位副省级专员抱怨说:"公众误解了该计划。"[44]信贷与农业投资之间的预期联系是一个新生事物,与贸易和可能导致教育的带薪职位不同,土地和劳动力通常不是以金钱来衡量的。

在给达累斯萨拉姆项目办公室的信中,贷款基金主任因缺乏合适的申请而感到沮丧,他描述了如何成功地贷款。为此,他确定了该计划的社会目标,即"小农已经在2~3英亩的土地上证明自己是一个好农夫"。他应该是从1953—1955年"丰收的美好日子"中积攒了一些钱,并且拥有一幢好房子来抵押贷款的人。[45]换句话说,寻找的是自耕农。如果申请人太穷了,他很可能会将意外之财用于消费而不是农业投资。如果申请人太富裕,他将有自己的资源用于农业的资本投资,因此不需要贷款。[46]

在许多情况下,申请人被认为过于富裕而无法贷款。持有营业执照的申请人总是被拒绝,这个群体包括许多相对富裕的农民。一位这样的申请人被告知:"如果你想发展自己的农场,就应该使用经商的利润。"[47]那些拥有最高安全性、最多土地并且也许有最高突破机会的咖啡生产商,通过资本投入和雇佣的劳动力所产生的生产力被系统地排除在贷款计划之外。信贷员认为,雇佣劳动的使用进一步表明,哈亚人不愿自己辛勤工作。副省级专员同意:"如果申请人的意图不是仅仅雇用额外的劳动力从事自己能做的工作,那么这里的农业贷款应仅限于扩大耕种的土地。哈亚人通常不会自己从事大量的农业劳动,我不认为该计划应被用来允许他们继续这种习惯。"[48] 这种态度背叛了对农业资本主义发展的几乎本能的敌意。

殖民本能与非洲人本能并没有太大的区别。对于典型的哈亚人来说,基本的比班贾土地代表着家庭的最终安全,从更广泛的意义上说,这是他在社区中地位的决定性因素。因此,拥有至少一两英亩的优质车前草和咖啡土地至关重要。然而,一个成功的人绝不会将他的经济事业仅仅局限于耕种。即使在前殖民时期,除了最受依赖的佃户之外,所有居民都将在比班贾之外拥有其他政治、工艺或礼节方面的专长。在殖民时期,这种倾向持续存在。如果一个人的农场代表了他唯一的生计方式,他就会被定义为一个穷人。国家官僚机构和小贸易中的服务继续提供其他机会,将那些资本投入非农领域。殖民官员对哈亚人不愿只专注于农业感到沮丧,但他们自己对促进农业资本化的不情愿实际上强化了哈亚人的态度,贸易和教育不断吸收他们必须投资的大部分盈余。

实际上,哈亚农民的策略在非洲很普遍。除非将殖民地政治权力与白人定居点或以前的白人定居点地区的大规模土地占有联系在一起,否则,非洲人宁愿把土地问题置于可谈判的流体状态,也不愿简单地将其付诸市场。在非洲,拉丁庄园难以建立且难以维持。尽管20世纪20年代布科巴建立的现状远非传统,但谈判的各方都使用"传统"和"习俗"来使自己的立场合法化。与间接统治意识形态相反,哈亚王国的国家权力绝不仅仅是管理职能主义政治体系的"传统规则"问题。权力总是一个谈判的问题。

在布科巴,正是"勿扰"运动将对传统的相互矛盾的解释强加于殖民地的土地保有制度。该制度的不公平性引起了公众对大种植园殖民地版本的反感。当大多数农民实现了空前的繁荣和对自己事务的控制时,有些农民支付"贡品"越来越武断,这似乎越来越像"租金"。这是对"传统"的公然滥用,将其作为使贪婪合法化的手段,以至于它变成了一根"避雷针",代表间接统治的所有令人不安的妥协。

布科巴咖啡贸易的历史指向了同样方向。要赚到的最大利润是在商业中，一些非洲人从小规模的咖啡贸易转变为规模更大的企业，但是在间接统治下，商人特别地被排除在政治之外，因为他们被视为对酋长权力的威胁，也没有将商业资本转化为农业投资的强烈趋势。相反，贸易商经常充当咖啡农民的债权人。除了赚取利息外，这些也可以是社会投资。在非洲农村不确定的氛围中，有充分的理由投资于人，而不是投资于实物甚至土地。

布科巴与大多数其他非洲地区一样，殖民地官僚和非洲农民虽然有着截然不同的文化期望，却有基本的共同原则。在积极发展货币经济的同时，应保护政治和社会机构免受商品化的影响。至于陆地，的确是越小越好。小型比班贾是农村生产的重点，这符合英国人和哈亚人的期望，即社会稳定如何与咖啡生产和参与世界经济带来的根本性经济变化相吻合。

如今，许多社会，甚至曾经主导殖民游戏的社会，都担心它们在先前受其他规则、制度和道德规范支配的生活领域中，抵御市场影响的能力下降。具有讽刺意味的是，非洲农村人口试图从市场中受益的手段以及同时利用"传统"作为抵御更加丑陋方面手段的历史，与当代息息相关。

注释：

〔1〕在本章中，布科巴区包括现在的布科巴区和穆莱巴区。一百年前，哈雅是对居住在岛上的渔民的一个嘲讽的名字，但今天它被广泛接受。正确的形式是 Muhaya（人）、Bahaya（人）、Buhaya（地点）和 Luhaya（语言）。
〔2〕这些一般性观点摘自"Coffee Produc-tion and Economic Development, 1700–1960"讨论会议记录。该会议于1998年9月10—12日在牛津大学圣安东尼学院举行。
〔3〕Polly Hill, *Migrant Cocoa Farmers of Southern Ghana* (Cambridge: Cambridge University Press, 1963); Sara Berry, *Cocoa, Custom and Socio-Economic Change in Rural Western Nigeria* (Oxford: Clarendon Press, 1975).
〔4〕Susan Rogers, "The Kilimanjaro Native Planters Association: Administrative Responses to Chagga Initiatives in the 1920s," *Transafrican Journal of History* 4 (1974): 94–114.
〔5〕下面的叙述很大程度上借鉴了我的博士论文，"Capitalism Fettered: State, Merchant and Peasant in Northwestern Tanzania, 1917–1960," University of Wisconsin, 1989. A basic bibliography for colonial coffee in Bukoba would include: Ralph Austen, *Northwest Tanzania under German and British Rule: Colonial Policy and Tribal Politics, 1889–1939* (New Haven: Yale University Press, 1968); S. K. S. Bakengesa, "An Historical Survey of the Coffee Industry in Bukoba District, 1932–1954," M.A. dissertation,

University of Dar es Salaam, 1974; Karl-Heinz Friederich, "Coffee-Banana Holdings at Bukoba: The Reasons for Stagnation at a Higher Level," in H. Ruthenberg, ed., *Smallholder Farming and Smallholder Development in Tanzania* (Munich: Weltforum, 1968), pp. 177–212; T. S. Kalikawe, "The Nyarubanja Land Tenure System and Its Impact on the Growth of Coffee in Bukoba," B.A. thesis, University of Dar es Salaam, 1974; Jorgen and Karen Rald, *Rural Organisation in Bukoba District, Tanzania* (Uppsala: Scandinavian Institute of African Studies, 1975); Priscilla Reining, "The Haya: The Agrarian System of a Sedentary People," Ph.D. dissertation, University of Chicago, 1967, and "Haya Land Tenure: Landholding and Tenancy," *Anthropology Quarterly* 35 (1962): 58–72, and "Land Resources of the Haya," in D. Brokensha, ed., *Ecology and Development in Tropical Africa* (Berkeley: University of California Press, 1965), pp. 217–45; and Charles Smith, "Agrarian Commoditization and Changed Social Relations: The Case of the Haya," Ph.D. dissertation, Essex University, 1982.

(6) Rwamishenye District Office (henceforth RW), E.3/313 S.K. Zahoro to *Engoma ya Buhaya*, "Omumwami Gwa Buhaya," 1958.

(7) John Iliffe, *A Modern History of Tanganyika* (Cambridge: Cambridge University Press, 1979), p. 281.

(8) Tanzania National Archives (henceforth TNA), 215/77/A/1, Bukoba District Annual Report for 1927.

(9) TNA, 215/77/11, Bukoba District Annual Report for 1923.

(10) RW, E.3/4, Joseph Mwikila to *Engoma ya Buhaya*, 6/17/54.

(11) TNA, 38526/12, DA to MANR, Nov. 9, 1948; TNA, 29585/II/545b, Executive Officer BNCB, "Replacement of Old Coffee Trees," June 16, 1952; A. E. Haarer, *Modern Coffee Production* (London: Leonard Hill, 1962), p. 55.

(12) TNA, 25777/I/29, DA to CS, May 14, 1938.

(13) TNA, 215/77/A/1, Bukoba District Annual Report for 1927.

(14) TNA, 11884/I/73, PC Bukoba, March 22, 1929.

(15) Sara Berry, *No Condition is Permanent: The Social Dynamics of Agrarian Change in Sub-Saharan Africa* (Madison: University of Wisconsin Press, 1993), ch. 6.

(16) Berry, *No Condition*, p. 8.

(17) Ralph Austen, *African Economic History* (London: James Currey, 1987).

(18) TNA, 19222/11, "Instructions to Coffee Growers," 1936.

(19) TNA, 215/1445/10, DC Bukoba to PC Lake, March 8, 1937; TNA, 19222/11, "Instructions to Coffee Growers," 1936.

(20) TNA, 215/1445/24, DO Bukoba to PC Lake, March 8, 1937.

(21) TNA, 215/1445/1, DO Bukoba to PC Lake, Feb. 18, 1937.

(22) TNA, 215/1445/10, DO Bukoba to PC Lake, March 8, 1937.

(23) TNA, 215/1445/48, ADO Bukoba to DO Bukoba, March 8, 1937.

(24) TNA, 215/1445/24, DO Bukoba to PC Lake, March 8, 1937.

(25) Ibid.

(26) Ibid.

(27) Iliffe, *Modern History*, p. 532.

(28) Bukoba District Archives (henceforth BA), L.5/77/21, Mwami of Rwagati to DC Bukoba, March 26, 1956.

(29) G. R. Mutahaba, "Background to Nationalism in Buhaya," 1966, p. 4. Typescript found in the Tanzania National Archives.

(30) TNA, 215/77/17, Bukoba District Annual Report for 1925.

(31) Public Records Office, London, CO691/104/29491/4, W. F. Gowers to W. C. Bottomley, Nov. 5, 1929.

〔32〕TNA, 7794/11/8, J. L. Woodhouse, "Nyarubanja," Sept. 5, 1924.
〔33〕TNA, 215/77/14, Bukoba District Annual Report for 1924.
〔34〕TNA/11884/I/26, DO Bukoba, "Comments on the Nyarubanja Rules," 1928.
〔35〕Hans Cory and M. M. Hartnoll, *Customary Law of the Haya Tribe* (London: Cass, 1945).
〔36〕Ken Curtis, "Cooperation and Co-optation: The Struggle for Market Control in the Bukoba District of Colonial Tanganyika," *International Journal of African Historical Studies* 12, no. 3 (1992): 505–38.
〔37〕TNA, 215/77/A/4, Bukoba District Annual Report for 1926. D. M. P. McCarthy analyzes colonial rule in Tanganyika in *Colonial Bureaucracy and Creating Underdevelopment: Tanganyika, 1919–1940* (Ames: Iowa State University Press, 1982).
〔38〕TNA, 1733/5:53, Bukoba District Annual Report for 1923.
〔39〕Mahmood Mamdani, *Citizen and Subject: Contemporary Africa and the Legacy of Late Colonialism* (Princeton: Princeton University Press, 1996).
〔40〕Rogers, "The Kilimanjaro Native Planters Association," pp. 94–114.
〔41〕Andrew Coulson, *Tanzania: A Political Economy* (Oxford: Clarendon Press, 1982).
〔42〕BA, L.50/51/165, AO West Lake to DC Bukoba, Jan. 22, 1957.
〔43〕BA, L.50/51/183, Shabani Ismaili to DC Bukoba, April 6, 1957; BA, L.50/51/198, Laurenti Melchioroles to DC Bukoba, June 18, 1957.
〔44〕BA, L.50/51/188, DPC West Lake to Chairman ALFC, Dar es Salaam, May 1, 1957.
〔45〕BA, L.50/51/143, AO Bukoba to DPC West Lake, Feb. 10, 1956.
〔46〕BA, L.50/51/188, DPC West Lake to Chairman ALFC, Dar es Salaam, May 1, 1957.
〔47〕BA, L.50/51/19, AO Bukoba to Raphael Bishota, July 23, 1955.
〔48〕BA, L.50/51/188, DPC West Lake to Chairman ALFC, Dar es Salaam, May 1, 1957.

【作者】 Kenneth R. Curtis

第十四章

独辟蹊径：哥斯达黎加的商业资本和咖啡生产

第十四章　独辟蹊径：哥斯达黎加的商业资本和咖啡生产

最近有关中美洲咖啡历史的许多学术研究探讨了小型家庭种植的时空分布，特别是在哥斯达黎加、尼加拉瓜和萨尔瓦多。除了记录这些小规模生产单位有时分布惊人的问题以外，研究人员还试图了解农民或家庭农场随着时间的推移而被整合或分解的过程，以及产生如此不同结果的原因。从极度贫困和半无产者的严重贫困和依赖的一个极端，到雇佣贫穷村民的较富裕小农的另一个极端，对咖啡社会历史的这些状况都趋向于关注更广泛的问题，其中，生产者与商人/加工者之间的商业和金融关系以及劳动力招募和胁迫这一始终具有争议性的话题尤其重要。

尽管尚未就中美洲咖啡经济的小规模共同特征及其随着时间的演变达成非常广泛的共识，但3个基本结论似乎很明确：第一，某种形式的小规模生产者幸存下来，无论是贫穷还是陷入困境，即使在更恶劣的环境中也是如此。毫无疑问，威廉姆斯提供了整个地区最为丰富的证据，而麦克雷里（McCreery）为危地马拉、劳里亚-圣地亚哥（Laurria-Santiago）为萨尔瓦多、桑佩尔（Samper）为萨尔瓦多，以及查里普和多尔（Charlip and Dore）为尼加拉瓜撰写的一系列文章都清楚地表明，即使在这种情况下长久以来被认为是以种植园为基础的咖啡发展模式的典范，小型生产者所拥有的复杂而重要的历史尚待充分了解。[1]

第二，在社会权力极大不同的领域发展出形式上相似的社会生产关系，商人/加工者对生产者的权力或这两个群体强迫劳动的能力也相应发生了很大变化。几乎所有最近的研究都表明，尽管看似可比的生产和土地使用权制度得以幸存，但权力关系和社会结构在不同世代之间有很大的不同。在这方面，佩奇（Paige）和古德蒙森（Gudmundson）对20世纪阶级形成、分化和政治的研究也许是最详尽的。[2]在鲁斯(Rus)、麦克雷里、多尔和查里普著作中的各章节里,明确展示了社会非同寻常的多样性,以及从恰帕斯州到哥斯达黎加之间的政治成果,甚至在更大规模的耕种制度中,农村劳动人口即使占很小的比例,这些人口也并未严重受到咖啡的统治地位灭绝的威胁。

哥斯达黎加的咖啡生产中存在着巨大的区域多样性,这要归功于卡洛琳·霍尔(Carolyn Hall)在20世纪70年代初期(甚至更早)的开创性工作。[3]霍尔天才地比较研究了小规模生产者向大型加工者供货的中央谷地制度[从卡塔尔省到阿拉胡埃拉(Alajuela)],大型加工者在许多中小型土地上生产咖啡,但他们从未在农村占据主导地位,在图里亚尔巴(Turrialba)的东部山谷边缘地区,大规模土地所有权和生产从一开始就与加工一起进行,并与西部的小农场主一样顽强地坚持着。然而,这种分析显然站不住脚。它的区域辨识度常常被读者和研究人员所忽视,他们倾向于重视那些似乎是国家遗产和无所不在的小规模生产者当代现实的证据,而不是详细分析图里亚尔巴地区独特的系统和先进的生产加工企业的历史,以及他们对咖啡的不平等体验。此外,前赴后继的分析人士几乎没有探讨中央河谷—西部小农经营制度的子地区差异,他们通常以为这种制度在起源和历史轨迹上是同质的,但实际情况远非如此。

第三,这些变化与国家规模案例的相关性不如与微观区域环境和政治因素的相关性大。早先的研究倾向于进行国家比较,今天大多数的比较研究是在没有如此清晰地提及国界的情况下得出的。尽管佩奇的"精英叙事"和自我形象框架依然完全是全国性的,但也许只有桑佩尔的工作比较研究了哥斯达黎加人和萨尔瓦多人的经历,至少在20世纪30年代之前有一些非常令人惊讶的相似性发现,才可以说保留了早先的研究框架,该框架由托雷斯-里尔斯(Torres-Rivas)在60年代和卡多索(Cardoso)在70年代率先提出。如今,无论是在威廉姆斯的著作中,还是在其他几位专家的著作中,5个地峡民族国家似乎在耕作方案和小农户的相对分量方面都有地区或子地区差异,尤其是在早期。这一对比在多尔和查里普对尼加拉瓜几乎相邻地区的研究中表现得最为明显。[4]

对哥斯达黎加咖啡经济中的小规模生产者进行的深入研究,是试图搞清楚农民阶层中的赢家和输家。但是，无论是对研究重点的选择，还是地区背景本身，往往会使文献研究处于"最佳状态"。[5]在这种背景下，很难相信一个人能够理解富有的小农户在 20 世纪中叶前后取得政治和经济胜利的原因：他们是如此荣耀和成功，以至于"要求"他们的政治地位和成功，社会科学中普遍存在将成功解释为自身原因的同义反复。这样上升的社会地位和政治地位的故事很容易被记录下来，例如在阿拉胡埃拉西部的圣拉蒙（San Ramón）和纳兰霍（Naranjo），或埃雷迪亚（Heredia）的圣多明各（Santo Domingo）和圣伊西德罗（San Isidro）等地，那里有咖啡扩张初期最肥沃的土地，也是移民和当地农民广泛涌入的地区。

但是，本章相比较而言更大的目的不是要继续鼓吹农民资本主义，相反，在哥斯达黎加，长期以来人们一直认为小农的韧性及其在全球咖啡生产中的成功是一个实际上有限的案例，我们着眼于真正的当地最坏状况：土地贫瘠、长期移民和无法平等地获得任何质量的土地。在圣何塞首府南部的德萨帕拉多斯—塔拉祖，小农也幸存下来，并最终与咖啡经济中其他地方的富裕弟兄一起，在 1948 年革命后开展了生机勃勃的生产合作社运动，这对他们很有利。然而，与其他邻近地区相比，他们取得胜利的途径包括征服了更具统治力的大型种植园主和加工商群体，以及明显更加两极分化和贫困的社会结构。

本章提供的数据首先概述了 19 世纪和 20 世纪初土地所有权制度中子地区分化的过程，以及 20 世纪中叶中央谷地生产合作社的胜利，但是进而会提出质疑：为什么咖啡加工者和商人这些几乎总是相对较大规模的生产者本身享有明显的优势，却对改变生产关系和土地保有制度表现出如此少的兴趣或能力，就像在德萨帕拉多斯及其周围的小村庄一样？当所有的外部迹象似乎都表明他们即将失败的时候，小农如何在长达一个世纪并常常是痛苦的斗争中占据上风的呢？凭借遗嘱认证和人口普查记录，以及来自该地区的杰出生产商、加工商和放款人，以及德国移民冯·施罗特（Von Schroter）家族的百年商务账簿信息，我们探索了商业小农共生和冲突的影响，因为他们处在哥斯达黎加的人口稠密和社会两极分化的咖啡区之一。[6]这种分析不仅能说明 20 世纪当地的历史发展,而且还能说明在这段时期内拉丁美洲和其他地区家庭咖啡生产者的股价激励的最高或最低水平。

两个村庄的故事:殊途同归

在圣何塞首都北部,圣多明各—埃雷迪亚以及19世纪下半叶其毗邻的圣伊西德罗殖民定居点边境地区,甚至在1948年取得政治胜利之前,就有可能见证到一个极具活力的中型咖啡生产商集团的合并。[8]尽管随着20世纪的发展,这一庞大多样的群体在农村人口中所占的比例越来越小,但它仍继续主导着咖啡豆的生产。该群体与该地区的3个或4个大型加工商保持共生和相抗的关系,但是上述过程发生在全国土壤肥力最高、人口密度适中、土地肥沃程度无可比拟的条件下。

另一方面,德萨帕拉多斯提供了截然不同的全景。德萨帕拉多斯在首都以南,一方面被殖民地印第安人村庄阿塞里(Aserrí)包围,另一方面被库里达巴特(Curridabát)包围,德萨帕拉多斯以其名字("被遗弃者")忠实地构成了圣何塞的第一个也是最大的郊区,住满了穷人,尤其是混血儿。在整个咖啡世纪(1850—1950年)期间,这是一个较早移民定居的地区,人口密度更高,地形也更加支离破碎,土壤肥力略高于圣多明各的一半。

圣多明各—埃雷迪亚和圣伊西德罗的人口从1927年的不到9 000人增加到1950年的10 000多人,而德萨帕拉多斯本身从10 000人增加到了15 000多人,塔拉祖从5 700人增加到了近7 500人。就像圣伊西德罗对于圣多明各的地位,塔拉祖山充当了农业移民的"逃生之门",但在更大、更远、地形和生态变化更多的地区。[8]实际上,塔拉祖对于德萨帕拉多斯的地位,就好比圣伊西德罗和阿拉胡埃拉省的西部曾经对于圣多明各的地位:随着咖啡生产的扩大,过剩人口的吸引/驱逐区域。在这两个地区,从殖民地带迁移的动静与早期迁徙完全一样激烈。到1950年,在这些区域中的任何一个地区出生的人口中有

40%~45%居住在其他地方,净移民数字为40%。圣伊西德罗和塔拉祖则接近55%。

与圣多明各相比,在德萨帕拉多斯的财富分配更加不平等,即便是在有产阶级中也是如此。在德萨帕拉多斯周围的小村庄中,按约尔纳勒罗(jornalero,即劳动者)类别列出的1927年人口普查中的成年男性百分比范围从低点的49%到高点的75%,全区范围的数字为63%,而在圣多明各,这一比例为62%。在德萨帕拉多斯,31%的人说他们为自己工作;而在圣多明各,这一比例为21%。这进一步表明,土地和经营活动的集中程度更高。但是,德萨帕拉多斯的男性中,有6%宣布自己是雇主;而在圣多明各有17%。

表14.1　　　　　　1935年咖啡的生产结构、土地产权和人口分布

地区	所有者数量（人）	农场数量（个）	土地面积（曼扎纳）总计	土地面积（曼扎纳）咖啡	咖啡农场的人口(%)	加工厂数量（个）
Desamparados	1 173	1 219	7 748	3 515	47	5
Tarrazú	542	552	13 014	1 974	51	6
Santo Domingo	854	910	2 436	1 826	58	5
San Isidro	442	595	1 522	1 040	51	1

注:表中地区名称保留原文,便于查阅。——译者注
资料来源:*Revista del Instituto de Defensa del Café*(San José,1937,results of the Coffee Censusof 1935)。

这可以通过少数但规模较大的外国所有者(尤其是冯·施罗特)的权重来进行部分解释(参见表14.1和表14.2)。1935年,在德萨帕拉多斯的近1 200个咖啡种植者中,有12个(1%)的外国所有者持有全部14%的咖啡土地,并且农场总面积的近一半用于种植咖啡。与塔拉祖的可比数字是542个咖啡土地所有者(当时这个定居区农田总面积的15%是咖啡),其中唯一的外国所有者仅种植了27曼扎纳(1曼扎纳等于0.7公顷)的咖啡。在圣多明各,854个种植园中只有6个外国所有者,仅占咖啡种植土地的5%;而在圣伊西德罗,3个外国所有者仅拥有这些土地的6%。尽管在这两种情况下,大约有70%~75%的耕地种植了咖啡。外国人拥有更多所有权的情况是中央谷地区德萨帕拉多斯所

独有的,在某种程度上只能与图里亚尔巴东部地区相比,后者的外国人控制着所有咖啡地的 1/3。

表 14.2　　　　1935 年咖啡的土地现代化和外国所有权

地区	平均收益率（法纳加/曼扎纳）	土地施肥比例(%)	平均收益率（法纳加/曼扎纳）	土地施肥比例(%)	平均收益率（法纳加/曼扎纳）	外国业主数量	咖啡土地（曼扎纳）	咖啡土地比例(%)
Desamparados*	4.95	22.3	7.57	77.7	4.59	12	493	14.0
Tarrazú*	5.99	27.9	10.16	72.1	5.60	1	27	1.4
Santo Domingo	9.43	18.3	12.70	81.7	8.68	6	84	4.6
San Isidro	6.61	18.2	8.60	81.8	5.78	3	65	6.3
National average Yield		7.57						

注：* 表示 1935 年的数字包括有机肥料和化学肥料。1955 年,在这两个地区的 896 个农场中,只有 90 个使用化学肥料。

资料来源:参见表 14.1。

遗嘱认证记录还表明,当地财产所有者之间也存在明显的不平等现象,少数大业主除了经营牧场和牛群之外,通常很少种植咖啡和其他农作物。[9] 1840—1942 年发现的 352 个遗嘱认证档案中的绝大部分是针对德萨帕拉多斯,而不是塔拉祖,但是,即使在低地定居的社会也倾向于拥有土地的财富持有者,他们的农场比起单一文化的圣多明各—圣伊西德罗的农场,更经常也更晚地混合种植农作物。男性和女性死者的土地中位数始终保持在 1 公顷或 2 公顷的范围内,超过 40 公顷的土地很少,甚至是鲜为人知。该地区几乎所有继承人都面临着土地面积不超过 10 公顷的庄园分割,除了 1906 年冯·施罗特庄园的 638 公顷土地外,甚至 50 公顷的庄园也被认为是"大规模",在当地情况下实属罕见。

然而,无论德萨帕拉多斯的亲生儿子之间的不平等程度如何,都无法与冯·施罗特的儿子们相提并论。1906 年处理路易斯·奥托·冯·施罗特（Luis Otto von Schroter）的遗嘱认证财产时,列出的商品和权力价值是整个咖啡文化世纪中,一个最富有的地方死者总数的 25 倍以上。[10] 一处价值超过 50 万比索的地产，以及 600 多公顷土地的所有权，无论其中有多少尚未开发，在前半个世纪或后半个世纪里都无法与德萨帕拉多斯相提并论。

德萨帕拉多斯和塔拉祖的特点是农业更加混杂，加上该地区除一些受青睐的旱地之外，咖啡产量和档次较低。在塔拉祖，一半以上的土地用于非咖啡作物和活动，其中 75%~85% 是海拔较高的偏远地区。而圣多明各和圣多那地区的咖啡种植面积占 2/3 至 3/4。无论是在德萨帕拉多斯还是塔拉祖，咖啡产量是圣多明各的一半至 2/3，并且首先在较大的农场中使用有机肥料和化学肥料，其产量都得到了提高（见表 14.1 和表 14.2）。1935 年，只有 20%~30% 的农场使用各种类型的肥料，而那些农场的平均单产却增加了 50%~90%。但是，直到 1955 年，在德萨帕拉多斯—塔拉祖的咖啡农场中，只有 10% 的农户报告使用各种化学肥料，这是该时期单产快速增长的最大原因。大型农场在引入肥料使用方面所起的早期作用并没有被证明是革命性的。直到合作社在 20 世纪 60 年代后开始他们自己国家资助的现代化计划后，肥料的使用才被广泛推广。

表 14.3　　　　　1955 年德萨帕拉多斯及其周边小村庄的土地结构

地区	所有农场	平均规模（曼扎纳）	咖啡农场	平均规模（法纳加/曼扎纳）	平均收益率	有雇工农场占比（%）
Desamparados	85	5.4	80	3.6	6.5	78
San Miguel	254	10.5	232	3.5	4.7	43
S. Juan Dios	63	6.0	63	3.9	3.9	62
San Rafael	117	10.7	115	4.9	4.6	72
San Antonio	42	6.1	42	3.6	6.5	84
Frailes	140	13.5	133	3.3	5.8	54
Patarrá	102	14.3	91	3.9	5.1	64
San Cristobal	84	17.3	45	1.9	4.5	34
Rosario	99	10.8	95	3.0	3.8	51

资料来源：哥斯达黎加国家档案馆，ANCR 缩微胶片，1955 年农业普查第 35、36、40 卷，由统计和人口普查总局执行。

人们可能没有想到，加工者拥有的大型农场的引领作用在劳资关系中也并不明显。即使在1955年的德萨帕拉多斯中部地区,也有22%的咖啡农场基本没有雇工,而周围的村庄有16%～66%的农场属于相对自给自足的类型(见表14.3)。在该地区的986个咖啡农场中,最大的有薪工人雇主报告有78名雇员,而最大的可能是家庭或受抚养人(非受薪)劳动力的雇主列出了24个人(见表14.4)。整个区域中1/3以上的农场报告没有雇佣有薪工人,而3/4的农场少于5个,不到10%的农场雇用了10个或更多有薪工人。所有农场中几乎有一半雇佣的工人少于5人(家庭和带薪的总和),不到1/5的雇主雇用了10个或以上工人。显然,无论贫困如何广泛分布,到20世纪中叶,现有技术和生产进步的高度集中都没有转化为全面无产阶级化、咖啡生产现代化或地产驱动的土地使用权集中的有效进程。

表14.4　1955年在德萨帕拉多斯—塔拉祖雇用工人的农场数量和百分比

工人数量	全部 人数(人)	全部 占比(%)	带薪 人数(人)	带薪 占比(%)	不带薪 人数(人)	不带薪 占比(%)
0	7	1	357	36	79	8
1～4	454	46	389	40	798	81
5～9	359	36	162	16	101	10
10+	166	17	78	8	8	1
最高	97				78	24
农场数量	986	100	986	100	986	100

资料来源:参见表14.1。

在1948年内战中取得胜利之后,何塞·菲格雷斯·费雷尔(José Figueres Ferrer)以及后来的民族解放党(简称解放党)支持萌芽中的咖啡生产者合作社运动。菲格雷斯在1953年当选总统后,刚刚国有化的银行体系的大量资源流向了咖啡合作社,这些政策在中央谷地及其他地区的咖啡区产生了前所未有的影响。20世纪70年代开始普遍使用化学肥料,圣伊西德罗·德·埃雷迪亚和塔拉祖成为合作社生产效率最高的两个苗圃,也是自由主义选民支持的大本营。

商业资本与咖啡生产方式的拒绝转型

家族族长路易斯·奥托·冯·施罗特是哥斯达黎加中部最大的咖啡拥有者之一,他带到哥斯达黎加的资金比他所有邻居的总和还多。他的遗嘱认证记录显示,这笔款项比该地区的第二大财富多25倍以上。他如何投资自己的资金以及它们的长期影响是什么?令他惊讶的是,他没有推翻当地的种植园生产体系。相反,他专注于拥有一些种植园和更多孤立的土地,并为附近众多地位较低的生产者提供金融和加工服务。人们会期望通过庄园而不是小块土地来改造当地咖啡文化。产量低、农场规模迅速扩大以至于无法全年雇佣家庭成员、贫困劳动力人口的增长以及少数大种植园集中使用化肥似乎是咖啡集中生产加工的诱因,但是冯·施罗特家族的历史可以帮助解释为什么没有发生这种情况。

冯·施罗特家族的创始人于1852年到达哥斯达黎加,目的是收取欠英国卓尔(Joy)商行的款项。冯·施罗特发现,他需要在地方政治上比在收债方面做得更好,因为要收取的款项很快就会与受过英语教育的医生以及后来的总统何塞·玛丽亚·蒙塔莱格里(José María Montealegre)的利益交织在一起。冯·施罗特发现自己其实是在为一家公司募集资金,因为总统的妻子索菲亚·卓尔·瑞德曼(Sofía Joy Redman)是乔伊家族的成员,因此该公司的利益主要受到总统的青睐。机智和政治上的足智多谋,加上政治手腕,以及对债务追讨的尽职努力,使冯·施罗特迅速成长为一名咖啡生产商、加工商和放债人,从1871年到1895年,他一直居住在该国,1905年80岁去世时,他的妻子继承了价值50万比索的商品。

对遗嘱认证书存货和家族企业账簿的分析表明,业务更多的基于咖啡融资、加工和交易,而不是种植本身。图14.1对比了冯·施罗特种植园生产的咖啡与其他人在90年内生产的咖啡以及由冯·施罗特加工和出口的咖啡。除了

358 | 全球咖啡经济(1500—1989):非洲、亚洲和拉丁美洲

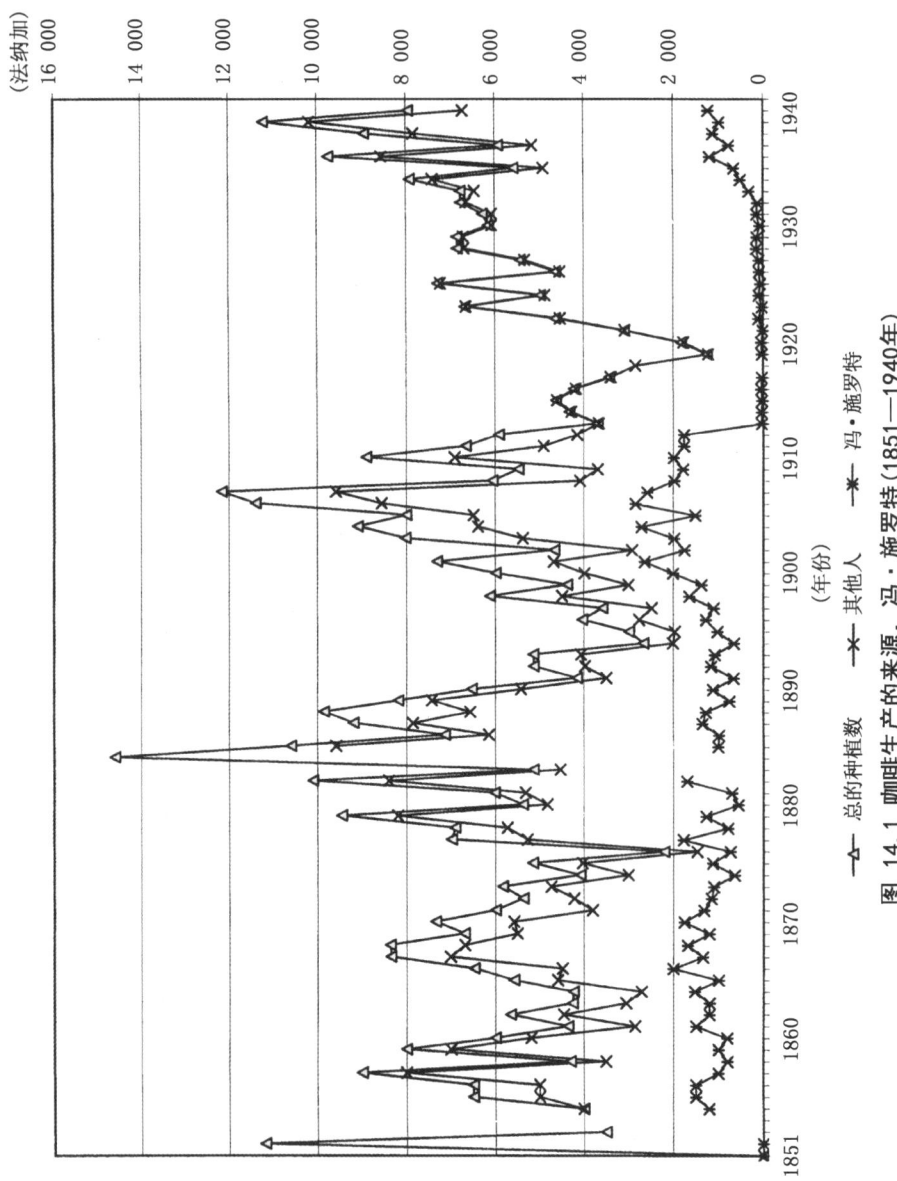

图 14.1 咖啡生产的来源,冯·施罗特(1851—1940年)

第一次世界大战后时期(当时该公司几乎不生产自己的咖啡)的部分例外,长达一个世纪的模式是种植园加工的咖啡不超过总量10%销往国外。而这是当时最大的种植园之一。

族长遗嘱认证所声明的财产中,大部分是附近山区的未改良土地,但企业的核心却是几个咖啡庄园,3~4个附属加工厂,还有大量的小物业所有权,每个都不到5曼扎纳。这些财产几乎都位于圣何塞以南的库里达巴特—德萨帕拉多斯—阿塞里地区,尽管他还在圣何塞以北的拉乌鲁卡拥有一家慈善机构。鉴于他和其他主要加工商对第三方收成供应的依赖程度及其商业获利的可能性,可以理解冯·施罗特积极资助和购买了圣何塞周边几乎所有社区的小农种植的咖啡,向东最远直达卡塔戈(Cartago)。

冯·施罗特拥有的种植园曾经包括:La Pacífica(San Francisco Dos Ríos/San Antonio), Lagunilla(Curridabát), Cañas(San Juan de Díos), San Miguel(S. M. de Desamparados), La Constancia(San Antonio), La Eva 和 La Raya(Desamparados)。据称,几乎所有这些种植园都是在1906年至1913年之间出售的。[11]

一些种植园,例如 La Pacífica,是从其他大型种植者那里购得的。其他种植园,例如 La Raya 和 San Miguel,仅剩的因第一次世界大战的困难而收购的两家公司,在购买后进行了扩张。La Raya 购自1875—1880年,从大约24曼扎纳增长到100~120曼扎纳,然后在第二次世界大战期间被占领为德国财产,并在20世纪50年代作为城市地块被分拆并出售。San Miguel 于1930年左右购买,并在随后的十年中从牧场转变为咖啡种植园。在这两种领地扩张之外,还有一种模式是在一小批已经形成规模相对稳定的种植园的大型加工商(弗洛伦蒂诺和特奥多西奥·卡斯特罗、蒙特勒格雷斯、林多兄弟等)的买卖。1950年后,当市中心地区的房地产城市化,或因伊拉祖火山在1963—1965年爆发造成的破坏而出售其他房地产时,形成的资金通常投资于发展中的太平洋沿海养牛业,而不是咖啡生产。

这些大型咖啡投资者的行为发生在先前农民拥有大部分土地的情况下,通过加工、出口和咖啡融资以及在家庭干货商店中零售进口商品等商业活动，可以更有效地获取农民的劳动盈利。这些地处最中心的土地比几乎任何其他咖啡生产国的土地都具有更高的货币价值。伦敦市场对哥斯达黎加咖啡的偏爱和他们支付的高价意味着，至少到20世纪30年代，出口绝大多数集中在伦敦。实际上，当处置小农户的任何尝试所涉及的巨大困难和成本与咖啡豆的加工和商业化中可能获得的同样巨大的利润共存时，在1950年之前大型加工商改变咖啡的传统形式和生产关系的挑战几乎是不可能的。20世纪50年代中期之后，这项艰巨的任务就落在了国家资助的咖啡生产商合作社运动的肩上，导致出现了数量惊人的小型农场，即便是在20世纪70年代完成了现代化和资产整合之后。

资本退位和农民身份转变的经验教训

与其他主要加工商一样，冯·施罗特也有许多理由认为他们的故事是非常成功的。在20世纪30年代之前，他们在当地政治领域里几乎没有遇到过任何严峻的挑战，但是，他们的基本利润和权力来源——农作物贷款、农产品加工和国外销售的三重金融业务——仍然是致命弱点。从政治角度来说，这很明确，首先是在1933年经济大萧条时期，受到国家价格委员会有限度地干预，然后在50年代和60年代，随着合作社及其替代融资和加工渠道的整合，使他们更加痛苦。面对这一真正的系统性挑战，以及在40年代后失去的直接政治统治地位，那些希望避免冯·施罗特家族最终命运（从咖啡精英阶层的"第一梯队"消失）的人，作为金融家和加工商，将被迫变得更具竞争力。此外，他们最终将在以前偏远的地区进行自己的现代化大规模咖啡生产，在60年代和70年代建造了广泛的全天候道路系统之后，种植面积迅速扩大。

冯·施罗特及其加工者精英的命运也意味着一些更大的教训。当商业资本无法对生产流程进行彻底的现代化改造时，这并不意味着一度占据主导地位的活动不可避免地下降。也不能认为,被这一具有商业剥削性的系统所困并且没有能力对其进行改造的生产者将变得贫穷。同时,对生产者有利的国家干预并没有不可避免地导致出口部门崩溃,使其成为挥霍无度的城市现代化者的税基和"摇钱树",正如20世纪非洲案例所经常提到的那样。

因此,两场基于哥斯达黎加关于咖啡的奇特历史的分析争论,特别是在20世纪上半叶,大规模资本似乎放弃了任何根本的变革角色,可能是相当值得比较的。首先,面对寡头商业资本作为主要瓶颈和中介商时,农民参与农业出口利润的上限是多少?其次,当商业资本不能在这方面起主导作用时,是谁或是什么导致农民身份的历史转变?换句话说,在第二种情况下,我们在历史上应赋予"初始条件"什么权重,而致力于重建这种条件的社会和政治力量的历史机构又应赋予什么权重呢?

得益于冯·施罗特的数据,人们可以对加工商/出口商的利润来源和利润水平及其在合作社发展之前的发展过程进行一些相当理性的猜测。从相反的角度看,它能让我们估计外国(伦敦)批发销售价格的最大的生产者份额水平,因为这两种平均价格都已在账簿中给出,尽管是以本国货币和外币计价(我们已经将其换算)计算的。在图14.2中可以看到,平均而言,在20世纪上半叶,向冯·施罗特企业供货的哥斯达黎加生产商收到的价格为伦敦批发价的40%～60%。如果将哥斯达黎加的成功视为一个极限案例,那么对于在此刻或其他时间点上世界咖啡经济中其他国家或地区未来的比较研究,这些可能会成为有用的基准。

这种令人印象深刻的平均主义分布大致与哥斯达黎加学者约尔格·莱昂·桑切斯(Jorge León Sánchez)的最新估计相似。[12]在他对19世纪要素价格和回报极为严谨的研究中,桑切斯记录了20世纪最后二三十年的运输成本(陆运和海运,尤其是后者),以及保险费用的持续下降,并详细研究了咖啡价格的演变及其社会分布。他对19世纪生产者回报的估计为伦敦最终销售价格的29%～63%,如果减去伦敦商人佣金,则为批发价格的41%～76%。相比之下,哥斯达黎加商人收取佣金的比例为3%～15%,而负责将咖啡投放到批发市场

图 14.2 最终价格中估计的生产者份额，冯·施罗特（1890—1940年）

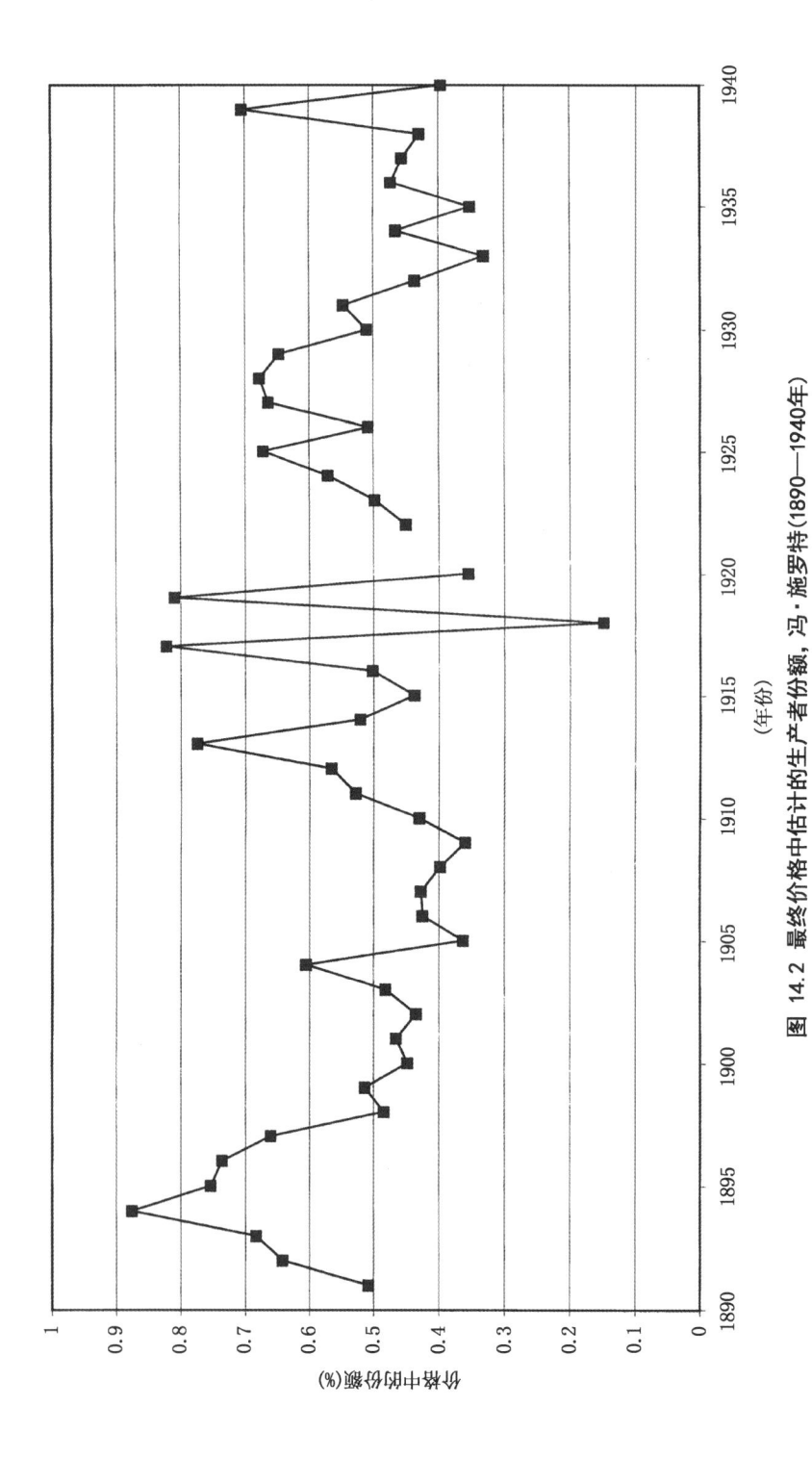

的伦敦商人的比例为17%～45%。冯·施罗特的数据并未明确伦敦价格的确切含义,但很可能反映了他们自己的销售价格,而不是曾经由伦敦经纪人和代理商掌握的咖啡最终市场价格。无论这些数据集是否具有可比性,它们无疑都低估了使用第三方咖啡加工出口商的总体利润潜力,这不是基于一个而是基于三个相关业务:财务、加工和出口。

桑切斯指出,一般来说,加工商收取加工咖啡的10%～15%作为加工服务报酬。加工商在这一年中向种植者预付的用于支付农作物生产的预付款,也是基于要收获和交付的法纳加的数量。1948年革命后,这项费用被法律限制。但更重要的是,国家银行体系提供的经营贷款和合作社加工厂的增长都开始削减传统的利润来源。在冯·施罗特的案例中,整个世纪的加工费在10%～20%之间波动,仅在1862年达到了35%的超高水平。

更大的争议和潜在的利润来源是,在国外销售价格相差悬殊的咖啡之前,先对咖啡质量进行"评级"。从偏远的塔拉祖村庄到咖啡生产者的贫民,再到今天新发现的"质量标准",没有比这更容易受到"专断做法"的限制了。无论我们估计国内外平均价格之间的关系如何,人们永远都不会知道当地生产者被告知达到最高质量标准并因此以更高的价格支付了价格之间的差异,以及哪些加工商能够从国外购买相同的咖啡。分级和物理测量("缩短"或"填满"用于体积测量的篮子"法纳加",更不用说转换为处理后的重量测量"公担")导致对交付/退回的适当和准确标准的无休止的冲突。咖啡是哥斯达黎加乡村民俗中最根深蒂固的方面之一。因此,鉴于所涉及的反复称重、测量和分级,我们不敢断言任何极其可靠的利润度量。

当桑切斯估计生产者获得咖啡出口总收入的60%～75%,而数据估计为40%～60%时,请务必记住,这两种计算都是随着时间变化而变化。就价格水平及其在最终价格中所占份额而言,本地生产者的"最佳"时间窗口期是19世纪90年代和20世纪20年代的几十年,而"最差"时期是1900—1905年和20世纪30年代初到中期。[13]相对的繁荣似乎允许利润进行更大程度的社会分配,这可能是由于加工商—出口商在寻找产品以应对在外部需求和价格信号方面更加激烈的竞争。另一方面,困难时期导致加工商与出口商之间的竞争减少,业务开拓更加谨慎,这在直接生产商的支持下滑落得最为严重。

第一次世界大战后,随着价格上涨,加工商的经济实力面临严峻挑战。正是在20世纪20年代初,农业商会咖啡委员会下属的加工商委员分会已试图正式设定所有加工商支付的咖啡共同价格或固定价格(每法纳加34克朗),但自19世纪以来一直没有成功。[14]这一正式限制农产品采购竞争的努力以惨败告终,就像在20世纪末所再次发生的一样。失败的原因不仅在于生产者团体的反对,还在于更具竞争优势的加工者本身,例如埃雷迪亚的桑切斯·勒皮兹。[15]

在1933年建立咖啡保护研究所并首次尝试公开规范生产者与加工者之间关系的法律颁布之前,加工者的利润率压力就已经很明显了,然而,在20世纪60年代合作社加工厂的兴起之后,压力更是急剧增加。这可以将其视为对合作社创始人的理论灵活性和政治技巧的一种赞许,他们实质上是在真正地试图刺激这种竞争行为,可以视为在这样一个新的背景下:如果合作社的少数精英真正的财务和加工能力不是用公共的完全垄断去替代私人寡头垄断,并在此过程中冒着丧失其收入增长的风险。

在评估这些20世纪中叶政策的影响时,不可避免地必须处理从19世纪继承的最初历史条件的权重,尽管合作社运动的改革后续行动打压了商业资本的利益,却无法对其彻底摧毁。无论有多少人可能会惊叹某些自由主义者政治领袖的手腕和智慧,他们既克服了反对寡头垄断的局面,也克服了自己走向胜利主义和中央集权统治经济运动中可以理解的趋势,但成功绝不是其本身的解释。

罗伯特·威廉姆斯(Robert Williams)最近提出了一个特别引人注目的中美洲咖啡区的社会经济和政治发展模式,主要基于每个次区域种植的第一个历史阶段的结构、经验和行为方式。[16]他所说的"路径依赖"与随着咖啡文化的诞生而发展起来的地方或市政政治机构有着紧密的联系,在随后的两代人左右的时间里,这些机构已成为国家的政治机构。很少有19世纪的历史学家会乐意拒绝这种对我们解释力的信念表达,但是在我看来,这种分析框架对于此种情

第十四章　独辟蹊径：哥斯达黎加的商业资本和咖啡生产 | 365

况并不适用。

如果要从根本上根据 19 世纪初期或 19 世纪中期的历史条件来解释德萨帕拉多斯—塔拉祖的经历，那么几乎没有希望去认知，更不用说预测 20 世纪中叶以后的情况了。圣何塞精英阶层顶峰者所行使的政治控制权，以及在 19 世纪和 20 世纪初商业资本和外国所有权在该地区所扮演的独特角色，将引导我们期望一个与在德萨帕拉多斯—塔拉祖中发现的路径大不相同的农业"路径"。

这些不平等和缺乏自治的初始条件并没有导致以商业资本统治为基础的不可避免的现代化，也没有导致种植园驱动的土地合并，这与事实上在图里亚尔巴东部发生的情况类似，至少从本地而言，这是冯·施罗特巨额财富的注入。国家政治及其对新老社会参与者和地区的复杂竞争，似乎在早期抵制有土地集中和无产阶级化的强烈地方趋势方面发挥了关键作用。19 世纪的影响力可能很大，但在德萨帕拉多斯—塔拉祖至少在 20 世纪中叶的权重影响更为重大。

在 1948 年革命（自由解放主义者上台）和合作社兴起之后，加工商和出口商可能不得不舔舐伤口，但他们几乎没有资源或新战略。确实，合作社运动的成功取决于私人资本和前任敌人的竞争方式，在两种情况下都有利于直接生产者。自从 20 世纪 50 年代和 60 年代自由解放主义的合作社兴起之后，格特鲁德·彼得斯（Gertrud Peters）和杰弗瑞·佩奇（Jeffery Paige）就为我们对大规模生产者和加工者重新组合的理解做出了重要贡献。大型生产者进行了重组，不仅通过价格竞争和诚信的传统，而且特别是通过在新的和以前的偏远地区开发自己的咖啡产地和加工能力，以寻求保留客户。[17]

彼得斯的"企业战略"和佩奇的"大型加工商"历史都有助于将重点从不变的初始条件和"幸福结局"文献转移，而这些文献是 1948 年许多自由主义者对待合作社运动及其今天的遗产所特有的。然而，他们的叙述有时似乎是在社会和经济的真空中发展的。更糟糕的是，他们对咖啡生产新的偏远地区的不可避免和值得称赞的关注可以使殖民地区看起来像是等级制度和两极分化的新堡垒，这确实是商业资本在 20 世纪后期反制其 20 世纪中期背叛的舞台。

更好的假设是，正是在这些新的冲突地点，合作社主义与旧的私人加工模式斗争的命运才在20世纪60年代和70年代决定,而不是认为传统的咖啡利益在本质上收回了这些领域。正如塞利格森(Seligson)和爱德曼(Edelman)雄辩地展示了在南太平洋地区及其新的科托布鲁斯(Coto Brus)咖啡产区,非加工型咖啡生产者也常常参与争夺土地所有权的过程,而且经常获得成功。[18] 正是由于这些殖民地的特点:土地使用权严重不平等和相对较早的外来殖民,为合作社主义的兴起提供了最好的条件:基本上所有的农业家庭都参与广泛的咖啡种植,但混合在农业中,并且被当地的"富裕农民"所控制,没有邻居或常驻的加工商。至少在农场家庭看来,这两个群体的关系由于路途遥远、价格低廉、加工商之间缺乏竞争而长期处于痛苦之中,而加工商也只能经常统一购买他们的劣质咖啡。

当然,塔拉祖本身的经验也强烈表明,对于种植咖啡的农场主而言,这是一种主导角色而非仅仅是竞争角色。1950—1980年之间,它自己的现代化和生产率的显著提高是由中等农民首次采用梯田保护技术和化肥而引致的,是在与国有化银行体系和合作社自身联系在一起的地方推广人员的指导下进行的。[19] 这场运动并不是建立在贫穷但崇尚平等主义的咖啡农民(或许是德萨帕拉多斯等老地区的典型)的基础上,而是建立在一种新的、矛盾的地方性不平等之上,这种不平等能够支持由拥有财产的绅士(在哥斯达黎加广泛使用的委婉说法)领导的运动,这些绅士的水平远远高于他们更贫穷的邻居和他们低地的亲戚甚至祖先。

高原地区总部圣马科斯·德·塔拉祖(San Marcos de Tarrazú)就是这样一个咖啡生产合作社的所在地。它成立于1960年,相对较晚,到1973年吸收了约1 247名成员,1978年招募了约1 167名成员,1980年招募了907名成员。到1971年,合作社成员认购了约330 000克朗,加上一些国家提供的资金,使其得以向会员贷款将近100万克朗(超过10万美元)。非农户也可以是股东,但是几乎所有这些组织中的决策都集中在从主要农户中选出的董事会成员的手中,以及他们每天聘请的管理公司的管理人员。1978年,1 559名股东认购了将近300万克朗,而合作社加工和销售其会员的咖啡产量达到16 000公担。[20]

具有讽刺意味的是，今天一些最优质、最昂贵的咖啡在塔拉祖的微小地块种植，而在 20 世纪 60 年代之前，在德萨帕拉多斯和塔拉祖的所有种植咖啡通常都被定为较低的质量和价格，部分原因是土壤条件差，部分原因是运输成本较高。在 60 年代和 70 年代，随着生产者合作社运动及其加工厂的兴起，生产者对私有加工商之间这种统一歧视性价格的不满起到了关键作用。

自由主义强人何塞·菲格雷斯·费雷尔和他的领导角色虽然在塔拉祖的当地合作社中并不活跃，但他提供了一个特别具有解释性的案例，说明一个成功的农民正是来自这样一个"近距离"的殖民地（他的农场位于圣克里斯托瓦尔高原），就像圣伊西德罗·德·埃雷迪亚一样。确实，整个菲格雷斯家族不仅提供了一个例子，说明偏远地区在咖啡"走向民主的过程"中的关键作用，而且还提供了政治意识形态承诺和基于这些承诺的历史算法的重要性，而不是严格线性的"路径依赖"初始条件。乔斯·玛丽亚·菲格雷斯·费雷尔和他的兄弟安东尼奥是西班牙加泰罗尼亚移民的儿子，他们在圣拉莫·德·阿拉胡埃拉（早期咖啡合作社的另一个中心）和首都之间长大。他们在首都的高中就读，并与克罗地亚移民的儿子弗朗西斯科·奥利希（Francisco Orlich）在党派政治中密切合作。弗朗西斯科·奥利希后来是圣拉莫恩少数几个大型咖啡加工商之一。[21]

菲格雷斯兄弟俩都有在大型农场管理大量工人的丰富经验。兄弟俩在 1948 年以武力夺取政权并随后以压倒性优势两次当选总统后，一个专注于建立合作社与解放运动，另一个则走了一条完全不同的道路，在图里亚尔巴东部地区收购大型咖啡种植园。他在那里采取有力的行动，驱逐数百名佃农，并实行有偿劳动和使用化肥，使耕种现代化。[22] 不用说，兄弟俩的党派盟友并未因其在近半个世纪里推进哥斯达黎加政治中占主导地位的社会民主进程而突出他的历史贡献。在图里亚尔巴，商业资本似乎既没有传统，也没有放弃其变革性领导作用的意愿，无论其在痛苦的社会冲突中付出了什么代价。

个人选择和历史选择都可能受到"初始条件"、历史权重、经验、家人和朋友的严重制约，但这些选择存在并且也具有显著的重要意义。不管是否像何塞·

菲格雷斯那样坚定地致力于哥斯达黎加的小农户愿景，一旦弗朗西斯科·奥利希这样的加工商理解并接受了新的游戏规则，也可能在自由主义中扬名。但是，当兄弟俩像传奇的政治人物何塞和默默无闻的商人安东尼奥一样激进地分道扬镳，他们的道路不仅在个人而且在历史上也就背道而驰了。他们都深刻地影响了后来的周边、殖民地区和其中的咖啡生产，但其方式既不能根据初始条件预测，也不能预先分配给小农或商业资本阵营。有的人引领和创新，有的人循规蹈矩并获得成功，还有一些人则做出了完全错误的选择。

结 论

虽然我不赞成把传记当作历史，也不浅薄地赞成把它当作几乎被前者伪装成的道德事业，但援引菲格雷斯兄弟的例子，相当于对广义的政治和个人选择在历史道德科学中的相关性进行适度的呼吁。我必须在 20 世纪极力坚持这种相关性。[23] 如果我们希望找到哥斯达黎加成功地实现咖啡生产现代化的更为公平的现代化的源头，那么我们将很好地保持对 20 世纪的关注，并将咖啡的地理边缘置于其正中心。

在以商业资本为主导的落后技术体系下，哥斯达黎加的小农户能够在世界咖啡价格中取得令人羡慕的份额，这在很大程度上要归功于快速的移民和种植面积的扩大。更具说服力的是，他们后来能够实施一个革命性的现代化项目，该项目彻底改变了 20 世纪 50 年代中期以后的生产力水平，没有永久取代他们的私人加工者对手，而是重组了充满活力的公共/私营部门混合定价和融资的竞争体制。然而，这些变化并没有推翻图里亚尔巴坚决反对小农的"东方"体制，这有力地证明了中美洲近期文献关于地方或地区差异特征的相关性。

文献未能充分强调的，以及我们上面试图探索的，一方面是初始条件和政治选择（路径依赖）的相关辩证法，另一方面是国家层面的政治以及区域和次区域的阶级结构。我们要特别指出的是，国家层面的进程和殖民地区都具有变革性的能力,可能会在 20 世纪引致相对不可预测的方向。在过去 20 年美洲研究文献中,认识到在咖啡生产的陈式化的"国家"形象背后的区域和次区域差异是一个重要进步。动态和多方向地将区域与结构同国家政治进程和结果联系起来,似乎是今后一二十年里一项有价值的分析挑战。

注释:

〔1〕Robert Williams, *States and Social Evolution: Coffee and the Rise of National Governments in Central America* (Chapel Hill: University of North Carolina Press, 1994), 通过记录每个中美洲国家中存在的不同的咖啡土地权属制度,而不仅仅是跨越国家案例,这一方法对社会做出了巨大贡献。关于最近为这个主题做出贡献的其他作者,参阅 Jeffery M. Paige, *Coffee and Power: Revolution and the Rise of Democracy in Central America* (Cambridge: Harvard University Press, 1997); Mario Samper, *Generations of Settlers: Rural Households and Markets on the Costa Rican Frontier, 1850–1935* (Boulder: Westview Press, 1990); "El Significado social de la caficultura costarricense y salvadoreña: Análisis histórico comparado a partir de los censos cafetaleros," in Héctor Pérez Brignoli and Mario Samper, eds., *Tierra, café y sociedad* (San José: FLACSO, 1994), 117–225; and "In Difficult Times: Colombian and Costa Rican Coffee Growers from Prosperity to Crisis, 1920–1936," in William Roseberry, Lowell Gudmundson, and Mario Samper Kutschbach, eds., *Coffee, Society and Power in Latin America* (Baltimore: Johns Hopkins University Press, 1995), 151–80; David McCreery, *Rural Guatemala, 1760–1940* (Stanford: Stanford University Press, 1994); Aldo Lauria-Santiago, *An Agrarian Republic: Commercial Agriculture and the Politics of Peasant Communities in El Salvador, 1823–1918* (Pittsburgh: University of Pittsburgh Press, 1999); "'That a Poor Man Be Industrious': Coffee, Community and Agrarian Capitalism in the Transformation of El Salvador's Ladino Peasantry, 1760–1900," in Aviva Chomsky and Aldo Lauria-Santiago, eds., *Identity and Struggle at the Margins of the Nation-State: The Laboring Peoples of Central America and the Hispanic Caribbean* (Durham: Duke University Press, 1998), 25–51; and "Land, Community, and Revolt in Indian Izalco 1860–1900," *Hispanic American Historical Review* 79, no. 3 (1999): 495–534; Julie Charlip, "At Their Own Risk: Coffee Farmers and Debt in Nicaragua, 1870–1930," in Chomsky and Lauria-Santiago, eds., *Identity and Struggle*, 94–121, and "'So That Land Takes on Value': Coffee and Land in Carazo, Nicaragua," *Latin American Perspectives* 26, no. 1 (1999): 92–105; Elizabeth Dore, "La Producción cafetalera nicaraguense, 1860–1960: Transformaciones estructurales," in Pérez Brignoli and Samper, eds., *Tierra, café y sociedad* (San José: FLACSO, 1994), 377–436; "Land Privatization and the Differentiation of the Peasantry in Nicaragua's Coffee Revolution, 1850–1920," *Journal of Historical Sociology* 8, no. 3 (1995): 303–26; and "Property, Households, and Public Regulation of Domestic Life: Diriomo, Nicaragua, 1840–1900," *Journal of Latin American Studies* 25 (1997): 591–711; and Lowell Gudmundson, "Peasant, Farmer, Proletarian: Class Formation in a Smallholder Coffee Economy, 1850–1950," in Roseberry et al., eds., *Coffee, Society and Power*, 112–50。

〔2〕Paige, *Coffee and Power*; Gudmundson, "Peasant, Farmer, Proletarian." 对萨尔瓦多的研究也许代表了小农场生存最不利的案例,但即使在那里,劳里亚—圣地亚哥和桑佩尔都证明了小农场在整个咖啡经济中的重要性。

〔3〕Carolyn Hall, *El Café y el desarrollo histórico-geográfico de Costa Rica* (San José: Editorial Costa Rica, 1976).

〔4〕关于经典的研究,参阅 Ciro F. S. Cardoso, "The Formation of the Coffee Estate in Nineteenth-Century Costa Rica," in Malcolm Deas, Clifford T. Smith, and John Street,

〔5〕实际上，目前所研究的两个地理案例，圣多明各和圣伊西德罗·德·埃雷迪亚(古德蒙森)和阿拉胡埃拉(桑佩尔和托雷斯·赫恩南德斯)，以及合作运动(Winson, Raventós, and Cazanga)的研究都倾向于找到最成功的农民。参阅 Margarita Torres Hernández, "Los Campesinos de San Rafael de Heredia, 1830–1930: De usufructuarios comunales a propietarios priva- dos," licenciatura thesis in History, Universidad Nacional de Costa Rica, 1991. Anthony Winson, *Coffee and Democracy in Modern Costa Rica* (London: Macmillan, 1989); Ciska Raventós, "Desarrollo económico, estructura y contradicciones sociales en la producción del café," *Revista de Historia* 14 (1986): 179–98; and José Cazanga, *Las Cooperativas de caficultores en Costa Rica* (San José: Editorial Universidad de Costa Rica, 1987).

〔6〕冯·施罗特企业的数据来自卡罗琳·霍尔在1971年所做的笔记，并以复印件的形式与我分享。我要感谢她的慷慨，感谢冯·施罗特家族承认这些数据的历史价值。

〔7〕这个是前不久发表的关于两个早期的、位于哥斯达黎加中部的咖啡区的比较研究的前半部分。Gudmundson, "Peasant, Farmer, Proletarian."

〔8〕所有之后使用的人口、咖啡和土地保有权调查数据都来自以下资料，Dirección General de Estadística y Censos, *Censo de Población de 1927*; *Censo de Población de 1950*; *Censo Agropecuario de 1955*; and for coffee holdings in 1935, *Revista del Instituto de Defensa del Café* 5 (1937).

〔9〕1986年收集了这些地区的遗嘱认证记录，同时审查了"Mortuales"圣何塞哥斯达黎加国家档案馆(ANCR)按地方和地区行政标准组织的10 000多份文件中的3 000份。这些地区的常见姓氏被用作预测潜在居民的指标，以评估最大、最无差异的行政单位(例如"圣何塞"或者"埃雷迪亚")。我找到了430份圣多明各/圣伊西德罗·德·埃雷迪亚文件和352份德萨帕拉多斯—塔拉祖的文件。由于未知的原因，从德萨帕拉多斯—塔拉祖的遗嘱文件来看，1900—1920年这一时期的比例有些过高。

〔10〕ANCR, Mortuales, Juzgado Segundo de San José, No. 9789 (1906).

〔11〕那些负责企业的人经常不在欧洲，他们在面对反德政治运动时也很脆弱，这使得公司整体经验的代表性受到质疑。虽然他们的家族主要与伦敦进行贸易，但冯·施罗特和其他在哥斯达黎加的德国人在第一次世界大战期间受到没收的威胁，并在第二次世界大战期间失去了他们的财产。这些财产随后被赠予或出售给当地政治地位优越的利益集团，包括私人公司和合作社，而很少关心那些受攻击的人对纳粹是否同情。因此，我选择将我的注意力集中在公司较少争议的商业实践上，而不是公司的战略；即待加工咖啡的来源(见图14.1)和大西洋两岸的相对价格(见图14.2)。

〔12〕Jorge León Sánchez, *Evolución del comercio exterior y del transporte marítimo de Costa Rica, 1821–1900* (San José: Editorial Universidad de Costa Rica, 1997), pp. 102–6, 337.

〔13〕19世纪90年代的汇率不稳定，使得对那十年股份分配的计算有些可疑；第一次世界大战的破坏，使得对1915—1920年的计算也同样可疑。

〔14〕Carlos Alberto Naranjo Gutiérrez, "La Modernización de la caficultura costarricense, 1890–1950," master's thesis, Universidad de Costa Rica, 1997, pp. 233–6.

〔15〕Ana Virginia Arguedas Chaverri and Martha Ramírez Arias, *La Actividad cafetalera y el caso de Julio Sánchez Lépiz* (San José: Universidad Estatal a Distancia, 1990), pp. 128–35.

〔16〕Williams, *States and Social Evolution*.

〔17〕Paige, *Coffee and Power*; Gertrude Peters Solórzano, "Historia reciente de las grandes empresas cafetaleras, 1950–1980," in *Historia, problemas y perspectivas agrarios en Costa Rica*, Número especial, *Revista de Historia* (1985): 241–63.

〔18〕Marc Edelman and Mitchell Seligson. "Land Inequality: A Comparison of Census Data and Property Records in Twentieth-Century Southern Costa Rica," *Hispanic American Historical Review* 74, no. 3 (1994): 445–91.

〔19〕从1950年开始的现代化种植过程，参阅 Wilson Picado U., "La Expansión del café y el cambio tecnológico desigual en la caficultura de Tarrazú, Costa Rica, 1950–1998," master's thesis, Universidad Nacional, 2000。

〔20〕ANCR, Ministerio de Trabajo y Seguridad Social, "Cooperativas," no. 60 (Cooperativa de Caficultores de Tarrazú R.L., 1973). See Deborah Sick, *Farmers of the Golden Bean: Costa Rican Households and the Global Coffee Economy* (Dekalb: Northern Illinois University Press, 1999), pp. 76-82, 对哥斯达黎加南部的当代殖民区内的这种控制模式进行了特别清晰的描述和分析。

〔21〕Arturo Castro Esquivel, *José Figueres Ferrer: El Hombre y su obra (Ensayo de una biografía)* (San José: Imprenta Tormo, 1955), ch. 1, pp. 13-22. 感谢 Brunilda Hilje 向我指出 Orlich 的家庭出身是克罗地亚而不是加泰罗尼亚。

〔22〕See Antonio Manuel Arce, "Rational Introduction of Technology on a Costa Rican Coffee Hacienda: Sociological Implications," Ph.D. diss., Michigan State University, 1959, for material on Antonio Figueres in Turrialba.

〔23〕Deborah Yashar's study, *Demanding Democracy: Reform and Reaction in Costa Rica and Guatemala, 1870s–1950s* (Stanford: Stanford University Press, 1997), 尽管她可能不必要地夸大两国在19世纪和20世纪初的政治相似之处，以突出两国随后的分歧，但她有力地证明了危地马拉和哥斯达黎加在20世纪中期的联合政治中的关键差异。

【作者】 Lowell W. Gudmundson

第十五章

咖啡和里约热内卢经济的发展：1888—1920

引 言

自 19 世纪中叶以来,巴西一直是世界上最成功的咖啡经济体。本章评估了咖啡经济对里约热内卢州发展进程的影响[1],分析研究咖啡出口扩大作为"主要"[2]因素,对沃特金斯(Watkins)、鲍德温(Baldwin)和赫希曼(Hirshman)联动效应意义的影响。[3]与大多数其他咖啡国家不同,巴西的咖啡出口引致蓬勃的工业发展进程,首先在里约热内卢市和里约热内卢州,然后在圣保罗州。但我们关注的是,为什么在 1888 年奴隶制废除后,巴西里约热内卢的咖啡与其他咖啡经济体的发展更相似,而不是圣保罗惊人的(和不寻常的)收入倍增效应?[4]因此,要全面了解巴西在世界咖啡经济中的参与程度,就必须研究其区域和次区域的多样性。

经济可以发展看作以出口为导向的生产基础上的经济活动的多样化过程;主导产品决定了经济增长的动力。这种以出口为导向的增长的解释集中在出口部门产生的收入所带来的经济活力。它们有能力刺激上游和下游产业链中的投资以及出口扩大所带来的收入,以此维持资本循环。继鲍德温之后,沃特金斯在加拿大和澳大利亚等国家中讨论了这个问题。对这些国家来说,源自家庭式小块土地的更平等的收入分配扩大了国内市场,提高了生产水平,但是这种方法对在里约热内卢案例中所出现的种植园型土地保有制度似乎不太具有吸引力。沃特金斯也提醒我们,在这种情况下,结果将是收入分配不均,从而导致国内市场规模缩小。混合使用沃特金斯和赫希曼方法的目的是分析构建出口增长和经济多样化之间关系的成败。

本章衡量了对弗卢米内塞（里约热内卢州）咖啡经济的这些影响，分析了其发展趋势；从其生产过程中，试图确定与主要部门有关的哪些活动在生产链上受到刺激。鉴于无法估计这些年来的技术投入产出矩阵系数，我们使用了维卢姆森（Willumsen）和杜特（Dutt，1991）提出的方法。[5]这些学者注意到，咖啡生产的部门间联系薄弱。在咖啡经济中，应该区分四个明确的阶段，它们代表了社会劳动分工的不同时期：(1)种植，包括播种、除草、修剪和收获；(2)农场的咖啡豆加工，包括去壳、发酵、清洗和干燥；(3)国内外贸易的选择、包装和运输；(4)最终消费的咖啡豆烘焙。[6]

目前的工作是采用这种方法来分析里约热内卢的咖啡经济。它把源自化学工业、贸易和运输之间薄弱的联系效应进行分类，这些效应代表了对产业多样化的重要技术系数。在20世纪之交，巴西里约热内卢的咖啡种植园很少使用化肥、工具、机器以及其他材料的投入。咖啡生产的前向连锁效应涉及咖啡豆的加工（清洁、选择和包装）。至于最终需求效应，赫希曼建议应通过增加经济价值（包括财政收入）的分配来衡量这些需求。再一次，我们借助维卢姆森和杜特完成的咖啡增值构成研究。这些学者认为，咖啡价值的主要组成部分是资本家盈余（利润、地租、利息）和工资。咖啡经济中的利润与土地资本（种植园）和商业资本相对应。在奴隶制阶段，这些资本之间存在更大的共生关系，但是在1890年，外国资本进入控制咖啡出口，加上运输体系的变化，种植者的沉重债务以及咖啡向更遥远的北部土地扩张，导致这些地区之间的隔离更大。[7]里约热内卢州与联邦首都里约热内卢市的航运港口之间的制度性鸿沟促进了这种部门贸易和融资的隔离，后者属于另一个行政管辖范围，并自己控制贸易和融资部门。将地区再划分为两个制度性空间也是分析财政联系效应的重要因素，由于这些因素中包含了国家所支配的收入份额及其促进其他经济活动的增长，因此在弗卢米内塞案例中，这种体制分割削弱了它们对里约热内卢州经济的影响。

里约热内卢咖啡的征途

里约热内卢是巴西咖啡经济发展的基础，1820—1890 年是巴西咖啡经济的上升和巅峰期。[8]随后的几十年中，咖啡经济的活力转移到了圣保罗和米纳斯吉拉斯州。[9]1850—1920 年间，咖啡是巴西和里约热内卢的主要出口商品。尤其是 20 世纪的前十年，巴西控制了世界咖啡供应量的约 70%。在奴隶制（1888年）被废除之前，里约热内卢作为咖啡生产商和出口商，一直在全国乃至世界上发挥着领导作用。但是咖啡已经在圣保罗州引发了一场经济革命，使其成为该国最富裕的地区。1885 年，通过桑托斯港口出口的咖啡约占巴西咖啡出口量的40%，接近里约热内卢的出口量，后者在 1882 年达到出口量的最高水平。[10]

表 15.1　　　　　　　　　里约热内卢咖啡种植园的咖啡树数量

	1883 年（棵）	占比（%）	1920 年（棵）	占比（%）	1883—1920 年增长率(%)
帕拉州南部	33 569 543	65	31 922 034	20	−0.14
中部高原	10 568 000	20	35 105 720	23	3.30
沿海低地	1 503 000	3	3 487 435	2	2.30
北部地区	6 277 000	12	85 068 235	55	7.30
总　　计	51 917 543	100	155 583 424	100	3.01

资料来源：IBGE, Censuses 1872,1890,1920, passim, and C. F. van Delden Laerne, Brazil and Java: *Report on Coffee Culture in America, Asia and Africa to H.E. the Minister of the Colonies* (London: W. H. Allen, 1885), pp. 188—91。

19 世纪 80 年代，咖啡种植园遍布里约热内卢州。北部地区是咖啡进入的先锋地区，在中部高原，咖啡已全面生产；南部的帕拉伊巴河流域（Paraíba River Valley）是一个产量下降的衰退区（见表 15.1）。到世纪之交，咖啡种植园已遍及各州。到 1920 年，大约 55% 的咖啡种植园位于北部，中部高原占 23%，其余则分布在南部山谷和沿海低地之间。1900—1920 年间，北部的咖啡种植园以每年 7.3% 的惊人速度增长,接近最具活力的圣保罗州的增长速度。[11]然而,在 1900 年左右,这种扩张已达到边界的地理限制,这表明对该地区咖啡业务的盈利能力构成了障碍。从生产的角度来看,咖啡可以扩展到米纳斯吉拉斯州的邻近土地,但这是另一个政治领域。资本的逻辑盛行,咖啡入侵了这些土地,玛塔米尼拉(Mata Mineira)成为里约热内卢一个盛产咖啡的地区。20 世纪 20 年代,里约热内卢边境的关闭也意味着建立新的咖啡种植园是一项耗资巨大的操作,因为土壤贫瘠,肥力被包括旧咖啡种植园在内的其他农作物耗尽;与新的咖啡树相比,这些老的咖啡树需要更多的照顾和劳动力。与西圣保罗形成对比的是,里约热内卢的咖啡生产在砍伐森林和种植新咖啡树方面的成本很高。直到那时,里约热内卢已成为国内第三大生产地区。

由于土地上种有古老的咖啡树,不是未开垦的处女地,所以劳动者种植豆类、玉米和木薯的可能性较小,这增加了种植园主吸引劳动力的工资成本。[12]由于农场无法获得农业信贷,而不是在种植新咖啡树或改种作物的长期投资中面临高额货币支出,种植园主便选择延长现有咖啡的寿命。[13]帕拉伊巴河南部山谷的危机更加严重,这个地区曾经是咖啡发展的摇篮,拥有最古老的种植园,到 1920 年,该州仅剩下 20% 的咖啡树(见表 15.1)。

到 1920 年,主要的咖啡生产州是圣保罗、米纳斯吉拉斯、里约热内卢和圣埃斯皮里图。表 15.2 清楚显示了里约咖啡经济危机的迹象。圣埃斯皮里图的人工林几乎达到了里约热内卢的生产水平,而圣保罗和米纳斯吉拉斯州则远远领先于里约。生产率数据(见表 15.2)揭示了一个有趣的方面,证实了我们对于里约热内卢咖啡种植园的缓慢减少假说。无论是按公顷还是按树种,里约的老咖啡种植园都比米纳斯吉拉斯州的咖啡种植园生产率稍高。更高的生产率可能是由于咖啡种植园在 1910—1920 年间扩展到了北部弗卢米内塞地区新的肥沃土地,特别是在伊塔帕卢纳市(Itaperuna)和圣安东尼奥德帕杜瓦市(Santo Antônio de Pádua)的市政区域,这是该州引入咖啡经济的最后一块土地。[14]该地区在该州生产中所占的份额可以解释平均生产率的行为,圣埃斯皮里图种植园的指数依靠圣保罗"紫色土壤"的惊人生产力将其拉高,接近全国平均水平。[15]

表 15.2　　　　　　　　1920 年巴西主要咖啡生产州

省/州	百万袋产量 (1917—1920 年平均值)[a]	生产力 袋/公顷[b]	生产力 每 1 000 棵树袋数
São Paulo	7 873	7.7	9.6
Minas Gerais	2 473	3.8	5.0
Rio de Janeiro	820	4.2	5.2
Espírito Santo	772	5.0	6.7
Bahia	148	2.0	3.0
Brazil	12 086	5.5	7.1

注:a. 其中一袋重 60 公斤。
b. 1 公顷相当于 2.471 英亩。
表中地区名称保留原文,便于查阅。——译者注
资料来源:Constantino C. Fraga,"Resenha Histórica do Café no Brasil," in *Agricultura emSão Paulo*,Boletim da Divisão Econômica Rural,São Paulo,10(1):15;Anuário Estatístico do Café,1939/41,D. N. C. ,Rio de Janeiro。

逆向联动效应:运输和商业

里约热内卢的铁路

　　州际铁路系统的建设是里约热内卢出口业务的最大的联动效应之一,巴西不仅在世界上的咖啡出口国中拥有最大的铁路网络,而且是到 1890 年前在拉丁美洲铁路网最大的国家。在咖啡运输中,铁路取代了骡队;对咖啡经济最明显的影响是降低了运输成本,同时增加了货物的安全保障。咖啡铁路沿着古老的骡道修建。远离港口的新开发土地现在在经济上是可行的。[16]

表 15.3　　1873—1936 年巴西主要咖啡生产州运营的铁路里程

省/州	1873 年	百分比(%)	1883—1884 年	百分比(%)	1905 年	百分比(%)	1919 年	百分比(%)	1936 年	百分比(%)
São Paulo	254	22	1 457	26	3 790	23	6 615	24	7 330	22
Minas Gerais	—		662	12	3 843	23	6 619	24	8 038	22
Rio de Janeiro	510	45	1 706	30	2 661	16	2 794	20	2 810	8
Espírito Santo	—		—		336	2	609	2	773	2
Brazil	1 129		5 708		16 782		28 128		33 521	

注：表中地区名称保留原文，便于查阅。——译者注

资料来源：IBGE, *Estatísticas Históricas do Brasil* (Rio de Janeiro: IBGE, RJ, 1987), p. 412; José Luiz Baptista, "O surto ferroviário e seu desenvolvimento," in Anais Terceiro Congresso da História Nacional, vol. VI (Rio de Janeiro: IHGB, 1942)。

　　国家铁路系统的发展如表 15.3 所示，表明到 19 世纪末，咖啡生产省（共和国的州）约占咖啡产量的 80%。1873 年，里约热内卢仍然处于其咖啡经济的巅峰，并拥有巴西 45% 的运营铁路。里约热内卢在咖啡生产的霸主地位继续保持了 15 年，但是圣保罗州也已经显示出强劲的活力：该州的铁路系统在 1873—1905 年间的年增长率为 8.8%。到 1888 年，里约热内卢的铁路已占全国铁路系统的 30%，但这一时期铁路的增长率已降至每年 5.3%。发展动力不足的另一个原因是该州面积较小：咖啡和甘蔗种植园已经通过铁路系统完全连接起来了。

　　里约热内卢的铁路投资集中在 1860—1900 年之间。[17] 铁路发展到咖啡收入能保证公司收入的地方，反过来又促进了投资咖啡的资本生产率的提高（见表 15.4）。在里约热内卢的铁路中，只有佩德罗二世的铁路有一段不同的历史，因为帝国政府在其发展中占有举足轻重的地位。其他则形成了由出口地区的农业和商业资本（咖啡和糖）组成的小型分支机构和中等规模机构组成的网络。1889 年共和国宣告成立时，里约热内卢拥有超过 1 700 公里的铁路。其中主要的一条叫佩德罗二世（后来的巴西中部）铁路，服务于南部帕拉伊巴山谷，并将该州与圣保罗和米纳斯吉拉斯州的一部分连接在一起。最具活力的咖啡产区是北部地区，由该地区的咖啡和甘蔗种植者修建的许多铁路（坎塔加洛、卡兰古拉和马卡埃/坎波斯）纵横交错，铁路的到来促进了火车站周围的一些村庄和城

镇的繁荣,而远离铁轨的其他城镇则逐渐没落。例如,原本繁荣的城市瓦索拉(Vassouras)在铁路从其商业中心离开时遭受了打击,而在该州北部,几条铁路枢纽产生了新的城市核心:米拉塞马(Miracema)、波乔努卡(Porciúncula)、圣安托尼奥德帕杜瓦(Santo Antônio de Pádua)和伊塔卡拉(Itaocara)。

表 15.4　　1885 年里约热内卢铁路系统在建与正在施工

	扩展(公里)	资本	所有权制度
City of Rio de Janeiro			
Pedro II	832	952 453	公共(中央政府)
Rio do Ouro	69	1 165	公共(中央政府)
Corcovado	4	400	私人国有合资
Northern	71	2 000	外国投资
Rio de Janeiro State			
Grão Pará	92	4 000	私人国有合资
Cantagalo	309	10 861	公共(省政府)
Carangola	188	6 000	私人国有合资
Ramal Cantagalo	86		私人国有合资
União Valenciana	63	1 080	私人国有合资
Macaé/Campos	104	8 000	私人国有合资
Sto. Antônio Pádua	93	–	私人国有合资
Sta. Isabel do Rio Preto	75	3 800	私人国有合资
Pirahyense	56	3 000	私人国有合资
Barão de Araruama	41	800	私人国有合资
Campos/ S. Sebastião	18	600	私人国有合资
Comércio/ Rio Flores	27	790	私人国有合资
Rezende/Areas	28	2 200	私人国有合资
Bananalense	12	810	私人国有合资
São Fidélis	15		私人国有合资
Vassourenses	6		私人国有合资
Rio Bonito/Jutanahyba	9		私人国有合资

注:表中地区名称保留原文,便于查阅。——译者注

资料来源:C. D. Ribeiro Pessoa, Jr., *Estudo Descritivo das Estradas de Ferro do Brasil* (Rio de Janeiro: Imprensa Nacional, 1886)。

弗拉维奥·塞斯(Flávio Saes)在其对圣保罗铁路的绩效分析后得出结论,

铁路的垄断和铁路的持续扩张是企业繁荣的重要因素。[18]这些特性也适用于里约热内卢。当铁路扩张在19世纪末期放缓时，各州之间的边界成为不可逾越的障碍，运营成本上升，甚至引发了一场价格战。[19]许多公司陷入慢性赤字。衰落的过程导致分支铁路线的合并(帕拉伊巴山谷与巴西中部合并)，1898年由北部中央高原和米纳斯吉拉斯州修建的铁路组成了利奥波迪纳(Leopoldina)铁路。因此，到19世纪末，剩下的巴西中央火车站和利奥波迪纳铁路公司控制着里约热内卢的铁路。英国资本对佩德罗二世的贷款进行限制以及对北部分支机构实行有争议的收购，最终形成利奥波迪纳铁路公司。[20]

里约热内卢(和巴西)的铁路系统并未刺激当地金属机械制造行业的发展。从铁路到发动机和车厢，所用的材料大部分是进口的。但到了1920年，联邦铁路使用的货车中只有1/3是当地制造的。然而，这基本上只是一种手工生产。[21]发动机能够被维修，但只尝试过一次生产发动机，还失败了。从积极的一面来看，这些公司开设的维修店培训了诸如车床操作员和机械师等专业人才，这对于未来的工业发展至关重要。里约热内卢州的金属机械复合工厂就是起源于这些机械加工车间。尽管联邦铁路采购政策给予国内生产者优先的地位，但客运和货运车厢生产的增长却非常缓慢。[22]

可以说，铁路系统的建设使里约热内卢的经济现代化。由于雇用了当地的建筑公司进行土建工程，当地的建筑材料生产商也开始出现。[23]这些企业还增加了对巴西技术人员和工程师的铁路管理方面培训。尽管如此，在里约热内卢州的铁路联动肯定比在圣保罗州少得多。

铁路系统还强化了里约热内卢种植园精英的权力和财富增长；内陆的开放特别有利于港口城市里约热内卢。里约热内卢经济的这种先驱性整合后来也为削弱其产业做出了贡献，因为后来该产业受到圣保罗制造商的竞争影响。往中部高原和该州北部的网络扩展由小线路和分支线路组成，与圣保罗高原相比，没有平坦的广阔地区，这使得许多公司存在地形优势，它们被中等高度(海拔约为250米)的半圆形的山丘所占据。不定期的救济虽然导致了所有权的分散，但并未阻碍铁路的发展。这种分割也导致了操作问题，例如检测仪表和车厢的不统一,这些问题使得这些小分支线路容易过时且难以维护,从而增加了公司的运营成本并造成低下的规模经济,结果导致运输系统集中在两家大型公司(巴西中央铁路和利奥波迪纳铁路公司)中,这两家公司都为里约热内卢州和里约热内卢市(联邦区)提供服务。

咖啡贸易

从19世纪到20世纪,世界咖啡贸易发生了巨大变化,巴西主导了世界咖啡供应。农作物从里约热内卢州扩展到圣保罗、米纳斯吉拉斯州和圣埃斯皮里图的土地;充足的土地和国际价格的上涨有利于商业化进程的扩大和整合。这也得益于正规蒸汽轮船航线的建立和海底电缆的铺设,电缆将巴西与世界连接起来,这样出口商能够对冲来自世界市场动荡的风险并影响这个市场。[24]

经过收割、干燥,并通过干燥的方法加工之后,咖啡离开了种植园,首先直接到达港口,然后又到达最近的火车站。从种植园到车站是通过牛车运输的,尽管一些种植园建立了与主要铁路干线连接的支线。在车站,称量咖啡,并在一周内运到里约热内卢市。这个阶段的主要参与者是在托运到里约热内卢港口时收到这些咖啡豆并负责装卸和储存的中间代理人。[25]这些中间商最初代表种植者从事咖啡销售,但不久之后他们开始提供其他农产消费品。这些业务不断增加。咖啡贸易中间人的形象不再仅仅是种植园作为咖啡业务收货人的代表,这个因素在里约热内卢咖啡业务的分配和融资中起到重要作用。[26]

第一家收取手续费的代理公司是由瓜纳巴拉湾远端的城镇的商人和里约热内卢市法院所属的传统贸易公司创建的。这些中间代理商最初只关注咖啡销售的因素,然后开始介入农作物的融资。随着咖啡出口量增长以响应世界需求的增长,区域生产不得不有所扩大。在1888年废除奴隶制之前,这意味着要有大量资本购买奴隶、扩大咖啡种植园,才能经营成现有的种植园。为了满足这些需求,种植园开始前往负责咖啡销售的代理公司,并要求他们垫支贷款,直到收获季节。在收获时,种植园会有更多的支出(加工和运输)[27];由于这些活动必须以现金支付,因此业务扩展需要更多的资金才能成功。很多人开始与银行系统打交道,以获取种植者的信用,这种关系极为密切,农民和中间代理商之间的个人和家庭关系混杂在一起。[28]

这种联系是如此紧密,以至于约瑟夫·斯威加特(Joseph Sweigart)得出结论,很难将咖啡种植者与一个代理商区分开。"在大多数情况下,咖啡农民是里约热内卢代理商的隐形合伙人。这些联系是双向的:农民拥有代理公司,而代理公司购买咖啡种植园。"[29]我们的工作并没有研究这些代理公司在资助咖啡出口方面的作用,因为在帝国统治下这种作用更为活跃。在第一共和国时期,代理公司陷入低潮,承受了一场缓慢而深刻的危机,因为它们被银行和公共代理机构所取代。

咖啡贸易链中的第二个环节是包装。这是代理公司(与种植者密切相关)和出口商之间的中间人。包装商购买了大量来自不同产地的咖啡,并混合好几种优等种类和劣等种类的咖啡豆,以使产品迎合外国买家的喜好。

在贸易链中,排在最后的是出口商。1870年,《商业新闻杂志》(*Journal do Commércio*)发布了一份里约热内卢出口商行的清单。这里大约有100家大型企业和90家小型企业。最初它是一个非常分散的贸易结构,铁路的发展缩短了它们的距离,并将这种结构及其众多中间商带入竞争激烈的市场。中国代理商试图取消包装商的作用,而出口商开始向内陆渗透,试图将所有贸易业务集中在自己手中。财政大臣坎波斯·萨尔斯(Campos Salles)奉行的若阿金·默蒂尼奥(Joaquim Murtinho)的货币主义经济政策(1898—1902)也促进了这种集中化,该政策引发了国家银行的破产,并通过出口商吸收合并包装商而加速了咖啡贸易的整合和集中。在1918年,《巴西评论》(*Brazilian Review*)评选出遍布整个巴西的137家出口公司,其中有大量的欧洲和北美公司;外国公司的优势不仅可以通过其国内市场的规模来解释,还可以通过其本国市场中的融资便利来说明。分久必合,合久必分。因此,在1874年之后,最大的出口国占了9.0%的份额,而占咖啡总产量38%的5家最大的咖啡公司也开始着手生产,到1904年,各自的股价分别上涨了23%和64%。1920年,最大的出口商控制了14%的咖啡出货量,而5个最大的出口商控制了咖啡出货量的43%。这一过程影响了整个巴西的咖啡经济。[30]

在这条贸易链中，中间代理商参与到生产中，并受到所有不当耕作行为以及作物产量和价格波动的影响。另一方面，包装商和出口商，尤其是后者，仅关注国际贸易的协调。尽管出口商在生产/贸易流程中有更大的回旋余地，却让农业和商业部门先后管理咖啡出口业务（见表15.5）。因为它们在调解从种植者处购买咖啡（以本国货币计价）和将咖啡运往国外之间的汇率波动中具有汇率套利方面的优势。

里约热内卢咖啡生产的停滞削弱了里约热内卢市老的代理商行地位，这些代理商行也曾经使其业务多样化。从1900年开始，无数债权人和债务人的破产和禁令倍增。[31]然而，里约热内卢的贸易链最终将相当一部分咖啡盈余转移到商业首都里约热内卢市。北部和中部高原的咖啡经济以小种植者为主体，既没有存在于里约热内卢州的大型咖啡种植园的奴隶制生产结构，也没有种植者与代理商之间的相互信任关系。通常，这些种植者在其所在地区的村庄和城镇出售咖啡，然后再将咖啡出售给里约热内卢市，那里有贸易结构和银行系统。这是里约热内卢州经济中的收入乘数效应远小于圣保罗的原因之一。北部的扩张导致里约热内卢种植园的农村资本与商业资本分离。[32]在这种新的不利贸易环境下，该州北部开始发展新的咖啡经济，导致地区增长的放缓，虽然里约热内卢市仍然作为拉丁美洲的第二大城市——仅次于布宜诺斯艾利斯——确实经历了一个健康的工业化过程。

表15.5　　　　1898/1899年里约热内卢和桑托斯的主要出口商行　　　　单位：千袋

序号	里约热内卢	数量	序号	桑托斯	数量
1	Arbuckle(USA)	546	1	Naumann Gepp(U.K.)	973
2	J. W. Doane(USA)	375	2	Arbuckle(USA)	870
3	Ed. Johnston(U.K.)	301	3	T. Wille(Germany)	781
4	McLaughlin(USA)	211	4	Goetz, Hayn	756
5	Ornstein(Austria)	190	5	E. Johnston(U.K.)	757
6	Hard Rand(USA)	181	6	J. W. Doane(USA)	615
7	K. Valais(France)	166	7	Hard Rand(USA)	433

续表

序号	里约热内卢	数量	序号	桑托斯	数量
8	Aretz	130	8	K. Valais(France)	456
9	Norton Megaw(U.K.)	107	9	Aretz	347
10	Levering(USA)	107	10	Augusto Leuba	214

资料来源：*Brazilian Review*，several years。

最后，我们必须强调里约热内卢港口在巴西对外贸易中的重要性。在共和国成立之前，它一直是无可争议的领导，这恰好赶上里约热内卢在巴西市场上咖啡经济至高无上的时代。里约热内卢市是国家的首都、市场和再分配的中心，反映了出口导向型经济的活力，到1870年，它占据了1/4的跨省贸易。[33]这种转口贸易的传统仍然存在，1920年，里约热内卢港口仍为巴西的进口贸易提供了46%的服务。咖啡业务加上它作为联邦首都的公共管理的重要性，使得该市成为重要的金融中心。到19世纪末，里约热内卢市拥有巴西2/3的银行资产，是巴西唯一的股票市场所在地。[34]

正向联动效应：咖啡加工

咖啡经济中的正向联动效应仅限于清洁、选择和烘焙过程中的咖啡豆加工。在收获和度量后，咖啡被运送到农场开始加工。自从1850年奴隶贩运被禁止以来，在咖啡经济中就出现了鼓励使用机器进行咖啡加工的措施。[35]这些操作相对简单。重大创新是使用防水场地烘干咖啡豆，并使用机械剥壳机和连续投料机在出售前准备咖啡豆。机械剥壳机的使用和干燥场地的建造是相当大的投资，只有大型种植者才能负担得起，但是可以通过用提高50%这样处理过的咖啡豆的价格得到补偿。

在19世纪下半叶，有好几种机器被用来制备咖啡豆（参见表15.6）。里约热内卢的种植者是使用它们的先驱，首先是何塞·里贝罗·达席尔瓦(José Ribeiro da Silva)的"Concassor"剥壳机,后来经完善并更名为"Congresso",该机器曾在1881年博览会上获得了荣誉。为了清除豆子中的杂质,杜普拉特(Duprat)鼓风机代替了旧的筛网;为了按大小和重量分类,豆筛得到应用;机械干燥机,其中最著名的是由路易斯·高夫雷多·E. 陶奈(Luiz Goffredo E. Taunay)和奥古斯托·卡洛斯·席尔瓦·泰勒斯(Augusto Carlos Silva Telles)设计的,用蒸汽代替阳光进行烘干。[36]

表15.6　　　　　　　　　　1881年巴西各省的农业机械

机器类型	里约热内卢	米纳斯吉拉斯	圣保罗	圣埃斯皮里图	总计
传统的					
Pestle mill	186	167	33	9	396
Water pestle	4	2	5	2	13
现代的					
Lidgerwood	138	78	41	2	259
Brazileira	11	4			15
Ferreira de Assis	4	11			15
Concassor	11	6		3	20
Aperfeicoada	17	5	4		26
Congresso	17	2			19
Triumpho	6	12	1		19
Arens Irmãos		6			6
Hargreaves		2	5		7
Taunay and Telles	1				1
Duprat	6				6
其他	32	26	13		71
Nondeclared	141	50	28	2	221
Subtotal	574	371	130	18	1 093
Unknown origin					52
total					1 145

资料来源:Centro da Lavoura e Comércio,*Breve Notícia sobre a Primeira Exposição de Café do Brazil*(Rio de Janeiro:Typographia e Lytographia de Moreira,Maximino e Cia.,1882),no. 5。

在里约热内卢市举行的1881年全国工业博览会的文件表明，人们有兴趣促进对咖啡经济的传统机械操作过程的变革。但是，奴隶所有制中的手工艺无法与英国的机械工业竞争，后者在19世纪80年代就很容易满足咖啡种植园的需求（见表15.6）。进口的利奇伍德（Lidgerwood）机器可提供所有操作：剥壳、筛选和分级，并且是继传统研磨机之后在咖啡中使用最广泛的工具，这种半手工制造的产品主要在曾是咖啡种植霸主的里约热内卢市发展起来。[37] 19世纪末，所有现代设备都在巴西本土制造。利奇伍德公司在圣保罗州（圣保罗市和坎皮纳斯）拥有两家工厂，而阿伦斯公司在圣保罗设有一家工厂，主导了市场。一些国家的生产商也开始生产咖啡设备，例如马丁斯巴罗斯（Martins Barros）和阿马拉尔（Amaral），但它们的工业历史就像里约热内卢的工匠们所做的努力一样短暂。

里约热内卢对咖啡机械的需求可能由圣保罗工厂的生产得到满足。即使里约热内卢种植园使用了这种设备，在1907年的工业普查中，我们找不到在里约热内卢市或该州其他地方生产这些现代机器的信息，这是事实。在1883年的第二届巴西咖啡博览会上，约有70%的里约热内卢种植园使用这些机器进行咖啡加工，这个数字接近在圣保罗发现的数字。

这个时期的最后一个阶段（烘焙）是一种手工业务，因为咖啡通常是由消费者自己烘焙的，但是在巴西的城市中心，这是由面包店和一些小型烘焙公司完成的。在里约热内卢市，由巴西中央工业公司完成的1907年工业普查发现，在联邦首都有145家面包店和571名工人，以及14家咖啡烘焙公司和213名工人，这些都是手工作坊，只有63马力的发动机动力和120万密尔雷斯（巴西货币）的资本。[38]

最终需求的联动效应

在废除奴隶制之前，里约热内卢的咖啡经济基本上依靠奴隶劳动。1887年的估计数字表明该州咖啡种植地区有 145 880 名奴隶。[39] 大多数奴隶在咖啡种植园工作,而少数则在坎波斯附近的甘蔗种植园工作。1888 年 5 月,在咖啡收获季之初签署了《废除法》(Lea Áurea),但并没有破坏咖啡的生产。咖啡产量统计数据表明,奴隶制废除后没有损失,这与坎波斯附近的甘蔗种植园不同。由于国际咖啡价格高昂,坎波斯附近的甘蔗种植园为雇佣咖啡收割者付出了代价。甘蔗则相反,食糖价格低廉,所以制糖厂停止运营。[40] 1888 年初,当时位于该州咖啡前沿地区的北部地区的农民召开了无数次会议,以制定劳动战略来确定工资和建立农场劳动的纪律规则。

在里约热内卢咖啡经济的劳动力市场形成过程中,两种劳动关系占主导地位:农业股份制下的固定农场工人,以及为执行季节性任务而雇佣的临时工。古德蒙森和查里普指出,里约热内卢似乎没有小农场主生产咖啡,这与米纳斯吉拉斯州的玛塔米尼拉地区或哥斯达黎加和尼加拉瓜的情况相反。里约热内卢州的咖啡经济有大量生产者,但其经营支离破碎。每个种植园平均拥有大约 250～500 公顷的面积。这种分裂的原因(与圣保罗的大量种植园相比)包括对合并更新、更遥远的土地的不断需求,同时也更容易对小型种植园的奴隶进行监控。[41] 咖啡于 1850 年后在米纳斯吉拉斯州土地上耕种,到 1880—1890 年,该地区的产量仍仅为里约热内卢和圣保罗的一半。在共和国统治之下,种植园占领了米纳斯吉拉斯州南部的大部分土地。共和国通过了一项法律,赋予各州对其领土上的州土地进行立法的权力。在米纳斯吉拉斯州,国有土地上的擅自占有者有更多时间使他们的土地占有正规化,这也在一定程度上解释了咖啡区规模较小的原因。[42]

在股份制农场,农民种植并照料树木,然后收获并晒干咖啡豆,剥壳之后,将咖啡豆在农场工人和农场主之间分配。里约热内卢州的所有城市都采用这种做法,同时还签订了执行先前规定任务的固定合同,这些合同在缔结完成时即付清。根据当代新闻记者阿里戈·泽蒂里(Arrigo Zetirry)的报道[43],完成这些任务的工资与圣保罗的相同。托马斯·霍洛威(Thomas Holloway)也证实了这一事实。[44] 这些工作通常与在种植园内形成新的咖啡种植有关。固定工人被允许住在农场照料田地,在某些农场主抛荒的咖啡树之间的区域种植玉米和豆类。在扣除农场主的咖啡豆加工和运输费用后,咖啡收成(按口头合同,按照相等的份额或以1∶2的比例分配)将在农场工人和农场主之间分配。咖啡种植园的劳动实际上仍然依赖于自由人;根据泽蒂里的报告,可以推断出50%的工人来自获释的奴隶家庭。本章的研究范围不允许对工作条件进行更深入的分析,因为工作条件差异很大,但有一点很明确,在里约热内卢州,以前的奴隶和贫穷的农民不像圣保罗的欧洲移民一样,构成了大部分的农业劳动力。从这个意义上讲,劳资关系更类似于米纳斯吉拉斯州和中美洲,而不是圣保罗的移民殖民地体系。

尽管州政府已进行了多次尝试,但里约热内卢咖啡业的产量下降与对移民的需求无关。这些尝试之所以失败,要么是因为财政紧张的州无法为殖民者提供旅行补贴和安置费用,要么是因为种植咖啡的土地肥力有限。由于没有开拓疆域,种植和加工技术没有变化,对于引入殖民而言,里约热内卢的农业吸引力不足以与圣保罗竞争。图15.1显示了咖啡出口量的下降,这意味着对咖啡劳动力的需求减少了。

里约热内卢咖啡出口的这种下降趋势意味着对农村劳动力市场的增长没有结构性压力,表15.7中显示了适度的增长。北部种植园咖啡树的成熟度以及甘蔗种植园的恢复,导致该地区的增长几乎是州平均水平的2倍;沿海地区的出色表现也与此有关。其间,该州试图建立一项统一的国家农业多样化政策[45],甚至在传统蔗糖供应之外,还设法增加里约热内卢市的大米、豆类、木薯粉、土豆、肉类、蔬菜和水果的出口;然而,这种多样化不足以扭转总体下降的趋势。[46]里约热内卢从奴隶制过渡的形式阻碍了粮食作物的增长,在里约热内卢,没有农村财产的分割,而且存在大量的贫困工人,特别是之前的奴隶,没有资源购买土地。里约热内卢的农业精英们在圣保罗、圣埃斯皮里图和后来的巴拉那成功地推行了一种使咖啡产量突飞猛进的替代方法,这种做法类似于向同样衰落的米纳斯吉拉斯州的主食农业转移:只要政府的价格支持政策能够维持咖啡价格,并辅以联邦区的粮食作物,里约精英阶层就可以通过大规模养牛或种植

(千吨)

图 15.1　里约热内卢的咖啡出口

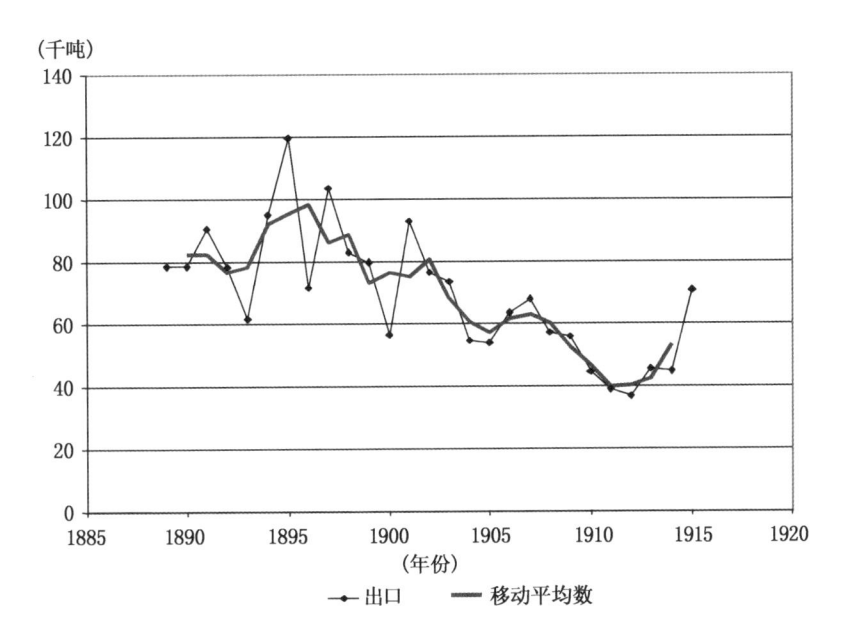

资料来源：A. E. Taunay, *História do Café no Brasil*, vol. 10, tomo 2(Rio de Janeiro: Departamento Nacional de Café, 1939—1941), pp. 312, 317。

咖啡的方式保存自己的财产。

表 15.7　　　　　　　　　里约热内卢咖啡和甘蔗地区的农村劳动力

	1882 年（人）	年增长率（％）	1887 年（人）	年增长率（％）	1920 年（人）
南部帕拉伊巴山谷	75 586	−5.59	56 693	0.73	71 985
北部地区	38 198	−5.12	29 369	3.77	99 453
中央高原	32 484	1.14	34 374	1.88	63 645
沿海地区	39 291	−8.32	25 444	2.99	67 368
合计	185 559	−4.70	145 880	2.23	302 451

资料来源：Report by the President of the Province of Rio de Janeiro of Sept. 12, 1887; C. F. van Delden Laerne, *Brazil and Java* (1885), pp. 100, 101, 188, 190, and the IBGE, 1920 Census。

最后，财政联动效应的影响对里约热内卢州和里约热内卢市（原联邦区）存在差异。咖啡作为巴西出口的主要商品，通过这种出口方式获得的公共收入被帝国和共和国均课以重税。咖啡出口业务产生的公共财政收入,既使政策得以维持1906年以后的咖啡价格上涨,又为巴西的运输基础设施移民提供了财务支持,这是19世纪末巴西发展的重要问题。在帝国时期,财政系统非常集中,联邦的收入是省级收入的4倍。[47]共和国的权力下放削弱了这种集中度,即使这样,联邦收入仍比各州的总收入高40%~50%。鉴于咖啡出口业务是其主要收入来源,里约热内卢州没有从联邦制的转变中获益。从这个时期的咖啡收入下降可以看出该问题的严重性:19世纪90年代初期,咖啡占该州所有收入的70%;1910年以后,这一比例下降到30%左右。[48]

联邦区(里约热内卢市)有一个不同的问题:联邦政府由联邦任命,拥有自己的预算,联邦官僚机构在其管辖范围内的集中进一步加强了联邦政府的职能,这导致收入集中在首都的财政收入中。联邦区的人均公共收入是里约热内卢州的4~5倍,大大高于圣保罗州(见表15.8)。除了里约热内卢咖啡生产相对停滞之外,另一个问题侵蚀着国家财政:来自里约热内卢和米纳斯吉拉斯州的农民通过里约热内卢港口运送产品,这导致在州边界之外的里约热内卢市发生联动效应,除了在符合农民利益的情况下使逃税成为可能。

表15.8　　　　　　　　　　　人均公共收入　　　　　　　　　　单位:密尔雷斯

年份	里约热内卢(RJ)	联邦区(DF)	平均 RJ+DF	圣保罗	米纳斯吉拉斯
1900	8 606			18 688	4 046
1905	6 630			24 703	3 453
1907	7 694	32 656	18 372	17 825	5 600
1910	7 690	56 189	28 472	13 290	4 945
1915	9 212	39 631	22 209	20 389	7 321
1920	13 694	49 355	29 014	37 954	9 489

资料来源:IBGE, Separata do *Anuário Estatístico*, 1939—1940, Ano 5, vol. 1, *Séries Estatísticas Retrospectivas* (Rio de Janeiro, 1986), pp. 3—15, 119—28。

结 论

1850—1920 年,巴西经济经历了经济活动多样化的过程,这是由于咖啡出口的扩大。咖啡生产是里约热内卢经济史上最重要的事件。咖啡出口的增长推动了铁路的发展和铁路沿线城镇的兴起,比如南部帕拉伊巴、米拉塞马、圣安托尼奥德帕杜瓦、波乔努卡、伊塔卡拉。从 1872 年到 1920 年,里约热内卢州的人口年均增长 1.4%,里约热内卢市(联邦区)的人口年均约增长 3.0%。资本以贸易商行、银行和新生的民族工业的形式形成。1885—1895 年间,巴西建立了 47 家纺织厂,其中 12 家位于里约热内卢州和联邦区。里约热内卢(州和市)的纺织厂占巴西棉纺厂的 25%,织布机占 50%。1907 年,联邦区占巴西工业生产总值的 30%,而里约热内卢州占 7.6%。

咖啡"征途"穿过里约热内卢土地,从南至北的帕拉伊巴杜苏河遍布全省,创造了财富,但是耗尽了土壤肥力,随之而来的是对森林和土壤的破坏。咖啡经济在追求更高利润的过程中需要消耗技术;它经过的地方,土壤枯竭。首先是奴隶,然后是殖民者和小农场主,生活在贫困中,过着一种几乎没有资源或支持的生活。除了这反常的一面,还应该指出的是,在这条轨迹上也积累了大量财富。

从 1850 年到世纪之交,咖啡经济产生的资本建造了铁路,革命性地改变了社会的运输方式。铁路创建了区域部门,因为它们确保了运输和农业生产的盈利能力,改变了该州的地形,成为货物和财富流动的动脉,并巩固了里约热内卢市作为整个地区经济中心的稳固地位。

从共和党执政的最初几十年到联邦政府在 20 世纪 30 年代推行的根除咖啡政策,里约热内卢咖啡衰落的历史缓慢而痛苦地展现。这种危机的轨迹掩盖了咖啡行业的相对盈利能力,使里约热内卢的种植者得以保留土地,并将他们以前的咖啡种植园转变为低产的畜牧业经济。

里约热内卢的咖啡经济没有圣保罗那样的资本积累能力。首先,作为该地区的特权港口城市,里约热内卢市和州内部的制度分离使得整个咖啡贸易结构集中在里约热内卢市,这刺激了首都的炫耀性消费,损害了咖啡种植园的资本积累过程。其次,19世纪90年代边疆扩张的结束以及该州大量的旧种植园限制了吸收人力的可能性。咖啡的继续开发是由以前的奴隶和他们的后代在农业股份制度下进行的,在这种制度下雇佣他们作为当地的农场工人和临时雇工。在废除奴隶制后不久,里约热内卢的精英们尝试了移民定居政策;但是,由于缺乏扩张空间,加上联邦首都有吸引力的城市市场和圣保罗更有吸引力的肥沃土地,都使这些尝试遭到责难。与最伟大的国际咖啡的成功故事相比,圣保罗、里约热内卢州的咖啡经验似乎是一个悲剧,尽管曾经历了70年的繁荣,甚至一度处于世界领先地位,但当视角扩大到包括联邦区、里约热内卢市,考虑到那些主要城市、工厂、公共事业、在拉丁美洲最大的港口之一和密集的铁路系统的发展,对于里约热内卢州而言,咖啡似乎比对绝大多数其他咖啡生产国都更为友善。

注释:

〔1〕除非另有说明,在本章中里约热内卢指的是今天的里约热内卢州。统计数据汇总了之前的 Município Neutro(后来的 Distrito Federal)和里约热内卢州。
〔2〕这种方法灵感来自 Wilson Suzigan 在他的著作 *Indústria Brasileira – Origem e Desenvolvimento* (São Paulo: Editora Brasiliense, 1986)。另可参阅 Roberto B. Martins, "A interpretação do Crescimento com Liderança das Exportações: Modelos Teóricos e a Experiência Brasileira," in *A Moderna História Econômica*, C. M. Pelaez and M. Buescu, coords., (Rio de Janeir APEC, 1976); Jonathan Levin, *The Export Economies* (Cambridge: Harvard University Press, 1960)。
〔3〕M. H. Watkins, "A Staple Theory of Economic Growth," *Canadian Journal of Economics and Political Science* 29 (May 1963); Robert Baldwin, "Patterns of Development in Newly Settled Regions," *Manchester School of Economics and Social Studies*, 24 (May 1956); A. O. Hirschman, *Estratégia do Desenvolvimento Econômico* (Rio de Janeiro: Editora Fundo de Cultura, 1961), and *Essays in Trespassing: Economics to Politics and Beyond* (Cambridge: Cambridge University Press, 1981)。
〔4〕这并不是说里约热内卢没有工业化。从1872年到1920年,里约热内卢州的人口以平均每年1.35%的速度增长。在同一时期,里约热内卢(联邦区)的人口每年大约增长3.04% (IBGE, Anuário Estatístico, 1939/40)。资本积累在商行、银行和新兴的民族工业中形成。1885—1895年间,巴西建立了47家棉纺厂,其中12家位于里约热内卢州和联邦区。里约热内卢(州和市)纺织厂占巴西棉织厂的25%,织布机占50%。1907年,联邦区拥有30.2%的工业生产总值,而里约热内卢州拥有7.6%。Eulália M. L. Lobo, *História do Rio de Janeiro*

(do capital comercial ao capital industrial e financeiro), 2 vols. (Rio de Janeiro: IBMEC, 1978)。当时的情况是，工业都集中在里约热内卢。例如，1919年联邦区有1 541家工业企业，而里约热内卢州只有454家。相比之下，圣保罗州有4 145家，巴西有13 336家(IBGE, 1920 Census)。

〔5〕Maria J. Willumsen and Amitava K. Dutt, "Café, Cacau e Crescimento Econômico do Brasil," *Revista de Economia Política*, São Paulo, vol. 2, no. 3 (43), (July/Sept. 1991).

〔6〕在研究期间，烘焙主要是由最终消费者自己完成的；有一些商业烘焙，主要是由面包房和手工烘焙公司完成的。

〔7〕Joseph E. Sweigart, *Coffee Factorage and Emergence of Brazilian Capital Market 1850–1888* (New York and London: Garland, 1987), 226. Letter from the English firm E. Johnston and Co., in 1903: "…cheapening in all manners product handling. In time, passing over factors and buying in the hinterland will be our salvation." Cited by Edmar Bacha and Robert L. Greenhill *150 Anos de Café* (Rio de Janeiro: Marcellino Martins and E. Johnston, 1992), 187. 咖啡贸易在世界经济中的重要性吸引了外国资本，在1899/1902年，巴西大约9/10的咖啡出口由外国公司控制，只有6家公司占了全部的3/5。

〔8〕See Antônio Delfim Netto, *O problema do Café no Brasil* (São Paulo: FEA/USP, 1959); Sylvio F. Rangel, "O café no Estado do Rio de Janeiro, sua origem e influência na vida econômica e social da terra fluminense," in *O Café no segundo centenário de sua introdução no Brasil* (Rio de Janeiro: Departamento Nacional do Café, 1934), vol. 1, p. 161; Stanley J. Stein, "Aspectos do Crescimento e Declínio da Lavoura de Café no Vale do Paraíba 1850–1860," *Revista de História da Economia Brasileira*, Ano I, June 1953, no. 1, and Stein, *Vassouras – Um município brasileiro do café, 1850–1990* (Rio de Janeiro: Editora Nova Fronteira, 1990); Gilberto Ferrez, *Pioneiros da Cultura de Café na Era da Independência* (Rio de Janeiro: Instituto Histórico e Geográfico Brasileiro (IHGB), 1972).

〔9〕See Sylvio F. Rangel, "O Café," Notícia Histórica in *O Brasil suas Riquezas Naturaes – Suas Indústrias*, Centro Industrial do Brasil (CIB), vol. 2, 1908, and "O café no Estado do Rio de Janeiro," p. 161.

〔10〕See Bacha and Greenhill, *150 Anos de Café*, and Hildete Pereira de Melo, "O Café e a Economia do Rio de Janeiro 1888/1920," Ph.D. thesis, Instituto de Economia/Universidade Federal do Rio de Janeiro (UFRJ), 1993.

〔11〕See Sérgio Milliet, *Roteiro do Café e Outros Ensaios*, 4th ed. São Paulo: Hucitec/Pró-Memória (INL), 1982), p. 61.

〔12〕咖啡是一种永久作物；直到20世纪早期，一棵咖啡树需要4～6年才能生产，并且有40年的生产寿命。在生产开始之前，其他作物可能会在咖啡幼苗之间种植；这些农产品通过劳动者销售，产生了额外的收入。

〔13〕米纳斯吉拉斯州的马塔地区也发生了同样的情况。参阅Ana L. D. Lanna, *A Transformação do Trabalho* (Campinas: UNICAMP/CNPq, 1988), cap. III。

〔14〕IBGE, Census 1920.

〔15〕See M. Etesse, "A cultura cafeeira no Brasil," *Revista do Instituto do Café* (Rio de Janeiro), Ano VII, Jan. 1932.

〔16〕See Basílio de Magalhães, "Os caminhos antigos pelos quaes foi o café transportado do interior para o Rio de Janeiro e para outros pontos do Litoral fluminense," in *Minas Gerais e o Bicentenário do Cafeeiro no Brasil – 1727/1927* (Belo Horizonte: Secretaria de Agricultura de Minas Gerais, 1929); Odilon N. de Matos, *Café e Ferrovias* (São Paulo: Editora Alfa-Omega, 1974); Richard Graham, *Grã-Bretanha e o Início da Modernização no Brasil 1850–1914* (São Paulo: Editora Brasiliense, 1973); Almir C. El-Kareh, *Filha Branca de Mãe Preta: A Companhia da Estrada de Ferro Dom Pedro II, 1855–1865* (Petrópolis: Editora Vozes, 1980).

〔17〕这一铁路投资主要由国家通过利息担保补贴，确保投资者在估计的铁路成本上获得7%

的利息。这一保证在租期(50~90年)内是有效的，进口铁轨和设备免税，还允许探索与铁轨相连的土地。参阅 Steven Topik, *A Presença do Estado na Economia Política do Brasil de 1889 a 1930* (Rio de Janeiro: Record, 1987), pp. 94–6, and William R. Summerhill, "Market Intervention in a Backward Economy: Railway Subsidy in Brazil 1854–1913," *Economic History Review* 51, no. 3 (1998)。

[18] See Flávio Azevedo Marques de Saes, *A Grande Empresa de Serviços Públicos na Economia Cafeeira* (São Paulo: Hucitec, 1986).

[19] Law no. 157 of 1894 allowed transport firms freedom in fixing their tariffs.

[20] See Edmundo Siqueira, *Resumo Histórico da Leopoldina Railway e Cia* (Rio de Janeiro: Editora Carioca, 1932).

[21] See Topik, *A Presença do Estado*, 94–6.

[22] 从1910年开始，联邦政策倾向于国家设备采购，但这未能引起在里约热内卢甚至巴西安装金属机械综合设施的情况发生。

[23] 根据 Colin Lewis，当地分包商在巴西铁路建设中发挥的作用比阿根廷更大。"Railways and Industrialization: Argentina and Brazil, 1870–1929," in Christopher Abel and Colin Lewis, eds., *Latin American Economic Impe- rialism and the State: The Political Economy of the External Connection from Independence to the Present* (London: University of London/Latin American Studies Monograph Series no. 13, Athlone Press, 1985), pp. 190–230 and 218.

[24] See Bacha and Greenhill, *150 Anos de Café*, 173–4; Antônio Delfim Netto, *O problema do café no Brasil*, p. 7.

[25] See Robert Greenhill, "The Brazilian Coffee Trade," in D. C. Platt, ed., *Business Imperialism* (London: Oxford University Press, 1978).

[26] 关于咖啡因素的作用，参阅 the following works: Sweigart, *Coffee Factorage*, and Marieta de M. Ferreira, "A crise dos comissários de café do Rio de Janeiro," M.Sc. thesis, Universidade Federal Fluminense, 1977; Pedro C. De Mello, "Os Fazendeiros de Café e o Mercado de Capitais, 1871/88," *Estudos Econômicos*, São Paulo, IPE/Universidade de São Paulo (Jan./April 1984).

[27] C. F. van Delden Laerne, *Brazil and Java: Report on Coffee-Culture in America, Asia and Africa* (London: W. H. Allen, 1895), made an interesting discrimination of these expenses on page 217. Affonso E. Taunay, Historia do Café no Brasil (Rio de Janeiro: Departamento Nacional de Café, 1939/1941), pp. 472–3, 引用了 Sylvio F. Rangel 的比较研究，区分了里约热内卢和圣保罗咖啡农场成本；运输成本在圣保罗略高，出口税在里约热内卢略低，销售佣金为3%，两个地区相同。因为特别护理较少，导致工资较低，里约热内卢的农场成本低于圣保罗。

[28] 因此Avellar(里约热内卢咖啡贸易中心首任主席，1901—1904)定义了这些关系："我可以毫不夸张地告诉你，巴西伟大的咖啡种植园是由里约热内卢和桑托斯的代工厂形成的。在一个缺乏农业信贷的国家，人们怎么能指望银行会资助内陆地区的生产，给他们提供委员们提供的资源，这通常是受个人因素的启发。"里约热内卢的咖啡贸易中心是由里约热内卢想抵制出口公司主导的咖啡贸易，但它无力扭转这种局面。参阅 *O Jornal*, Oct. 10, 1927。

[29] Sweigart, *Coffee Factorage*, p. 226.

[30] Bacha and Greenhill, *150 Anos de Café*, pp. 193, 389–90.

[31] Taunay, *A História do Café*, Tomo 9, p. 243.

[32] See Stein, *Vassouras*, ch. 4.

[33] Steven Topik, "Metrópoles Macrocéfalas: Uma comparação entre a Primazia do Rio de Janeiro e a cidade do México entre 1800 e 1910," *Dados, Revista de Ciências Sociais*, IUPERJ/Vértice, vol. 34, no. 1 (1991): 63.

[34] See Maria Bárbara Levy, "O capital usuário e o capital financeiro," *Revista Brasileira de*

Mercado de Capitais (Rio de Janeiro) IBMEC, no. 7 (Jan./April 1977), and *A indústria do Rio de Janeiro – Através de suas sociedades anônimas Esboços de História Empresarial* (Rio de Janeiro: Editora da UFRJ, 1994); Gail D. Triner, "British Banking in Brazil during the First Republic," in Annals of the Second Brazilian Congress of Economic History and Third International Business History Conference, Brazilian Association of Researchers in Economic History (ABPHE), Niterói/RJ, October 1996; Anne Hanley, "Suprising Development: Bank Lending and Profitability in São Paulo, 1884–1920," in Annals of the Fourth Brazilian Congress of Economic History and Fifth International Business History Conference, Brazilian Association of Researchers in Economic History (ABPHE), São Paulo, September 2001.

〔35〕"Introduction of machines and tools that can make the farmer's work more productive," Report of the President of Rio de Janeiro Province, May 2, 1854, pp. 14–15.

〔36〕*Pareceres da Imprensa, Agricultores, Profissionais, etc sobre o invento dos engenheiros Luiz Goffredo E. Taunay e Augusto Carlos da Silva Telles, membros do Instituto Politécnico Brasileiro* (Rio de Janeiro: Typographia e Lytographia de Moreira, Maximino, 1881). See Almir P. Freitas Filho, "Tecnologia e Escravidão no Brasil: Aspectos da Modernização Agrícola nas Exposições Nacionais da Segunda Metade do Século XIX (1861–1881)," *Revista Brasileira de História* (São Paulo) 11, no. 22 (March/Aug. 1991).

〔37〕Rio de Janeiro had the following machine makers in the 1880s: Frederico Vierling and Co., Van Erven, Arens, Hallier, Alegria, Hargreaves, Prince and Aspinal, Correia da Rocha and Co., Oficina Mecânica Industrial, Taunay and Telles and Manoel F. de Castro Nascimento. Almir P. Freitas Filho, "A tecnologia agrícola e a Exposição Nacional de 1881," *Revista Latino-Americana de Historia da Ciencia e Tecnologia* (QUIPU), México (Jan./April 1992): 88.

〔38〕Eulália M. L. Lobo, *História do Rio de Janeiro*, pp. 487, 572, 577.

〔39〕根据1887年9月12日里约热内卢省的报告。另行参阅 Hebe M. M. de Castro, "Os libertos e o mercado de trabalho rural pós-emancipação," Niterói, V Encontro Regional de História, Associação Nacional dos Professores Universitários de História (ANPUH), September 1992, and "Beyond Masters and Slaves: Subsistence Agriculture as a Survival Strategy in Brazil during the Second Half of the Nineteenth Century," *Hispanic American Historical Review* (August 1988)。

〔40〕我们的断言是基于这样的观察：巴西咖啡时间序列之间的差异是由于这样的事实，其中一些是指收获数据，而另一些是指咖啡出口；有了咖啡仓储，某一年的产量可能与同年的出口有所不同。不管原因是什么，从1888年到1889年，没有发现咖啡收获损失或出口阻碍。关于里约热内卢的奴隶制和咖啡，另行参阅 Hélio O. Portocarrero de Castro, "Viabilidade Econômica da Escravidão no Brasil: 1880–1888," *Revista Brasileira de Economia* (Rio de Janeiro) (Jan./March 1973), and Pedro C. de Mello, "Aspectos Econômicos da Organização do Trabalho da Economia Cafeeira do Rio de Janeiro, 1850–1888," *Revista Brasileira de Economia* 32 (Jan./March 1978); on sugarcane plantations, see G. De Carli, *A evolução do problema canavieiro fluminense* (Rio de Janeiro: Irmãos Pongetti Editores, 1942)。

〔41〕See Célia M. L. Muniz, "Os donos da terra – Um estudo sobre a estrutura fundiária do Vale do Paraíba Fluminense no século XIX," M.A. thesis, Universidade Federal Fluminense, Niteroi, 1979, pp. 136–9.

〔42〕See Lígia M. Osório Silva, "A questão da terra na Primeira República," in Sérgio S. Silva and Tamás Szmrecsányi, eds., *História Econômica da Primeira República* (São Paulo: ABPHE, Editora Hucitec/FAPESP, 1996). Also see Lanna, *A Transformação do Trabalho*.

〔43〕对里约热内卢农场废除后的劳动关系的分析是基于Arrigo Zetirry于1894年发表在《商业日报》的内容。

〔44〕Thomas Holloway, "Condições do Mercado de Trabalho e Organização do Trabalho nas

Plantações na Economia Cafeeira de São Paulo, 1885–1915 – Uma análise Preliminar," *Estudos Econômicos*, IPE/USP, São Paulo, vol. 2, no. 6 (1972): 159.

〔45〕关于试图使里约热内卢的农业多样化的问题，参阅 Sylvia Padilha, "Da Monocultura à Diversificação Econômica – Um Estudo de Caso: Vassouras 1880/1930," Ph.D. diss., Universidade Federal Fluminense, Niteroi, 1977。

〔46〕关于这个政策，参阅 Sônia R. Mendonça, "A Primeira Política de Valorização do Café e sua Vinculação com a Economia do Estado do Rio de Janeiro," Master's thesis, Universidade Federal Fluminense, Niteroi, 1977。

〔47〕See N. Leff, "A Emergência do Estado Desenvolvimentista Brasileiro: o final do século 19," *Estudos Econômicos*, IPE/USP, vol. 13, no. 3 (Sept./Dec. 1983): 632.

〔48〕See Hildete Pereira de Melo, "O Café e a Economia do Rio de Janeiro," pp. 201–12.

【作者】 Hildete Pereira de Melo

结论

新见解和一个研究计划

我们这项事业的最终目标是提出对差异性敏感以及避免本质性分类的有限概括。咖啡并不是万能的大师，我们不能要求其主题遵循特定的生命模式和思维定式。我们的发现常常与主流理论（如依赖性和现代化）相悖，因此我们对提出替代模型持谨慎态度，尤其是在有时综合元叙事值得怀疑的时候。但是，我们也认为，我们不应该陷入虚无主义的信仰，即每种情况都是唯一的，每次都是不同的。我们必须以现实和历史敏感的范畴为基础，从实证工作开始。从这些东西中，我们可以归纳地创建概括，从而使我们能够尝试演绎推理。

尽管我们强调差异性和能动性，我们还是相信可以从所有这些内容中得出有用的结论，激发寻找模式和差异的比较。实际上，我们希望本书甚至可以对当代咖啡生产国的经济发展部长有所裨益。这位部长会考虑咨询生产者协会、采摘者组织、妇女团体、种族俱乐部、加工商、营销委员会、商业中介机构、国内运输商、出口商和船东，而不是自上而下规定一个一应俱全、放之四海而皆准的政策。这样一个开明的部长会看到，差异性不仅仅是由机遇和偶然性决定的，当地的禀赋条件和经验也会影响生产的力量和后果。

因此，基于本书的研究，我们提出了关于咖啡与生产咖啡的社会之间关系的 10 个新见解。它们具有相当强的模糊性和不确定性，因为咖啡生产依赖许多不同和复杂的劳动和产权制度、技术、信贷安排以及政治制度。我们认识到，这些见解在任何意义上都不是铁板一块的法律，社会也会随着时间而变化。相反，我们的希望是，这些新见解可以帮助我们广泛思考这种跨越四大洲和许多岛屿的特殊出口作物的后果，并因此激发新的研究。这一新的研究成果无疑将引导其他学者提出进一步的修正和完善。

控制权的规模

在咖啡世界的许多地方,包括拉丁美洲的大部分地区,大种植园并不常见,甚至在巴西也是如此。梅洛(Melo)的文章表明,中小型生产商在巴西的里约热内卢州占据主导地位,那里的咖啡种植比圣保罗更早。鲁斯(Rus)、古德蒙森(Gudmundson)、桑佩尔(Samper)、麦克雷里(McCreery)、多尔(Dore)和查里普(Charlip)的文章都展示了在中美洲,小农场是如何广泛存在的,在一些地区,公社的土地仍然是固定的,通常由美洲印第安人社区持有,类似的情况还出现在波多黎各,甚至在巴西的其他地方。[1]在非洲和亚洲,许多小佃农能够持有公共财产,并获得更多的土地,包括一些自由保有土地或类似的土地使用权。

在存在大型种植园的地方,它们的历史渊源很复杂,它们往往不能作为个别单元发挥作用。任何地方的种植园都不是简单的殖民财产,即使巴西的一些殖民土地赠予为早期的咖啡农场提供了基础。此外,19世纪的土地掠夺是零碎的。[2]自留地上的生产不可能是自发的。租佃在中美洲和巴西的部分地区盛行,因为大种植园无法对劳动力实行集中控制。[3]而分散化意味着,在有效控制生产决策方面,圣保罗大型种植园的种植园主与哥伦比亚的小农有着惊人的相似之处。[4]事实上,我们在埃克特(Eckert)和柯蒂斯(Curtis)关于喀麦隆和坦桑尼亚的文章中发现,保利斯塔人(Paulista)显示出对生产决策和生存导向的有效控制几乎是同样分散的。

当然,就巴灵顿·摩尔(Barington Moore)所采用的二元论意义而言,大多数咖啡地主不应被视为乡村精英,巴灵顿·摩尔将农业主义者归为城市资产阶级。拉丁美洲大陆的地主分散了资产,并在市区进行投资。他们不是简单狭隘的种植园主,而且他们对土地的依附使他们像欧洲资产阶级那样,受到现代化主义者和马克思主义者的效仿。[5]实际上,最近的研究表明了欧洲农业—商业鸿沟之间的流动性。[6]

尽管柯蒂斯在他关于坦噶尼喀一章中指出，殖民统治者有时会鼓励非洲和亚洲的咖啡种植园出现，"在非洲，大种植园很难建立，也很难维持"。在非洲和亚洲的种植园通常是临时殖民政策的产物，这些政策为殖民征服后不久的定居者或公司提供了特权。与拉丁美洲不同的是，这些种植园通常作为中央集权的单位运行，在欧洲种植园主或管理者的直接控制下，这种类型的操作成本较高，导致它们在经济上没有取得成功。库里和坎贝尔的文章分析了锡兰（斯里兰卡）和马达加斯加的案例，它们是咖啡种植园欧洲控制权模式的好例子，并且对安哥拉、肯尼亚、印度尼西亚、东帝汶和新喀里多尼亚的经济尤为重要。[7] 如克拉伦斯-史密斯（Clarence-Smith）的文章所述，在较少程度上，它们还发生在科特迪瓦、喀麦隆、圣多美、刚果、印度、越南、老挝和南太平洋。然而，在利比里亚，咖啡种植园由黑人殖民者组成，他们曾是从美洲被遣返回非洲的奴隶。[8]

与此同时，非洲和亚洲的小农并没有停留在殖民时代以前那种永恒的状态，咖啡和其他经济作物的普及伴随着一种明显的私有化和土地积累趋势。尽管控制权的规模总体上仍然不大，尤其是与拉丁美洲相比，但这些非洲和亚洲"富农"在社会和政治方面都是现代化的先驱，他们受过教育的儿子们往往会离开土地，到城市打工或经商。[9] 这种向上的社会流动性的例子可以在埃克特和柯蒂斯的文章中找到，其中酋长是在两个文化世界都涉足的人，既是过去的社会模式的承载者，也是新农村资产阶级的代表。

在非洲和亚洲，土地保有制度广泛地被划分为封建制度，而不是公社制度或资本主义制度，只要封建这个词没有被用来反映中世纪欧洲的具体现实，这种制度也可以成为非洲和亚洲更大的咖啡单位的基础。例如，在西爪哇和埃塞俄比亚南部，领主行使对大片土地的控制，包括对咖啡征收贡品的权力。[10] 然而，生产决策通常是分散的，掌握在他们的"附庸"手中。

规模经济和规模不经济

事实证明,"越大越好"是咖啡种植业的一种错觉,因此,在 20 世纪,像尼加拉瓜一样,咖啡的种植面积稳定地趋于减少。[11]在两次世界大战之间的哥斯达黎加,种植咖啡的土地分配比种植其他谷物更加均匀。[12]在印度尼西亚,这代表着回归常态,在此之前,荷兰在 1870—1900 年间曾试图人为刺激欧洲的种植园主阶级。[13]绿色革命于不同时期在不同地方兴起,据说已经扭转了这一趋势,但现在下结论还为时过早。

获得土地不是成功的关键因素,因为资本和劳动力是稀缺的生产要素,这不利于大型生产者。[14]大型种植园需要大量的初始资本来支付工具、机械、工人、运输和加工,而小型种植园则不需要资金。相反,他们依靠自给自足的家庭劳动力,已经拥有用于粮食生产的工具,以及从未开垦的处女地中获得的"林地租金"。在非洲,野生咖啡自然生长,对劳动力的需求进一步减少。收获是劳动的瓶颈,但如果家庭劳动力不足,小农就会雇佣佃农,从而避免了流动资金的需要,或者号召互助协会。资本是这一过程的最终产物,以咖啡树的形式出现,这些咖啡树可以抵押或出售,用于可自由支配的社会支出。[15]

此外,与大地主相比,在其他条件相同的情况下,小佃农每公顷、每单位资本、每个劳动者的回报通常更高。查里普的文章表明,尼加拉瓜的大种植者比小种植者更容易破产。政治影响力和信贷获得能力比优越的咖啡种植技术更能解释大规模生产的原因。

虽然咖啡是世界上为数不多的由"南方"的种植者决定生产标准的主要作物之一,但这几乎与机械化的种植无关。普鲁士农学家弗朗茨·达费特(Franz Dafert)这样评价他所在的那个时代中最先进的咖啡种植者——保利斯塔人:"他们习惯了在肥沃的热带土地上过着安逸、无忧无虑的生活,一点儿也不知道种植欧洲农作物的艰苦劳动。"[16]巴西每公顷的高产是由于原始土壤的自然肥力,而不是现代农业方法或尖端技术。桑佩尔指出,哥斯达黎加只是从 20 世纪 30 年代才开始投资高品质的咖啡豆。当地的小农场主意识到,最高品质的咖啡豆生长在中美洲和哥伦比亚,但这种成功的关键在于采摘、分拣和加工过程中的质量控制。[17]

初级加工是规模经济较好的候选方法,至少在湿法加工占优势时是这样的。这种做法包括把新鲜咖啡的果肉洗掉,这在拉丁美洲比在亚洲和非洲更常见,在大种植园里比在小种植园里更常见。在非洲和亚洲的大部分地区,与哥伦比亚的部分地区一样,采用的是更简单的干燥方法,这种方法生产的咖啡豆质量稍低,但成本通常低得多。新鲜咖啡是在基本上手动磨坊中干燥或加工的,或者只是用原来主要粮食作物的研钵和杵来做替代。[18]即使在要求受托者以湿法加工大量咖啡豆时,资本对于提高利润水平的作用可能比技术更重要。加工商的行为通常更像银行家和出口商,而不是实业家,他们坚持地方垄断权,而不是从提高生产率中获利。

随着铁路、卡车和轮船的普及,运输行业出现了规模经济,但这种规模经济是积累到整个经济中的,而不是针对某一特定类型的生产者。汽船是最便宜的技术,可直接提供给小岛屿和沿通航河流的生产区,尽管岛屿经常受到适合扩大咖啡生产的森林土地的限制。巴西东南部的铁路网络特别密集,1890 年,巴西的铁路里程比整个非洲和除印度以外的整个亚洲都要长。非洲大陆后来也有了铁路,但数量较少。[19]此外,尽管利用动物运输在亚洲和拉丁美洲很普遍,但非洲只能在少数没有致命的舌蝇传播锥虫的地区,如埃塞俄比亚,才能从这种往往被遗忘的技术中受益。因此,几十年来,人力运输仍然是运输的关键,这延误和限制了咖啡种植在非洲的传播。如鲁斯的关于恰帕斯的文章中所讨论的,在某些中美洲的咖啡经济中,人类也依然被用作骡马。

开疆拓土的影响

尽管制度化的民主很少会在边界地区发展,咖啡却是遍布各地、吞噬森林的边界性作物。[20]即使在人口相对密集的爪哇岛,主要的咖啡种植园在19世纪都是在森林覆盖的山上,正如费尔南多(Fernando)的文章所示。类似的情况也发生在前哥伦比亚时期人口众多的拉丁美洲部分地区,例如中美洲,尽管在接近现有人口和农田的地方种植咖啡,也几乎总是以牺牲森林为代价。因此,咖啡在很大程度上有利于西班牙殖民主义留给土著民族的土地。[21]

然而,这些森林从来没有像以前大家相信的那样是空的或无人认领的。咖啡拓荒者的发展总是取代土著民族或将他们纳入新的咖啡经济。正如威廉·罗斯伯里(William Roseberry)雄辩地指出:"尽管咖啡扩张具有许多开疆拓土的特征……咖啡农民迁徙到的大部分'荒野'已经被人们、重叠和竞争的土地所有权、空间、时间的概念以及正义,简而言之,就是'历史'所拖累……这些阻碍形成了它们各自的咖啡经济,尽管这些地区是由于向咖啡的转变而转型。"[22]

此外,生态自然会产生巨大的机会成本,因为这很容易变成最原始的积累形式。一旦巴西的大西洋森林被砍伐,肥沃的土地被掠夺一空,咖啡产地就转移到了内陆。[23]梅洛讨论了边界耗尽后里约热内卢州的后果,这不仅是植物学上的悲剧,也是经济上的悲剧。没有人计算过森林和土壤的折旧或重置成本,显然很难或不可能恢复。巴西的华丽家族没有为未来建设,而是把钱糟蹋在子孙后代的遗产上。马达加斯加也面临同样的问题,正如坎贝尔的文章中提到的那样,留尼汪岛的移民们资金不足,只能勉强维持生计。在爪哇岛,由于荷兰官员的无知和贪婪,山坡上松散的火山灰土壤被冲掉了,荷兰官员希望通过在砍伐土地上的"普通花园"增加咖啡种植面积来牟取私利。平原地区糖和水稻灌溉系统的灾难性后果是决定终止这种种植系统的原因之一。[24]这种类型的生态灾难经常伴随着热带地区经济作物的扩张，而咖啡作为一种"以森林为食"的山地植物，可能是对环境最危险的一种。

破坏性的咖啡种植并不是到处都有，尽管"生物资本"方法不同的原因仍有待充分阐明。在森林土地稀缺、劳动力相对丰富、当地的态度支持环境保护的地方，农林多样化发展起来，咖啡种植成为永久——或者几乎永久——景观的一部分。这一点在克拉伦斯-史密斯关于印度迈索尔和东爪哇岛土著森林咖啡的文章中被指出，在中美洲部分地区也有报告，正如古德蒙森和桑佩尔关于哥斯达黎加的讨论。在非洲的一些地区，野生咖啡的采集也保护了森林，包括埃塞俄比亚的阿拉比卡咖啡树林。

单一文化和多元文化

咖啡很少会是一种单一的文化，只是因为工人的自我供应是降低成本的重要手段。即便是在堪称世界上最大的圣保罗种植园，当地工人80％的收入也来自种植粮食和饲养牲畜。在爪哇岛的种植体系下，如费尔南多的文章所示，农民种植咖啡的时间比例由管理固定，但预期主要是大米和其他食品的生产者。在危地马拉和恰帕斯，工人们保留了他们在高原生存的土地，同时迁移到咖啡地收割。

咖啡不仅与其他作物共存，而且经常与它们之间存在生物共生的关系。事实上，桑佩尔的文章深刻地观察到，以咖啡为中心的商品导向方法的局限性在于，它往往模糊了与其他商业作物或自给作物之间的相互作用，而这些对农民来说往往非常重要。他建议综合考虑咖啡，而不是只考虑咖啡。马可·帕拉西奥斯（Marco Palacios）也注意到，哥伦比亚的咖啡并不是单一文化。[25] 利用其他作物遮阴，如香蕉、可可或橡胶，从每棵树获得最多咖啡豆的角度来看，并不是最佳农作物。但是，它的优点是分散虫害和市场波动带来的风险，从而可能最大限度地提高每公顷的综合收入，提高咖啡的质量。因此，奥连蒂的非裔古巴小农会根据每种商品的价格变化,谨慎地改变他们的咖啡树和可可树的组合。[26]

混合种植技术在印度尼西亚得到了广泛应用。爪哇岛中部的荷兰小种植园主通常是混血儿,他们建立了复杂的农作物协会,现代化的官员轻蔑地将这些协会贬为真正的"杂货店"。19世纪80年代,灾难性的咖啡锈菌大瘟疫摧毁了他们的阿拉比卡咖啡,之后,他们重新种植了罗布斯塔、可可、橡胶、肉豆蔻、木棉花、可乐和黑胡椒,并进行各种复杂的组合。[27]类似地,苏门答腊岛南部的小农先种植了几年的旱稻,接着收获了四年的罗布斯塔咖啡,然后将咖啡树连根拔起,为了让橡胶树生长良好。[28]

劳动力的性质

拉丁美洲咖啡边界区域的土著居民近来受到了相当多的关注,因为美洲印第安人已经从外来人种的范畴中被移出,进而被视为一种特殊的农民。种族定义和身份认同被认为是由社会和历史构建的,而不是由生物基因决定的。美洲印第安人被认为是现代世界上有能力的成员,他们用有限的资源建立了自己的社会空间。他们并没有拖后腿地保持"传统"或某种美洲土著本质化,而是维持了与其他农村农民或无产阶级不同的价值观和实践。正如麦克雷里和鲁斯关于玛雅耕种者的章节所示,即使在他们实践咖啡故事的时候,也能够保持自己的文化,尽管农场主试图把他们赶出自己的土地、政府试图从人口普查类别中将其抹去,这在哥斯达黎加、萨尔瓦多和尼加拉瓜相当成功。当然,他们也面临着内部分歧。

对非洲和亚洲的学生来说,当地文化的突出已经不是什么新鲜事了,但他们倾向于更积极地看待这些文化。种族现在被视为一种资源,而不是一种诅咒,促使人们重新评估曾经被视为国家进步道路上主要绊脚石的种族。埃克特和柯蒂斯在书中详细描述了坦桑尼亚和喀麦隆咖啡繁荣时期当地文化的发展。

在这些地方，土著人在为习俗的定义而相互争斗的同时，也能以令人惊讶的程度塑造殖民制度。在雷切尔·库里安(Rachel Kurian)的那一章中，种姓制度这个棘手的问题在泰米尔纳德邦的背景下被提了出来。在泰米尔纳德邦，种姓制度对向咖啡种植园输出劳动力的影响尚不清楚。

在世界各地，妇女及其子女在咖啡经济中发挥的核心作用正日益得到认可。即使妇女没有直接从事农业工作，她们在自我供应和社会再生产方面的无薪角色也为咖啡种植的盈利奠定了基础。[29]库里安指出，在锡兰，等级制度是基于肤色、种族、民族和性别的。女性工人处于金字塔的底层，男性的统治在每一层都得到加强。在尼加拉瓜，伊丽莎白·多尔(Eliazbeth Dore)也发现了在咖啡经济繁荣之初父权制在法律和实践上的普遍影响。然而，随着时间的推移，那里的妇女可能已经获得了经济独立。她发现，在40%的案例中，女性是家庭的主人。"家庭道义"和经济计算在决定女性是否有劳动力方面一样重要，而道德是一个变化的概念。尼加拉瓜咖啡经济的扩张引发了对土地的争夺，这导致农村土地所有制以及妇女在其中角色的转变，因为地方政府开始在家庭道德问题的裁决中发挥更大的作用。[30]朱莉·查里普(Julie Charlip)揭示了妇女作为贷款人和借款人的大量行为。古德蒙森和桑佩尔的详细研究表明，哥斯达黎加的家族继承策略在给予男性特权的同时抑制了阶级对立。[31]

雇佣儿童需要更多的关注。一般来说，咖啡不像糖那样需要繁重和固定的劳动，有些工作被认为特别适合孩子们，比如收割离地最近的青果咖啡、捡起被风吹落的东西，或者驱赶鸟儿。19世纪，随着糖的减少和咖啡的扩大，巴西东南部的种植园主对儿童奴隶的需求可能是导致赤道非洲儿童出口令人费解的增加的原因之一。[32]在后期，保利斯塔的种植园主也更喜欢雇佣有许多后代的欧洲移民。[33]由于对童工的需求，尼加拉瓜和哥斯达黎加市政当局为在收获季节家庭定居住在咖啡生产区提供了获取土地的便利。

工人与革命

咖啡能在多大程度上被视为一种革命力量,不仅取决于这些对工人更为复杂的分析,还取决于对"强制"的新观点,无论是通过奴隶制、强迫劳动、流浪法还是债务税。最近,在拉丁美洲,"强制"的含义已经发生了转变,特别是有一种观点认为,对工人的主要约束与其说是债务税,不如说是回到西班牙殖民时期的老式强迫劳动。[34]事实上,无经济胁迫可能是危地马拉玛雅土著社区活力的标志,因为他们足够自给自足,不需要在农场上工作。转向更正规的工资劳动,标志着种植园主战胜了渴望土地的玛雅农民。[35]在索科努斯科,墨西哥的种植园主必须预先付款给不听话的玛雅人和其他土著民族,诱使他们季节性地迁移到这里收割庄稼,但当工人潜逃时,他们往往会失去预付款。[36]尽管领工资的劳动者可能享有更大的议价能力,但资本主义的老板们是否对他们的工人待遇更好还不确定。在1937年成立咖啡采摘工会之后,墨西哥的情况得到了明显改善。[37]

即便是巴西的奴隶现在也经常被视为"原始的农民",而不是"原始的无产阶级"。他们拥有一些权利和讨价还价的能力,以及积累金钱的能力,有时还能购买自己的自由。[38]巴西的种植园主除了使用蛮力外,还使用许多方法诱导奴隶劳动,这可从以下事实看出:奴隶制的废除是各种社会关系所取代的结果,如移民的家庭劳动力、合作耕种和租赁,但几乎很少使用经济强制。[39]另一方面,克拉伦斯-史密斯提醒我们,那些自诩为自由灯塔的欧洲国家,如比利时、荷兰、法国和葡萄牙,在美洲废除奴隶制后的几十年里,仍在其殖民地保留着强迫劳动的形式。

这种劳动制度存在于整个咖啡世界,代表了强制和工资之间的一种中间安排,尽管这不应该被认为是一种离散的农民生产方式。正如麦克雷里所指出的:"农民是一个更大的社会、经济和政治体系的一部分,这个体系通常以剥削的方式从农民那里榨取租金、劳动力和产品。因此,不可能有'农民的生产方式'。"[40]在1930年以前,许多咖啡工人陷入这种中间地带,他们轮流甚至同时成为小佃农、租客、佃户、合作种植者和日工。他们填补了许多空缺,并以非货币形式获得了大部分补偿,比如使用权。工人们经常迁徙,其中危地马拉的玛雅人和墨西哥的恰帕斯人的流动性最大。[41]

农民的能动性过去是指农民抵抗资本主义力量的能力,现在则是指农民适应资本主义的能力。各种土地所有制和劳动安排以及种族和性别,加剧了社会的分裂,阻碍了联合行动。面对类似的情况,政治上的反应大相径庭,但小农通常不愿与工人们按照阶级路线组织起来。在非洲和亚洲的咖啡土地上,尤其是在20世纪的发展中,小农日益强大的优势使这一点在旧世界尤为明显。

因此,最近的研究并没有把咖啡故事描绘成拉丁美洲革命者的温床。[42]在巴西,圣保罗是一个政治上最保守的州,而咖啡却占主导地位,甚至反抗总统瓦加斯(Getulio Vargas)的民粹主义政权。[43]恰帕斯后来参与了墨西哥革命,革命的力量来自哪里却不得而知。[44]在墨西哥的其他地方,韦拉克鲁斯的农场工人似乎并不是农民的主要支持者。[45]尼加拉瓜经历了一场社会主义革命,是因为咖啡种植阶级自身的弱点,而不是因为咖啡加剧了社会矛盾。[46]危地马拉的阿尔本斯革命由城市发起,并由政治家扩展到农村地区,但那里的支持不足以维持政权。[47]第一次真正的社会革命是在海地(1791—1804年),当时的咖啡种植园条件恶劣,这既是一场民族解放战争,也是一场奴隶起义。然而,随之而来的却是不平等、威权主义和贫穷的社会,海地失去了世界领先的咖啡生产国的地位。

咖啡小农和工人参加了非洲和亚洲的反殖民斗争,但很少设想比夺回欧洲种植者偷去的土地更大的革命目标,其宗旨不是推翻资产阶级,而是更多地参与资产阶级的竞争。土地的离间是肯尼亚血腥的茅茅起义的根源,欧洲种植园里的失地劳工是斗争的核心,但最终在独立的肯尼亚出现的政权却是臭名昭著的保守派。[48]同样地,坎贝尔的章节展示了咖啡小农是如何在1947年马达加斯加反对法国官员和殖民者的血腥起义中发挥核心作用的。安哥拉的咖啡富农是另一个为从欧洲篡夺者手中夺回土地而战斗的群体,但独立后却对马克思主义政府充满敌意。[49]咖啡和可可生产商巴克韦里(Bakweri)为了重新获得他们在喀麦隆山周围的祖传土地而进行的长期和不成功的斗争是这种有限目标的另一个例子。[50]与此同时,正如埃克特和柯蒂斯的文章所示,酋长的权力和习俗的权利有时是小农反抗的目标。

商人和咖啡经济

对小农的日益重视重新引起了人们对商人的兴趣,如果没有他们,以小农场主为基础的咖啡开荒者的发展和维持将是不可想象的。商人现在被更加积极地看待,他们是重要服务的提供者,而不是寄生的高利贷者。信贷不是这种关系的关键,因为小农几乎不需要多少资本来推动生产力的发展。如果他们负债,更多的是为可自由支配的社会支出提供资金。相反,商人们以有竞争力的价格购买作物,因为他们很少处于垄断地位。他们还提供种植材料、工具以及关于生产和市场技术的信息。[51]这些关于商人的逆耳忠言很久以前就由彼得·鲍尔(Peter Bauer)提出了,但在市场营销委员会风靡一时的时代,他只是在荒野中孤独地呐喊。[52]

到19世纪,商人社区在热带世界的分布已经很清楚了,尽管在这个问题上还需要做很多研究。处理咖啡的大型进出口公司大多是北欧的,特别是苏格兰、荷兰和汉萨同盟的德国。[53]对于农村的经济作物购买者来说,好望角以东的土地是亚洲人的聚集地,特别是中国人、印度人和阿拉伯穆斯林。华南商人在东南亚的咖啡土地上占主导地位,哈达米阿拉伯人是他们的主要竞争对手。[54]在印度西部的咖啡区,来自更北方的古吉拉特商人首当其冲。[55]尽管哈达米阿拉伯人在红海地区有着举足轻重的作用,古吉拉特邦的商人也对东非主要的咖啡经济体施加了巨大的影响。[56]

相比之下,好望角以西的土地主要是欧洲人和基督教阿拉伯人的领地。

"叙利亚人"——主要是来自黎巴嫩和巴勒斯坦的基督徒——以及叙利亚本土的基督徒,组成了西非的主要商人社区。在许多拉丁美洲的咖啡区,特别是圣保罗、哥伦比亚和中美洲的部分地区,他们也很突出。[57]在欧洲人中,北葡萄牙人在巴西和安哥拉处于前列,而德国人则在太平洋沿岸地区占主导地位。在欧洲人中,北葡萄牙人在巴西和安哥拉处于领先地位,而德国人在拉丁美洲的太平洋海岸占主导地位,还有零星的北意大利人、巴斯克人、加泰罗尼亚人、普罗旺斯人、科西嘉人、瑞士人等。[58]

尽管欧洲人的种植园可能会通过债务落入商人的手中,但他们不太可能从非洲和亚洲的小农手中收购咖啡地。大多数贸易商,特别是高级贸易商,是外国商人,殖民地政权往往禁止将土著人土地转让给非土著以偿还债务。虽然可以假冒,但与拉丁美洲相反,商人不愿购买农村土地,这增加了他们的风险并减少了资产的流动性。偶尔从小农户那里获得的土地很少,也很难整合到适当的土地上。而且这些特殊的外国人处于当地文化和殖民保护网络的外部,因此很难调动劳动力。[59]

目前,正在重新审视的商人与拉丁美洲大地主之间的关系有些不同。由于种植园主经常拖欠贷款,商人们便拥有了许多咖啡园。土地所有权所带来的巨大的社会威望和政治权力可能抵消了这种弊端,与此同时,商人们在文化上对他们所在的拉丁美洲社会并不那么陌生,他们更多地通过婚姻融入当地的权力和地位结构中。[60]

尽管商人们对拉丁美洲的咖啡经济有很大的控制权,却没有来自海外的收购兼并。虽然许多商人出生在国外,正如古德蒙森、麦克雷里和桑佩尔在文章中提到的那样,他们通常使用当地积累的资本。他们是与海外市场有良好联系的移民,而不是外国投资者,他们经常成为国家精英的一部分。此外,一些商人和加工商是土生土长的,特别是在较低的阶层,因此,查里普的论文阐明了令人惊诧的小农参与尼加拉瓜资本和土地市场的热潮。

咖啡精英作为进步的载体

与传统观念不同的是,小农和他们的商业同盟越来越被认为比大农场主对现代化的过程更有责任。在小种植户占主导地位的地区,推动土地登记、提供银行和现代交通工具的呼声往往更为坚决。即使大地主也要求这样的改变,他们也不一定是最有效利用咖啡的"咖啡行动者"。

在圣保罗,种植园主和商人的态度形成了鲜明的对比。种植园主很少关心农村的产权、抵押登记、丧失抵押品赎回权的法律或工资雇佣劳工,他们反对土地权的制度化,因为这可能限制种植园主专断的私人权力。尽管对银行和运输业很感兴趣,但在19世纪90年代的一场巨大的投机丑闻中,大种植园主利用并最终摧毁了银行和股票市场。因此,那些主要关注港口状况的商人是资产阶级财产权以及标准的权重和度量标准的主要提供者。[61]然而,我们必须注意的是,种植园主和商人之间的区别常常很模糊,因为许多种植园主同时也是贸易商,他们不仅出口自己的产品,还为邻近的小种植者提供服务。

在哥伦比亚和中美洲,土地权的制度化往往在较小的生产者中更为普遍。像中美洲部分地区一样,奴隶解放后,即便是很小的土地买卖和以土地为抵押的贷款,也会在里约热内卢州登记在案。[62]中美洲部分地区的许多小农在哥伦比亚和中美洲寻求获得公有土地或合作农场土地大规模土地所有权,以保护这些土地不被大规模的地主所侵占,尽管他们在这方面的努力并不总是成功的。[63]正如威廉姆斯所指出的:"如果一个单一的经济转型与咖啡经济的发展有关,那就是向私人拥有的财产权发展,与咖啡引入之前相比,这些产权的边界更加清晰。"[64]在中美洲,咖啡出口的增长也与银行的开业和铁路的建设密切相关。[65]

在非洲大部分地区和亚洲的部分地区,"传统"统治者有时更加青睐于享有特权地位的既定土地权,而不是新的资产阶级头衔。正如埃克特和柯蒂斯的文章所描述的那样,官员们经常支持这些社会团体,因为他们更喜欢通过"原生统治者"来管理他们的臣民,从而降低治理成本。第一次世界大战后,殖民势力也试图通过支持传统统治者来转移日益激烈的民族主义矛盾,因此,官员们试图避免改变当地的社会关系。然而,旧的土地所有制形式的维持与殖民主义本身所倡导的现代化语境发生了冲突。此外,商品化和货币化的一般过程源于现金税收的征收,成功的小农也希望获得土地的私人所有权。甚至酋长们也不确定该往哪个方向跳,他们试图将两者的优点结合起来。[66]

非洲和亚洲的土地所有者当然认为自己是"肩负起白人重担"的坚定现代主义者,但我们有充分的理由怀疑这种夸张的自我认知。种植园主坚持要求建立银行、改善交通和建立农业研究所,但前提是,这些费用必须由当地的小农(如肯尼亚的小农)或城市纳税人承担。尽管荷兰人在1830年后在印度尼西亚只签发了长期租约,但他们通常对自己的土地拥有永久所有权。由于殖民定居者和公司会使用他们的土地储备来阻止土著小农的扩张,所以政府对大片森林过于慷慨的特许租赁权并不利于一个活跃的土地市场,对劳工的态度则更是没有任何进步。企业通常背负着沉重的债务和极高的运营成本,因为它们借入巨额资金,并在"科学"耕作和昂贵的白人外派人员身上挥霍无度。因此,他们缺乏流动资金来支付工人工资,当他们能够侥幸逃脱时,就诉诸前资本主义的胁迫劳动,尤其是在法国和南欧列强的殖民地。[67]

咖啡和制造业

对于拉丁美洲的历史学家来说,咖啡与制造业的关系已经逐渐淡化,而本书中的研究也很少探讨咖啡出口的工业乘数效应。的确,从最初的观察来看,那些专注于咖啡生产的国家最引人注目的方面往往是,它们很贫穷。然而,正如梅洛所证明的那样,咖啡贸易在城市和州的基础设施建设中发挥了巨大的作用。尽管圣保罗令人惊叹的发展令里约热内卢地区黯然失色,但里约热内卢仍然拥有拉丁美洲最密集的铁路网并且是最大的城市之一。一个庞大的金融部门出现了,工厂也出现了,尽管主要是因为咖啡的消费和财政联动,而不是咖啡生产的前向或后向联动。我们可以认为,其他作物的多样化是任何成功措施的先决条件。近年来,随着西方工业部门相对大幅下降,经济学家们开始怀疑工业化对发展的中心作用。然而,圣保罗的繁荣可以说在很大程度上归功于工业化,这就留下了一个问题,即工业化是否像沃伦·迪恩(Warren Dean)几十年前所说的那样,是建立在咖啡出口收益的基础上的。[68] 正如最激进的咖啡依赖说的学者所说,各国不必选择咖啡出口或工业化,巴西、哥伦比亚和萨尔瓦多在很大程度上都能享受到这两者。今天的巴西仍然是世界上最大的咖啡出口国,也是世界第八大经济体,然而咖啡在 GDP 和出口中所占的份额急剧下降。根据《经济学人》(*The Economist*)的说法,巴西现在是世界上第二大不依赖贸易的经济体。[69]

对于研究非洲的学者来说,咖啡出口与工业化之间的关系问题比研究拉丁美洲或亚洲的学者更加活跃,因为许多非洲国家自从独立以来,对少量初级产品的依赖有所增加,其中包括咖啡。进口替代工业化在关税壁垒下的巨大失败导致人们对建立在出口收入基础上的保护主义程度较低的工业化模式重新产生兴趣。特别是对东非来说,咖啡的潜力仍然很诱人。

安哥拉的情况既具有启发性,又具有戏剧性。在葡萄牙殖民统治时期,该地区成为非洲最大的咖啡出口国,咖啡主要由葡萄牙殖民者拥有的种植园生产。它同时成为非洲工业化程度最高的地区之一,因为种植园主将大量咖啡利润再投资于制造业,尤其是在罗安达及其周边地区。[70] 1975 年之后,由于葡萄牙殖民者的混乱逃离、无休止的内战、错误判断的经济政策,以及货币高估带来的"荷兰病"效应,这一切都崩溃了,安哥拉几乎停止了咖啡出口,工厂要么变为废墟,要么只能以很小的产能勉强维持运转。[71]

咖啡种植者和自由民族国家

种植者在拉丁美洲建立政治上和平的"咖啡共和国"的程度问题受到了反复质疑,旧世界中威权殖民政权的存在直接表明,咖啡与民主之间没有必要的联系。拉丁美洲的咖啡种植被证明是相当不团结的,国家种植组织在大多数国家是在第一次世界大战后发展起来的。对种植园主的划分,部分是由于不同的生产规模和与生产资料的关系,部分是由于对劳动力和资本的竞争。他们在政治立场上也出现了分歧,因为生产出口作物并不会自动导致自由主义观点的采纳。许多人是保守派,特别是在巴西和哥伦比亚。[72] 中美洲的情况也是如此。[73]

种植园主权力的范围也受到了质疑。虽然在圣保罗经常出现大种植园制定规则的案例,但较小的自给自足咖啡种植者也发挥了很大的政治影响力。在哥斯达黎加,如桑佩尔所指出的那样,不是咖啡种植者,而是受益所有者利用信贷、加工和营销的"三重垄断"来控制国家。[74] 多尔、查里普和古德蒙森的文章表明,在哥斯达黎加和尼加拉瓜,政治权力仍然是分散的,小农在政治上具有影响力。咖啡种植者甚至没有在恰帕斯州主宰政治,因为鲁斯的文章指出,高原玉米、小麦、糖和牛的生产者不断统治着该州。此外,经过仔细研究,显著的政治分歧(例如哥斯达黎加的民主与萨尔瓦多的专制寡头)也有所减少。

种植权的薄弱意味着咖啡共和国的能力和渗透率有限,特别是在出口繁荣的早期。在中美洲,最初最重要的机构是市政当局和合作社,而不是国家政府。在农村,主要是由各种各样的私人地主进行统治。国家最大的作用不是把土地分配给大规模的农民,也不是直接提供劳动力,而是提供军队和警察,以防止有组织的反对私人占有。

尽管如此,各个咖啡国家在更广泛的积累过程中发挥了重要作用,尤其是在市场营销中。大多数情况下,它们通过向国外借款、试图维持货币价值、促进交通和通信的改善来监督国际联系。正如托皮克(Topik)所讨论的,巴西政府虽然在言辞上保持着自由主义的本色,但在很大程度上进行了干预,甚至控制了国际咖啡市场。[75]事实上,英国经济学家罗(Rowe)指出:"巴西咖啡受到了比任何重要因素更彻底、更持久、更慎重的人为控制。"[76]

其他拉丁美洲国家和种植组织在市场营销中发挥了基本作用,尽管其公开程度还有待讨论。桑佩尔认为萨尔瓦多的非洲咖啡协会是一个"不那么公有化国家中的一个私有制国家"[77]。哥伦比亚自助联合会的情况也是如此,该组织于20世纪40年代成为哥伦比亚政府的一个分支。[78]咖啡不一定能创造一种工具性或自主性的状态。事实上,即使在同一个国家,出口精英对国家的控制和国家对咖啡行业的参与也会随着时间的推移而变化。

具有更明显的公共性质的市场营销委员会,形成了国家对非洲咖啡经济最大的单一直接干预,其后果被证明是灾难性的。建立这一制度的后期殖民政权,或许热衷于保护小农户免受世界市场价格波动的影响。[79]然而,后殖民政府无耻地利用董事会作为一种惩罚性的税收形式以及巨大的资助和腐败的来源。事实上,许多非洲国家可以说因为杀了"金鹅"而陷入困境,农民们除了把作物走私到能卖个好价钱的地方之外,其他什么都不做了。[80]

这种最糟糕的情况并不总是被人们所见证,科特迪瓦成为成功的咖啡和可可种植者在独立后夺权的一个经典案例,创造了非洲版的咖啡共和国。菲列克斯(Felix Houphou et-Boigny)总统既是酋长也是富农,他通过领导一个小农协会而获得权力。国家市场委员会(Caisse de Stabilisation)的干预主义程度低于其他地方,这给"叙利亚"人和其他贸易商留下了空间。针对土地私有化,劳工移民和运输的政策是特制的,以产生巨大的咖啡和可可生产热潮,科特迪瓦享有的政治稳定和民主已成为非洲大部分地区的嫉妒对象。然而,整个体系都是建立在对原始森林不计后果的破坏之上的,当总统死亡、原始森林被耗尽时,政权就崩溃了。[81]肯尼亚提供了另一个例子,尽管更加含糊不清。[82]埃塞俄比亚在海尔·塞拉西(Haile Selassie)的领导下甚至成为一种"咖啡帝国"的候选人,直到该政权成为非洲大陆最激进党派叛乱之一的牺牲品。[83]

第二次世界大战后,大多数亚洲咖啡生产商被非殖民化,因此尽管越南等社会主义国家制定了自己的版本,却能够避免类似殖民地营销委员会的可疑利益。诸如印度尼西亚这种相对自由的营销体系依然存在的国家,咖啡行业的表现相当不错。[84] 然而,咖啡的重要性远不及统治整个国家的经济,特别是在亚洲经济奇迹开始导致快速工业化的情况下,"咖啡共和国"不值一提。

研究计划

为了激发对过去的研究,从而更有效地让"咖啡行动者"了解现在和未来,我们不应该局限于假设圣保罗咖啡地发生的事情一定也要发生在锡兰或坦桑尼亚。如果对分布广泛的咖啡经济体进行更直接的比较,应该会收获丰硕的成果。

显然,重要的是要重新创造咖啡经济中个体参与者的生活,包括长期默默无闻的妇女和儿童。他们的存在不仅仅是为了采摘咖啡果,我们需要理解那些加强或限制他们行动自由的更广泛的结构。尽管农村民主化程度更高,但今天的咖啡工人有时比过去更缺乏运动的独立性。

与此同时,我们不仅要历史化剧中的人物,更要历史化布景和道具,还要关注制作过程本身。我们还需要牢记世界咖啡市场不断变化的性质。托皮克指出,需求的本质、咖啡的种类、制度化的程度、通信和运输都随着时间而改变,这对全球咖啡商品链的参与者有着重要的影响。例如,至少在绿色革命开始之前,20世纪资产规模的下降可能预示着财富更加集中,而不是收入分配更加平等。目前的咖啡品种需要更多的资金,因为它们种植得更密集,排除了其他作物,而且需要更多的化肥和杀虫剂。因此,今天的一个小种植园可能更像一个农用工业企业,而不是在世纪之交的一个大庄园,后者只提供一小块区域用于种植咖啡。另一方面,咖啡价格自1989年以来急剧下跌,导致生产者对咖啡豆的质量不太重视,并鼓励规模更大的生产和使用质量较低的罗布斯塔咖啡豆。

我们还应该从统计的角度进行长期思考,我们希望马里奥·桑佩尔和雷丁·费尔南多的统计附录为这种方法提供一个良好的基础。个别的反例并不能否定广泛、一致的趋势。乍一看，统计数据可能显得枯燥乏味，但它们是一块"沃土"，可以用来提出有关历史进程的新奇而又令人兴奋的不同问题。把一长串的数据拼凑起来是历史学家可以为经济学家提供的服务。

虽然各国政府在咖啡经济中发挥着越来越重要的作用，但国家边界不应决定归纳和分析的边界。国家内部有许多差异，但各国之间也有许多相似之处。区域的历史和文化需要与民族国家和更广泛的世界历史和文化相互交织。类似的经济冲动在不同的环境下产生了本质上不同的结果。本地和全球需要相辅相成。

为了检验外部的内部化，我们还需要更好地理解外部。通常咖啡的国际价格被认为是唯一的外生变量，咖啡生产者无法有效地改变它。事实上，内部决策受到其他种植者的政策，如 ICO 协会、农业研究、初级和二级加工技术、世界运输、市场细分、烘焙商寡头以及资金成本及其可用性等因素的制约。通过了解国际咖啡经济的发展，学者们可以认识到，当地生产体系的差异可能对国际贸易大局的影响不大。它们与其说是地方自治和独立的迹象，不如说是从全球角度看地方无关紧要的证据。咖啡的来源如此之多，以至于烘焙师们在世界各地漫游，选择对他们最有益的咖啡。为了充分理解当地的咖啡经济，我们需要了解它在全球经济中的作用，以及它在当地的影响。

总的来说，要充分认识到最近发展的新洞见的重要性，社会、经济和文化历史需要融合在一起。通过了解人口统计学、地理、地方历史、土著民族、劳动制度、性别、文化理解和家庭道德如何对同一资本主义世界经济产生过多的反应，我们揭开了"经济人"的面纱，给了她和他无数的人类面孔。诸如种族、性别、宗教和家庭习俗等明显的社会问题应该与劳动和终身制度一起成为经济等式的一部分。政治也不能被认为是外生变量。

你那杯咖啡里蕴含了太多的历史，它不仅能让我们保持清醒，还能让我们看到和理解这个世界，以及它的各个部分在过去几个世纪中是如何发展和相互关联的。通过追踪咖啡的生命周期，跨越几个世纪和大陆，从咖啡豆到一杯咖啡，我们可以阐明许多因素，使我们的世界成为今天的样子。

注释：

(1) Fernando Picó, *Amargo café* (Rio Pedras: Ediciones Huracán, 1981); João Heraldo Lima, *Café e indústria em Minas Gerais* (Petrôpolis: Editora Vozes, 1981).

(2) Eduardo Silva, *Barões e escravidão* (Rio de Janeiro: Editora Nova Fronteira, 1984); Darell Levi, *The Prados of Brazil* (Athens: University of Georgia Press, 1987); Samuel Z. Stone, *The Heritage of the Conquistadors* (Lincoln: University of Nebraska Press, 1990).

(3) Michael Jimenez, "Traveling Far in Grandfather's Car," *Hispanic American Historical Review* 69, no. 2 (1989): 185–220.

(4) Thomas Holloway, *Immigrants on the Land: Coffee and Society in São Paulo, 1886–1934* (Chapel Hill: University of North Carolina Press, 1980); Verena Stolcke, *Coffee Planters, Workers, and Wives: Class Conflict and Gender Relations on São Paulo Plantations, 1850–1980* (New York: St. Martins, 1988); Steven Topik, "Ze Prado e Juan Valdez, Representações do cafeicultor," *Revista Brasileira de Historia* 15, no. 29 (1995): 157–72.

(5) Lowell Gudmundson, "Lord and Peasant in the Making of Modern Central America," in Evelyne Huber and Frank Safford, eds., *Agrarian Structure and Political Power: Landlord and Peasant in the Making of Latin America* (Pittsburgh: University of Pittsburgh Press, 1995), pp. 151–76.

(6) David Blackbourn and Geof Eley, *The Peculiarities of German History* (Oxford: Oxford University Press, 1984); Francois Furet, *Penser la Révolution française* (Paris: Gallimard, 1978); Theodore Koditschek, *Class Formation and Urban-Industrial Society: Bradford, 1750–1850* (New York: Cambridge University Press, 1990); Peter Cain and A. G. Hopkins, *British Imperialism* (London: Longman, 1993).

(7) David Birmingham, "The Coffee Barons of Cazengo," *Journal of African History* 19, no. 4 (1978): 523–38; Paul Mosley, *The Settler Economies: Studies in the Economic History of Kenya and Southern Rhodesia, 1900–1963* (Cambridge: Cambridge University Press, 1983); Robert McStocker, "The Indonesian Coffee Industry," *Bulletin of Indonesian Economic Studies* 23, no. 1 (1987): 40–69; William G. Clarence-Smith, "Planters and Smallholders in Portuguese Timor in the Nineteenth and Twentieth Centuries," *Indonesia Circle* 57 (1992): 15–30; J. Parsons, "Coffee and Settlement in New Caledonia," *Geographical Review* 35, no. 1 (1945): 12–21.

(8) M. R. Akpan, "The Liberian Economy in the Nineteenth Century: The State of Agriculture and Commerce," *Liberian Studies Journal* 6, no. 1 (1975): 1–25.

(9) John Tosh, "The Cash-Crop Revolution in Tropical Africa: An Agricultural Reappraisal," *African Affairs* 79 (1980): 79–94; Ralph Austen, *African Economic History, Internal Development and External Dependency* (London: James Currey, 1987), ch. 6; R. E. Elson, *The End of the Peasantry in Southeast Asia* (London: Macmillan, 1997).

(10) Mason C. Hoadley, *Towards a Feudal Mode of Production: West Java, 1600–1800* (Singapore: Institute of Southeast Asian Studies, 1994); Charles McClennan, "Land, Labour and Coffee: The South's Role in Ethiopian Self-Reliance, 1889-1935," *African Economic History* 9 (1980): 69–83.

(11) Elizabeth Dore, "La Producción cafetalera nicaraguense, 1860–1960," in Héctor Pérez Brignoli and Mario Samper, eds., *Tierra, café y sociedad* (San José: FLASCO, 1994), p. 404.

(12) Mario Samper, "In Difficult Times: Colombian and Costa Rican Coffee Growers from Prosperity to Crisis, 1920–1936," in William Roseberry et al., eds., *Coffee, Society and Power in Latin America* (Baltimore: Johns Hopkins University Press, 1995), pp. 173–6.

(13) McStocker, "The Indonesian Coffee Industry."

(14) Verena Stolcke, *Cafeicultura. Homens, mulheres e capital (1850–1980)*, trans. Denise Bottmann and João Martins Filho (São Paulo: Editora Brasiliense, 1986), p. 189; Margarita Nolasco in *Café y sociedad en México* (Mexico D.F.: Centro de Ecodesarrollo, 1985), p. 42.

(15) C. Blanc-Pamard and François Ruf, *La Transition caféière, côte est de Madagascar* (Montpellier: CIRAD, 1992).

〔16〕Franz Dafert, *Principes de culture rationelle du café au Bresil* (Paris: Augustin Challand, 1900), p. 41. See also Jacobo Gorender, *A burguesia brasileira* (São Paulo: Editora Brasiliense, 1981); Topik, "Ze Prado."

〔17〕我们感谢 Lowell Gudmundson 和 Mario Samper 的敏锐观察。

〔18〕J. de Graaff, *The Economics of Coffee* (Wageningen: Pudoc, 1986), pp. 42–7.

〔19〕Austen, *African Economic History*, pp. 126–9.

〔20〕Catherine LeGrand, *Frontier Expansion and Peasant Protest in Colombia, 1830–1936* (Albuquerque: University of New Mexico Press, 1986), pp. 87–9.

〔21〕J. C. Cambranes, *Coffee and Peasants in Guatemala: The Origins of the Modern Plantation Economy in Guatemala 1853–1897* (Stockholm: Institute of Latin American Studies, 1985), pp. 61–84; Jeffrey Gould, "El Café, el trabajo, y la comunidad indígena de Matagalpa, 1880–1925," in Pérez Brignoli and Samper, eds., *Tierra, café y sociedad*, pp. 279–376; Hector Lindo-Fuentes, *Weak Foundations, the Economy of El Salvador in the Nineteenth Century, 1821–1898* (Berkeley: University of California Press, 1990), pp. 88–93; Robert Wasserstrom, *Class and Society in Central Chiapas* (Berkeley: University of California Press, 1983), pp. 107–70.

〔22〕William Roseberry, "La Falta de Brazos: Land and Labor in the Coffee Economies of Nineteenth-Century Latin America," *Theory and Society* 20, no. 3 (1991): 359.

〔23〕Warren Dean, *With Broadax and Firebrand* (Berkeley: University of California Press, 1995).

〔24〕William G. Clarence-Smith, "The Impact of Forced Coffee Cultivation on Java, 1805–1917," *Indonesia Circle* 64 (1994): 241–64; Robert W Hefner, *The Political Economy of Mountain Java: An Interpretive History* (Berkeley: University of California Press, 1990).

〔25〕Marco Palacios, *El Café en Colombia, 1850–1970* (Mexico D.F.: El Colegio de México, 1979), p. 93.

〔26〕I. A. Wright, *Cuba* (New York: Macmillan, 1910), pp. 447–8, 460.

〔27〕W. Roepke, *Cacao* (Haarlem: H. D. Tjeenk Willink and Zoon, 1922), pp. 2–4.

〔28〕B. H. Paerels, "Bevolkingskoffiekultuur," in C. J. J. van Hall and C. van de Koppel, eds., *De landbouw in de Indische archipel* (The Hague: W. van Hoeve, 1946–50), vol. 2b, pp. 112–13.

〔29〕Verena Stolcke, "The Labors of Coffee in Latin America," in Roseberry et al., eds., *Coffee, Society and Power*, pp. 65–94.

〔30〕Elizabeth Dore, "Property, Households and Public Regulation of Domestic Life: Diriomao, Nicaragua, 1840–1900," *Journal of Latin American Studies* 29 (1997): 591–611.

〔31〕Lowell Gudmundson, *Costa Rica before Coffee* (Baton Rouge: Louisiana State University Press, 1986); Mario Samper K., *Generations of Settlers* (Boulder, Colo.: Westview Press, 1990).

〔32〕David Eltis, *Economic Growth and the Ending of the Transatlantic Slave Trade* (Oxford: Oxford University Press, 1987), p. 175.

〔33〕Holloway, *Immigrants on the Land*.

〔34〕Arnold Bauer, "Rural Workers in Spanish America," *Hispanic American Historical Review* 59, no. 1 (1979): 34–63; Alan Knight, "Mexican Peonage: What Was It and Why Was It," *Journal of Latin American Studies* 18 (1986): 41–74.

〔35〕David McCreery, "Wage Labor, Free Labor and Vagrancy Laws: The Transition to Capitalism in Guatemala, 1920–1945," in Roseberry et al., eds., *Coffee, Society and Power*, pp. 206–31.

〔36〕Friederike Bauman, "Terratenientes, campesinos y la expansión de la agricultura capitalista em Chiapas, 1896–1916," *Mesoamerica* 4, no. 5 (1983): 8–63; Karl Kaerger, *Landwirtschaft und Kolonisation im Spanishchen Amerika*, vol. 2: *Die Südamerikanischen Weststaaten und Mexiko* (Leipzig: Duncker and Humblot, 1901).

(37) Jan Rus, "The Comunidad Revolucionaria Institucional," in Gilbert M. Joseph and Daniel Nugent, eds., *Everyday Forms of State Formation* (Durham, N.C.: Duke University Press, 1994), pp. 268–9.

(38) Jacob Gorender, *O escravismo colonial* (São Paulo: Atica, 1978); Stuart Schwartz, *Slaves, Peasants, and Rebels: Reconsidering Brazilian Slavery* (Urbana: University of Illinois Press, 1992); Mark Turner, ed., *From Chattel Slaves to Wage Slaves: The Dynamics of Labor Bargaining in the Americas* (Bloomington: Indiana University Press, 1995).

(39) George Reid Andrews, *Blacks and Whites in São Paulo, Brazil, 1888–1988* (Madison: University of Wisconsin Press, 1991); Hebe Maria Mattos de Castro, *Ao sul da historia* (São Paulo: Ed. Brasiliense, 1987); Holloway, *Immigrants*; Stolcke, *Coffee Planters*; Nancy Naro, *A Slave's Place, A Master's World* (London: Continuum, 2000).

(40) David McCreery, *Rural Guatemala, 1760–1940* (Stanford: Stanford University Press, 1994), p. 5. See also William Roseberry, *Coffee and Capitalism in the Venezuelan Andes* (Austin: University of Texas Press, 1983), pp. 192–208.

(41) John M. Watanabe, *Maya Saints and Souls in a Changing World* (Austin: University of Texas Press, 1992), pp. 142–8; Rigoberta Menchu, *Me llamo Rigoberta Menchu, testimonio*, with Elizabeth Burgos Debray (Havana: Casa de las Americas, 1983); Jan Rus, *Abtel ta pinka…Trabajo en las fincas, platicas de los Tzotziles sobre las fincas cafetaleras de Chiapas* (San Cristobal de las Casas, Chiapas: Taller Tzotzil, INAREMAC, 1990).

(42) Jeffery M. Paige, *Coffee and Power: Revolution and the Rise of Democracy in Central America* (Cambridge: Harvard University Press, 1997).

(43) Joseph Love, *São Paulo in the Brazilian Federation* (Stanford: Stanford University Press, 1980).

(44) Daniela Spenser, *El Partido Socialista Chiapaneca* (Mexico D.F.: CIESAS, 1988); Thomas Benjamin, *A Rich Land, a Poor People: Politics and Society in Modern Chiapas* (Albuquerque: University of New Mexico Press, 1989).

(45) Heather Fowler-Salamini, *Agrarian Radicalism in Veracruz* (Lincoln: University of Nebraska, 1978).

(46) Robert G. Williams, *States and Social Evolution: Coffee and the Rise of National Governments in Central America* (Chapel Hill: University of North Carolina Press, 1994).

(47) Cindy Forster, "Campesino Labor Struggles in Guatemala," in *Identity and Struggle at the Margins of the Nation-State* (Durham: Duke University Press, 1998), p. 218.

(48) Gavin Kitching, *Class and Economic Change in Kenya: The Making of an African Petite Bourgeoise, 1905–1970* (New Haven: Yale University Press, 1980).

(49) William G. Clarence-Smith, "Class Structure and Class Struggles in Angola in the 1970s," *Journal of Southern African Studies* 7, no. 1 (1980): 109–26.

(50) William G. Clarence-Smith, "Plantation versus Smallholder Production of Cocoa: The Legacy of the German Period in Cameroon," in Peter Geschiere and Piet Konings, eds., *Itinéraires d'accumulation au Cameroun* (Paris: Karthala, 1993), pp. 187–216.

(51) Gareth Austin and Kaoru Sugihara, eds., *Local Suppliers of Credit in the Third World, c.1750–c.1960* (London: Macmillan, 1993).

(52) P. T. Bauer, *West African Trade: A Study of Competition, Oligopoly and Monopoly in a Changing Economy* (London: Routledge and Kegan Paul, 1963).

(53) Robert G. Greenhill, "Merchants and the Latin American Trades: An Introduction," in D. C. M. Platt, ed., *Business Imperialism 1840–1930: An Inquiry Based on British Experience in Latin America* (Oxford: Clarendon Press, 1977), pp. 119–97; J. T. Lindblad, *Foreign Investment in Southeast Asia in the Twentieth Century* (Basingstoke; Macmillan, 1998).

(54) William G. Clarence-Smith, "Hadhrami Entrepreneurs in the Malay World, c. 1750 to

c. 1940," in Ulrike Freitag and William G. Clarence-Smith, eds., *Hadhrami Traders, Scholars and Statesmen in the Indian Ocean, 1750s to 1960s* (Leiden: E. J. Brill, 1997), pp. 297–314.

(55) Anirudha Gupta, ed., *Minorities on India's West Coast: History and Society* (Delhi: Kalinga Publications, 1991); T. J. Mohamed, *The Gujaratis, a Study of Socio-economic Interactions, 1850–1950* (Delhi: Deputy Publications, 1990).

(56) William G. Clarence-Smith, "Indian Business Communities in the Western Indian Ocean in the Nineteenth Century," *Indian Ocean Review* 2, no. 4 (1989): 18–21; Janet Ewald and William G. Clarence-Smith, "The Economic Role of the Hadhrami Diaspora in the Red Sea and Gulf of Aden, 1820s to 1930s," in Freitag and Clarence-Smith, eds., *Hadhrami Traders*, pp. 281–96; Chapter 2.

(57) Albert Hourani and Nadim Shehadi, eds., *The Lebanese in the World: A Century of Emigration* (London: Centre for Lebanese Studies and I. B. Tauris, 1992); Ignacio Klich and Jeffrey Lesser, eds., *Arab and Jewish Immigration in Latin America: Images and Realities* (London: Cass, 1998); Nancie L. González, *Dollar, Dove, and Eagle: One Hundred Years of Palestinian Migration to Honduras* (Ann Arbor: University of Michigan Press, 1992); R. Bayly Winder, "The Lebanese in West Africa," *Comparative Studies in Society and History* 4, no. 3 (1962): 296–336.

(58) William G. Clarence-Smith, *Cocoa and Chocolate, 1765–1914* (London: Routledge, 2000), ch. 5; A. da Silva Rego, *Relações luso-brasileiras, 1822–1953* (Lisbon: Panorama, 1966); K. Trümper, *Kaffee und Kaufleute: Guatemala und der Hamburger Handel, 1871–1914* (Hamburg: LIT Verlag, 1996); P. J. Eder, *Colombia* (London: Fisher and Unwin, 1913); William G. Clarence-Smith, "Capital Accumulation and Class Formation in Angola, c.1875–1961," in David Birmingham and Phyllis Martin, eds., *History of Central Africa* (London: Longman, 1983), vol. 2, pp. 163–99.

(59) Austin and Sugihara, *Local Suppliers of Credit*.

(60) Lois J. Roberts, *The Lebanese Immigrants in Ecuador, a History of Emerging Leadership* (Boulder: Westview Press, 2000).

(61) Eugene Ridings, *Business Interest Groups in Nineteenth-Century Brazil* (Cambridge: Cambridge University Press, 1994); Steven Topik, "Brazil's Bourgeois Revolution?," *The Americas* 48, no. 2 (1991): 245–71.

(62) Castro, *Ao sul da historia*; Geraldina Portillo, "La Tenencia de la tierra en el Departamento de La Libertad, 1897–1901," and Aldo Lauria Santiago, "La Colonización del Volcan de San Vicente, El Salvador, 1860–1900," both unpublished papers, Tercer Congreso Centroamericano de Historia, San José CR, July 18, 1996; Chapter 10.

(63) LeGrand, *Frontier Expansion*, pp. 167–70; Aldo A. Lauria-Santiago, *An Agrarian Republic: Commercial Agriculture and the Politics of Peasant Communities in El Salvador, 1823–1914* (Pittsburgh: University of Pittsburgh Press, 1999), pp. 230–3.

(64) Williams, *States and Social Evolution*, p. 237, notes.

(65) Hector Lindo-Fuentes and Lowell Gudmundson, *Central America, 1821–1871; Liberalism before Liberal Reform* (Tuscaloosa: University of Alabama Press, 1995), p. 47; Williams, *States and Social Evolution*, p. 193.

(66) Anne Phillips, *The Enigma of Colonialism: British Policy in West Africa* (London: James Currey, 1989).

(67) William G. Clarence-Smith, "Cocoa Plantations in the Third World, 1870s–1914: The Political Economy of Inefficiency," in John Harriss et al., eds, *The New Institutional Economics and Third World Development* (London: Routledge, 1995), pp. 157–71.

(68) Warren Dean, *The Industrialization of São Paulo, 1880–1945* (Austin: University of Texas Press, 1969).

(69) The Economist, *Pocket World in Figures, 2001 Edition* (London: Profile Books, 2001), pp. 22, 30, 45.
(70) Clarence-Smith, "Capital Accumulation."
(71) Margaret J. Anstee, *Orphan of the Cold War: The Inside Story of the Collapse of the Angolan Peace Process* (New York: St. Martin's Press, 1996).
(72) José Murilo de Carvalho, *Teatro de sombras* (São Paulo: Vertice, 1988); Frank Safford, "Agrarian Systems and the State: The Case of Colombia," in Evelyne Huber and Frank Safford, eds., *Agrarian Structure and Political Power: Landlord and Peasant in the Making of Latin America* (Pittsburgh: University of Pittsburgh Press, 1995), pp. 111–49.
(73) Williams, *States and Social Evolution*; Lindo-Fuentes and Gudmundson, *Central America*; Dore, "La Producción cafetalera nicaraguense"; Ralph Lee Woodward, Jr., *Rafael Carrera and the Emergence of the Republic of Guatemala* (Athens: University of Georgia Press, 1993); Jeffry Paige, "Coffee and Power in El Salvador," *Latin American Research Review* 28, no. 3 (1993): 7–40.
(74) Mario Samper, "El Significado de la caficultura," in Pérez Brignoli and Samper, eds., *Tierra, café y sociedad*, p. 128.
(75) Steven Topik, "L'Etat sur le marché: Approche comparative du café brésilien et du henequen mexicain," *Annales, Economies, Societies, Civilisations* 46, no. 2 (1991): 429–58.
(76) J. W. F. Rowe, *Studies in the Artificial Control of Raw Material Supplies: Brazilian Coffee* (London: London and Cambridge Economic Service, 1932), p. 5.
(77) Samper, "El Significado," p. 212.
(78) Robert H. Bates, *Open-economy Politics: The Political Economy of the World Coffee Trade* (Princeton: Princeton University Press, 1997), p. 89.
(79) Bauer, *West African Trade*.
(80) Robert H. Bates, *Markets and States in Tropical Africa: The Political Basis of Agricultural Policies* (Berkeley: University of California Press, 1981).
(81) J.-P. Chauveau and E. Léonard, "Côte d'Ivoire's Pioneer Fronts: Historical and Political Determinants of the Spread of Cocoa Cultivation," in William G. Clarence-Smith, ed., *Cocoa Pioneer Fronts since 1800: The Role of Smallholders, Planters and Merchants* (London: Macmillan, 1996), pp. 176–94; Bastiaan A. den Tuinder, *Ivory Coast, the Challenge of Success* (Baltimore: Johns Hopkins University Press, 1978).
(82) Kitching, *Class and Economic Change in Kenya*.
(83) Richard Pankhurst, *The Ethiopians* (Oxford: BLackwell, 1998).
(84) McStocker, "The Indonesian Coffee Industry."

【作者】 Steven Topik and William Gervase Clarence-Smith

附录

1700—1960年咖啡生产和贸易的历史统计数据

引 言

本章统计的目的是概括显示有关生产、净出口和净进口量的可靠时间序列，以及从18世纪初到1960年的部分价格信息。此处提供的信息是较大的一部分数据集，缩略地进行发表。我们试图为那些对世界咖啡产区历史、国际咖啡商品链以及消费趋势感兴趣的人提供相关选择。一般读者可能会发现，简略的表格有助于提高清晰度，而专家们可能会喜欢详细的年度数据。我们希望，通过我们的集体努力，这些表以及由此产生的更广泛的数据库将在未来得到改善。我们将继续探索资源并共享信息。

这项努力是一个在多个层面上的合作项目。该倡议来自关于"咖啡生产与经济发展，1700—1960年"的大会，该会议于1998年在牛津举行。随后，两位合著者在编辑的热情支持下完成了这项任务，他们慷慨地贡献了自己的数据和专业知识。威廉·G. 克拉伦斯-史密斯（William G. Clarence-Smith）提供了许多非洲和亚洲案例的信息，史蒂文·托皮克（Steven Topik）提供了有关巴西的信息。双方都提供了相关建议和有价值的反馈。其他几位研究人员还提供了他们所熟悉的历史案例的数据和来源参考。我们特别感谢 Carlos Alfaro、Gwyn Campbell、Elizabeth Dore、José A. Fernández、David Geggus、Rachel Kurian、Hildete Pereira de Melo、Gustavo Palma、Simon D. Smith、Michel Tuchscherer、Jean C. Tulet 和 Robert Williams。

表 A.1　　　　　　　1712—1821 年咖啡出口(吨,5 年平均值)

时间	爪哇	苏里南	牙买加	巴西
1712—1716 年	1.08			
1717—1721 年	20.60			
1722—1726 年	822.80			
1727—1731 年	1 728.20	174.34		
1732—1736 年	1 677.40	614.40		
1737—1741 年	1 461.20	1 867.73	28.18	
1742—1746 年	1 593.00	1 423.15	15.84	
1747—1751 年	1 381.00	1 654.22	18.33	
1752—1756 年	1 512.40	2 423.21	33.54	
1757—1761 年	1 521.40	4 745.33		52.68
1762—1766 年	1 731.00	6 160.37		50.21
1767—1771 年	1 896.40	6 130.98	105.70	47.95
1772—1776 年	2 284.00	7 615.47	359.93	44.20
1777—1781 年	1 819.40	6 355.17	206.20	
1782—1786 年	2 197.20	6 117.64	577.44	
1787—1791 年	1 678.40	5 143.20	817.21	
1792—1796 年		1 855.38	2 431.19	
1797—1801 年		622.89	5 012.45	481.69
1802—1806 年		2 382.54	9 976.82	348.24
1807—1811 年		3 024.09	11 642.17	374.58
1812—1816 年		1 363.20	11 050.26	1 507.87
1817—1821 年		3 187.83	8 525.03	6 124.10

资料来源:巴西:1741,1750,1756—1777,1796—1802,1806—1816:Teixeira de Oliveira(1984),pp. 208—10,237,table 1(仅包括巴西对葡萄牙的出口,地理覆盖范围不同,因此数据并不能反映巴西当年的全部出口);1817—1819(从几个地区到葡萄牙,以及从里约热内卢到所有目的地的总和):Teixeira de Oliveira(1984),table 1,and Thurber(1883),p. 135;1820(只有里约热内户):Thurber(1883),p. 135;1821(所有巴西出口):Rodrigues da Cunha(1992),table 1.6(材料由托皮克和梅洛提供)。牙买加:1737—1756,1768—1778,1782—

1821；Rodriguez(1961)。爪哇：1712—1780，1783—1794，1803，1808—1810：Bulbeck et al.(1998)，tables 5.1，5.2B. From 1724 to 1794, coffee purchased by VOC; for 1803, 1808—1810, and 1822, coffee production of all Java. 苏里南：1724—1821：van Stipriaan(1993)；pp.429—33，data supplied by William G. Clarence-Smith；Ukers(1935)。

表 A.2　　1701—1810 年英国净咖啡进口量(吨,5 年平均值)

时间	净咖啡进口量
1701—1705 年	242.0
1706—1710 年	108.7
1711—1715 年	406.5
1716—1720 年	123.2
1721—1725 年	372.0
1726—1730 年	258.8
1731—1735 年	161.1
1736—1740 年	336.3
1741—1745 年	120.5
1746—1750 年	154.4
1751—1755 年	220.6
1756—1760 年	41.1
1761—1765 年	176.6
1766—1770 年	84.9
1771—1775 年	302.2
1776—1780 年	−176.8
1781—1785 年	169.5
1786—1790 年	638.4
1791—1795 年	775.4
1796—1800 年	1 789.0
1801—1805 年	823.9
1806—1810 年	9 968.9

资料来源：Schumpeter(1960)，table 18。最后的平均数是 1806—1808 年 3 年，后面几年进口量如期高企。

432 | 全球咖啡经济(1500—1989):非洲、亚洲和拉丁美洲

图A.1 1712—1822年每年咖啡出口

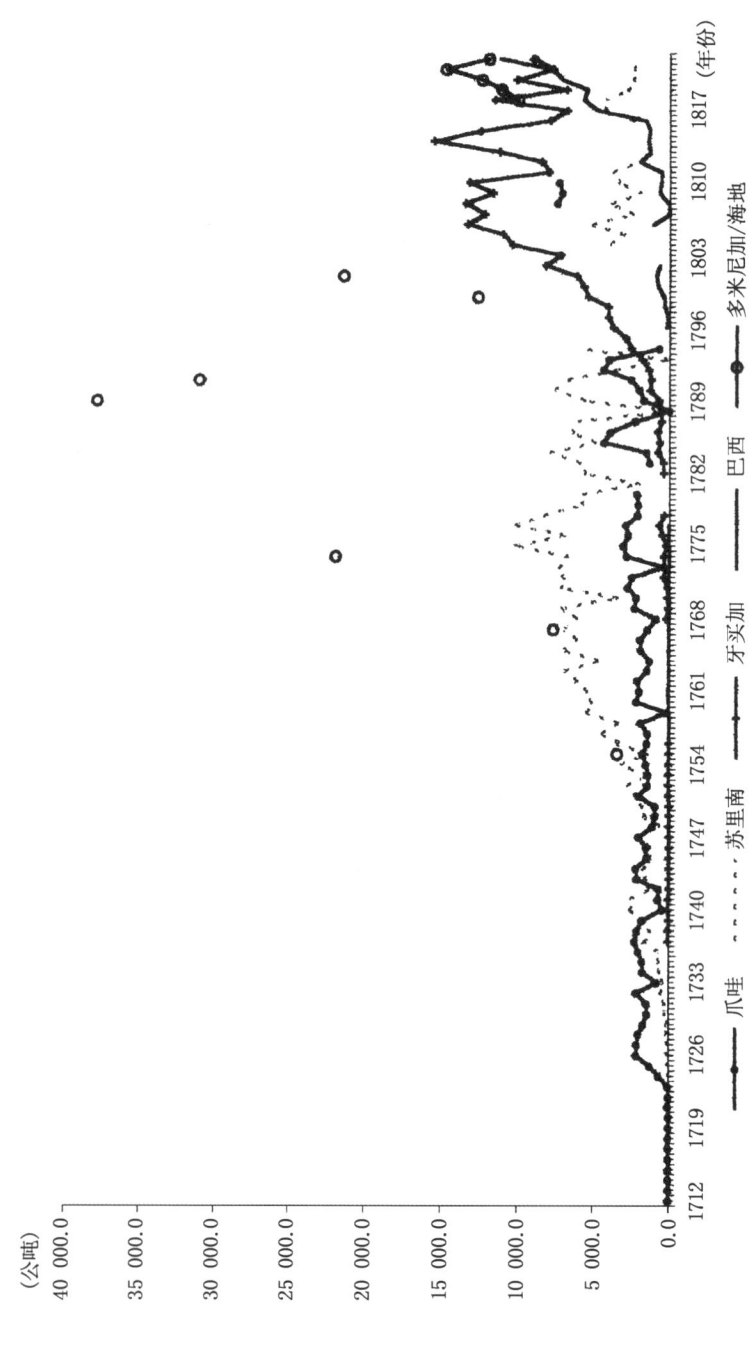

资料来源:Brazil, Jamaica, Java, and Surinam: See Table A.1. Saint Domingue/Haiti: Izard (1973), p. 208; Moral (1961), pp. 20, 91; Tarrade (1972), pp. 34 and 747; exports from Saint Domingue to France, supplied by David Geggus; data for 1772, 1774–78, 1781, 1784–87 contributed by David Geggus, compiled from various primary sources. (精确度可能有所不同,走私的量未知。)

统计调查范围

有关咖啡行业各个方面的统计信息非常多,其中很多隐藏在档案资料中,而我们尚未获得未出版的研究材料。我们为自己设定了一个适度的目标,即在可行的情况下,收集一套合理、完整、可靠的统计数据,以统计收成和交易的数量以及 1700—1960 年之间的国际咖啡价格。我们依靠已经发表的材料和一些同事提供给我们的未发表的研究成果或通过我们自己的研究从主要渠道获得的材料。在某些情况下,这些信息对于某些变量和年份是不完整的。我们避免通过统计外推法或其他通常用来估算合计数字的程序来填补空白,而这是以牺牲本地逐年精度为代价的。但是,我们确实包含了每个主要变量的更合理的总体估计值,既可以评估我们自己数据的覆盖范围,也可以确定总体趋势以及数量级的变化。

表 A.3　　1733—1812 年阿姆斯特丹咖啡价格(每磅荷兰盾,5 年平均值)

时间	爪哇	摩卡	苏里南	圣多明各
1733—1737 年	0.69	0.99	0.61	
1738—1742 年	0.47	0.62	0.37	
1743—1747 年	0.59	1.07	0.53	
1748—1752 年	0.65	0.85	0.55	
1753—1757 年	0.57	0.85	0.46	
1758—1762 年	0.49	0.89	0.37	0.37
1763—1767 年	0.52	0.99	0.40	0.41
1768—1772 年	0.60	0.88	0.53	0.51
1773—1777 年	0.44	0.79	0.32	0.28
1778—1782 年	0.50	0.89	0.51	0.48
1783—1787 年	0.54	1.02	0.47	0.45

续表

时间	爪哇	摩卡	苏里南	圣多明各
1788—1792 年	0.68	0.75	0.57	0.52
1793—1797 年	0.77	0.86	0.73	0.70
1798—1802 年	1.14	1.25	0.92	0.89
1803—1807 年	1.03	0.99	0.99	0.94
1808—1812 年	2.12	1.96	1.98	

资料来源：Posthumus(1946), vol. 1, pp. 75—79（资料由威廉·G. 克拉伦斯-史密斯提供）。

虽然我们不能在这里进行深入的方法论讨论，但我们必须说，如表 A.5 至表 A.7 所示，不同作者对世界生产、出口和进口的估计存在重大差异。虽然原始数据在某些时期是相同的，但在其他时期却有所不同，并且由于信息通常不完整，因此可以通过各种方式来填补空白：重复数据或使用前几年的平均值，进行内插和外推，或者只是进行粗略估算基于或多或少的合理假设。每个国家或时期的定义也各不相同，因此总的时间序列有时会结合不同的数据。

总体出口量和进口量很少能够匹配，部分原因是运输和接收咖啡的国家中迥异的信息来源。在 19 世纪后期之后，可出口产品与实际出口咖啡之间的区别更加明显，而涉及保留或销毁咖啡的增值方案使事情变得复杂。国际贸易商购买并实际进口到各个国家的金额也有所不同。

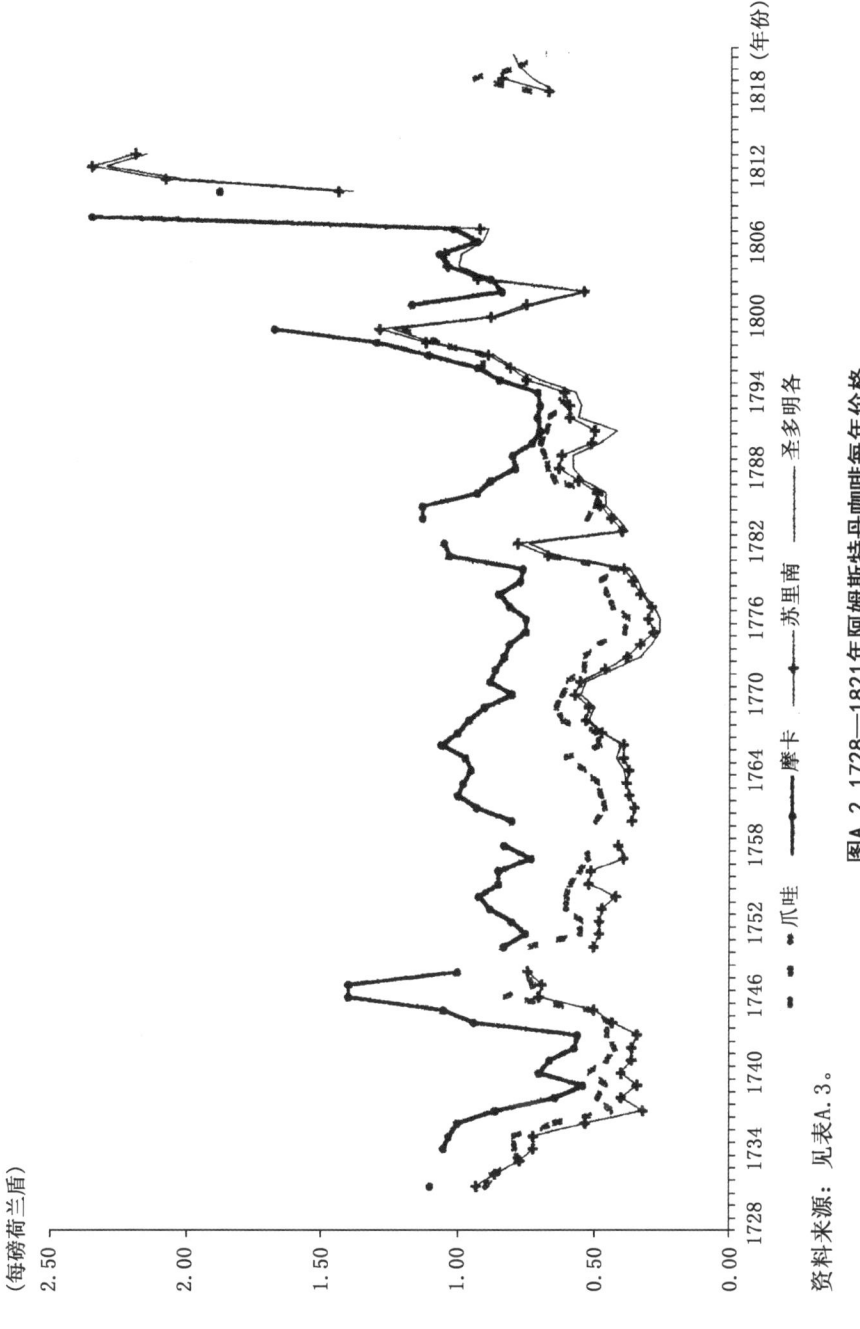

图A.2 1728—1821年阿姆斯特丹咖啡每年价格

资料来源：见表A.3。

表 A.4　　　　　1856—1960 年世界咖啡产量估计(千吨,5 年平均值)

时间	(A)	(B)
1856—1860	326.40	324.70
1861—1865	315.60	314.70
1866—1870	408.00	407.81
1871—1875	426.00	426.76
1876—1880	512.40	510.50
1881—1885	600.96	600.91
1886—1890	538.32	550.80
1891—1895	634.08	650.40
1896—1900	888.36	868.80
1901—1905	1 032.36	979.20
1906—1910	1 152.24	1 076.40
1911—1915	1 180.20	1 129.20
1916—1920	1 179.96	1 083.60
1921—1925	1 437.12	1 280.40
1926—1930	1 983.96	1 775.96
1931—1935	2 341.44	2 172.70
1936—1940	2 330.76	2 260.14
1941—1945	1 820.52	1 765.38
1946—1950	2 237.52	2 056.52
1951—1955	2 598.96	2 498.36
1956—1960	3 681.48	3 521.00

资料来源:(A)1856—1960:Rodrigues da Cunha(1992),table 1.1(材料由托皮克和梅洛提供);(B)1856—1883:van Delden Laerne(1885),p. 462;1884—1928:Daviron(1993),table 19;1929—1960:FAO(1961),table IA。

产量估算通常不同于出口数据,有时甚至低于出口数据。这主要是由于以下事实:生产数据是指收成年份,收成年份又因一个国家而异,而贸易信息通常是在日历年中提供的。然而,情况并非总是如此,在某些国家/地区,信息首先是针对收获年提供的,然后是针对日历年提供的。此外,在19世纪末或20世纪初之前,生产数据往往不存在,因此,这些数据往往是从出口数据中推断出来的,有时与出口数据相混淆。

表A.5　　　　1851—1960年的世界咖啡出口估计(千吨,5年平均值)

时间	(A)	(B)
1851—1855年	289.21	
1856—1860年	319.05	
1861—1865年	324.51	
1866—1870年	403.57	
1871—1875年	439.21	384.45
1876—1880年	472.75	413.88
1881—1885年	585.53	529.80
1886—1890年	534.43	492.51
1891—1895年	620.71	585.24
1896—1900年	800.55	808.62
1901—1905年	980.83	890.06
1906—1910年	1 055.75	851.76
1911—1915年	1 101.64	1 092.18
1916—1920年	1 056.76	1 056.76
1921—1925年	1 277.21	1 277.21
1926—1930年	1 443.89	1 443.89
1931—1935年	1 549.01	1 549.01
1936—1940年	1 614.94	1 623.34
1941—1945年	1 320.00	1 389.60
1946—1950年	1 844.40	1 843.20
1951—1955年	1 945.96	1 929.60
1956—1960年	2 352.41	2 335.20

资料来源:(A) 1851—1960:Rodrigues da Cunha(1992),table 1.6(材料由托皮克和梅洛提供);(B)1871—1912:Lewis(1978),table A.10(原始资料中的日期在这里被列为一年,因为它们指的是以刘易斯列出的农业年份;作者在附录三中提到了这一点,并通过与其他资料相比获得了证实);1913—1928:Wickizer(1943),table 5;1929—1960:Junguito and Pizano

(1993),table Ⅲ-1。

显然,尽管该信息对于了解大致的幅度和总体趋势很有用,但在短期相关性和类似分析中必须谨慎行事。

表 A.6　　　　1851—1960 年世界咖啡进口量估算(千吨,5 年平均值)

时　间	(A)	(B)
1851—1855 年	289.21	
1856—1860 年	319.05	
1861—1865 年	324.51	
1866—1870 年	403.57	
1871—1875 年	439.21	420.12
1876—1880 年	472.75	479.04
1881—1885 年	612.39	588.84
1886—1890 年	616.74	581.52
1891—1895 年	648.00	653.16
1896—1900 年	815.94	798.12
1901—1905 年	951.78	954.48
1906—1910 年	1 008.95	1 051.08
1911—1915 年	1 021.04	1 144.92
1916—1920 年	1 055.72	1 005.36
1921—1925 年	1 256.42	1 237.68
1926—1930 年	1 422.11	1 388.76
1931—1935 年	1 554.68	1 434.60
1936—1940 年	1 564.13	1 555.08
1941—1945 年	1 195.70	1 309.92
1946—1950 年	1 729.57	1 799.88
1951—1955 年	1 933.73	1 911.24
1956—1960 年	2 343.24	2 316.96

资料来源:(A) 1851—1960:Rodrigues da Cunha(1992),table 1.7(材料由托皮克和梅洛提供);(B) 1871—1960:Daviron(1993),table 22.

这里的实物数据包括咖啡的总产量、净出口和净进口。对这些变量的理解和处理如下：

产量：我们尽可能纳入了总产量而非出口量的数据。在某些情况下有明显的区别，而在另一些情况下则可以忽略不计。一些咖啡生产国在某些时期根本没有出口。在许多情况下，据称涉及生产的次级来源数据实际上可能涉及出口，而其他人有时使用对当地消费的粗略估计来推断生产水平；如果确实如此，并且我们无法确定实际产量，我们就排除该信息。我们没有通过估计当地消费量来调整出口数字以达到生产水平，因为在整个时期的大部分时间里，出口国实际消费的可靠数据很少。

表A.7　1881—1960年中美洲和墨西哥咖啡产量（千吨，5年平均值）

时间	哥斯达黎加	萨尔瓦多	危地马拉	洪都拉斯	尼加拉瓜	墨西哥
1881—1885年	14.96	9.34	18.18	1.56	4.08	6.72
1886—1890年	11.96	7.68	17.40	1.92	4.13	5.52
1891—1895年	12.06	11.58	28.56	1.80	5.66	13.20
1896—1900年	16.50	13.20	29.16	1.14	5.94	24.49
1901—1905年	15.41	25.86	31.74	1.20	8.40	31.67
1906—1910年	13.36	27.36	35.06	1.04	7.98	44.68
1911—1915年	11.53	26.23	36.84	1.09	9.00	45.10
1916—1920年	9.28	27.00	40.92	1.15	9.96	34.56
1921—1925年	14.89	40.57	43.10	1.19	15.10	42.36
1926—1930年	19.58	52.94	42.64	1.42	14.14	51.18
1931—1935年	22.52	57.26	52.90	1.66	14.16	48.32
1936—1940年	23.50	67.56	54.08	1.20	15.18	57.56
1941—1945年	23.02	63.02	54.82	2.38	12.56	54.25
1946—1950年	22.10	65.82	54.58	8.46	14.92	58.01
1951—1955年	27.20	69.24	63.18	15.78	21.80	80.90
1956—1960年	50.48	91.82	84.42	20.24	23.56	105.83

资料来源：Springuett(1935)，table "World Coffee Production"；FAO(1961)，table IA；Hernández(1996)，table a.8，Caribbean Coffee Production，1881—1960。

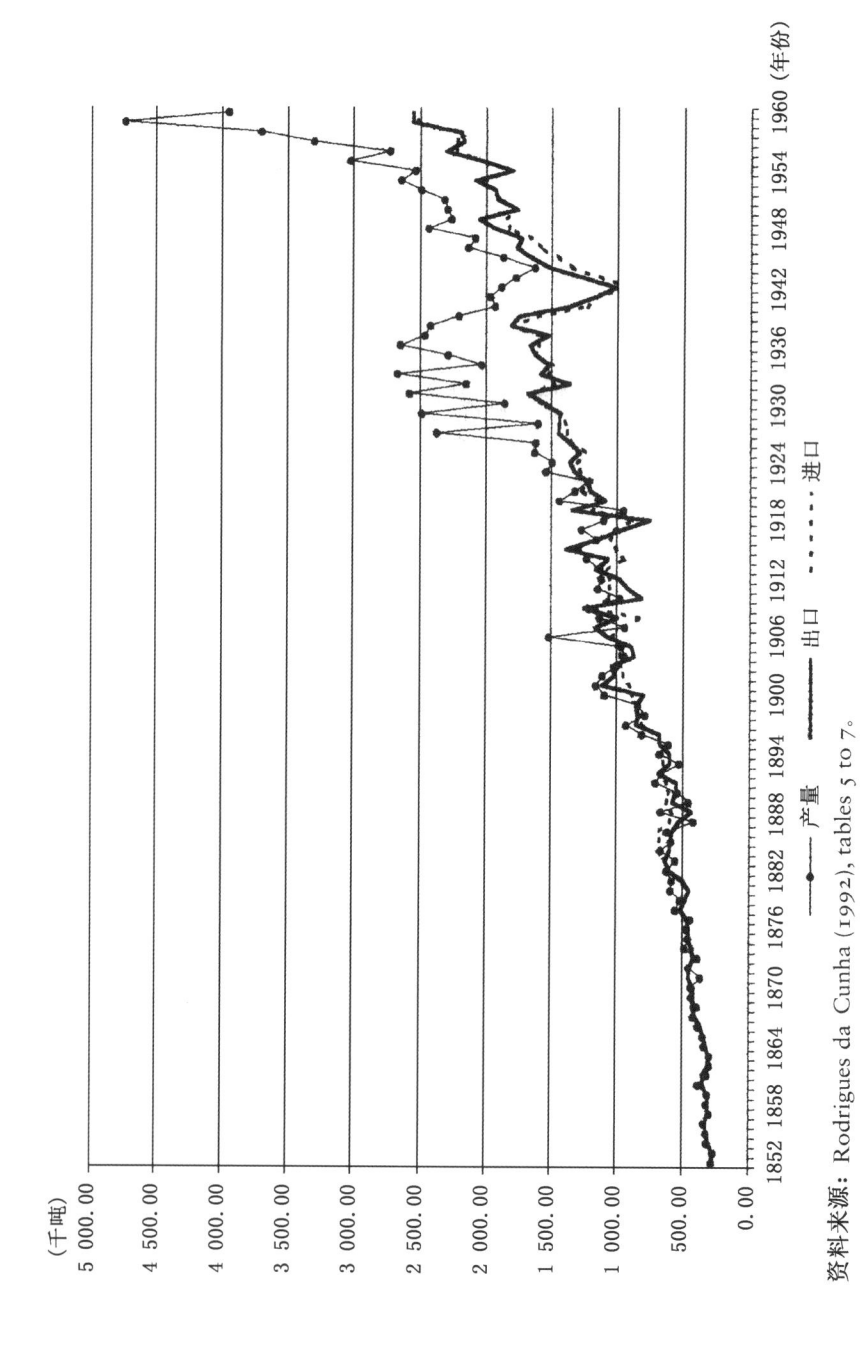

图A.3 1852—1960年每年世界咖啡产量、出口和进口

资料来源：Rodrigues da Cunha (1992), tables 5 to 7。

表 A.8　　1881—1960 年加勒比咖啡产量(千吨,5 年平均值)

时间	古巴	多米尼加共和国	海地	牙买加	波多黎各
1881—1885 年			30.82	5.52	11.78
1886—1890 年			26.16	5.94	18.86
1891—1895 年			28.56	6.78	16.56
1896—1900 年			25.79	5.10	11.58
1901—1905 年			23.74	5.16	8.16
1906—1910 年			22.74	3.96	8.32
1911—1915 年			26.24	3.72	10.86
1916—1920 年			27.19	3.66	10.26
1921—1925 年			29.60	4.34	10.62
1926—1930 年			31.88	3.72	2.54
1931—1935 年	28.38	18.00	30.80		
1936—1940 年	29.20	23.72	22.32		
1941—1945 年	30.02	19.80	21.68		
1946—1950 年	30.06	22.72	36.52		
1951—1955 年	36.44	29.18	37.46		
1956—1960 年	39.40	33.88	27.96		

资料来源:Springuett(1935);FAO(1961),table IA;Ukers(1935)。

表 A.9　　1881—1960 年南美洲咖啡产量(千吨,5 年平均值)

时间	巴西	哥伦比亚	厄瓜多尔	委内瑞拉
1881—1885 年	347.88	6.47	1.50	36.67
1886—1890 年	306.67	10.78	2.10	35.98
1891—1895 年	360.95	19.51	2.64	42.72
1896—1900 年	608.60	26.78	2.40	51.48
1901—1905 年	752.93	35.05	2.52	43.20
1906—1910 年	879.19	37.06	2.40	43.42
1911—1915 年	866.69	56.96	2.76	60.84

续表

时间	巴西	哥伦比亚	厄瓜多尔	委内瑞拉
1916—1920 年	807.17	78.42	3.00	60.54
1921—1925 年	902.70	127.62	3.20	59.40
1926—1930 年	1 311.62	161.10	7.80	56.40
1931—1935 年	1 424.83	222.52	10.04	55.08
1936—1940 年	1 319.24	269.36	13.82	56.72
1941—1945 年	760.90	330.54	12.98	38.98
1946—1950 年	931.20	345.00	14.92	41.36
1951—1955 年	994.14	380.46	25.24	48.36
1956—1960 年	1 619.38	451.12	37.62	53.32

资料来源：Di Fulvio(1947)，table 1.3；Junguito and Pizano(1991)，table I-1；FAO (1961)，table IA。

表 A.10　　　　　1881—1960 年亚洲咖啡产量(千吨,5 年平均值)

时间	锡兰	印度	印度尼西亚	马来半岛	葡属帝汶	也门
1881—1885 年	18.59		109.48		1.64	
1886—1890 年	6.14		77.62		1.43	
1891—1895 年	3.11		73.24	0.19	1.00	
1896—1900 年	2.00		74.39	1.31	0.19	
1901—1905 年			65.79	3.12	0.68	
1906—1910 年	0.15		50.05	1.12		
1911—1915 年			65.15	0.58		
1916—1920 年			88.64			
1921—1925 年			86.29			
1926—1930 年			116.09			
1931—1935 年		15.90	120.83			4.66
1936—1940 年		15.86	119.30			4.10
1941—1945 年		19.08	68.94			9.04
1946—1950 年		21.00	27.42			5.62

续表

时间	锡兰	印度	印度尼西亚	马来半岛	葡属帝汶	也门
1951—1955 年		26.68	58.31			4.40
1956—1960 年		44.90	77.55			5.46

资料来源：Bulbeck et al. (1998); Springett(1935); Graham(1912), p. 11(只有生产数据，表中的其他数字是指出口); FAO(1961), table IA.

表 A.11　　　　　　1931—1960 年非洲咖啡产量(千吨, 5 年平均值)

时间	喀麦隆	刚果	埃塞俄比亚	肯尼亚	马达加斯加	坦噶尼喀	乌干达
1931—1935 年	0.70	10.62	17.74	14.60	14.49	13.54	5.46
1936—1940 年	3.68	24.40	9.30	16.68	32.68	14.58	14.90
1941—1945 年	5.42	29.22	11.08	13.08	23.50	14.12	19.74
1946—1950 年	6.82	30.46	20.80	9.30	26.26	13.88	28.06
1951—1955 年	11.28	37.22	41.56	17.80	42.80	17.72	45.80
1956—1960 年	26.28	72.26	51.28	30.14	50.33	23.86	90.86

资料来源：FAO(1961), table IA；马达加斯加的数据由格温·坎贝尔提供。

净出口：定义为总出口量减去总进口量。出口的总体覆盖面更加完整，因为许多国家对进入国际贸易的咖啡有更好的记录。一些生产和出口咖啡的国家在特定时期也进口了一些咖啡。当它们出口多于进口时，这些国家被列为差额的净出口国。官方出口数字可能会低估在某个时间从一个国家发货的咖啡的实际数量，其原因有几个，包括违禁品、逃税和记录不足，尤其是从邻国的港口出口时。例如，埃塞俄比亚和也门的咖啡出口很难与通过亚丁的其他咖啡区分开来。在殖民时期，没有经过官方渠道就出售了不确定数量的西印度咖啡，关于非洲或亚洲国家之间的早期咖啡贸易的信息很少。

净进口：此信息基本上反映了总进口量减去再出口量。虽然许多国家的进口总额和净进口额相似，但一些主要进口商也将大量咖啡再出口，因此两者之间的差异相当显著。18 世纪的荷兰、整个 19 世纪的英国以及 19 世纪后半叶的美国尤为如此。另一方面，许多进口咖啡的国家也是生产者，一些国家在出口咖啡的同时或其他时期,进口不同数量的咖啡。当这些国家的进口量超过出口量时,它们被视为均衡的净进口国。

表 A.12　1832—1960 年中美洲、墨西哥和夏威夷咖啡年出口量(千吨)

年份	哥斯达黎加	萨尔瓦多	危地马拉	洪都拉斯	尼加拉瓜	墨西哥	夏威夷
1832	0.02						
1833	0.04						
1834							
1835							
1836							
1837							
1838							
1839							
1840							
1841	0.65						
1842	0.76						
1843	1.15						
1844	2.27						
1845	3.03						0.00
1846	3.77						0.00
1847							0.01
1848							0.02
1849							0.01
1850							0.09
1851							0.01
1852	3.07					0.01	0.05
1853	3.63					0.13	0.02
1854						0.04	0.04
1855	3.25					0.02	0.04
1856	3.82					0.00	0.03
1857	4.14					0.01	0.14
1858	2.78					0.04	0.03
1859	4.99					0.29	0.04
1860	4.14		0.06			0.23	0.02
1861	5.19					0.00	0.02
1862	4.96					0.42	0.07
1863	3.98		0.82			0.01	0.06
1864	5.18	0.22			0.04	0.00	0.02
1865	6.19				0.10	0.24	0.14
1866	8.34					0.42	0.04
1867	9.20				0.20	0.42	0.06

续表

年份	哥斯达黎加	萨尔瓦多	危地马拉	洪都拉斯	尼加拉瓜	墨西哥	夏威夷
1868	9.38					0.14	0.04
1869	9.38					0.12	0.15
1870	11.56	2.67	3.44		0.19	0.24	0.19
1871	8.33				0.57	0.86	0.02
1872	11.59					0.93	0.02
1873	9.20		6.76			1.33	0.12
1874	10.78	3.86	7.26			1.25	0.03
1875	4.84	3.99	7.35			2.47	0.08
1876	11.18		9.31			3.27	0.07
1877	8.36		9.43			2.96	0.06
1878	11.59		9.40			4.40	0.06
1879	10.70		11.32		1.60	4.79	0.03
1880	7.93	7.53	13.01		2.05	6.45	0.05
1881	11.24	6.59	11.69		2.13	7.88	0.01
1882	7.41	8.10	14.02		3.32		0.00
1883	9.20	9.36	18.15		2.48		0.01
1884	16.63	9.06	16.68		3.28		0.00
1885	9.15	13.47	23.37		3.20		0.00
1886	9.04	3.64	23.79		3.29		0.00
1887	13.08	6.00	21.50		3.11		0.00
1888	10.31	6.60	16.46		4.00		0.00
1889	12.81	7.20	24.81	0.19	3.82		0.02
1890	15.39	14.97	22.84		5.16		0.04
1891	14.14	14.53	23.56		4.15		0.00
1892	10.80		22.08				0.01
1893	11.44	15.90	26.87				0.02
1894	10.78	7.20	27.85				0.09
1895	11.09	5.99	31.39				0.05
1896	11.72	10.80	31.03				0.12
1897	13.87	9.00	34.25				0.15
1898	19.49	6.00	37.47		4.71		0.33
1899	15.37	22.20	38.15		4.58		0.37
1900	16.06	18.00	33.11				0.15
1901	16.57	19.84	30.67		5.88		
1902	13.75	18.88	35.11				
1903	17.33	26.35	26.26		8.36		
1904	12.58	34.16	29.38		9.80		
1905	18.05	28.04	36.78		9.12		
1906	13.77	28.43	31.04		8.80		0.56
1907	14.47	25.55	49.99		8.48	14.16	0.65

续表

年份	哥斯达黎加	萨尔瓦多	危地马拉	洪都拉斯	尼加拉瓜	墨西哥	夏威夷
1908	8.98	25.05	25.43		9.34	21.46	0.89
1909	12.03	28.73	39.99		8.42	26.69	1.23
1910	14.40	28.05	30.14		11.86	18.68	1.57
1911	12.64	29.36	35.13		7.54	18.86	
1912	12.24	26.49	32.80	0.32	6.08		
1913	13.02	28.39	39.71	0.24	11.83	20.95	
1914	17.72	34.18	37.71	0.54	10.21		2.03
1915	12.21	30.04	35.18	0.12	9.01	22.69	1.71
1916	16.84	35.26	39.68	0.24	10.31	25.08	1.41
1917	12.27	35.75	41.00	0.36	8.31	23.57	1.16
1918	11.45	35.55	35.50	0.12	11.43	13.61	2.62
1919	13.96	32.59	40.67	0.84	15.07	17.40	1.65
1920	14.00	41.60	42.62	0.48	6.86	5.95	1.16
1921	13.34	27.92	42.42	0.12	13.39	13.73	2.26
1922	18.62	42.48	42.43	0.36	8.75	24.91	1.67
1923	11.09	41.41	43.40	0.90	13.52	16.38	1.38
1924	18.21	48.18	40.28	0.84	17.75	15.89	1.63
1925	15.35	31.62	43.94	0.78	10.67	23.65	
1926	18.25	49.92	42.30	1.20	17.43	21.07	
1927	16.15	35.70	52.02	1.44	10.11	26.09	
1928	18.84	52.37	43.54	2.34	17.56	31.58	
1929	19.70	46.80	43.90	1.60	13.20	29.90	
1930	23.50	58.60	56.70	1.80	15.30	30.70	
1931	23.00	54.60	36.10	1.10	15.80	27.30	
1932	18.50	36.70	45.60	1.60	8.10	20.00	
1933	27.80	56.20	35.20	1.90	13.70	41.30	
1934	19.10	49.90	48.40	1.90	14.70	37.80	
1935	24.20	50.10	40.40	1.10	18.50	31.60	
1936	21.30	49.40	50.60	1.50	13.10	42.80	
1937	26.50	67.60	47.00	2.50	15.80	35.10	
1938	25.00	53.80	49.00	1.20	14.30	35.10	
1939	20.20	55.80	43.80	1.90	17.40	39.10	
1940	18.70	56.50	41.50	1.40	15.30	25.70	
1941	21.50	41.80	43.40	0.90	12.70	27.90	
1942	20.70	53.10	56.10	2.20	12.70	21.80	
1943	24.20	56.40	49.80	2.00	12.00	34.40	
1944	18.80	63.10	51.30	1.90	13.10	35.70	
1945	21.80	57.70	51.30	2.70	12.30	35.70	
1946	15.70	48.20	49.70	3.80	11.80	33.30	
1947	19.90	62.60	55.80	2.60	10.00	32.90	

续表

年份	哥斯达黎加	萨尔瓦多	危地马拉	洪都拉斯	尼加拉瓜	墨西哥	夏威夷
1948	23.50	60.30	48.50	3.20	14.50	31.50	
1949	16.60	74.60	54.80	6.20	6.80	49.00	
1950	16.90	69.30	54.90	6.00	21.00	46.10	
1951	18.60	65.90	50.90	8.20	16.10	51.50	
1952	21.20	66.90	60.40	8.30	18.90	52.20	
1953	27.90	65.90	56.60	11.20	18.80	74.10	
1954	18.70	62.20	52.80	9.30	17.10	66.70	
1955	28.30	71.80	58.40	8.90	22.80	83.50	
1956	22.80	64.50	62.50	11.90	16.90	74.00	
1957	29.50	83.20	61.80	10.40	22.00	88.80	
1958	46.20	80.50	71.40	11.30	22.90	78.80	
1959	43.30	83.00	83.10	15.30	16.30	74.40	
1960	46.60	0.00	104.00	0.00	22.50	83.00	

资料来源：哥斯达黎加：1832—1833，1843—1846，1852—1853，and 1855—1928：Williams(1994)，table A-1；1841—1842：Obregón(1997)；1929—1960：FAO(1961)，table IIIA。萨尔瓦多：1864，1870，1875，1881，1885，1890—1891，1895，1901—1928：Williams(1994)，table A-1；1874/75：Ukers(1935)；1880：Lauria(1999)，table 2；1882/83 to 1884/85，1886/87 to 1889/90，1893/94 to 1894/95，1896/97 to 1900/1：Duque(1938)，p. 2424；1929—1960：FAO(1961)，table IIIA。危地马拉：1860，1866，1876：Ukers(1935)；1873—1928：Williams(1994)，table A-1；1929—1960：FAO(1961)，table IIIA。尼加拉瓜：1864—1865，1867，1870—1871：Velázquez Pereira(1992)，data supplied by Elizabeth Dore；1879—1891：Radell(1964)，table I；1898—1899，1901—1903：Dirección General de Estadística y Censos(1961)，p. 52，data provided by Elizabeth Dore；1904—1928：Williams(1994)，table A-1；1929—1960：FAO(1961)，table IIIA。洪都拉斯：1889：República de Honduras(1893)，information supplied by Robert Williams；1912—1928：Williams(1994)，table A-1；1929—1960：FAO(1961)，table IIIA。墨西哥：1852/53 to 1881/82：van Delden Laërne(1885)，p. 412（我们将1852/1853年的数据输入为1852年，以此类推）；1907—1911：Graham(1912)，p. 47；1913—1928：Bynum(1930)，table 21（这些是净出口，因为当时墨西哥也进口了一些咖啡）；1929—1960：FAO(1961)，table IIIA。夏威夷：1845—1900：Schmitt(1977)，p. 551—52，data supplied by William G. Clarence-Smith；1906—1910：Graham(1912)，p. 11；1914—1924 from Bynum(1926)，table 677。

干种子的生产、出口和进口的数据以千吨的形式提供，但1820年之前的时期除外，当时产量很低，因此以吨为单位。我们试图尽可能地使用等价的生咖啡，但是直到19世纪，有关某些国家的信息实际上可能还是干咖啡，比去皮或"绿色"的干咖啡种子重20%。

虽然我们没有包括贸易价值序列，但国际价格序列似乎是必不可少的。由于荷兰进出口贸易的重要意义，18 世纪的咖啡贸易用荷兰盾计价。而在 19 世纪和 20 世纪，我们着眼于以美元为单位的纽约价格，以便于进行比较。通货紧缩指数被用来将当前价格转换为不变价格。

由于数据覆盖范围以及咖啡生产、消费和贸易的空间组织而有所不同，这些表格的组织制定涵盖了两个主要时期："漫长的"18 世纪，即从 17 世纪末到 19 世纪初；从 1823 年（或更晚的合理时间）到 1960 年。不同地区和国家的实际时间跨度反映了每个时期内世界不同地区的信息可用性以及生产和国际贸易所在地的变化。

表 A.13　　　　　　　　1823—1960 年加勒比咖啡年出口量（千吨）

年份	古巴	多米尼加共和国	瓜德罗普岛	海地	牙买加	马提尼克岛	波多黎各
1823	12.55		1.30	16.49	9.22	0.64	
1824	9.92		1.47	21.67	12.55	0.95	
1825	12.05		1.17	18.04	9.64	0.80	
1826	19.96		0.42	16.26	9.23	0.50	
1827	22.52		0.98	24.31	11.68	1.01	
1828	14.45		1.02	21.77	10.08	0.83	
1829	19.53		1.19	19.56	10.09	0.97	
1830	20.23		1.13	20.79	10.10	0.61	
1831	23.97		0.91	19.87	6.38	0.38	
1832	23.05		0.96	24.06	8.99	0.61	
1833	28.87		0.66	15.47	9.01	0.52	
1834	20.44		0.89	22.75	8.04	0.62	
1835	15.93		0.54	23.67	4.80	0.30	
1836	18.12		0.73	18.42	6.10	0.46	
1837	24.00		0.48	15.10	4.55	0.28	
1838	17.44		0.70	24.39	6.15	0.51	
1839	21.94		0.44	18.55	4.52	0.24	
1840	24.12		0.52	22.58	3.30	0.33	
1841	13.89		0.34	16.70	2.92	0.15	
1842	22.49		0.41	19.94	3.20	0.38	
1843	18.36		0.34		3.34	0.13	
1844	13.95		0.42		3.24	0.29	
1845	6.29		0.29	19.05	2.28	0.09	
1846	9.20		0.36		2.74	0.08	
1847	10.49		0.18		2.91	0.14	
1848	7.81		0.17		2.58	0.09	

续表

年份	古巴	多米尼加共和国	瓜德罗普岛	海地	牙买加	马提尼克岛	波多黎各
1849	9.87		0.19		1.56	0.20	
1850	5.85		0.18		2.33	0.07	
1851	6.47		0.22		2.54	0.11	
1852	8.32		0.24		3.23	0.10	5.16
1853	4.98		0.25		2.29	0.12	5.25
1854	5.75		0.16		2.72	0.04	5.11
1855	5.33		0.32		2.57	0.08	6.19
1856	5.28		0.20	17.24	1.51	0.02	4.79
1857	2.15		0.32		3.22	0.06	5.05
1858	2.04		0.14		2.38	0.02	4.19
1859	3.19		0.48		2.45	0.03	6.02
1860	8.34		0.25		2.98	0.05	7.22
1861	7.57		0.33		3.07	0.01	
1862			0.22		2.54	0.01	5.71
1863	2.08		0.41		3.85	0.03	7.58
1864			0.22		2.46	0.01	7.29
1865			0.45		2.90	0.04	8.60
1866			0.14	25.29	3.55	0.01	6.77
1867	1.73		0.36		2.84	0.02	8.72
1868	1.20		0.33		3.97	0.07	7.28
1869	1.80		0.35		2.14	0.04	7.14
1870	0.97		0.26		4.46	0.02	7.90
1871	0.26		0.28		2.50	0.01	9.44
1872	0.01		0.46		4.31	0.01	8.33
1873	0.03		0.38		3.27	0.00	11.72
1874	0.02		0.28		4.68	0.01	8.06
1875	0.09		0.28		3.24	0.00	11.87
1876	0.04		0.47	23.72	3.92	0.01	9.45
1877	0.02		0.40		4.32	0.01	7.19
1878	0.01		0.61		4.27	0.00	7.73
1879	0.02		0.29		4.91	0.00	13.85
1880	0.01		0.35		4.62	0.01	9.90
1881	0.00	0.64	0.51		4.47	0.01	21.40
1882	0.06		0.55		3.37	0.01	13.35
1883	0.01		0.43		4.29	0.00	16.83
1884			0.30		2.46	0.00	11.68
1885	0.00		0.45		4.10	0.00	21.37
1886	0.00		0.34		2.79	0.00	16.53
1887			0.36	37.81	2.87	0.00	12.37

续表

年份	古巴	多米尼加共和国	瓜德罗普岛	海地	牙买加	马提尼克岛	波多黎各
1888		0.67	0.47	25.91	5.03	0.00	23.01
1889			0.50	25.51	4.30	0.00	17.11
1890			0.39	26.70	3.73	0.00	19.64
1891			0.42	30.77	3.84	0.00	18.66
1892			0.65	31.87	4.42	0.00	21.18
1893			0.48	26.29	4.94	0.00	22.02
1894			0.53	33.92	4.49	0.00	22.59
1895			0.48	21.44	4.83	0.00	18.00
1896			0.69	32.88	4.29	0.00	26.29
1897			0.67	30.35	3.38	0.00	23.18
1898			0.68	27.73	4.34	0.00	
1899			0.79	32.46	5.60	0.00	
1900		1.79	0.52	26.16	4.25	0.00	
1901			0.66	28.99	4.36	0.00	
1902			0.73	21.53	5.24	0.00	
1903			0.75	21.97	5.48	0.00	
1904			0.52	27.39	4.07	0.00	
1905				29.05	2.62		
1906		1.32		31.01	4.10		17.58
1907		1.55		28.73	2.79		15.99
1908		1.85	1.03	18.60	4.79		12.92
1909		0.70		35.74	3.74		20.51
1910		2.06			4.44		15.39
1911					3.05		
1912					4.55		
1913		1.05	0.94	27.97	2.96		2.28
1914		1.83	0.65	39.57	4.05		2.32
1915		2.47	0.62	17.61	3.23		1.46
1916		1.73	0.86	21.88	3.35		1.80
1917		1.09	0.50	22.52	2.61		1.71
1918		2.29	0.97	19.00	4.64		1.27
1919		2.21	0.38	48.50	3.74		1.49
1920		0.62	0.80	33.16	2.10		1.21
1921		0.94	0.77	22.19	3.28		1.06
1922		2.36	0.60	28.37	3.21		0.76
1923		1.40	0.53	35.56	3.92		0.99
1924		2.23	0.76	29.17	2.64		1.08
1925		2.67	0.98	30.52	5.28		1.19
1926		4.31	0.59	35.40	3.37		0.88

续表

年份	古巴	多米尼加共和国	瓜德罗普岛	海地	牙买加	马提尼克岛	波多黎各
1927		4.09	0.82	28.47	4.15		0.36
1928		4.54		40.82	4.01		0.06
1929		5.50		28.60	2.98		
1930		4.80		34.30	3.12		
1931		5.10		26.30	4.16		
1932	6.10	6.40		23.20	4.03		
1933	3.30	11.80		41.70	4.46		
1934	1.20	9.60		34.00	3.24		
1935	1.80	8.90		19.00	3.44		
1936	2.20	14.60		36.10	4.72		
1937	6.70	11.00		24.80	3.44		
1938	6.80	8.40		25.10	4.29		
1939	8.50	14.10		29.30	3.79		
1940	6.70	8.60		16.20	2.66		
1941	4.40	12.10		22.60	2.08		
1942	4.90	7.80		18.10	2.41		
1943	5.90	10.60		25.80	1.90		
1944	7.20	8.60		23.10	2.18		
1945	2.30	17.70		30.00	2.55		
1946	0.00	10.40		24.80	1.01		
1947	0.00	9.10		22.40	1.60		
1948	0.00	11.50		22.90	1.40		
1949	0.70	14.40		33.20	1.23		
1950	0.20	12.90		23.40	1.69		
1951	0.00	14.20		25.00	1.34		
1952	0.00	26.30		32.50	1.36		
1953	0.00	20.10		22.30	1.56		
1954	0.00	23.90		31.00	2.10		
1955	4.10	24.40		19.60	2.66		
1956	20.00	26.40		31.10	2.43		
1957	11.40	21.70		19.40	1.54		
1958	7.20	25.80		32.80	1.25		
1959	3.00	21.90		21.90	1.34		
1960	0.00	28.80		23.70			

资料来源：古巴：1804—1859：Oficina Internacional de las Repúblicas Americanas(1902)，pp. 43—44；1860—1861，1863，1867—1883，1885—1886：Pérez de la Riva(1944)；1932—1960：FAO(1961)，table IIIA(古巴在其他年份是净进口国)。多米尼加共和国：1881，1888，1900，1909：Ukers(1935)；1906—1908，1910：Graham(1912)，p. 10("Santo Domingo")；1913—1928：Bynum(1930)，table 19；1929—1960：FAO(1961)，table IIIA。瓜德罗普岛：

1818—1904：Légier(1905)，data supplied by William G. Clarence-Smith；1908：Ukers(1935)；1913—1927：Bynum(1930)，table 20。海地：1818—1842：Ardouin(1853—1860)，vol. 10，pp. 53—54，238，information contributed by William G. Clarence-Smith；1856，1866，1876：Ukers(1935)；1887/88 to 1909/10：Graham(1912)，p. 54；1913/14 to 1928/29：Bynum(1930)，table 16。牙买加：1823—1959：Rodriguez(1961)(1871 年到 1908 年是农业和咖啡丰收的年份，1908—1909 年被取消了，因为之后日历年发生了变化)。马提尼克岛：1818—1904：Légier(1905)；Martinique was a net importer of coffee from 1913 to 1923. 波多黎各：1852—1897：Bergad(1983)；1906—1910：Graham(1912)；1913—1928：Bynum(1930)，table 17(从 7 月 1 日至次年 6 月 30 日)。

表 A.14   **1823—1960 年南美洲咖啡年出口量(千吨)**

年份	巴西	哥伦比亚	厄瓜多尔	秘鲁	苏里南	委内瑞拉
1823	13.56			3.42		
1824	16.44			3.15		
1825	13.44			2.10		
1826	19.08			1.92		
1827	25.80			1.56		
1828	27.12			2.78		
1829	27.54			1.48		
1830	28.80			3.01		
1831	32.94			1.49		
1832	43.02			1.23		
1833	67.23			1.57		
1834	62.73	0.16		1.10		
1835	60.66	0.00		1.08		
1836	58.86	0.24		1.64		
1837	61.77	0.33		1.33		
1838	74.46	0.47		0.94		
1839	81.48			1.18		
1840	78.66	0.66		1.73		
1841	78.06	0.00		0.97		
1842	84.21			0.79		
1843	89.55	1.14		1.31		
1844	91.98	1.23		0.98		
1845	97.44	1.44		0.85		
1846	123.30			0.15		
1847	141.81			0.35		
1848	133.38			0.71		

续表

年份	巴西	哥伦比亚	厄瓜多尔	秘鲁	苏里南	委内瑞拉
1849	106.77			0.31		
1850	118.14			0.38		
1851	144.66			0.15		
1852	143.01			0.68		
1853	136.80				0.28	10.33
1854	159.60	2.06			0.36	10.03
1855	181.29	2.13			0.23	11.67
1856	181.26	2.48			0.51	12.25
1857	167.07	2.86			0.12	9.98
1858	153.45	3.29			0.23	11.76
1859	157.77	3.88			0.26	13.20
1860	182.85				0.17	9.13
1861	179.73	0.16			0.07	12.63
1862	136.68	0.00			0.18	11.91
1863	124.20	0.24			0.14	9.32
1864	139.47	0.41			0.09	13.64
1865	152.43	4.67			0.12	9.51
1866	167.79	4.10			0.01	12.35
1867	201.54	6.20			0.01	14.68
1868	220.89	3.80			0.02	16.89
1869	207.51	0.81			0.01	18.46
1870	208.26	6.40				
1871	236.61	8.01				
1872	226.71	7.36				34.27
1873	188.13	10.36				31.08
1874	198.81	4.56				35.72
1875	217.80	3.46			0.00	32.85
1876	208.80	2.22				29.12
1877	221.88	4.61				28.70
1878	262.41	4.67				25.13
1879	225.66	4.10				
1880	188.34	6.20				33.63
1881	232.23	3.80				42.80
1882	323.04	3.99				40.08
1883	360.09	6.40				38.71
1884	346.62	8.01				40.44
1885	350.22	7.36				39.06

续表

年份	巴西	哥伦比亚	厄瓜多尔	秘鲁	苏里南	委内瑞拉
1886	345.33	10.36				41.72
1887	283.89	4.45				43.10
1888	206.64	3.43				50.47
1889	335.16	2.22				43.17
1890	306.54	4.61			0.00	50.83
1891	322.38	4.66				
1892	426.54	6.46				40.73
1893	318.42	6.65				57.57
1894	334.92	20.26				12.49
1895	403.20	21.50				52.22
1896	404.64	28.52				47.37
1897	567.78	27.56				51.54
1898	556.02	31.89				53.36
1899	586.26	23.23				48.20
1900	549.30				0.19	38.50
1901	885.60					42.27
1902	789.42					33.00
1903	775.62					56.96
1904	601.50					39.44
1905	649.26	30.06				42.81
1906	837.96	38.16	2.65	0.61		43.00
1907	940.80	34.08	1.14	0.84		40.91
1908	759.48	36.42	3.77	0.73	0.14	46.93
1909	1 012.86	42.42	3.42	0.33	0.18	42.63
1910	583.44	34.20				37.16
1911	675.48	37.98				55.25
1912	724.80	55.92				60.86
1913	796.08	61.26	3.69	0.53	0.21	62.81
1914	676.20	61.92	2.98	0.33	0.37	50.82
1915	1 023.66	67.80	2.32	0.59	0.53	63.43
1916	782.34	72.66	3.23	0.11	0.77	44.82
1917	636.36	62.82	2.67	0.06	0.73	34.12
1918	445.98	68.94	3.49	0.04	0.00	82.38
1919	777.78	101.04	1.69	0.16	3.67	44.35
1920	691.50	86.64	1.59		0.98	37.35
1921	742.14	140.76	6.15		1.51	62.16
1922	760.38	105.90	4.07	0.16	2.17	45.66

续表

年份	巴西	哥伦比亚	厄瓜多尔	秘鲁	苏里南	委内瑞拉
1923	867.96	123.66	5.60		2.91	56.51
1924	853.56	132.96	5.79	0.09	2.23	52.26
1925	808.92	116.82	4.11	0.31	1.89	48.22
1926	825.06	147.24	6.07	0.44	2.07	43.04
1927	906.90	141.42	5.87	0.72	2.31	43.70
1928	832.86	159.60	9.15	0.98	3.46	60.41
1929	856.90	170.15	7.30	0.80		64.40
1930	917.30	190.38	9.40	0.70		47.10
1931	1 071.10	182.02	8.30	2.10		56.00
1932	716.10	191.14	8.00	2.40	3.25	49.20
1933	927.60	199.61	7.00	1.90		34.10
1934	848.80	185.05	14.40	4.10		45.60
1935	919.70	226.13	12.50	2.20		53.60
1936	851.20	236.53	13.80	3.10		61.60
1937	727.40	250.67	14.10	2.90		41.70
1938	1 026.80	256.42	13.70	2.50		35.90
1939	989.90	224.32	12.90	3.40		27.40
1940	722.70	269.03	14.60	1.50		28.80
1941	663.10	176.16	11.80	3.10		44.60
1942	436.80	260.78	6.10	0.40		35.60
1943	606.70	317.70	12.30	0.70		29.20
1944	813.30	297.89	14.50	2.00		20.10
1945	850.30	311.67	10.70	2.50		28.20
1946	930.30	339.70	7.60	0.90		40.50
1947	889.80	320.30	10.40	0.80		30.80
1948	1 049.50	335.30	19.50	0.90		35.90
1949	1 162.10	324.60	10.30	0.90		22.00
1950	890.10	268.30	20.20	0.80		18.60
1951	981.50	287.60	16.60	2.20		18.90
1952	949.30	301.90	20.00	2.60		30.30
1953	933.50	397.90	18.30	4.70		44.10
1954	657.00	345.20	21.00	4.60		26.00
1955	821.70	352.00	23.10	6.80		30.80
1956	1 008.30	304.20	24.50	7.10		23.50
1957	859.20	289.40	29.00	11.10		28.20
1958	772.90	326.40	30.20	17.30		35.60
1959	1 046.20	384.80	23.80	19.90		28.20

续表

年份	巴西	哥伦比亚	厄瓜多尔	秘鲁	苏里南	委内瑞拉
1960	1 009.10	356.30	32.40	0.00		0.00

资料来源：巴西：1821—1928：Rodrigues da Cunha(1992)，table 1. 6；1929—1960：FAO (1961)，table IIIA。哥伦比亚：1834—1899，1929—1945：Samper(1948)，table 22；1905—1928：Junguito and Pizano(1991)，table I-5，p. 22；1946—1960：FAO(1961)，table IIIA。厄瓜多尔：1906—1909：Graham(1912)，p. 10；1913—1928：Bynum(1930)，table 5；1929—1960：FAO(1961)，table IIIA。秘鲁：1906—1909：Graham(1912)，p. 10；1913—1919，1922，1924—1928：Bynum(1930)，tables 7 and 8；秘鲁在1920—1921年和1923年是净进口国。苏里南：1823—1869：van Stipriaan(1993)，pp. 429—33，material contributed by William G. Clarence-Smith；1890，1900，1908—1909，1932：Ukers(1935)；1913—1928：Bynum(1930)，table 24。委内瑞拉：1853—1867：van Delden Laërne(1885)，pp. 414—15；1868/69，1869/70，1872/73 to 1878/79，1880/81 to 1890/91，1892/93 to 1928/29：Ardao(1984)；1929—1960：FAO(1961)，table IIIA。

18世纪初，随着世界市场的供应从最初的阿拉伯出口中心转移到南亚和东亚，特别是荷属东印度群岛，那里的产量增长迅速，并且有据可查。19世纪中叶的主要供应来源再次转向加勒比种植园，数据基本上是指出口，但当地消费量很小，因此生产和出口之间的差异通常可以忽略不计。

19世纪以来，随着拉丁美洲大陆，尤其是巴西成为世界上大多数咖啡的供应国，由于该商品在对外贸易中的重要性，该次大陆的出口数据变得更加丰富和可靠。在19世纪，大多数拉丁美洲国家缺乏有关适当生产的信息，尽管在19世纪中叶以后，巴西的某些特定地区也有一些信息。在19世纪下半叶，关于向欧洲和美国出口的信息有所改善。

表 A. 15　　　　1823—1960年亚洲咖啡年度出口量(千吨)

年份	锡兰	印度	印度尼西亚	马来半岛	葡属帝汶	也门
1823			18.71			
1824			16.26			
1825			18.12			
1826			22.95			
1827			26.11			
1828			26.86			

续表

年份	锡兰	印度	印度尼西亚	马来半岛	葡属帝汶	也门
1829			19.09			
1830			18.77			
1831			20.11			
1832			21.59			
1833			25.59			
1834			31.78			
1835			31.53			
1836	5.62		32.55			
1837			41.75			
1838			37.24			
1839			49.19			
1840			70.72			
1841			61.25			
1842			63.51			
1843			61.94			
1844			74.56			
1845			62.08			
1846			56.16			
1847			63.18			
1848			49.10			
1849	17.17		55.03			
1850	16.41		50.74			
1851	14.63		73.95			
1852	20.73	3.57	64.01			
1853	16.41	3.65	66.57			
1854	22.05	3.36	67.15			
1855	24.54	4.18	84.75			
1856	22.30	4.62	81.59			
1857	26.87	2.78	71.17			
1858	28.25	5.30	78.86			
1859	30.58	6.51	67.37			
1860	32.26	8.67	64.04			
1861	31.14	9.75	73.14			
1862	30.53	9.55	70.20			
1863	41.00	12.12	66.05			
1864	33.33	14.69	74.87			
1865	47.20	15.74	61.35			

续表

年份	锡兰	印度	印度尼西亚	马来半岛	葡属帝汶	也门
1866	45.06	8.00	71.51			
1867	44.10	15.05	78.76			
1868	51.16	21.68	65.30			
1869	51.06	16.37	74.28			
1870	51.51	15.34	83.11			
1871	48.52	25.77	69.04			
1872	36.98	19.10	70.05			
1873	50.19	18.65	76.74			
1874	35.56	15.89	12.72			
1875	50.24	18.97	18.78			
1876	35.00	15.45	17.49			
1877	47.09	15.17	18.86			
1878	31.85	17.39	16.64			
1879	41.86	18.34	17.19			
1880	33.22	18.80	85.54			
1881	22.96	17.68	94.50			
1882	23.57	18.07	87.28		1.37	
1883	13.36	17.31	105.98		1.76	
1884	15.80	16.68	100.07		1.19	
1885	15.80	18.85	60.28		1.31	
1886	11.18	18.82	73.82		2.07	
1887	9.04	13.91	51.72		1.05	
1888	7.01	18.56	62.51	0.05	1.67	
1889	4.42	12.18	73.39	0.12	1.27	
1890	4.42	11.86	38.75	0.05	1.10	
1891	4.47	15.84	55.99	0.06	1.14	
1892	2.13	15.07	62.02	0.00	1.12	
1893	2.79	14.16	38.81	0.19	0.77	
1894	1.63	14.29	58.79	0.25	0.75	
1895	3.56	14.78	56.38	0.27	1.19	
1896	1.17	10.71	54.41	0.40	0.28	
1897	0.97	11.43	65.24	0.78	0.02	
1898	0.66	13.72	35.90	0.00	1.53	
1899	0.97	14.29	54.92	0.00	1.90	
1900	0.56	12.52	51.04	2.65	0.64	
1901	0.51	12.96	32.93	3.06	1.38	
1902	0.56	13.67	52.37	3.56	1.08	

续表

年份	锡兰	印度	印度尼西亚	马来半岛	葡属帝汶	也门
1903		14.80	52.77	3.78	0.74	
1904		16.75	35.00	3.30	0.68	
1905		18.30	34.27	1.92	0.65	
1906		11.59	34.77	1.95	0.12	
1907		12.41	25.40	1.16	1.13	
1908		15.34	25.77	1.10	1.07	
1909		11.82	20.12	0.82	0.81	
1910		13.83	15.83	0.68	0.65	
1911		12.25	26.83		0.62	
1912		13.56	38.38		0.60	
1913		13.20	28.94		0.72	
1914		18.13	32.26		0.50	
1915		10.17	53.30		0.48	
1916		8.10	33.70		0.36	
1917		12.93	16.72		0.00	
1918		8.35	7.36		0.14	
1919		16.69	124.17		0.09	
1920		8.80	62.24			
1921		13.64	43.69			
1922		8.83	57.36			
1923		10.17	36.61			
1924		10.63	72.98			
1925		13.16	69.73			
1926		5.56	74.42			
1927		14.21	84.80			
1928		12.95	114.53			
1929		5.20	81.81			3.80
1930		15.80	61.51			4.10
1931		9.50	68.58			4.50
1932		8.70	113.80			4.90
1933		8.80	71.02			4.50
1934		8.60	81.87			4.20
1935		8.00	81.47			5.20
1936		13.60	95.21			4.50
1937		6.50	98.86			3.30
1938		7.10	68.96			4.50
1939		8.50	65.87			5.60

续表

年份	锡兰	印度	印度尼西亚	马来半岛	葡属帝汶	也门
1940		2.70	40.53			2.60
1941		4.30	50.00			3.20
1942		4.20				9.10
1943		3.10				14.20
1944		1.30				9.00
1945		1.50				0.00
1946		4.80				7.00
1947		2.30				6.30
1948		0.00	2.34			6.30
1949		3.40	5.17			8.70
1950		3.80	13.30		1.40	7.20
1951		1.00	23.61		0.80	7.90
1952		2.20	18.41		1.40	9.00
1953		2.80	32.90		1.40	8.00
1954		10.30	36.93		0.90	7.20
1955		3.60	23.17		0.90	8.40
1956		7.50	57.37		1.10	7.50
1957		13.60	50.96		1.30	7.60
1958		15.00	27.22		1.70	2.80
1959		15.50	38.94		1.90	4.60
1960		0.00	42.19		1.20	4.10

资料来源：锡兰：1836：Ukers(1935)；1849—1902：Peebles(1982)，supplied by William G. Clarence-Smith。此处不包括 1903 年后的出口数据，因为锡兰成为净进口国。印度：1852/1853 to 1879/1880：van Delden Laerne(1885)，pp. 456—57(将 1852/1853 年数据输入为 1852 年，以此类推)；1880/81 to 1913/14："Statement of the Trade of British India," data provided by William G. Clarence-Smith；1914—1928：Bynum(1930)，table 26；1929—1960：FAO(1961)，table IIIA。印度尼西亚：1823—1879：Bulbeck et al. (1998)，table 5.4(爪哇、苏里南、美娜多和望加锡，一些岛屿在某些年份没有数据)；1880—1941，1948—1952：Bulbeck et al. (1998)，table 5.5A(原始资料来源的改变可能与不同的覆盖范围变化有关)；1953—1960：Bulbeck et al. (1998)，table 5.5B。马来半岛：1888—1906：Bulbeck et al. (1998)，table 5.5A；1907—1910(马来联邦，没有 1919 年霹雳州的数据)：Graham(1912)，p. 10。葡属帝汶：1882—1916，1918—1919：Bulbeck et al. (1998)，table 5.5A；1950—1960：FAO(1961)，table IIIA。也门：1929—1960：FAO(1961)，table IIIA。

表 A.16　　　　　　　　　1870—1960 年非洲咖啡年出口量(千吨)

年份	安哥拉	喀麦隆	刚果	埃塞俄比亚	科特迪瓦	肯尼亚	马达加斯加	坦噶尼喀	乌干达
1870	0.21								
1871	0.25								
1872	0.45								
1873	0.36								
1874	0.18								
1875	0.15								
1876	0.35								
1877	0.24								
1878	0.31								
1879	0.74								
1880	0.41								
1881	0.34								
1882	0.86								
1883	1.47								
1884	1.41								
1885									
1886									
1887									
1888	5.62								
1889	6.93								
1890	8.30								
1891	7.45								
1892	7.38								
1893	9.81								
1894	6.96								
1895	11.07								
1896	7.86								
1897	7.36								
1898	7.97								
1899	8.52								
1900	6.98								
1901	5.40								
1902	5.63								
1903	5.38								
1904	6.00							0.41	
1905	4.94							0.64	
1906	5.14		0.07					0.74	0.01
1907	4.01		0.07					0.63	0.01
1908	5.25		0.04					1.01	0.01
1909	4.47		0.01			0.01		0.91	0.01
1910	6.14		0.01			0.03		1.00	0.09
1911	4.67					0.06		1.18	
1912	4.13					0.10		1.58	
1913	5.10				0.01	0.15	0.09	1.06	
1914	4.46				0.00	0.28	0.26		

续表

年份	安哥拉	喀麦隆	刚果	埃塞俄比亚	科特迪瓦	肯尼亚	马达加斯加	坦噶尼喀	乌干达
1915	4.00				0.01	0.39	0.44		
1916	3.20				0.03	0.30	0.60		
1917	4.19				0.03	0.83	0.05		
1918	4.21		0.04		0.03		0.32		
1919	6.15		0.14		0.11	3.58	1.44		
1920	3.87		0.08		0.02	5.32	1.22		
1921	5.08		0.00		0.01	4.95	1.23		
1922	10.30		0.24		0.06	3.90	1.50		
1923	6.03		0.12		0.11	6.95	2.33		
1924	8.83		0.17		0.09	7.92	2.96		
1925	12.60		0.22		0.05	7.36	3.36		
1926	9.34		0.20		0.12	7.05	2.77		
1927	10.01		0.24		0.25	10.49	5.03		
1928	9.83		0.54		0.24	10.58	4.03		
1929	8.80	0.00	0.90	13.70		6.80	3.02	9.00	2.10
1930	11.80	0.00	1.50	14.10		15.80	6.67	11.70	2.50
1931	11.80	0.00	3.00	18.10		12.50	11.35	9.40	3.60
1932	9.50	0.10	5.50	25.20		14.00	13.58	11.50	4.40
1933	12.00	0.50	8.60	16.30		13.10	15.25	12.90	5.10
1934	12.00	0.80	12.50	22.50		9.50	14.34	15.00	7.80
1935	11.70	1.40	13.40	19.80		17.60	15.53	18.90	6.40
1936	21.90	2.00	17.40	14.60		20.70	25.00	11.20	11.60
1937	18.80	2.60	17.40	13.00		13.90	21.21	12.80	13.10
1938	18.90	4.30	22.50	5.40		17.40	41.20	14.70	14.20
1939	20.70	5.30	24.90	3.40		17.20	30.92	16.90	17.40
1940	15.80	4.20	19.50	1.50		8.70	20.16	15.90	18.20
1941	14.20	0.10	26.00	1.50		12.60	22.35	13.90	20.60
1942	19.50	6.60	27.90	10.80		12.50	1.14	15.10	17.50
1943	23.90	8.60	31.30	11.90		7.10	12.37	11.10	20.50
1944	23.80	5.10	21.70	13.30		6.20	45.34	15.80	19.50
1945	30.90	6.70	33.10	15.90		7.60	26.91	14.70	20.60
1946	46.50	5.90	27.10	15.10		8.50	22.33	10.10	31.90
1947	44.00	5.60	37.30	15.60		9.70	29.03	11.50	21.40
1948	53.40	7.30	30.50	15.30		14.20	19.94	12.60	38.40
1949	46.40	8.20	31.40	22.30		7.50	25.63	12.10	24.30
1950	37.60	7.70	33.20	18.70		10.20	41.56	15.10	32.40
1951	64.40	8.70	35.40	30.30		10.10	30.52	16.70	44.30
1952	47.70	9.20	30.90	21.60		17.20	41.31	18.90	40.10
1953	71.60	10.90	33.90	43.10		13.60	36.23	14.30	35.30
1954	45.80	11.40	34.40	31.20		10.80	41.49	19.70	36.90
1955	57.90	13.90	43.70	41.80		19.70	47.74	18.80	75.60
1956	84.00	17.80	51.10	30.90		27.10	52.49	22.00	62.60
1957	72.20	16.90	66.00	50.20		22.60	48.21	18.40	85.40
1958	77.30	26.50	69.40	39.00		25.40	44.00	22.60	80.00
1959	89.00	29.50	93.40	45.10		26.30	40.60	19.80	89.80

续表

年份	安哥拉	喀麦隆	刚果	埃塞俄比亚	科特迪瓦	肯尼亚	马达加斯加	坦噶尼喀	乌干达
1960	87.30	0.00	0.00	0.00		28.20	43.62	25.50	118.70

资料来源：安哥拉("Banana" in 1870s)：1870—1884：van Delden Laërne(1885)，pp. 460—61，仅向鹿特丹出口；1888—1913：Mesquita(1918)，p. 46；1914—1925：Bynum(1930)，table 34；1926—1928：Marques(1962)，p. 174，Azevedo(1958)，p. 256(data from the latter two and from Mesquita provided by William G. Clarence-Smith)；1929—1960：FAO(1961)，table IIIA。喀麦隆：1929—1960：FAO(1961)，table IIIA. 刚果(Belgian)：1906—1910：Graham(1912)，p. 11；1918—1928：Bynum(1930)，table 41；1913—1917 年为净进口国。埃塞俄比亚：1929—1960：FAO(1961)，table IIIA。科特迪瓦：1913—1928：Bynum(1930)，table 38。肯尼亚：1909—1919：Waters(1969)，pp. 47 and 51；1920—1928：Kamuya Maitha(1969)，appendix A；1929—1960：FAO(1961)，table IIIA。马达加斯加：1913—1918：Bynum(1930)，table 38，and Bynum(1926)，table 64；1919—1960：data provided by Gwyn Campbell，see Chapter 3。坦噶尼喀：1904—1913：Tetzlaff(1970)，p. 133，data supplied by William G. Clarence-Smith；1929—1960：FAO(1961)，table IIIA。乌干达：1906—1910：Graham(1912)，p. 11；1929—1960：FAO(1961)，table IIIA。

表 A.17　　　　　　　　　　1823—1881 年美国年咖啡进口量(千吨)

年份	(A)	(B)	年份	(A)	(B)
1823	16.78		1853	90.26	84.39
1824	17.69		1854	73.48	68.15
1825	20.41		1855	86.63	79.45
1826	16.78		1856	107.05	101.44
1827	22.68		1857	109.31	98.27
1828	24.95		1858	85.73	79.15
1829	23.14		1859	119.75	111.96
1830	23.14	17.40	1860	91.63	82.58
1831	37.19		1861	83.46	80.70
1832	41.73		1862	55.79	51.26
1833	45.36		1863	36.29	33.93
1834	36.29		1864	59.87	57.99
1835	46.72		1865	48.08	38.25
1836	42.64		1866	82.10	79.05
1837	39.92		1867	84.82	84.93
1838	39.92		1868	112.94	94.79
1839	48.53		1869	115.21	119.82
1840	43.09	39.14	1870	106.60	106.71

续表

年份	(A)	(B)	年份	(A)	(B)
1841	52.16		1871	144.24	144.24
1842	51.26		1872	135.62	135.54
1843	42.19		1873	132.90	133.30
1844	73.03		1874	129.28	129.40
1845	48.99		1875	144.24	146.04
1846	60.33		1876	154.22	154.72
1847	71.21		1877	150.59	150.43
1848	68.49		1878	140.62	140.56
1849	74.84		1879	171.46	171.39
1850	65.77	58.87	1880	202.76	202.69
1851	69.40		1881	206.38	206.47
1852	88.00				

资料来源:(A)1823—1881:Rodrigues da Cunha(1992),table 1.7;(B)1830,1840,1850:Ukers(1935),p.529;1853—1865:van Delden Laërne(1885),p.466;1866—1881:Lock(1888),table M,p.134。

表 A.18 　　　　1884—1899 年欧洲及美国为保持国内消费
而保留的咖啡进口量(千吨)

年份	美国	奥匈帝国	法国	德国	英国	意大利	俄罗斯
1884	230.72	35.43	67.77	110.88	14.63	16.25	8.27
1885	244.61	36.62	68.23	117.89	14.83	23.55	7.71
1886	243.68	37.52	68.18	127.91	14.33	10.83	7.48
1887	227.17	31.83	63.71	101.62	13.31	14.24	5.19
1888	185.32	34.43	67.86	114.42	13.87	14.00	6.35
1889	254.53	34.63	65.11	112.99	11.04	13.50	5.86
1890	222.34	35.03	67.77	117.88	12.70	13.95	6.38
1891	231.81	35.53	70.00	125.35	13.01	13.79	5.72
1892	285.62	36.62	71.70	121.78	12.80	13.81	6.47
1893	250.11	35.93	68.90	121.94	12.04	12.59	6.83
1894	248.15	37.22	69.65	122.10	12.04	12.20	6.66
1895	291.77	37.92	72.16	122.14	12.45	11.97	6.55
1896	259.76	39.42	75.03	129.63	12.40	12.58	6.29
1897	328.66	41.01	77.31	136.11	12.40	12.96	7.59
1898	386.33	43.51	79.24	152.95	12.52	13.36	8.12
1899	363.68	41.81	81.25	155.81	13.21	14.16	8.34

资料来源:Oficina Internacional de las Repúblicas Americanas(1902),p.68。

表 A.19　　　　　　　　1913—1960 年西半球年咖啡进口量(千吨)

年份	美国	阿根廷	加拿大	智利	古巴	巴拉圭	乌拉圭
1913	389.60	14.79	7.60	5.03	11.38	0.12	0.00
1914	450.19	14.01	6.89	3.47	8.02	0.06	0.00
1915	478.57	16.41	7.30	5.09	9.64		1.92
1916	511.68	14.91	8.62	4.91	8.80	0.06	1.98
1917	573.59	17.00	8.14	5.63	12.51	0.18	2.22
1918	490.01	22.03	6.89	6.95	11.80	0.12	2.39
1919	566.23	17.00	9.28	3.35	10.54	0.18	1.86
1920	564.67	17.60	7.90	5.69	20.18	0.12	2.39
1921	591.26	18.50	9.82	1.74	13.53	0.12	2.28
1922	550.36	21.08	9.76	4.91	8.74	0.12	2.22
1923	626.10	20.48	10.06	5.21	16.88	0.12	2.34
1924	626.22	25.33	10.00	4.25	9.76	0.12	2.39
1925	575.71	20.10	9.40	5.00			2.20
1926	513.51	23.30	10.90	4.00			2.30
1927	643.51	24.50	11.60	4.40			2.40
1928	656.31	24.50	12.30	5.60			2.30
1929	666.40	24.80	11.40	5.00	8.40	0.20	2.30
1930	712.40	25.40	13.00	5.20	5.50	0.30	2.50
1931	784.40	22.90	14.30	4.80	0.80	0.10	2.20
1932	673.60	17.60	14.70	3.30		0.10	2.30
1933	712.60	23.30	14.80	1.20		0.20	2.10
1934	685.90	18.40	14.70	2.50		0.10	1.80
1935	791.30	22.00	15.10	3.40		0.20	2.00
1936	785.50	22.30	18.40	3.10		0.20	2.30
1937	766.30	22.70	17.40	3.70		0.20	2.20
1938	897.00	27.70	19.60	3.40		0.20	2.80
1939	905.00	25.10	20.80	4.40	0.20	0.30	2.30
1940	926.50	25.30	18.70	5.70	3.30	0.30	3.00
1941	1 018.60	34.50	25.00	6.80		0.20	1.40
1942	777.70	22.80	20.30	10.20		0.20	2.90
1943	992.50	26.80	26.80	7.80		0.40	3.00
1944	1 178.60	35.00	43.60	8.20		0.60	3.90
1945	1 222.90	30.40	24.80	9.00	2.70	0.40	3.50
1946	1 237.30	35.30	38.40	11.40	6.90	0.70	3.90
1947	1 105.50	34.80	23.30	9.70	8.00	0.30	3.10
1948	1 239.40	45.50	39.70	2.40	1.00	0.50	3.70
1949	1 311.60	22.70	44.50	15.50		0.50	3.60
1950	1 101.20	28.80	37.60	6.60	5.70	0.10	3.30
1951	1 211.80	29.10	40.10	4.30	2.80	0.20	3.10
1952	1 207.60	23.50	44.30	3.80	3.40	0.10	2.60
1953	1 251.50	29.60	48.80	5.20		0.10	3.50
1954	1 012.00	33.70	43.30	5.50		0.10	3.30

续表

年份	美国	阿根廷	加拿大	智利	古巴	巴拉圭	乌拉圭
1955	1 163.60	28.20	46.90	6.70		0.10	3.60
1956	1 257.80	27.60	49.80	4.70		0.10	3.50
1957	1 228.60	35.10	50.10	5.90		0.10	3.20
1958	1 178.40	39.70	53.70	5.50		3.00	
1959	1 360.20	19.00	60.90	6.40		0.10	4.80
1960	1 322.10	25.80	59.70	5.50		0.10	3.00

资料来源：1913—1924：Bynum(1926)，table 2；1925—1928：International Institute of Agriculture(1947)，pp. 370；1929—1960：FAO(1961)，table IIA. 1960 年数据是粮农组织在几种情况下的估计数。

从 19 世纪末到 20 世纪中叶，随着生产扩展到新的领域，国际市场发生了重大变化，有关咖啡的数据被收集并更加系统地发布。截至 1929 年的生产信息可能会将基于出口的估计数与实际生产数据结合起来，随后，大多数国家的统计数据就明确了这一区别。

在可用的所有国家/地区，我们已在电子数据表格中输入了有关生产、出口和进口的详细信息。为了出版目的，我们排除了仅有孤立的数字，但圣多明各除外，因为它是主要的咖啡生产商和出口商（见图 A.1）。为了空间经济，我们将那些只生产或交易少量产品的国家去除或重新分组。

所有电子数据和表格均可在合作的基础上提供给研究人员和机构使用，但我们要求将任何勘误信息或其他信息直接报告（以电子表格或影印本的形式）发送给我们，以扩展和改进此集体数据库。[1]

当给定国家和时期有多个时间序列时，我们会优先考虑原始数据，其次考虑列出的文献，并评估原始出版物的来源，然后仅对来源的一般性引用或不引用。当有理由相信它们的质量优于更一般的来源时，我们还希望为各个国家/地区提供可靠的特定来源。

每个国家/地区都使用了最完整、最一致的时间序列。当有重叠和明显的

---

[1] 要求更多信息或欲更正信息，请联系 Mario Samper，ich96@racsa.co.cr，邮局：哥斯达黎加，埃雷迪亚，人类科学研究所，Apartado 503—3000。电子数据表格的后续版本将应要求提供给参与的同事。

差异时,如果可能,我们会对照其他来源检查两个系列的可靠性。如果一个系列紧跟另一个系列,那么在使用它们之前,我们试图确保信息实际上是可比较的,并且两个数量级都是合理的。

表 A.20　　　　　　　1913—1960 年欧洲年咖啡进口量(千吨)

年份	澳大利亚	比利时	法国	德国	英国	意大利	荷兰	北欧国家	西班牙	瑞士
1913	59.40	42.33	115.26	167.47	16.70	28.32	52.93	265.42	15.15	11.56
1914	72.81		116.40		18.44	28.02	14.13	60.59	13.71	10.84
1915	89.39		138.49		42.69	39.94	31.55	114.18	15.99	13.17
1916	45.21		152.92		58.14	48.98	21.91	129.03	16.41	19.76
1917	8.14		163.64		21.97	44.61	14.13	80.71	17.60	9.52
1918			136.15		6.59	51.61	3.59	61.79	16.35	10.24
1919			208.66		22.09	36.40	41.91	100.41	19.16	10.18
1920	2.63	36.76	145.97	41.19	12.39	30.18	43.23	126.99	22.03	10.30
1921	5.27	37.96	153.46	103.88		47.90	31.49	183.27	21.85	14.31
1922	4.37	37.42	172.98	36.76	40.24	47.24	33.17	157.41	18.68	13.23
1923	6.05	40.65	175.49	38.68	14.97	48.08	31.07	132.80	24.37	12.81
1924	7.90	38.98	170.46	55.38	14.49	46.94	37.84	154.66		14.67
1925	6.80	39.60	168.10	90.40	22.50	42.20	40.30	195.40	19.40	10.90
1926	8.60	39.80	154.20	104.90	11.40	43.70	31.90	191.90	20.30	13.20
1927	8.30	41.20	159.00	123.90	20.60	45.70	34.20	224.40	24.00	13.30
1928	8.30	39.60	161.50	135.10	16.80	47.70	35.60	235.21	21.50	12.50
1929	9.40	38.70	170.00	148.10	13.90	46.90	33.50	242.40	23.90	13.30
1930	9.00	47.10	178.00	154.00	19.00	45.30	36.00	254.30	26.50	13.70
1931	9.80	56.60	193.90	155.50	17.80	43.80	40.20	257.30	22.20	15.30
1932	7.50	49.70	186.90	129.70	21.40	40.80	38.40	230.30	22.00	19.80
1933	5.10	39.70	196.40	129.70	16.00	39.90	48.80	234.40	26.10	11.60
1934	5.40	47.60	176.30	150.70	15.30	39.30	34.40	239.70	26.70	13.70
1935	5.30	48.80	188.50	147.60	12.50	40.40	32.70	233.20	23.80	18.60
1936	5.20	51.90	186.40	155.10	14.20	31.80	31.10	232.20	13.90	15.10
1937	5.20	45.40	185.30	177.70	14.50	37.90	36.50	266.60		13.50
1938	8.10	46.50	186.30	197.40	14.20	36.00	45.50	293.10		17.30
1939		54.40	164.10	120.70	26.70	24.30	40.20	211.90	1.20	22.10
1940		27.40	137.90	22.90	56.30	16.40	11.90	107.50	6.10	14.20
1941		0.10	36.30	18.90	6.20	0.50		25.60	8.00	5.70
1942			25.10	12.50	22.50	0.20	0.10	35.30	14.10	10.40
1943			7.90	1.40	40.50			41.90	13.00	12.50
1944			0.40	1.40	38.20			39.60	17.40	6.80
1945		26.80	46.70		42.90			42.90	10.60	14.40
1946		62.80	66.50		33.30	15.80	18.30	67.40	10.50	18.50
1947		88.70	81.30		44.80	30.20	20.20	95.20	18.20	14.90
1948	0.50	80.00	71.10	10.50	51.30	47.90	20.90	130.60	18.00	25.30
1949	4.10	69.60	87.50	26.30	51.80	56.40	24.00	158.50	7.30	18.30
1950	4.80	54.60	149.60	26.50	38.90	52.80	19.00	137.20	7.10	25.30
1951	5.10	49.40	150.80	40.80	42.60	53.30	16.00	152.70	5.20	19.80
1952	4.50	51.40	160.40	57.80	40.60	61.00	19.40	178.80	4.10	18.20
1953	4.40	50.90	163.60	80.90	25.30	66.70	28.30	201.20	4.90	19.10
1954	4.80	42.70	168.60	109.00	29.50	69.50	28.30	236.30	7.40	19.10
1955	5.70	45.10	184.20	125.40	30.80	72.40	31.20	259.80	9.10	17.90
1956	7.30	57.80	182.20	142.80	43.50	75.70	40.90	302.90	12.60	22.30

续表

年份	澳大利亚	比利时	法国	德国	英国	意大利	荷兰	北欧国家	西班牙	瑞士
1957	8.10	47.10	181.50	165.40	43.70	77.70	38.40	325.20	12.30	21.90
1958	9.00	48.30	189.00	175.30	41.80	81.40	42.80	341.30	12.50	23.00
1959	9.80	53.70	196.50	208.00	51.40	84.10	50.30	393.80	17.90	26.80
1960	12.20	61.10	197.10	214.60	55.20	99.20	53.60	422.60	17.60	29.80

资料来源：1913—1924：Bynum(1926)，table 2；1925—1928：International Institute of Agriculture(1947)，pp. 362-63；1929—1960：FAO(1961)，table IIA. 1960 年数据是粮农组织在几种情况下的估计数。

表 A.21　　1913—1960 年非洲、亚洲和澳大利亚年咖啡进口量(千吨)

年份	阿尔及利亚	澳大利亚	英属马来亚	锡兰	埃及	日本	苏丹	南非联盟
1913	7.90	1.44		0.72	6.29	0.12		12.15
1914	7.36	1.38		0.66	5.93	0.12		11.62
1915	7.30	1.38		0.72	8.50	0.12		14.31
1916	7.60	1.50		0.72	7.54	0.12		12.63
1917	8.02	1.08		0.84	7.13	0.24		13.17
1918	6.89	1.26		0.84	6.95	0.24		20.96
1919	9.16	0.90		0.66	7.07	0.30		7.07
1920	7.42	0.90		0.84	10.24	0.30		12.57
1921	8.44	1.38		1.02	9.40	0.36		13.23
1922	8.08	1.32		1.02	9.82	0.48		13.47
1923	9.58	1.44		1.02	10.18	0.54		14.91
1924	8.80			1.02	11.02	0.84		13.89
1925	9.30	1.70	8.60	1.20	7.80	0.80	4.20	13.20
1926	8.20	1.40	8.40	1.10	9.50	1.10	3.20	12.60
1927	9.60	1.60	8.40	1.40	10.00	1.30	3.70	13.40
1928	10.70	1.50	6.40	1.30	8.10	1.30	3.80	12.10
1929	12.00	1.70	6.10	1.50	9.50	1.80	4.00	12.90
1930	12.60	1.50	6.10	1.30	9.60	1.90	6.20	13.10
1931	13.80	1.30	5.40	1.90	7.50	2.30	4.20	14.30
1932	13.70	1.40	5.30	1.00	7.30	2.80	4.20	11.20
1933	14.00	1.90	6.20	1.40	8.50	2.40	4.90	12.90
1934	13.20	1.50	6.30	1.30	6.60	2.90	6.30	12.20
1935	14.20	2.10	8.00	1.60	7.90	3.40	7.60	14.20
1936	15.40	1.80	7.90	1.10	7.20	5.70	7.80	14.10
1937	14.60	1.90	8.40	1.50	7.70	8.60	6.30	13.60
1938	15.70	1.90	9.90	1.30	9.00	4.50	8.20	16.80
1939	13.30	2.60	10.60	1.60	6.30	1.40	6.60	17.20
1940	15.50	3.50	11.70	1.30	7.00	3.40	7.70	15.20
1941	6.50	4.20	11.10	1.20	7.80	1.50	9.50	24.00
1942	5.70	8.10		0.40	7.60		8.80	25.50
1943	2.00	6.70		1.40	10.40		8.00	23.70

续表

年份	阿尔及利亚	澳大利亚	英属马来亚	锡兰	埃及	日本	苏丹	南非联盟
1944	13.70	5.60		1.10	11.00		8.10	32.20
1945	12.90	6.10		0.40	11.80		13.00	29.90
1946	14.00	3.00	8.90	1.70	13.10		8.30	23.40
1947	14.80	3.60	7.90	1.10	9.90		9.00	23.70
1948	14.40	3.60	13.80	1.50	10.50		11.30	23.40
1949	7.90	3.60	10.10	0.90	9.60		7.30	19.50
1950	20.00	3.20	2.10	0.80	5.80	0.30	5.70	16.90
1951	21.10	3.50	2.10	0.60	5.30	1.30	5.80	11.90
1952	19.20	1.80	4.60	0.60	4.90	1.90	6.80	11.80
1953	20.50	4.20	4.10	0.50	4.80	2.50	6.10	11.20
1954	20.90	3.80	0.20	0.40	4.50	2.50	4.40	11.50
1955	22.20	4.60	3.40	0.60	3.70	4.00	5.40	10.90
1956	27.30	7.00	5.80	0.80	4.60	5.00	7.60	11.20
1957	27.30	6.30		0.60	3.40	5.50	8.20	11.00
1958	27.30	7.40	4.60	0.80	5.80	6.40	4.10	10.80
1959	29.70	10.10	7.60	1.00	3.90	8.10	8.00	11.20
1960	30.30	11.20	5.00	1.30	5.50	10.70	6.40	11.60

资料来源：1913—1924：Bynum(1926)，table 2；1925—1928：International Institute of Agriculture(1947)，pp. 376—77，382—83，387；1929—1960：FAO(1961)，table IIA. 1960 年数据是粮农组织在几种情况下的估计数。

表 A.22　　1821—1960 年进口到美国的咖啡的当前价格（当前每磅美分）

年份	均价	里约热内卢到纽约	桑托斯到纽约	哥伦比亚到纽约	爪哇到纽约	罗布斯塔到纽约
1821	21.10					
1822	20.88					
1823	17.73					
1824	13.33					
1825	11.48	17.00				
1826	10.55	15.00				
1827	9.03	14.25				
1828	9.30	12.94				
1829	8.80	12.34				
1830	8.08	11.13				
1831	8.25	11.25				
1832	10.08	12.58				
1833	10.68	12.38				
1834	10.78	11.50				
1835	10.38	11.92				

续表

年份	均价	里约热内卢到纽约	桑托斯到纽约	哥伦比亚到纽约	爪哇到纽约	罗布斯塔到纽约
1836	10.18	11.50				
1837	9.53	10.63				
1838	8.80	10.50				
1839	9.08	10.88				
1840	9.03	10.13				
1841	8.80	10.00				
1842	7.65	8.38				
1843	6.50	7.30				
1844	5.95	6.50				
1845	6.05	6.80				
1846	6.05	7.10				
1847	5.60	7.00				
1848	5.45	6.10				
1849	6.60	6.90				
1850	8.05	10.60				
1851	7.95	9.00				
1852	7.55	8.50				
1853	8.30	8.75				
1854	8.80	10.10				
1855	8.90	9.90				
1856	9.10	10.80				
1857	9.35	11.00				
1858	9.50	10.40		12.00	16.13	
1859	10.10	11.30		11.90	14.79	
1860	10.95	12.00		13.90	16.15	
1861	11.20	14.01		15.40	18.38	
1862	11.90	23.01		24.30	27.50	
1863	12.25	31.18		31.90	37.04	
1864	11.75	42.49		41.60	49.10	
1865	11.35	20.65		21.30	25.82	
1866	11.05	18.66		19.40	26.08	
1867	10.50	17.24		17.70	24.75	
1868	9.90	15.73		16.40	23.41	
1869	10.00	15.82		17.50	23.02	
1870	10.05	16.33		17.50	21.19	
1871	11.25	15.91		16.20	21.29	
1872	13.85	18.42		18.20	21.30	
1873	17.15	19.99		20.50	23.63	

续表

年份	均价	里约热内卢到纽约	桑托斯到纽约	哥伦比亚到纽约	爪哇到纽约	罗布斯塔到纽约
1874	17.55	21.08		20.90	26.68	
1875	16.25	19.01		20.50	26.71	
1876	16.45	17.97		17.00	21.57	
1877	16.50	19.72		18.90	23.82	
1878	14.65	16.51		15.50	22.48	
1879	13.00	14.85		14.70	24.14	
1880	13.00	15.12		15.50	22.63	
1881	11.25	10.58		12.10		
1882	9.10	8.83		10.50		
1883	8.75	9.26		11.00		
1884	8.75	9.26		10.10		
1885	7.90	8.09		10.50		
1886	9.15	11.43		10.40		
1887	12.35	14.60		10.60		
1888	13.50	14.03		16.00		
1889	14.50	14.70		13.50		
1890	16.49	17.90		15.40		
1891	15.51	16.70		17.10		
1892	17.00	14.30		16.90		
1893	15.20	17.20		18.80		
1894	15.55	16.50	16.60	16.60		
1895	14.65	15.90	15.60	16.00		
1896	12.85	12.30	13.00	15.70		
1897	9.30	7.90	7.40	13.50		
1898	7.00	6.30	6.40	11.50		
1899	6.60	6.00	6.10	8.60		
1900	7.05	8.20	9.00	7.00		
1901	6.94	6.50	6.00	10.80		
1902	6.54	5.90	5.50	10.70		
1903	6.80	5.60	5.40	10.50		
1904	7.55	7.80	7.30	11.30		
1905	8.35	8.30	7.10	10.80		
1906	8.25	8.10	7.90	10.60		
1907	7.75	6.60	6.40	11.20		
1908	7.55	6.30	6.40	11.50		
1909	7.70	7.80	7.50	11.00		
1910	9.10	9.50	8.50	15.20		
1911	11.80	13.40	13.30	16.70		

续表

年份	均价	里约热内卢到纽约	桑托斯到纽约	哥伦比亚到纽约	爪哇到纽约	罗布斯塔到纽约
1912	13.55	14.60	14.80	15.60		
1913	12.45	11.10	13.17	15.60		
1914	10.35	8.20	11.46	15.60		
1915	9.60	7.50	9.57	14.50		
1916	9.85	9.36	10.55	14.20		
1917	9.55	8.95	10.16	12.90		
1918	11.55	9.91	12.71	16.40		
1919	19.50	17.84	24.78	27.70		
1920	19.50	11.50	18.62	21.50		
1921	10.70	7.25	10.00	15.50		
1922	12.90	10.12	14.12	17.40		
1923	13.50	11.37	14.50	18.80		
1924	17.50	17.25	21.00	25.50		
1925	22.30	20.25	24.25	27.90		
1926	21.60	18.00	22.12	28.50		
1927	18.50	14.62	18.50	25.10		
1928	21.30	16.37	23.00	27.30		
1929	20.40	15.75	21.87	22.80		
1930	13.10	8.62	12.87	17.20		
1931	10.10	6.12	8.67	15.60		
1932	9.10	8.00	10.67	11.40		
1933	7.90	7.75	9.00	10.50		
1934	8.80	9.75	11.12	13.70		
1935	7.60	7.12	8.87	10.30		
1936	7.70	7.37	9.75	11.30		
1937	8.90	8.85	11.00	11.60		
1938	6.90	5.20	7.60	11.00		
1939	6.90	5.36	7.30	11.70		
1940	6.20	5.35	7.10	8.40		
1941	7.90	7.86	11.10	14.70		
1942	12.00	9.37	13.40	15.90		
1943	12.40	9.38	13.40	15.90		
1944	12.50	9.38	13.40	15.90		
1945	12.70	9.38	13.40	16.20		
1946	17.20	12.35	23.10	22.50		
1947	24.00	14.17	26.70	30.10		18.44
1948	25.00	14.49	22.30	32.60		18.23
1949	27.20	18.70	31.70	37.60		24.65

续表

年份	均价	里约热内卢到纽约	桑托斯到纽约	哥伦比亚到纽约	爪哇到纽约	罗布斯塔到纽约
1950	44.72	37.71	50.50	53.30		40.22
1951	50.53	45.65	54.20	58.70		47.20
1952	51.28	48.86	54.00	57.00		45.11
1953	52.70	51.14	58.00	59.80		48.41
1954	65.68	62.98	78.90	80.00		60.44
1955	52.18	43.37	57.10	64.60		41.82
1956	51.17	44.46	58.10	74.00		35.97
1957	49.82	44.21	56.90	63.90		37.44
1958	43.89	40.54	48.30	52.30		38.91
1959	35.65	33.38	36.90	45.20		29.66
1960	34.34	34.14	36.60	44.90		22.22

资料来源：均价：Rodrigues da Cunha(1992)，table 1.8。里约热内卢到纽约：1825—1842：Thurber(1883)，table 4，average low and high prices for Fair to Prime Rio Coffee in New York，in bond；1843—1860：Williams(1994)，table A-1，Fair to Prime Rio；1861—1960：Rodrigues da Cunha(1992)，table 1.8，Rio 7。桑托斯到纽约：Rodrigues da Cunha(1992)，table 1.8，Santos 4。哥伦比亚到纽约：1858—1900，1902—1930：Junguito and Pizano(1991)，table I-4；1901，1931—1960：GRECO(2002)。爪哇到纽约：Thurber(1883)，table III。罗布斯塔到纽约：International Coffee Organization(1989)。

此处包含的信息仅与每个表格所列数据的来源一样，并且在特定国家或地区的使用应考虑这些来源的特征和缺点。它也是不完整的，部分原因是，尽管许多同事做出了宝贵的贡献，但我们对资源的访问依然有限。在一定程度上，这可以通过一致和持久的努力来解决。但是，某些信息从未能被收集，无法保留或质量很差，以至于会引起误解。

尽管我们试图确保不同地区和时期数据的整体兼容性，但用户应根据所遵循的标准和事实的准确性来确定特定案例的可比性。

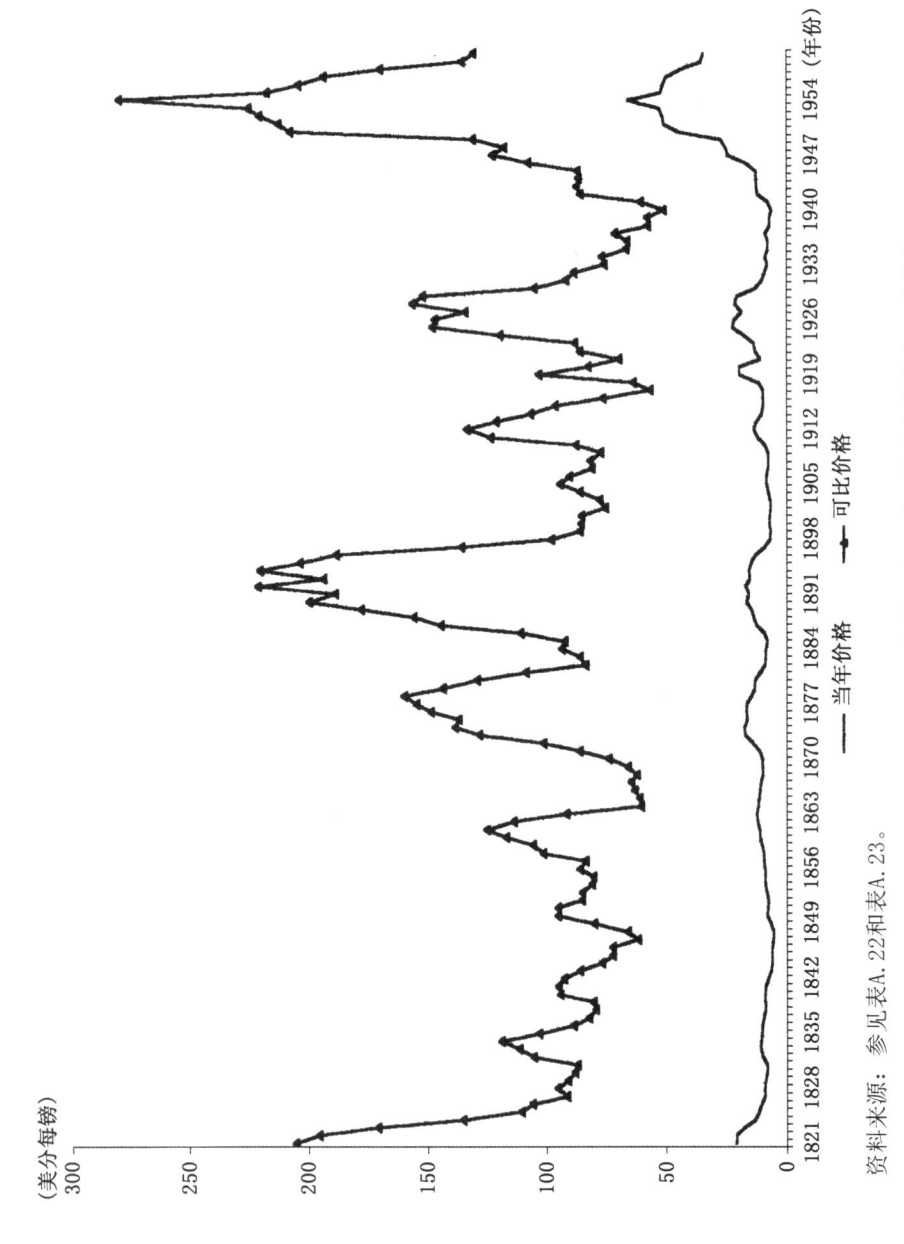

图 A.4 1821—1960年美国咖啡进口的当年价格与可比价格

资料来源：参见表A.22和表A.23。

表 A.23　1821—1960 年进口到美国的咖啡的恒定价格（每磅 1 990 美分）

年份	均价	里约热内卢到纽约	桑托斯到纽约	哥伦比亚到纽约	爪哇到纽约	罗布斯塔到纽约
1821	205.39					
1822	195.53					
1823	170.86					
1824	135.00					
1825	110.61	163.80				
1826	105.81	150.44				
1827	91.44	144.30				
1828	95.19	132.45				
1829	91.01	127.62				
1830	88.10	121.36				
1831	87.14	118.83				
1832	105.30	131.42				
1833	111.57	129.33				
1834	118.87	126.81				
1835	103.01	118.29				
1836	88.62	100.11				
1837	82.24	91.73				
1838	79.43	94.77				
1839	80.45	96.40				
1840	94.32	105.81				
1841	94.97	107.92				
1842	92.63	101.47				
1843	86.05	96.64				
1844	76.72	83.81				
1845	72.37	81.34				
1846	72.37	84.93				
1847	61.78	77.23				
1848	65.99	73.86				
1849	79.91	83.54				
1850	95.15	125.29				
1851	95.10	107.66				
1852	85.18	95.90				
1853	84.96	89.57				
1854	80.90	92.85				
1855	80.33	89.36				
1856	86.05	102.13				

续表

年份	均价	里约热内卢到纽约	桑托斯到纽约	哥伦比亚到纽约	爪哇到纽约	罗布斯塔到纽约
1857	83.63	98.39				
1858	101.42	111.03		128.11	172.20	
1859	105.56	118.10		124.37	154.58	
1860	116.90	128.11		148.39	172.41	
1861	124.95	156.30		171.81	205.05	
1862	113.61	219.68		231.99	262.54	
1863	91.45	232.77		238.14	276.51	
1864	60.45	218.60		214.02	252.60	
1865	60.91	110.82		114.31	138.56	
1866	63.05	106.47		110.69	148.81	
1867	64.35	105.66		108.48	151.68	
1868	62.21	98.84		103.05	147.10	
1869	65.75	104.02		115.06	151.36	
1870	73.91	120.09		128.70	155.84	
1871	85.92	121.51		123.72	162.60	
1872	101.11	134.47		132.87	155.50	
1873	128.03	149.23		153.04	176.41	
1874	138.29	166.11		164.69	210.23	
1875	136.73	159.95		172.49	224.74	
1876	148.48	162.20		153.44	194.69	
1877	154.55	184.71		177.03	223.11	
1878	159.84	180.13		169.11	245.27	
1879	143.42	163.83		162.17	266.32	
1880	129.07	150.12		153.89	224.68	
1881	108.45	101.99		116.64		
1882	83.66	81.18		96.53		
1883	86.02	91.03		108.14		
1884	93.42	98.87		107.83		
1885	92.28	94.50		122.65		
1886	110.79	138.40		125.93		
1887	144.26	170.54		123.82		
1888	155.86	161.98		184.72		
1889	177.74	180.19		165.48		
1890	199.62	216.69		186.42		
1891	188.45	202.91		207.77		
1892	221.15	186.03		219.85		

续表

年份	均价	里约热内卢到纽约	桑托斯到纽约	哥伦比亚到纽约	爪哇到纽约	罗布斯塔到纽约
1893	193.42	218.87		239.23		
1894	220.30	233.76	235.18	235.18		
1895	203.43	220.79	216.62	222.18		
1896	188.14	180.09	190.34	229.87		
1897	135.60	115.19	107.90	196.84		
1898	97.98	88.18	89.58	160.97		
1899	85.86	78.05	79.36	111.88		
1900	85.36	99.28	108.97	84.75		
1901	85.21	79.81	73.67	132.60		
1902	75.28	67.91	63.31	123.16		
1903	77.51	63.83	61.55	119.68		
1904	85.78	88.62	82.94	128.39		
1905	94.26	93.70	80.15	121.92		
1906	90.22	88.58	86.39	115.92		
1907	80.71	68.73	66.65	116.64		
1908	81.54	68.04	69.12	124.20		
1909	77.21	78.21	75.20	110.30		
1910	87.48	91.33	81.71	146.12		
1911	123.26	139.97	138.93	174.44		
1912	133.19	143.51	145.48	153.34		
1913	121.02	107.90	128.02	151.64		
1914	106.32	84.23	117.72	160.25		
1915	96.16	75.13	95.86	145.24		
1916	76.10	72.31	81.51	109.71		
1917	56.61	53.05	60.23	76.47		
1918	63.38	54.38	69.75	89.99		
1919	102.79	94.04	130.62	146.01		
1920	82.28	48.52	78.57	90.72		
1921	69.46	47.06	64.92	100.62		
1922	85.75	67.27	93.86	115.66		
1923	87.80	73.95	94.30	122.27		
1924	119.17	117.47	143.00	173.65		
1925	147.68	134.10	160.59	184.77		
1926	146.81	122.34	150.34	193.71		
1927	133.79	105.73	133.79	181.52		
1928	156.23	120.07	168.70	200.24		

续表

年份	均价	里约热内卢到纽约	桑托斯到纽约	哥伦比亚到纽约	爪哇到纽约	罗布斯塔到纽约
1929	151.78	117.18	162.72	169.64		
1930	104.80	68.96	102.96	137.60		
1931	91.53	55.46	78.57	141.37		
1932	88.22	77.56	103.44	110.52		
1933	75.57	74.14	86.09	100.44		
1934	76.49	84.75	96.66	119.08		
1935	66.38	62.19	77.47	89.96		
1936	65.98	63.15	83.55	96.83		
1937	71.20	70.80	88.00	92.80		
1938	57.49	43.33	63.32	91.65		
1939	57.62	44.76	60.96	97.70		
1940	50.95	43.96	58.35	69.03		
1941	60.39	60.08	84.85	112.37		
1942	85.58	66.82	95.56	113.39		
1943	87.06	65.86	94.08	111.63		
1944	86.42	64.85	92.64	109.93		
1945	86.65	64.00	91.43	110.53		
1946	107.23	76.99	144.01	140.27		
1947	122.57	72.37	136.36	153.72		94.17
1948	117.55	68.13	104.85	153.29		85.72
1949	130.62	89.80	152.23	180.56		118.37
1950	207.31	174.81	234.10	247.08		186.45
1951	212.21	191.72	227.62	246.52		198.23
1952	220.48	210.08	232.17	245.07		193.95
1953	224.72	218.07	247.32	255.00		206.43
1954	279.41	267.92	335.65	340.33		257.12
1955	217.12	180.46	237.59	268.80		174.01
1956	203.78	177.06	231.38	294.70		143.25
1957	193.08	171.34	220.52	247.65		145.10
1958	169.56	156.62	186.60	202.05		150.32
1959	135.27	126.66	140.01	171.51		112.54
1960	130.30	129.54	138.88	170.37		84.31

资料来源：参见表 A.22。均价：Rodrigues da Cunha(1992)，table 2.10。根据 Rodrigues da Cunha(1992)表 2.10 中最后一列数字，其他价格缩减至 1 990 美分/磅咖啡。

我们衷心希望通过协作、严谨和持续的过程来提升这一有限的贡献，以增强关于这一主要热带作物、重要的农产品、有价值的国际贸易商品以及使人兴奋的饮料的更广泛比较讨论的历史基础。

附录表格和图表的参考资料：

- Ardao, Alicia. 1984. *El café y las ciudades en los Andes venezolanos.* Caracas: Academia Nacional de la Historia.
- Ardouin, Beaubrun. 1853–60. *Études sur l'histoire d'Haïti.* Paris: Dezobry et E. Magdeleine.
- Azevedo, João Maria Cerqueira de. 1958. *Angola, exemplo de trabalho.* Luanda: Edição do autor.
- Bergad, Laird W. 1983. *Coffee and the Growth of Agrarian Capitalism in Nineteenth Century Puerto Rico.* Princeton: Princeton University Press.
- Bulbeck, David, Anthony Reid, Lay Cheng Tan, and Yiqi Wu. 1998. *Southeast Asian Exports Since the 14th Century: Cloves, Pepper, Coffee, and Sugar.* Leiden, Canberra, and Singapore: KILTV Press, Research School of Pacific and Asian Studies, ANU, and Institute of South Asian Studies.
- Bynum, Mary L. 1926. *International Trade in Coffee.* Washington: U.S. Department of Commerce.
- Bynum, Mary L. 1930. *The World's Exports of Coffee.* Washington: U.S. Department of Commerce.
- Daviron, Benoît. 1993. "Conflit et coopération sur le marché international du café: Une analyse de longue periode." Ph.D. dissertation, École Nationale Supérieure Agronomique de Montpellier.
- Di Fulvio, Antonio. 1947. *The World's Coffee.* Rome: International Institute of Agriculture, Studies on the Principal Agricultural Products on the World Market, No. 9.
- Dirección General de Estadística y Censos, Nicaragua. 1961. *El café en Nicaragua.* Managua: Dirección General de Estadística y Censos.
- Duque, Juan Pablo. 1938. "Costa Rica, Nicaragua, El Salvador y Guatemala. Informe del Jefe del Departamento Técnico sobre su viaje de estudio a algunos países cafeteros de la América Central." In *Revista Cafetera de Colombia,* 7, no. 102.
- FAO. 1961. *La economía mundial del café.* Rome: FAO.
- Graham, Harry C. 1912. *Coffee: Production, Trade, and Consumption by Countries.* Washington: U.S. Bureau of Statistics, Department of Agriculture.

GRECO. 2002. *El crecimiento económico colombiano en el siglo XX*. Bogotá: Banco de la República y Fondo de Cultura Económica.

Hernández Navarro, Luis. 1996. "Café: La pobreza de la riqueza/La riqueza de la pobreza." Paper presented at the 1st Sustainable Coffee Congress. Washington: Smithsonian Migratory Bird Center.

International Coffee Organization. 1989. "Precios indicativos, valores unitarios y precios al por menor. Series a largo plazo." WP Agreement No. 15/88 (C) Rev. 2, February 22.

International Institute of Agriculture. 1947. *The World's Coffee*. Rome: FAO.

Izard, Miguel. 1973. *El café en la economía venezolana del XIX. Estado de la cuestión*. Valencia: Vadell Hermanos.

Junguito, Roberto, and Diego Pizano, coordinators. 1991. *Producción de café en Colombia*. Bogotá: Fedesarrollo, Fondo Cultural Cafetero.

Junguito, Roberto, and Diego Pizano, coordinators. 1993. *El comercio exterior y la política internacional del café*. Bogotá: Fedesarrollo, Fondo Cultural Cafetero.

Kamuya Maitha, Joseph. 1969. "Coffee Production in Kenya: An Econometric Study." Ph.D. dissertation, University of New York at Buffalo.

Lauria, Aldo. 1999. *An Agrarian Republic: Commercial Agriculture and the Politics of Peasant Communities in El Salvador, 1823–1914*. Pittsburgh: University of Pittsburgh Press.

Légier, Émile. 1905. *La Martinique et la Guadeloupe, considérations sur l'avenir et la culture de la canne, la production du sucre et du rhum, et les cultures secondaires dans les Antilles Françaises*. Paris: Bureaux de la Sucrerie Indigène et Coloniale.

León, Jorge. 1997. *Evolución del comercio exterior y del transporte marítimo de Costa Rica 1821–1900*. San José: Editorial Universidad de Costa Rica.

Lewis, W. Arthur. 1978. *Growth and Fluctuations 1870–1913*. London: George Allen & Unwin.

Lock, Charles. G. W. 1888. *Coffee: Its Culture and Commerce in All Countries*. London and New York: E. & F. N. Spon.

Marques, Walter. 1962. *Problemas do desenvolvimento económico de Angola*, 2 vols. [Luanda]: Junta de Desenvolvimento Industrial.

Mesquita, João. 1918. *Dados estatísticos para o estudo das pautas de Angola; Exportação pelas alfândegas do Círculo e do Congo nos anos de 1888 a 1913*. Luanda: Imprensa Nacional.

Moral, Paul. 1961. *Le Paysan Haitien (Étude sur la vie rurale en Haïti)*. N.p.: G. P. Maisonneuve & Larose.

Obregón, Clotilde. 1977. "El comercio cafetalero de Costa Rica. Primera mitad del siglo XIX." Paper submitted at the 3d Central America History Congress, San José, Costa Rica.

Oficina Internacional de las Repúblicas Americanas. 1902. *El café: Historia, cultivo, beneficio, variedades, producción, exportación, consumo, etc., etc.* Washington: Oficina Internacional de las Repúblicas Americanas.

Peebles, Patrick. 1982. *Sri Lanka: A Handbook of Historical Statistics.* Boston: G. K. Hall & Co.

Pérez de la Riva, Francisco. 1944. *El café: Historia de su cultivo y explotación en Cuba.* Ed. Jesús Montero. Havana.

Posthumus, N. 1946. *Inquiry into the History of Prices in Holland*, vol. 1. Leiden: E. J. Brill.

Radell, David. 1964. *Coffee and Transportation in Nicaragua.* Berkeley: Department of Geography, University of California at Berkeley.

República de Honduras. 1893. *Primer Anuario Estadístico, 1889.* Tegucigalpa: Tipografía Nacional.

Rodrigues da Cunha, Mauro. 1992. "Apêndice estatístico." In Edmar Bacha and Robert Greenhil, *150 Anos de café*. Rio: Marcellino Martins & E. Johnston Exportadores Ltda.

Rodriguez, D.W. 1961. *Coffee: A Short Economic History with Special Reference to Jamaica.* Ministry of Agriculture and Lands, Commodity Bulletin No. 2.

Samper, Armando. 1948. *Importancia del café en el comercio exterior de Colombia.* Bogotá: Federación Nacional de Cafeteros de Colombia.

Schmitt, Robert C. 1977. *Historical Statistics of Hawaii.* Honolulu: University Press of Hawaii.

Schumpeter, Elizabeth Boody. 1960. *British Overseas Trade Statistics 1697–1808.* Oxford: Clarendon Press.

Springuett, Leslie E. 1935. *Quality Coffee.* New York: The Spice Mill Publishing Co.

"Statement of the Trade of British India." From *Parliamentary Papers, House of Commons Sessional Papers*, London, various years.

Tarrade, Jean. 1972. *Le commerce colonial de la France à la fin de l'Ancien Régime.* Paris.

Taunay, Affonso de E. 1945. *Pequena historia do café no Brasil (1727–1937).* Rio de Janeiro: Departamento Nacional do Café.

Teixeira de Oliveira, José. 1984. *História do café no Brasil e no Mundo.* Rio de Janeiro: Livraria Kosmos Editora.

Tetzlaff, Rainier. 1970. *Koloniale Entwicklung und Ausbeutung: Wirtschafts-*

und *Sozialgeschichte Deutsch-Ostafrikas, 1885–1914*. Berlin: Duncker und Humblot.

Thurber, Francis B. 1883. *Coffee from Plantation to Cup*. New York: American Grocer Publishing Association.

Ukers, William H. 1935. *All About Coffee*. New York: Tea and Coffee Trade Journal Company.

van Delden Laërne, C. F. 1885. *Brazil and Java: Report on Coffee-Culture in America, Asia and Africa*. London: W. H. Allen & Co.

van Stipriaan, Alex. 1993. *Surinaams Contrast: Roofbouw en Overleven in een Caraïbische Plantagekolonie 1750–1863*. Leiden: KITLV Uitgever.

Velázquez Pereira, José Luis. 1992. *La formación del Estado en Nicaragua, 1860–1930*. Managua: Fondo Editorial Banco Central de Nicaragua.

Waters, Alan R. 1969. "The Cost Structure of the Kenya Coffee Industry." Ph.D. thesis, Rice University.

Wickizer, V. D. 1943. *The World Coffee Economy with Special Reference to Control Schemes*. Stanford, Calif.: Food Research Institute, Stanford University.

Williams, Robert. 1994. *States and Social Evolution: Coffee and the Rise of National Governments in Central America*. Chapel Hill and London: University of North Carolina Press.

【作者】 Mario Samper and Radin Fernando